员工岗位技能培训系列教材

车辆检修工（初级）

哈尔滨地铁集团有限公司　编

西南交通大学出版社

·成　都·

图书在版编目（CIP）数据

车辆检修工：初级／哈尔滨地铁集团有限公司编
．—成都：西南交通大学出版社，2019.8
员工岗位技能培训系列教材
ISBN 978-7-5643-7024-4

Ⅰ.①车… Ⅱ.①哈… Ⅲ.①城市铁路—铁路车辆—车辆检修—技术培训—教材 Ⅳ.①U239.5

中国版本图书馆 CIP 数据核字（2019）第 165431 号

员工岗位技能培训系列教材
Cheliang Jianxiugong（Chuji）

车辆检修工（初级）

哈尔滨地铁集团有限公司　编

责任编辑	李　伟
特邀编辑	傅莉萍
封面设计	毕　强

出版发行	西南交通大学出版社
	（四川省成都市金牛区二环路北一段 111 号
	西南交通大学创新大厦 21 楼）
邮政编码	610031
发行部电话	028-87600564　028-87600533
官网	http://www.xnjdcbs.com
印刷	四川煤田地质制图印刷厂

成品尺寸	210 mm×285 mm
印张	21.5
字数	636 千
版次	2019 年 8 月第 1 版
印次	2019 年 8 月第 1 次
定价	65.00 元
书号	ISBN 978-7-5643-7024-4

课件咨询电话：028-87600533
图书如有印装质量问题　本社负责退换
版权所有　盗版必究　举报电话：028-87600562

哈尔滨地铁集团有限公司培训系列教材编写委员会

主　　任　　马柏成　姜庆滨

副主任　　刘宝玉

主　　编　　范国荣

副主编　　苏雪芳

委　　员　　孟　晔　丁　晶　王玉斌　封玉德　张玉库
　　　　　　沙天瑜　邹永志　王　皓　王英龙　毕　强
　　　　　　耿占东　朱松滨　李学友　李春辉　崔　敏
　　　　　　李文博　公严鸿　吴文冠　王龙云　张　磊
　　　　　　孟祥龙　关苹苹　张艺天　姜海波　吕博瑶
　　　　　　倪世钱　汪新华　刘炳强　刘宇博　杨　钊
　　　　　　张雁艳

评审专家组　李广俊　樊德亮　黄旭虹　王春玲　杨永芝
　　　　　　徐金薇　张琼燕　曹新康　蒋红梅　岳战威
　　　　　　柴宇飞　王松海

本书编写人员

主　编　　　　　　　王龙云　孟祥龙　常卓奇　李春辉

主　审　　　　　　　王　皓

哈尔滨地铁编写人员　李春辉　沈　阳　王　博　裴汉梁　牛迎春

　　　　　　　　　　刁　旭　单宇庆　程一鸣　代　南　宋晓东

　　　　　　　　　　李　刚　彭　颖　东续文

合作院校　　　　　　齐齐哈尔技师学院

院校编写人员　　　　许大勇　柳　婷　刘永奇

序

2008年，哈尔滨地铁开工建设。10年间，我们走过了一条奋斗者的创业之路，企业的人才培养也必须紧跟发展定位，向标准化、规范化方向努力。培养"老员工"的与时俱进和更新知识势在必行；培养"新员工"的高端起步和新技术应用是当务之急。企业倾其情、尽其能抓员工教育；员工把培训作为前进的动力、改变自我的平台、提升技能的手段和实现人生价值的途径。

城市轨道交通作用的发挥，依靠系统安全和高效运营。城市轨道交通系统设备先进、结构复杂，高新技术应用越来越普及，要保障这一庞大系统的安全稳定，必须依靠与之相协调的高素质人才。轨道交通行业员工队伍中2/3以上是技术工人，他们是企业的主体，他们的素质直接关系到企业的生存和发展。因此，企业只有拥有一支高素质的技能人才队伍，培养一批技术过硬、技艺精湛的能工巧匠，才能确保安全生产，提高工作效率，提升非正常情况下的应急处理能力。

岗位技能培训是人才培养的重要途径，是提高企业核心竞争力的重要手段，而岗位技能培训的过程和结果，需要相应的培训教材作支撑。哈尔滨地铁集团有限公司通过几年的工作实践，深感编写具有企业设备设施和运营组织特点、满足岗位技能培养需要、确定合作院校教学大纲的教材的重要性。为适应目前"校企合作，工学结合"的人才培养模式，我们围绕哈尔滨地铁的重点专业、重点岗位，采取企校联合的办法，编写了哈尔滨地铁集团员工岗位技能培训系列教材（共12册）。后续我们将持续更新，做到各岗位、各等级全覆盖。在编写教材的过程中，我们组织了一批轨道交通职业院校的教师和地铁一线的专业工程师对教材进行了认真编撰，各设备厂商也积极参与，大家建言献策，群策群力，共谋地铁人才教育之道。

这套教材的主要特色如下：

（1）以哈尔滨地铁规章规程为主，以通用基础知识为辅，突出哈尔滨地铁设备的特征，注重理论与实操相结合，适用于员工入门培训及初级岗位技能培训。

（2）采用模块化的编写方式，结合岗位特点，将知识点重新梳理、整合，做到了教学目的明确、教学重点突出。

（3）结合哈尔滨地铁应急处置、故障分析、典型案例等方面的处理经验，并配以大量现场设备图片、处理程序、操作流程图等进行详细解说，做到理论与现场相结合，实现上岗零对接。

（4）注重"学练"结合。教材中每个模块、每个项目、每个知识点都提炼出相应的习题，给出了测试要点，做到学考统一。

在迈向新征程之际，所有参与企业教育的工作者，将多年的经验和所得凝聚成这套系列教材，借鉴了同行业的思路，受益于上海、宁波、重庆等同行业的指导。尽管这套教材有很多不完善之处，也有不成熟的想法，但在蹒跚之中，我们必须要走出一条管理者的创新之路。

谨以此书，献给为哈尔滨地铁事业奉献青春年华的所有建设者，献给默默工作在一线的广大员工，献给未来与企业共发展的奋斗者！

范国荣
2019 年 7 月

前　言

截至 2018 年 12 月 31 日，中国内地累计有 35 个城市建成投入运营的轨道交通线路，共计 5 766.6 km，其中包括地铁线路 4 511.3 km，占线路总长的 78.23%。城市轨道交通已成为城市发展的标志，而企业内的人才培养则是企业发展的重点。目前，哈尔滨地铁已经开通运营两条线路，共计 23.07 km。几年来，集团公司通过"预先培训"方式，招聘、引进各类人才千余人，有效地保障了地铁建设和运营管理需要。

车辆中心是运营分公司的生产中心之一，由安全与技术部、综合部、乘务车间、场段运作车间、检修车间组成。因本书的主要使用对象为检修车间新员工，现就检修车间组织架构及主要工作内容进行简要介绍。

检修车间的工作核心是对电客车进行日常检修维护及保养工作，结合现场实际情况提报电客车物资等工作。目前，检修车间有领导 1 名，工程师 3 名，技术员 6 名，检修工 76 名。车间共设置 6 个生产班组，包括 4 个日检班组（倒班作业制）和 2 个均衡修班组（常白班工作制）。日检班组主要负责对电客车进行日检工作，并配合洗车作业和架车作业等。在列车运营规定时间后，由均衡修班组按照《电客车均衡修作业规程》对电客车进行维护，均衡修结束后进行试车线调试，调试通过后，认为此列车满足上线运营条件。上述日检、均衡修工作地点均在运用组合库或检修库内进行。

没有规矩不成方圆，车间的一切工作必须依照规章制度执行，保证工作有序化、规范化。车间规章规程总计 30 余部，包含安全操作类、生产规程类、岗位职责类、培训管理类、考勤管理类等多种类型，同时，对作业人员有相应的考核机制。每一个规章制度都建立在一视同仁的基础上，制度面前人人平等，每位员工都应严格遵守和执行。作为新员工，初入一个陌生的职场环境，学习和执行规章制度尤为重要，它能够帮助你更快地适应新的工作环境，迅速融入工作当中。

本书除详细介绍车辆相关知识外，还包括部分生产操作规程、救援知识，这部分内容是由各位专家、领导及教材编写人员历经一年的时间，通过多次会议讨论，反复校稿才最终敲定的，望新入司的员工能够认真学习、钻研，以最快的速度提升自己，为检修车间贡献自己的一份力量！

编 者

2019 年 5 月

目录

1 概　述 ··· 1
   1.1　车辆的编组及运行 ··· 1
   1.2　车辆的类型及特点 ··· 2
   1.3　车辆的组成 ·· 3
   1.4　车辆检修制度 ··· 9
   章节自测 ·· 11

2 车　体 ··· 12
   2.1　车　体 ·· 12
   2.2　车体内部布置 ··· 13
   2.3　贯通道 ·· 20
   2.4　紧急疏散门装置 ·· 27
   2.5　日常检查 ··· 31
   2.6　均衡修（定期）检查 ·· 32
   2.7　作业指导书 ·· 36
   章节自测 ·· 37

3 车　钩 ··· 40
   3.1　半自动钩缓装置 ·· 40
   3.2　半永久钩缓装置 ·· 43
   3.3　车钩的日常检查 ·· 46
   3.4　车钩的均衡修（定期）检查 ·· 50
   3.5　车钩作业指导书 ·· 54
   章节自测 ·· 55

4 车　门 ··· 58
   4.1　客室车门 ··· 58
   4.2　司机室车门 ·· 63
   4.3　客室车门检查内容 ·· 66
   4.4　司机室车门检查内容 ··· 69

- 4.5 客室车门作业指导书 ·········· 72
- 4.6 司机室门作业指导书 ·········· 72
- 章节自测 ·········· 73

5 空调系统 ·········· 75
- 5.1 空调主要部件 ·········· 75
- 5.2 采暖系统 ·········· 86
- 5.3 空调的日常检查 ·········· 87
- 5.4 空调的均衡修（定期）检查 ·········· 88
- 5.5 空调作业指导书 ·········· 93
- 章节自测 ·········· 93

6 转向架 ·········· 96
- 6.1 转向架的主要部件 ·········· 96
- 6.2 转向架的拆装 ·········· 103
- 6.3 转向架的日常检查 ·········· 108
- 章节自测 ·········· 111

7 制动系统 ·········· 113
- 7.1 法维莱制动系统 ·········· 113
- 7.2 克诺尔制动系统 ·········· 131
- 章节自测 ·········· 154

8 牵引系统 ·········· 157
- 8.1 牵引系统的主要设备 ·········· 157
- 8.2 牵引控制方式 ·········· 172
- 8.3 牵引系统原理 ·········· 172
- 8.4 牵引系统的检修维护 ·········· 175
- 8.5 牵引系统作业指导书 ·········· 180
- 章节自测 ·········· 180

9 辅助系统 ·········· 184
- 9.1 辅助系统 ·········· 184
- 9.2 辅助系统原理 ·········· 194
- 9.3 辅助系统的检修维护 ·········· 196
- 9.4 辅助系统作业指导书 ·········· 198
- 章节自测 ·········· 198

10 网络控制系统 ·········· 202
- 10.1 车辆控制与管理系统（TCMS）缩写词 ·········· 202
- 10.2 TCMS 网络拓扑 ·········· 202
- 10.3 TCMS 网络地址 ·········· 204

	10.4 TCMS 硬件	204
	10.5 网络通信协议	208
	10.6 列车诊断系统及工具	211
	10.7 维护修程	213
	10.8 TCMS 作业指导书	213
	章节自测	214
11	广 播	216
	11.1 广播控制单元	216
	11.2 客室广播控制单元	221
	11.3 司机室语音控制单元	223
	11.4 司机室/客室扬声器	224
	11.5 终点站显示器	225
	11.6 动态地图	225
	11.7 紧急报警器	226
	11.8 噪声检测器	227
	11.9 广播系统故障检测	227
	11.10 广播系统作业指导书	231
	章节自测	231
12	视频监控系统	233
	12.1 设备概述	233
	12.2 系统概述	238
	12.3 检修及维护	238
	章节自测	243
13	工器具的使用	246
	13.1 机械式游标卡尺	246
	13.2 车钩中心高度测量尺	247
	13.3 第四种检查器	249
	13.4 力矩式皮带扳手	252
	13.5 轮对内距尺	255
	13.6 轮径测量仪	257
	13.7 扭力扳手	259
	13.8 皮带张力仪	262
	13.9 万用表	264
	13.10 相序表	267
14	车辆典型故障	270
	14.1 辅助系统示例	270
	14.2 TCMS 系统示例	272

  14.3　车门系统示例 1 275
  14.4　车门系统示例 2 275
  14.5　牵引系统示例 276
  14.6　贯通道系统示例 279
  14.7　广播系统示例 281
  14.8　CCTV 系统示例 1 283
  14.9　CCTV 系统示例 2 283

15　车辆救援介绍 284
  15.1　液压基础知识 284
  15.2　液压传动工作原理 285
  15.3　液压泵 285
  15.4　千斤顶（油缸） 286
  15.5　液压阀 286
  15.6　液压管路 288
  15.7　液压油 288
  15.8　救援装置 290
  15.9　哈尔滨地铁救援设备简介 294

16　作业指导书 303
  16.1　《齿轮箱润滑油更换作业指导书》 303
  16.2　《空气滤清器滤芯更换作业指导书》 305
  16.3　《双针压力表及指示灯更换作业指导书》 307
  16.4　《空气滤清器滤芯更换作业指导书》 308
  16.5　《车钩高度测量作业指导书》 309
  16.6　《车门 V 形调整作业指导书》 310
  16.7　《广播控制盒、话筒更换工艺》 312

附　录 314
  附录一　章节自测答案 314
  附录二　英文缩略表 325

参考文献 331

1 概 述

城市轨道交通是城市公共交通系统的一个重要组成部分，中国国家标准《城市公共交通常用名词术语》将城市轨道交通定义为"通常以电能为动力，采取轮轨运转方式的快速大运量公共交通之总称。"城市轨道交通是采用轨道进行承重和导向的车辆运输系统，依据城市交通总体规划的要求，设置全封闭的或部分封闭的专用轨道线路，具有线路、信号、车站、供电、控制中心和服务设施等，以列车或单车形式，运送相当规模客流量的城市公共交通方式。目前，城市轨道交通有地铁、轻轨、市郊铁路、有轨电车以及磁悬浮列车等多种类型，号称"城市交通的主动脉"。城市轨道交通和其他公共交通相比，具有用地省、运能大、耗能少、污染小的特点。

1.1 车辆的编组及运行

地铁车辆作为运载旅客的运输工具，不仅要保证车辆运行的安全、准点、快速以及良好的牵引、制动性能，同时又要有良好的乘客服务设施，使乘客感到舒适、方便。

1.1.1 车辆的编组

哈尔滨地铁车辆按有无动力可分为两大类：动车（M），带有牵引动力装置，可分为带受电弓的动车（Mp）和不带受电弓的动车（M）；拖车（T），本身无动力牵引装置，两端带有司机室。

具体编组形式如下：

=Tc*Mp1*M1*M2*Mp2*Tc=

- Tc车：带有司机室的拖车；
- Mp1车：带受电弓的动车（电动升弓泵）；
- Mp2车：带受电弓的动车（气动升弓泵）；
- M1、M2车：不带受电弓的中间动车（车下设备不同）；
- =：头车半自动钩缓装置；
- *：半永久钩缓装置。

哈尔滨地铁车辆采用"四动两拖"动、拖混编的形式，这种编组形式虽然动车数量少，但是起动加速度和制动减速度同样可以满足客运量及行车间隔的需求，而动车数量的减少，又可以显著节省投资和维修费用。

1.1.2 车辆的运行

当车辆在运营中突然发生故障而无法自行运行时，一般就需要用另一列完好的列车对其进行连挂救援，以借助施救列车动力尽快将故障列车清退出正线，以保证正线运营畅通。因此，多车连挂功能是十分重要的。

为了保证连挂运行功能的实现，半自动车钩的机械车钩形式和尺寸相同，电气车钩的一些电气触头设置相匹配。

连挂运行时，要求救援列车牵引一列超载的故障列车，能在线路最大坡道上，在最小供电电压下向上起动。多车连挂的速度一般应不大于 5 km/h。

当一列超载列车，因故障停在 35‰ 的坡道上，另一列动力完好的空车可以将其从坡底顶推到下一站，救援时所能达到的最高速度为 53 km/h。

一列 6 辆编组的空车能将另一列停在 35‰ 坡道上的 6 辆编组的故障空车牵引回车辆基地，救援时所能达到的最高速度为 63 km/h。

1.2 车辆的类型及特点

1.2.1 车辆的主要标准及特征

地铁系统是大客运量的城市轨道交通系统，是城市轨道交通的主要形式。地铁车辆主要是在大城市地下隧道中运行，也可以在地面或高架上运行。根据线路和客运规模的不同，地铁可分为高运量地铁和大运量地铁，其主要技术标准及特征见表 1.1。

表 1.1 地铁车辆主要技术标准及特征

系 统	分 类	车辆和线路条件	客运能力 $N/$（人/h） 运营速度 $v/$（km/h）	备 注
地铁系统	A 型车辆	车长：24.4 m/22.8 m 车宽：3.0 m 定员：310 人 线路半径：≥300 m 线路坡度：≤35‰	N：4.0 万～7.5 万 v：≥35	高运量；适用于地下、地面或高架
地铁系统	B 型车辆	车长：19 m 车宽：2.8 m 定员：230～250 人 线路半径：≥250 m 线路坡度：≤35‰	N：3.0 万～5.0 万 v：≥35	大运量；适用于地下、地面或高架
轻轨系统	多为 C 型车辆	车长：19 m 车宽：2.6 m	N：1.0 万～3.0 万	适用于地下、地面或高架

1.2.2 车辆类型选用的主要因素

1. 载客量

哈尔滨地铁 1 号线车辆载客质量及列车质量见表 1.2。

表 1.2　哈尔滨地铁 1 号线车辆载客质量及列车质量

定义	乘客质量/t				车辆载客质量/t				列车质量/t
	Tc 车	Mp 车	M1 车	M2 车	Tc 车	Mp 车	M1 车	M2 车	
空载（AW0）	0	0	0	0	31.92	33.3	33.12	32.2	195.76
坐客载荷（AW1）	2.16	2.16	2.16	2.16	34.08	35.46	35.28	34.36	208.72
定员载荷（AW2）	13.74	15.18	15.18	15.18	45.66	48.48	48.3	47.38	283.96
超员载荷（AW3）	17.64	19.5	19.5	19.5	49.56	52.8	52.62	51.7	309.04

注：乘客每人质量按 60 kg 计算。

2. 旅行速度

哈尔滨地铁车辆的设计/构造速度为 90 km/h，最高运营速度为 80 km/h，平均旅行速度约为 35 km/h（在最大载荷下，所有动车都运行的条件下，包括列车在车站的停车时间和折返时间）。

3. 线路条件

车辆适合的线路标准如下：

正线最小平面曲线半径：困难地段 250 m。

最大坡度：

正线：30‰；

辅助线：35‰；

车场线路：1.5‰。

4. 环境条件

在哈尔滨所遇到的气候条件下，车辆能够可靠和安全运行。

综合以上几点因素，哈尔滨地铁车辆采用 B 型车。

1.3　车辆的组成

哈尔滨地铁车辆系统主要由机械系统、牵引系统、辅助系统三大部分组成。其中，机械系统包括车体、车门、车钩缓冲装置（钩缓装置）、转向架、制动系统、空调系统。牵引系统包括车辆受电弓、牵引电机等电器以及电气传动控制系统。辅助系统由辅助电源、空调系统控制、照明系统控制、车门电气控制等自控监控系统组成。

1.3.1　车体

车体是城市轨道交通车辆最重要的组成部件之一，坐落在转向架上。除了载客之外，几乎所有的机械、电气、电子等设备都安装在车体的上部、下部及内部，驾驶室也设置在车体中（见图 1.1）。

车体一般由底架、侧墙、车顶、端墙组成。为了减轻车重，车体采用铝合金材料来减轻自重。底架采用大断面铝合金挤压型材焊接结构和钢模块组成；侧墙铝合金结构采用分块结构；车顶采用铝合金型材焊接结构；端墙采用板梁结构。车体要有隔音、减振、隔热、防火以及尽可能保证乘客安全的措施。

图 1.1　哈尔滨地铁车辆车体

1.3.2　车　门

为满足城市轨道交通的特殊性，车辆客室车门要有足够的数量、要有足够的有效宽度，车门附近要有足够的空间，以使乘客上下车时间满足运行密度的要求。

哈尔滨地铁车辆客室车门是由驱动系统及门板组成的。其中，驱动系统包括机械控制及电气控制两部分。机械控制部分由安装传动导向装置组成。电气控制部分由门控器、驱动电机及实现自动门功能的其他附件构成。客室车门根据驱动系统的动力来源可分为电动式车门和气动式车门，哈尔滨地铁客室车门采用电控电动式车门；按照车门的运动轨迹以及车体的安装方式的不同可分为内藏对开式双滑门、外挂式移动门、塞拉式车门和外摆式车门 4 种，哈尔滨地铁 1 号线客室车门采用内藏门（见图 1.2），司机室车门采用单开电动塞拉门（见图 1.3）。

图 1.2　客室车门（内藏式）　　　　　　图 1.3　司机室车门（塞拉门）

1.3.3　车钩缓冲装置

车钩缓冲装置是车辆的重要部件之一。它是用来连接列车中各车辆，使彼此保持一定的距离，并且传递和缓和列车在运行中或在调车时所产生的纵向力和冲击力。

哈尔滨地铁车钩缓冲装置分为两种：Tc 车一位端采用半自动钩缓装置（见图 1.4），由 330 连挂系统、弹性胶泥缓冲系统、压溃管装置和过载保护装置组成；中间车采用半永久钩缓装置（见图 1.5），由卡环连接结构和弹性胶泥缓冲系统及压溃管装置组成。

图 1.4　半自动钩缓装置

图 1.5　半永久钩缓装置

1.3.4　转向架装置

转向架是车辆最重要的组成部件之一，是支撑车体并承担车辆沿轨道走行的支撑走行装置。转向架一般由构架、轮对轴箱装置、悬挂系统、减振装置、基础制动装置、传动装置等组成（见图 1.6）。动车的牵引电机、齿轮箱等安装在转向架上。转向架的结构及各部件参数是否合理，直接影响车辆的运行品质、动力性能和行车安全。

图 1.6　哈尔滨地铁转向架

1.3.5 制动系统

制动系统是车辆必须安装的部件，其作用是实现列车减速或停止运行，保证行车安全。

制动系统由制动控制系统和制动执行系统组成。制动控制系统是产生制动原动力并进行操作和控制的部分；制动执行系统是传送制动原动力并产生制动力的部分。

一般，地铁系统站间距离较短、调速及制动频繁，故列车在正常运营时，为了提高旅行速度，列车必须起动快、制动距离短。哈尔滨地铁车辆制动方式为电空混合制动，应用制动控制单元对各种数据进行处理后发出电信号，控制制动力；电制动与空气制动实时协调配合，电制动优先使用、空气制动延时投入。图 1.7 为踏面制动单元。

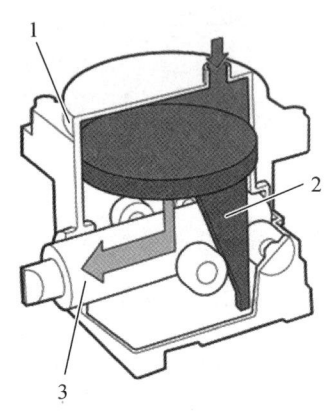

图 1.7 踏面制动单元

1—制动缸；2—活塞楔形块；3—推筒

1.3.6 空调系统

地铁车辆系统的运输任务是运送短途乘客，这就要求客室内的环境舒适且健康。车辆因乘客拥挤，空气污浊，必须设有通风装置。哈尔滨地铁 1 号线空调采暖系统主要包括空调通风系统和采暖系统。其中，空调通风系统由空调机组（见图 1.8）、风道、排风装置、司机室送风单元（仅头车）、温度传感器、空气净化装置（安装于机组内部）组成；采暖系统由司机室电热器和客室电热器组成（见图 1.9）。

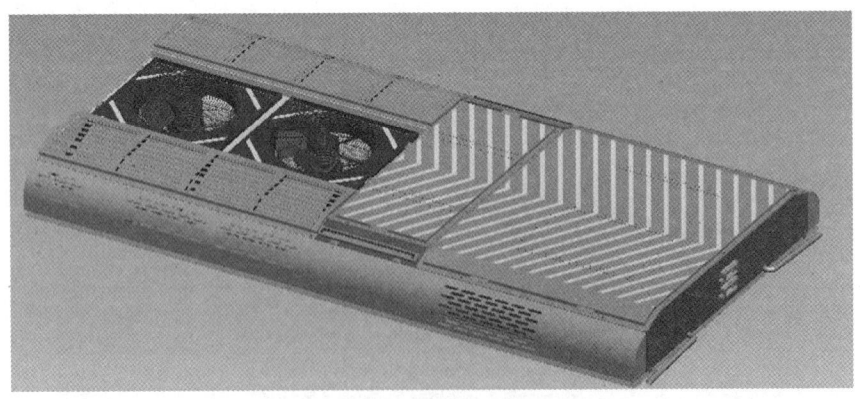

图 1.8 空调机组

 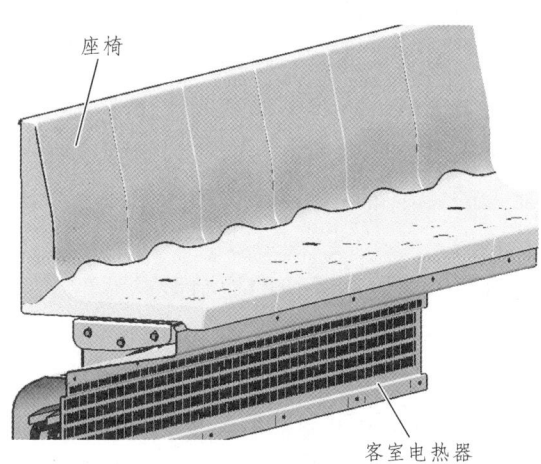

图 1.9 司机室及客室电热器

空调机组及控制单元是最主要的部件,每节车辆配置两台空调机组和一个控制单元。空调机组装在车顶上方,控制单元装在客室空调柜内(见图 1.10),便于调节、监控和检查。

紧急通风电源是在失去 AC380 V 电源、空调机组停止工作的情况下,将 DC110 V 直流电逆变成交流电,驱动送风机工作,为客室提供通风。

图 1.10 空调柜

1.3.7 车辆电气牵引系统

车辆电气牵引系统是列车运行的核心装置,由高速断路器、牵引逆变器及其控制单元、牵引电机、联轴节、齿轮箱、制动电阻组成,它是电传动车辆上高电压、大电流、大功率的动力电路,将从电网上输入的电能经转化后控制牵引电机的运转,也就是把电网上的直流电压逆变成一个带有可变振幅和频率的三相电压,为牵引电动机运行提供合适的能量。牵引电机将输出的功率传给轮对,驱动列车运行。牵引系统的作用是:在牵引工况时,将变电所传递的电能转变为车辆牵引所需的牵引力;在制动工况时,将车辆的动能转化为电制动力,实现功率的转换和传递。列车制动时,将列车的动能转化成电能反馈回电网或送到制动电阻上变为热能散发出去。

牵引能量的传送路径:接触网→受电弓→高速断路器→牵引逆变器→牵引电机→联轴节→齿轮箱→轮对。

车辆的牵引及电制动系统的控制形式为车控。即一节车中的牵引逆变器及控制单元并行控制本车的 4 台牵引电机,这意味着本节车的牵引逆变器或控制单元如发生故障将导致一节车的牵引和电制动能力全部丢失,一根轴的空转/滑行将导致控制单元同时切除 4 根轴的牵引/电制动。

列车的高压电路为 DC 1 500 V 电源经受电弓进入列车,分为两路:一路为牵引系统电路,经各个动车的高速断路器进入牵引逆变器(VVVF),一个高速断路器保护一个牵引逆变器,其闭合分断可由司机控制或在电流过大时自行分断,也可由列车控制系统或牵引控制单元(DCU)控制。

为了车间检修的需要,列车还配置了车间电源插座,把地面的 DC 1 500 V 电源通过车间电源插座接入后,给列车辅助电源系统供电,使空调机组启动工作,检修人员可上车顶进行检查作业。从安全上考虑,车间电源不与牵引电路相连。

1.3.8 辅助供电系统

车辆辅助供电系统为除牵引系统以外的所有系统供电,整个辅助供电系统由三相交流 380 V 电源、低压直流电源和蓄电池构成。其中,低压直流电源通常有 110 V 直流电和 24 V 直流电。380 V 交流电的负载有:空压机、空调系统、各类风机等;直流 110 V 电源的负载有:照明电路、车门驱动系统、乘客信息系统、紧急通风电源等。

(1)三相交流 380 V 电源。一列车有 3 个辅助逆变器并联输出,给相关所有车的负载供电,保证当一个辅助逆变器发生故障时,可以利用正常逆变器的设计余量保证负载需求。

(2)直流 110 V 电源(也称蓄电池充电器)。直流 110 V 电源是将 380 V 交流电整流为 110 V 直流电。为了保证故障状态下的列车运行能力,列车上 110 V 电源是冗余设置的,并且一个充电器的容量能满足整列车的需求。

(3)蓄电池。蓄电池是列车的重要设备,为在运营时列车失去外来供电的情况下提供临时供电,因此是必不可少的安全保障。列车设置两组蓄电池,总容量可满足 45 min 内列车部分 110 V 控制电路、各系统电子控制电路、指示灯、广播系统、乘客信息显示系统部分功能、紧急照明、紧急通风等正常工作。

1.3.9 乘客信息系统

乘客信息系统包括广播(PA)、乘客信息显示系统(PIDS)、车载视频监控系统(CCTV)。

1. 广 播

列车广播具有司机室对讲、司机对乘客广播、列车自动广播、司机与乘客对讲、运行控制中心(OCC)对客室车厢的广播功能,实现地铁列车运营信息广播与指示,使地铁乘客及时了解列车的运行情况、预到站信息、到站信息等,方便旅客换乘其他线路,减少旅客下错站的可能性。

2. 乘客信息显示系统

乘客信息显示系统（PIDS）通过 WLAN 无线网络，将控制中心发送的直播视频通过车载无线单元设备接收下载后，经视频播放控制器处理并沿着车载数据传输网络传至车辆客室 LCD 显示屏显示播放。一旦无线传输单元出现故障，系统能够播放预制信息，如 DVD、VCD、各种多媒体视频文件等。

3. 车载视频监控系统

每个司机室配备 3 个监视摄像机，其中 2 个监视摄像机实时记录司机室司机的操作，1 个摄像机记录司机室外侧车辆前方隧道内的情况（哈尔滨地铁 1 号线一期司机室只有 1 个摄像头）；每节客室中安装 2 台摄像机，以实时监控客室乘客的活动状况。

1.4 车辆检修制度

车辆运行一段时间后，各部件和构件由于振动或磨耗会产生松动、变形或损坏。为了保证运行安全和提高使用寿命，有关管理部门都要预先制定车辆的日常检查、维护规范和车辆检修的各种技术规程。

目前，哈尔滨地铁的检修规程分为日检、均衡修、架修和大修四级维护。

车辆的修程实施取决于运行时间和走行里程数这两个参数，当二者之中有一参数达到，就应实施相应的修程。

1.4.1 日检（每日）

对容易出现危及行车安全的各主要部件（如轮对、弹簧、转向架、控制装置、空气制动装置、车钩缓冲装置、车门风动开关装置、车体、车灯等）进行外观及功能型检查，对危及行车安全的故障及时进行重点维修，对车辆各功能（如制动、广播、空调等功能）进行试验，保证车辆安全运营。

1.4.2 均衡修

为减少扣车时间，保证投入正线运营的车辆数，将列车一年内所涉及的总体维修、保养项目总量分摊到 12 个月中完成。

1.4.3 架修（5 年或 600 000 km）

其主要目标是检测和修理大型部件。通过架车对车辆各部件进行解体和全面检查、修理、试验，对计量仪器、仪表进行校验，车体要重新油漆标记；同时，列车组装后需要对列车进行静、动态调试，调试正常的列车方能投入运营。

1.4.4 大修（10 年或 1 200 000 km）

全面恢复性修理。要求对车辆实施全面解体，通过检查、整形、修理、试验、重新油漆、组装及静、动态调试，完全恢复车辆性能，基本上达到新车出厂水平。

# 章节自测

一、填空题

1. 哈尔滨地铁车辆的设计/构造速度为（　　　　　），列车最高运营速度为（　　　　　）。
2. 哈尔滨地铁车辆采用（　　　　　）型车。
3. 车体一般由（　　　　）、（　　　　）、车顶、端墙组成。
4. 哈尔滨地铁 1 号线客室车门采用（　　　　），司机室门采用（　　　　）。
5. 哈尔滨地铁 1 号线一期车辆制动方式为电空混合制动，应用（　　　　　）对各种数据进行处理后发出电信号，控制制动力。
6. 哈尔滨地铁 1 号线空调采暖系统主要包括（　　　　）和（　　　　）。
7. 牵引系统是电传动车辆上高电压、（　　　　）、大功率的动力电路。
8. （　　　　）是产生制动原动力并进行操作和控制的部分，制动执行系统是传送制动原动力并产生制动力的部分。
9. 转向架一般由（　　　　）、轮对轴箱装置、悬挂系统、减振装置、基础制动装置、传动装置等组成。
10. Tc 车 1 位端采用半自动钩缓装置，由 330 连挂系统、（　　　　）、压溃管装置和过载保护装置组成。

二、选择题

1. 车辆连挂的速度一般不大于（　　）。
   A. 3 km/h　　　　　B. 5 km/h　　　　　C. 8 km/h　　　　　D. 10 km/h
2. 一列超载列车和一列空车在被救援时最高速度分别可以达到（　　）。
   A. 33 km/h 和 43 km/h　　　　　B. 40 km/h 和 50 km/h
   C. 45 km/h 和 55 km/h　　　　　D. 53 km/h 和 63 km/h
3. 哈尔滨地铁 1 号线车辆在正线可以通过的最小曲线半径是（　　）。
   A. 150 m　　　　　B. 200 m　　　　　C. 250 m　　　　　D. 300 m
4. 哈尔滨地铁 1 号线车体材料为（　　）。
   A. 铝　　　　　B. 铝合金　　　　　C. 合金钢　　　　　D. 碳素钢
5. 2017 年，哈尔滨地铁车辆检修制度取消了（　　）。
   A. 日检　　　　　B. 定修　　　　　C. 均衡修　　　　　D. 架修
6. 哈尔滨地铁列车上没有哪种电源？（　　）
   A. 380 V　　　　　B. 220 V　　　　　C. 40 V　　　　　D. 24 V
7. 车辆垂向力的传递方向为（　　）。
   A. 车体→二系空气弹簧→构架→一系弹簧→轴箱→轮对→轨道
   B. 车体→二系空气弹簧→构架→轴箱→一系弹簧→轮对→轨道
   C. 车体→二系空气弹簧→构架→轴箱→牵引电机→轴→轮对→轨道
   D. 车体→二系空气弹簧→构架→一系弹簧→轴箱→牵引电机→齿轮箱→轮对→轨道
8. 下列哪项不是由 110 V 电源供电的负载？（　　）
   A. 紧急照明电路　　　　　B. 车门控制电路
   C. 应急通风逆变器　　　　　D. 空压机

9. 广播不具有下列哪项功能？（　　）
   A. 司机对乘客进行广播　　　　　　　　B. 列车自动广播
   C. 客室间乘客进行对讲　　　　　　　　D. 司机对司机进行对讲
10. PIS 不包括下列哪项？（　　）
    A. PA　　　　　　B. PH　　　　　　C. PIDS　　　　　　D. CCTV

三、判断题

1. 哈尔滨地铁采用四动四拖 8 辆编组的形式。（　　）
2. Tc 车 1 位端半自动车钩采用 35 型连挂系统。（　　）
3. 哈尔滨地铁司机室门采用双开外挂电动塞拉门结构。（　　）
4. 若某一节车的牵引逆变器发生故障，将导致一节车的牵引和电制动能力全部失去。（　　）
5. PIDS 是乘客信息系统的简称。（　　）

四、简答题

1. 简述哈尔滨地铁车辆的编组形式，并说明各符号的意义。
2. 简述 A 型车及 B 型车的主要参数及特征。
3. 说明 AW0、AW1、AW2、AW3 的含义。
4. 简述哈尔滨地铁车辆的制动方式。
5. 简要说明目前哈尔滨地铁的检修规程并作解释。

2 车体

城市轨道交通事业的发展,对城市轨道交通车辆提出了越来越高的要求。为提高车辆性能和服务质量,车辆服务的设施需不断增加,这不仅使设备维修费用大幅上升,也使车辆的质量随之增加;然而安全、轻量化车辆运营已成为现代化城市轨道交通的重要标志,做到轻量化最好的办法就是减轻车体的自重,采用铝合金材料就是减轻车体自重的最有效措施。

2.1 车 体

车体分为带司机室的拖车、带受电弓的动车和不带受电弓的动车3种基本车型。车体主结构为整体承载的铝合金型材的轻量化结构,各模块间采用焊接结构。车体主要承载结构由底架、侧墙、端墙和车顶等部件组成,使用寿命不低于30年。

2.1.1 车体铝结构总体规格

车体车长(中间):19 000 mm;
车体车长(司机室车,包含防爬器):19 860 mm;
车体最大宽度:2 800 mm;
车辆高度(轨面到车顶高度、新轮):3 800 mm;
转向架中心距:12 600 mm;
可承受纵向压缩载荷:800 kN;
最大纵向拉伸载荷:640 kN。

2.1.2 车体铝结构简介

车体满足 GB/T 7928《地铁车辆通用技术条件》规定的 B 型车辆的技术参数要求,车体结构设计满足 EN 12663《铁路车辆车体结构要求》标准中归属 P-Ⅲ(地铁和快速运输车辆)类规定要求。

车体主体结构材料采用铝合金大断面组合式中空挤压型材制造,使用的铝合金强度数据满足欧洲标准 EN 755-2 及德国标准 DIN 1748 要求,热处理满足 DIN EN 515 或相应的国际标准与欧洲标准。

1. 车顶铝结构

车顶采用铝合金型材焊接结构,车顶各型材之间采用 V 形坡口自动焊工艺,材料采用 6005A-T6,由 4 种 7 块型材组焊而成。车顶设置有雨檐、防滑结构,空调机组及受电弓机组平台安装点的型材采用加厚结构;车顶边梁型材断面较大,能够满足车门及内装安装接口要求。

2. 侧 墙

每块侧墙由 4 种不同型材组焊而成,设有门口和窗口。门口设有门口立柱,立柱由型材加工而成。窗口开口处型材具有不同的壁厚结构,以满足车窗的安装及强度要求。在窗口下部第一个型材上设置滑槽,以满足座椅安装要求。

3. 端 墙

端墙采用板梁结构,由 5 mm 厚的铝板和梁柱组焊而成。

4. 底 架

底架由铝地板、边梁、端梁、枕梁和缓冲梁组成。枕梁和缓冲梁采用碳钢材料,通过铆接与底架边梁连接。

2.1.3 车体维护

车辆在淋雨、洗车或有大量水接触车体后,需要将车体底架下部的透水孔封堵螺栓拧开(在车辆端部底架边梁上,每处 2 个,每车 8 个;在端梁上,每处 2 个,每车 4 个),确保因误操作或其他意外情况导致铝型材型腔进水后能够将水通过透水孔排出。如果有水排出,待水排出后,再将螺栓安装上。

2.2 车体内部布置

哈尔滨地铁 1 号线内装由国外设计公司设计,时尚、色彩协调、美观、大方,充分体现以人为本的原则,体现服务意识。从内装材料的选择到内装结构的设计,充分考虑了防火的要求,满足低烟、低毒的排放标准。

2.2.1 车辆内部装饰

车辆内部装饰以车体纵向中心为对称轴,主要由中顶板、通风格栅、灯带、侧顶板、门口立罩板、侧墙板、地板及地板布、客室间壁及司机室间壁、座椅、扶手、挡风板、灭火器等组成(见图 2.1)。车辆内部装饰所使用的材料和制品符合 DIN 5510 和相关中国标准的防火及安全要求。

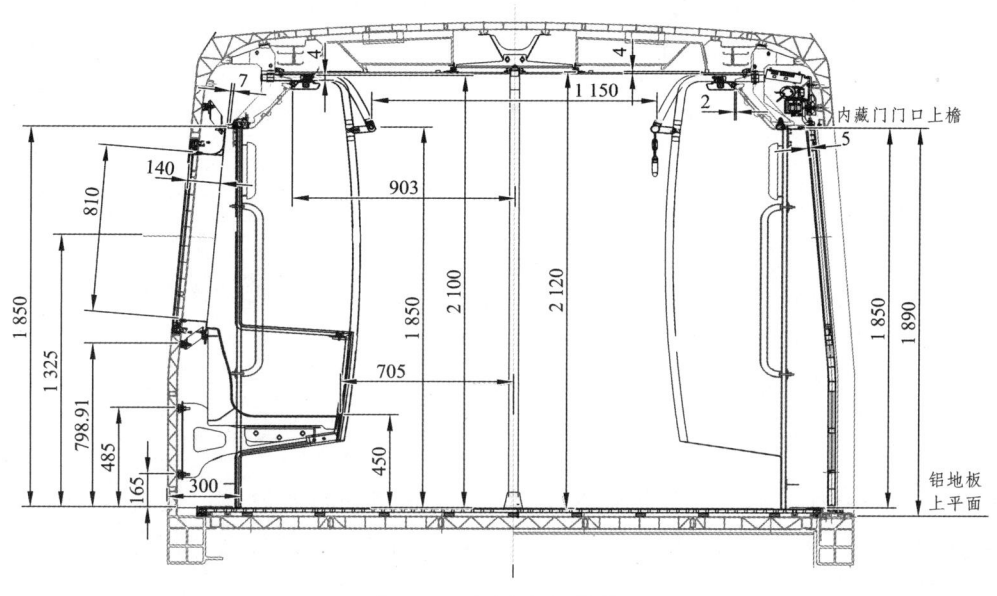

图 2.1 车辆内部装饰

车顶内装包括车顶吊座（中部和两侧）、铝型材纵梁、中顶板、送风格栅、侧顶板等，所有内装料件固定在铝型材纵梁和车顶吊座上，如图2.2所示。

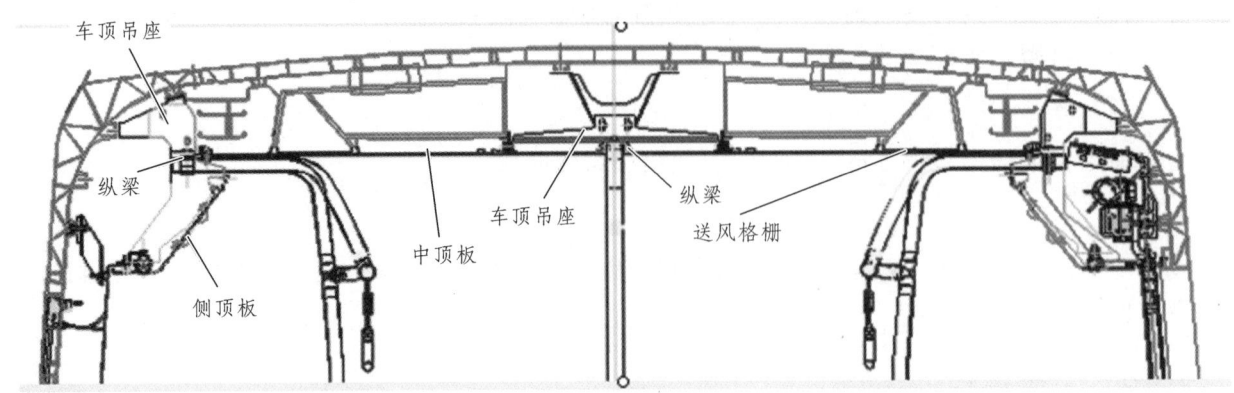

图 2.2　车顶内装

1. 中顶板

中顶板采用Artboard板，表面喷漆处理。中顶板靠近车体中心处采用插接形式安装在车顶中部型材上，中顶板远离车体中心侧，使用螺栓固定，整个中顶板的安装方便、牢固、易于调整。每两块中顶板之间留有3 mm的自然间隙，具体结构如图2.3所示。

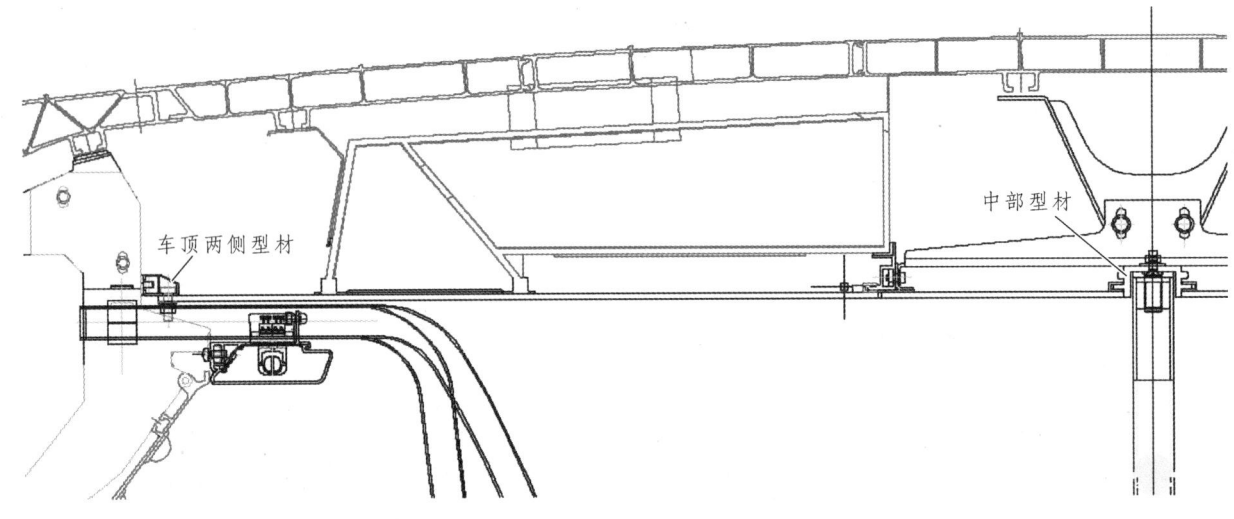

图 2.3　中顶板

2. 送风格栅

送风格栅采用铝型材加工出送风孔，通过表面喷漆处理加工而成。送风格栅一侧插接，另一侧采用螺钉连接，这种结构使格栅清洗维护时容易拆卸和复位。

图2.4是送风格栅的三维图。

3. 侧顶板

侧顶板采用铝型材加工而成，表面喷漆处理。侧顶板背面带有滑槽，电气设备如LCD、动态地图、噪检设备、扬声器等均固定在侧顶板背面的滑槽上。侧顶板是可开启式结构，便于上述设备的检修。详细结构件如图2.5所示。

图 2.4 送风格栅

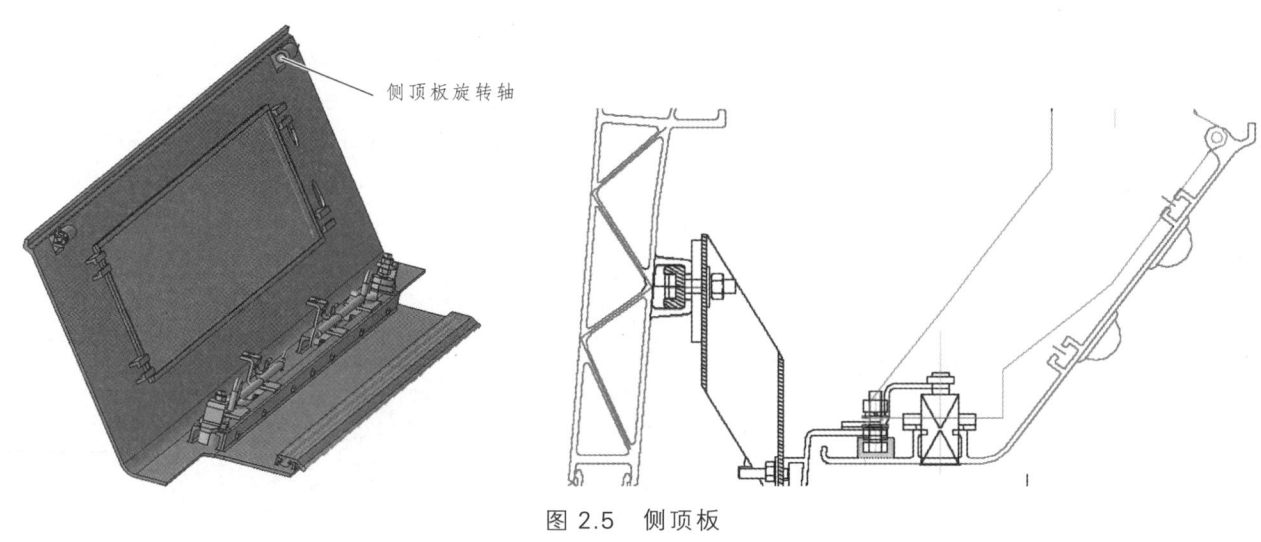

图 2.5 侧顶板

4. 侧墙板和门口立罩板

侧墙板为铝型材和铝蜂窝复合结构，两端小墙板为玻璃钢材料，立罩板为铝型材结构。侧墙具体布置如图 2.6 所示。

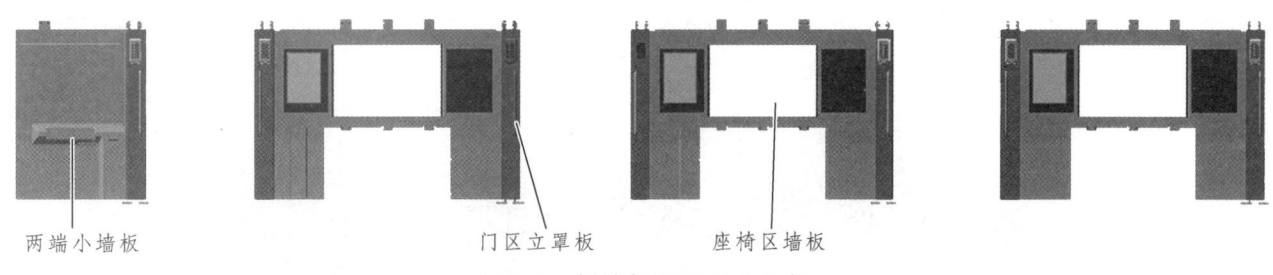

图 2.6 侧墙板和门口立罩板

5. 客室间壁

在车体的一、二位端设有间壁（电气柜），采用玻璃钢和铝型材骨架组合而成，厚度为 3 mm。客室间壁分左、中、右三部分，下部设踢脚板，采用 0.8 mm 不锈钢板，表面拉丝，与左右间壁黏接组成一个整体。间壁上装有扶手，左、右间壁设有检查门，整个间壁与车顶、侧墙、端墙、底架用螺栓连接，如图 2.7 所示。

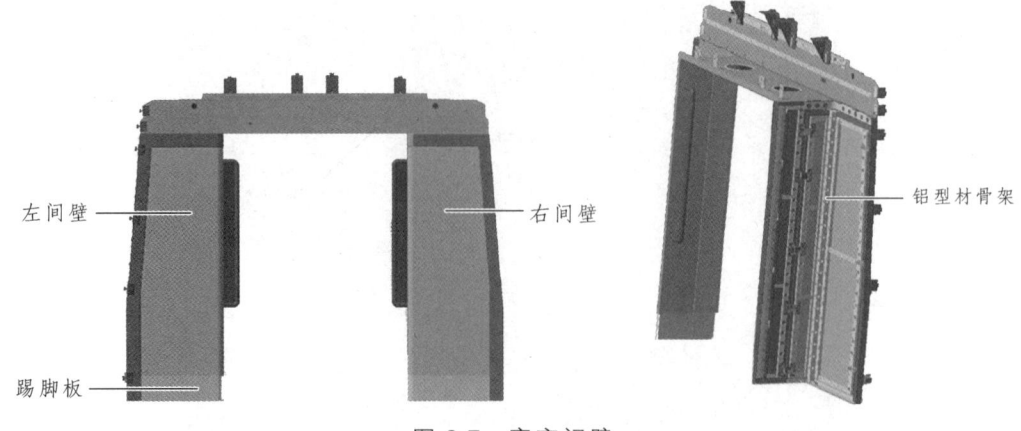

图 2.7 客室间壁

6. 司机室间壁

司机室间壁分直间壁和 L 形弯间壁两部分,由铝蜂窝和铝型材梁柱构成,如图 2.8 和图 2.9 所示。

直间壁客室侧有两个检查门和一个间壁门,检查门一侧安装折页,另一侧采用锁的形式,方便电气设备的检修维护。间壁门同样为一侧折页,一侧为锁的形式,间壁门上装有单向可视玻璃,间壁门往司机室方向开启,一旦遇到紧急情况,便于客室内人员疏散。L 形弯间壁平行侧墙侧设有大检查门,同样是为了方便电气设备的检修和维护;L 形弯间壁另一侧设有 4 个检查门。

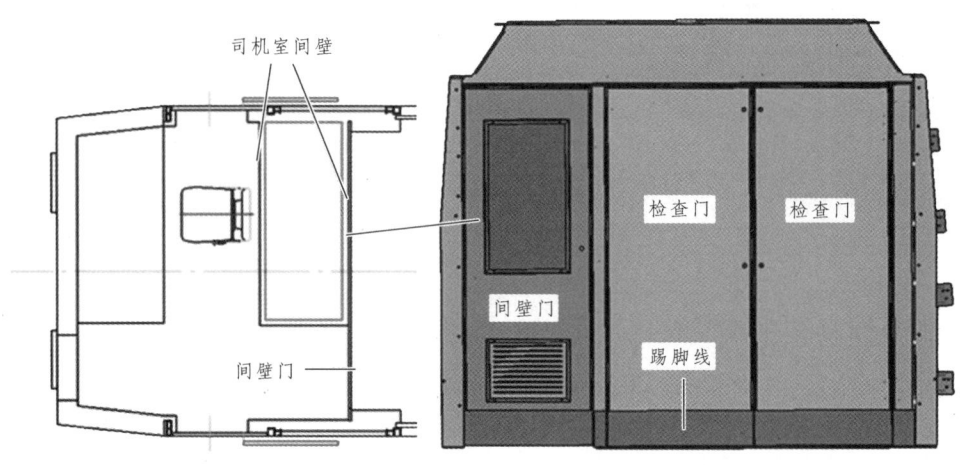

图 2.8 直间壁

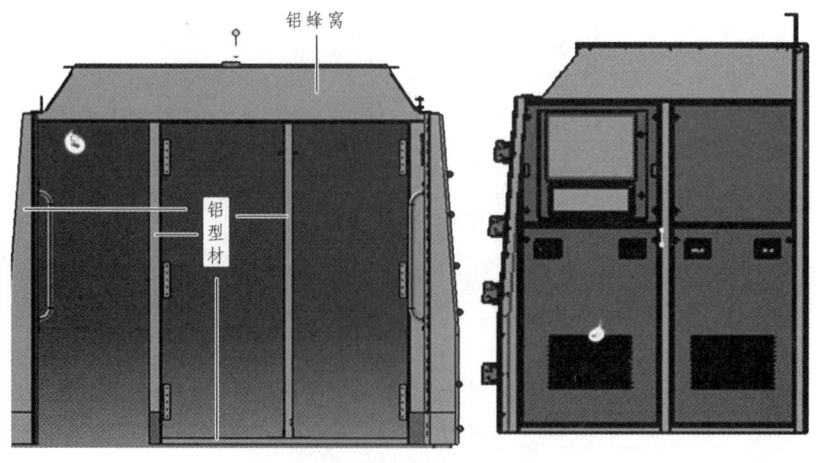

图 2.9 L 形弯间壁

7. 防寒材

为降低车下设备（如空压机组、转向架等）主要噪声源区域的车内噪声，在底架铝结构上粘有高阻尼吸音板及厚度为 15 mm 的高性能保温纤维棉，以达到减振、降噪的作用。同时，在端墙、侧墙及车顶装有密度为 32 kg/m³ 的高性能保温纤维棉，隔断车内外的传热途径，更好地保持车内的温度。门区侧墙黏接 13 mm 厚福乐斯 Armosound 隔音材。

在车顶空调机组区域黏接 6 mm 厚福乐斯 Armosound 隔音材、6 mm 厚纳能 6350 隔音材、15 mm 厚高性能保温纤维棉复合材料，达到减振、降噪的作用。

2.2.2 车辆内部设备

哈尔滨地铁 1 号线客室设备具有外形美观、人机工程性好、可维护性好等特点，体现了以人为本的设计理念。客室设备效果图见图 2.10。

图 2.10 客室设备效果图

客室设备由客室扶手布置、六人座椅设备安装、制动塞门罩板布置等几部分组成，采用模块化设计，各车型料件通用，便于进行车辆日常维护及车辆备品备件管理。

1. 客室扶手布置

扶手布置按人机工程学各项要求进行设计，旨在为乘客提供舒适、可靠的车内把持设备；扶手管使用外径为 $\phi 32$ 不锈钢管制作（中立柱扶手使用外径为 $\phi 38$ 不锈钢管），寿命周期内具有防锈蚀能力；表面拉丝处理，具有一定的防滑能力；扶手上设有吊环，吊环把手中心高度为 1 650 mm，符合人机工程学要求，能够满足乘客把持需求。

客室扶手布置如图 2.11 所示。

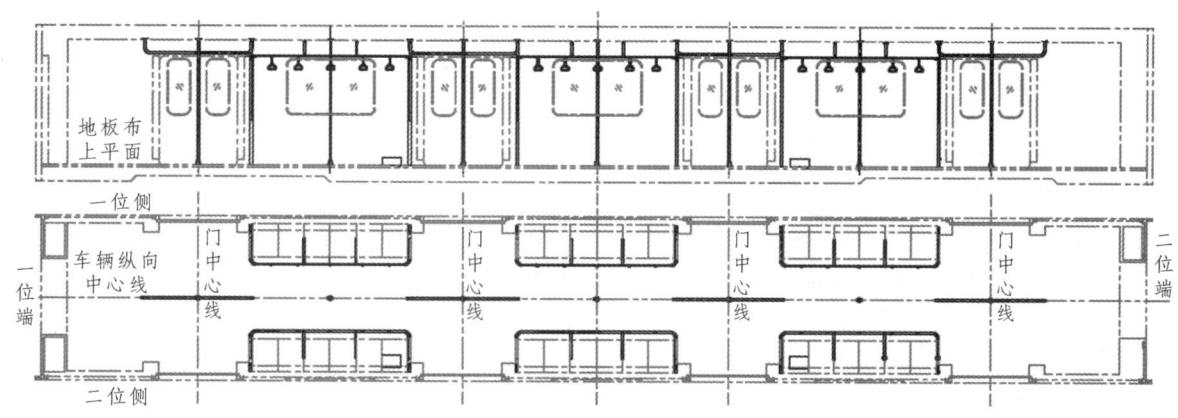

图 2.11 客室扶手布置图

具体布置如下:

(1)六人区上方设六人区纵向扶手,扶手中心高 1 850 mm,其上安装 5 个吊环。为保证强度,六人区纵向扶手中间设 2 个扶手吊杆,使用管卡安装到车顶海马吊上,两端通过内六角螺钉安装在挡风板扶手上。

(2)每辆车设 7 个中立柱扶手,分别位于门中心及窗中心,中立柱上端通过顶板处的螺栓连接,下端设安装护套,使用螺钉钻配安装到地板上。其中,门区中立柱两侧设横扶手,便于乘客上下车把握,横扶手高度设置为 1 900 mm,其上不设吊环。

(3)整车扶手之间采用相贯连接,表面过渡光滑,造型美观,表面拉丝处理。

(4)吊环采用聚碳酸酯把手和尼龙吊带结构,吊环安装座使用钢板压窝结构,避免因安装座锐边造成吊带过度磨损等问题。

2. 六人座椅设备安装

六人座椅设备安装按人机工程学各项要求进行设计,旨在为乘客提供舒适、可靠的车内乘坐设备。六人座椅由座椅骨架组成、六人座椅组成、挡风板组成、支架组成等构成。

六人座椅设备安装后效果如图 2.12 所示。

图 2.12 六人座椅设备安装效果图

具体特征如下:

(1)座椅骨架组成:由 Q345B 钢板焊接而成,表面喷漆,使用滑块安装到侧墙钢结构预焊接的滑槽上。六人座椅设备区设 4 个座椅骨架(受内藏门限制,4 个骨架布置于窗下),它们与六人座椅组成的整体能够承载 900 kg 以上,满足设计要求。

(2)六人座椅组成:采用玻璃钢材质,模压工艺生产,是国内地铁客车首次采用玻璃钢模压座椅。模压座椅相比手糊座椅具有产品一致性好、互换性好、生产效率高等优点,同时该座椅为压窝造型,符合人机工程学要求,乘客乘坐舒适。受模具及加工工艺限制,座椅采用 2+2+2 上下分体式结构,即二人座椅靠背和二人座椅坐垫分别生产,3 个二人座椅靠背通过型材组成六人座椅靠背组成;3 个二人座椅坐垫通过安装型材组成六人座椅坐垫组成;供应商配套供货,现车安装组成六人座椅整体。同时,在座椅靠背上方与侧墙接触面设弹性胶条,避免座椅靠背与墙板之间出现缝隙不均等问题;在模压座椅上下分缝处设胶条,保证该缝隙不能插入银行卡、地铁卡等杂物。

(3)挡风板组成:布置于座椅两侧,可以有效地避免车门打开状态下风直接吹到乘客。挡风板采用铝蜂窝底座,表面喷漆处理;挡风板扶手材质、表面处理与客室其他扶手相同;挡风板由厂家组装好供货,挡风板上部通过管卡固定在车顶海马吊上,下部安装在立罩板上。

(4)支架组成:由钢板 Q345B 钢板焊接而成,布置于座椅两端,起连接座椅和挡风板、支持座椅端部的作用。在车辆运营过程中,如发现支架组成松动,使用扳手紧固即可。

3. 制动塞门罩板布置

紧急情况下，司机可以使用钥匙打开制动塞门罩板上的检查门，操作内部的缓解手柄；需要检修缓解装置时，仅需将箱体上的 4 个安装螺钉拆下，即可将箱体拆下进行缓解装置检修。

制动塞门罩板布置如图 2.13 所示。

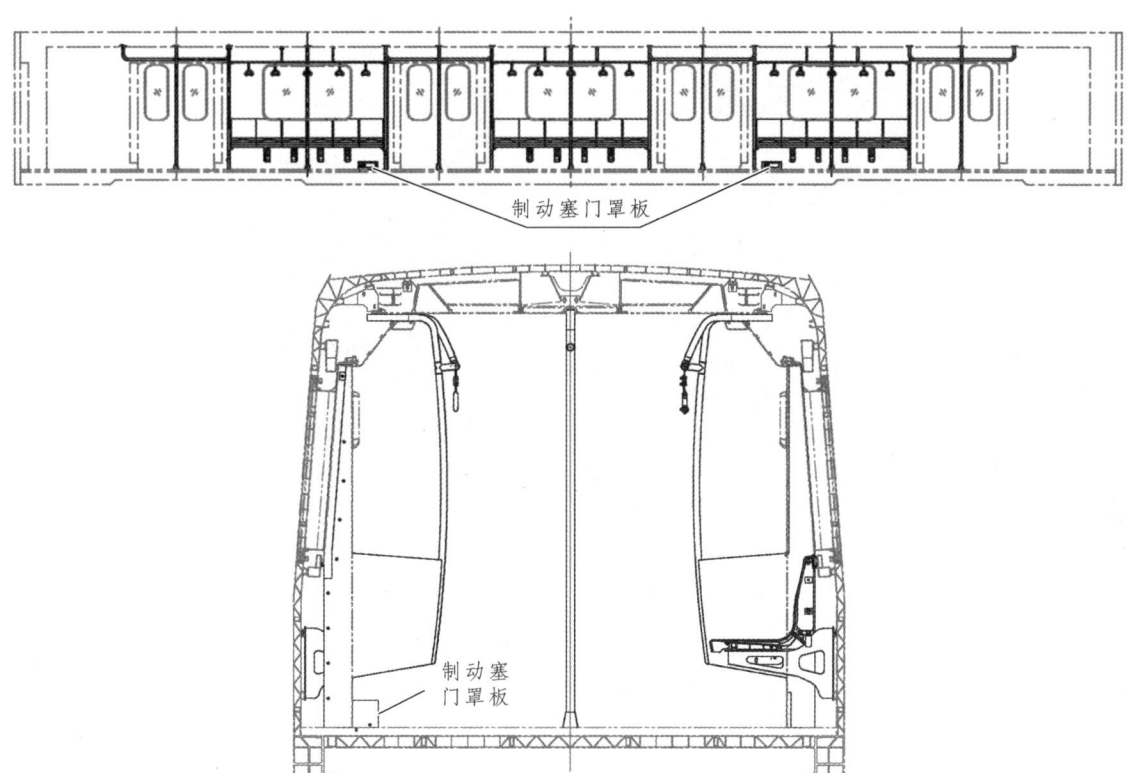

图 2.13 制动塞门罩板布置图

4. 残疾人区设备布置

残疾人区设备有轮椅固定器，其设计旨在在车辆端部为乘客提供倚靠及为残疾人提供轮椅固定装置，满足不同类型乘客乘坐、使用需求。其中，轮椅固定器仅在 B21-02、05 车一位侧设置。

轮椅固定器安装在墙板上，表面为喷漆处理，颜色与墙板颜色一致。轮椅固定器内置安全带伸缩机构、外置挂钩，可以满足坐轮椅乘客的乘车需要。

轮椅固定器安装后效果如图 2.14 所示。

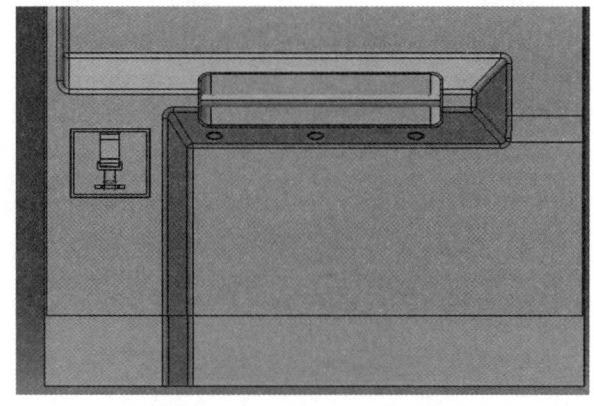

图 2.14 轮椅固定器效果图

5. 客室灭火器布置

根据结构设计需要，将灭火器布置于客室内，具体位置如图 2.15 所示。灭火器安置在墙板内部，使用卡扣结构，实现了灭火器的安装及各项使用要求。

灭火器箱实物如图 2.15 所示。

图 2.15 客室灭火器布置及实物图

2.3 贯通道

贯通道是列车上灵活可动的部分，可以使相邻的两个车厢相对运动，并提供给乘客一个安全舒适的通道。基于贯通道的结构，它拥有一个较长的使用寿命且几乎是免维护的。

图 2.16 所示为贯通道主要组件。

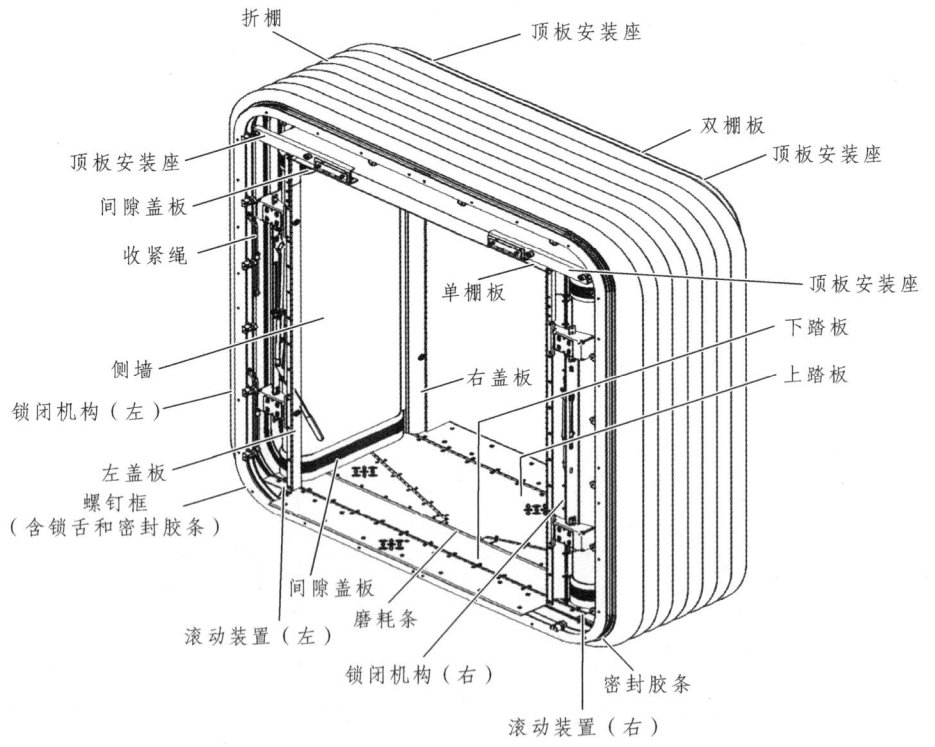

图 2.16 贯通道总成

2.3.1 折棚总成

折棚由向内开放的灵活褶皱材料组成,如图 2.17 所示。棚布由特殊材料制成,连接于铝型框两边。棚布两端连接于箱位框上。每个箱位框都有两个焊接的孔钩,用于固定限位绳。

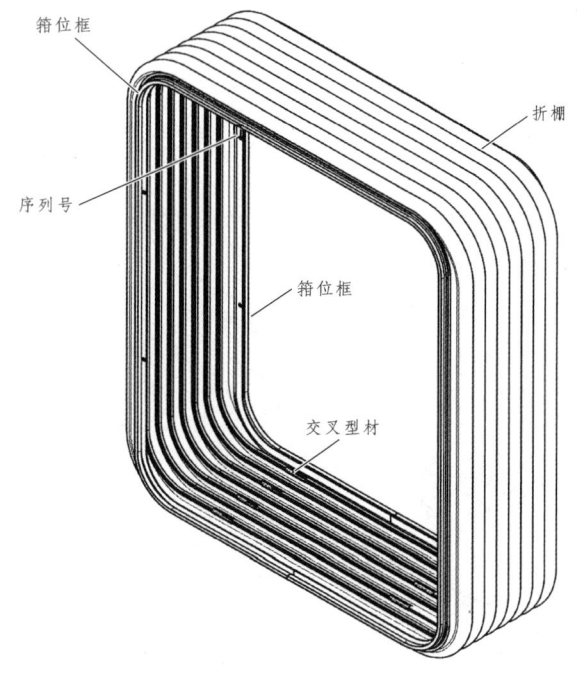

图 2.17 折棚总成

2.3.2 带锁舌的螺钉框

螺钉框由焊接铝型材组成,通过螺钉固定在车辆端部。其内框用于安装橡胶型材。螺钉框用于连接折棚组成。

折棚(安装时)箱位框置于螺钉框的橡胶型材上,由锁舌固定,如图 2.18 所示。

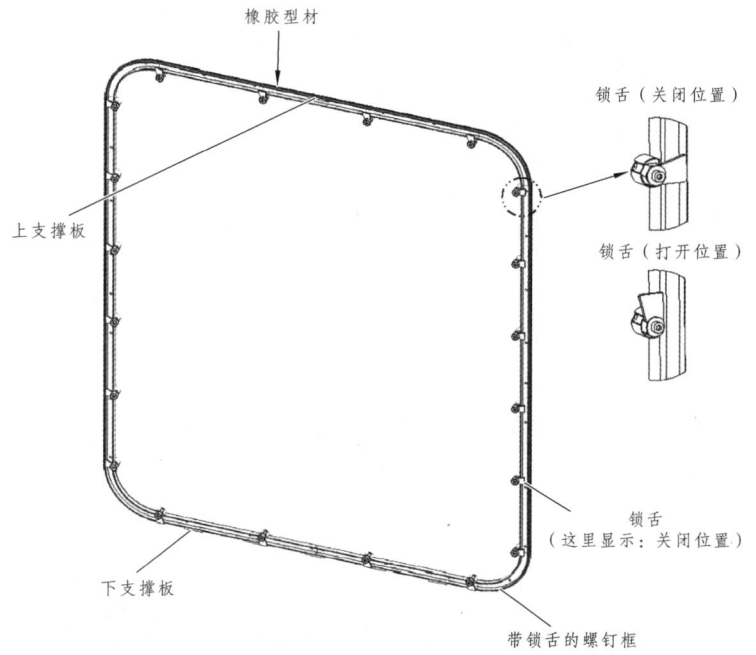

图 2.18 带锁舌的螺钉框

2.3.3 顶板安装座

顶板安装座用来支撑单棚板和双棚板,贯通道有 4 个不同的顶板安装座,均用螺钉固定在车厢接口处,如图 2.19 所示。

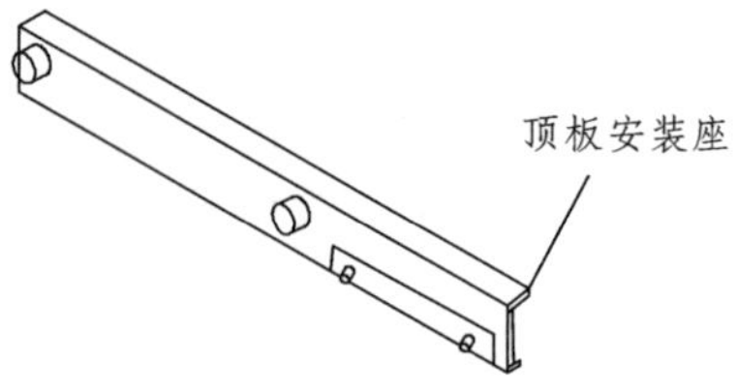

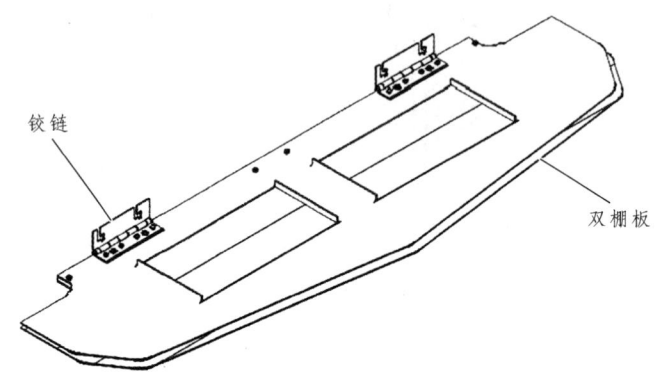

图 2.19 顶板安装座

2.3.4 连接顶板(单、双棚板)

连接顶板有两块棚板:一个双棚板,一个单棚板。单棚板插入槽形板的槽内。滑动片附于上表面和下表面。

顶板通过铰链和顶板安装座连接到车厢接口处,如图 2.20 和图 2.21 所示。

图 2.20 连接顶板—双棚板

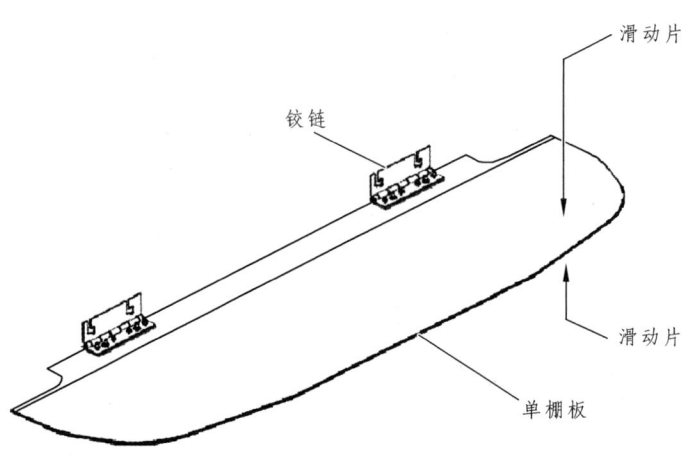

图 2.21 连接顶板—单棚板

2.3.5 踏 板

1. 下踏板总成(带支架)

下踏板总成包括 3 个支架、1 个铰链、1 块下踏板和 1 块翼板(伸入车厢内的踏板),如图 2.22 所示。下踏板附于 3 个支架上。翼板和支架通过螺钉与车体连接。

2. 上踏板总成(不带支架)

上踏板总成包括 1 块翼板、1 块上踏板、1 个铰链和 3 个滑动条。翼板通过螺钉与车体连接,如图 2.23 所示。滑动条位于端部上踏板下,有利于与另一边踏板(地板)的滑动。由于踏板件是相互运动的,故可以补偿高度差和滚动,保障乘客通过。

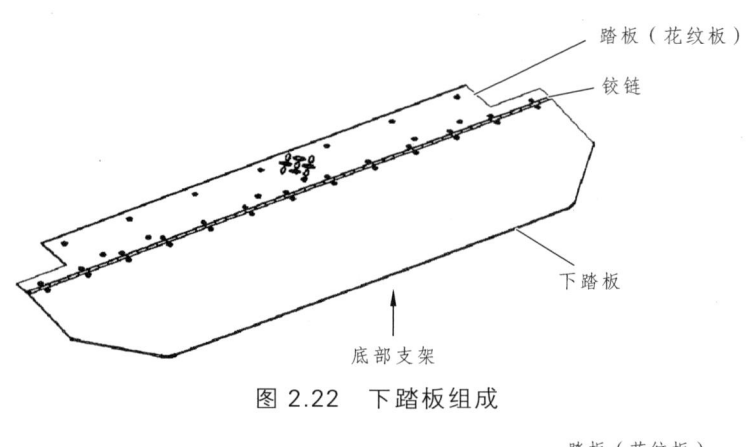

图 2.22 下踏板组成

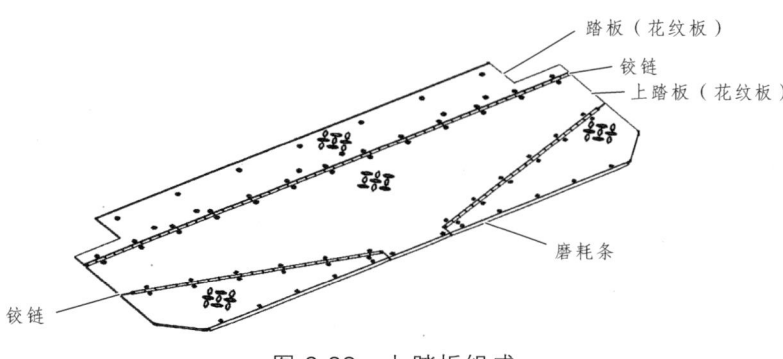

图 2.23 上踏板组成

2.3.6 侧墙（一体式侧墙组件）

一体式侧墙组件包含滚动装置和一体式侧墙板，如图 2.24 所示。

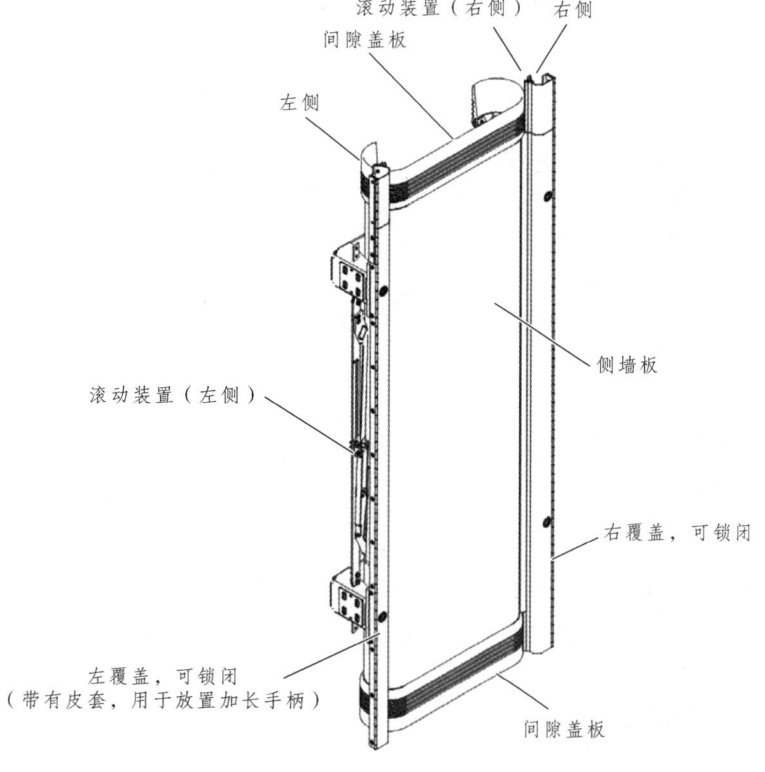

图 2.24 侧墙总成

一体式侧墙板适合车厢间的相对运动，是一个拱形板，可以通过弹簧（弹簧在滚动装置内部）产生的预张力包围住滚动装置。

滚动装置通过螺栓连接于车体端墙。

2.3.7 间隙盖板

间隙盖板用于覆盖侧墙与顶板间的间隙及侧墙和踏板间的间隙。

2.3.8 收紧绳

如果将收紧绳安装至一个车厢接口，则可限制单体贯通道的自由运动和倾斜。收紧绳端部有一个锁钩，用于限制的目的时，则将其锁入螺钉框的有眼螺母，如图2.25所示。

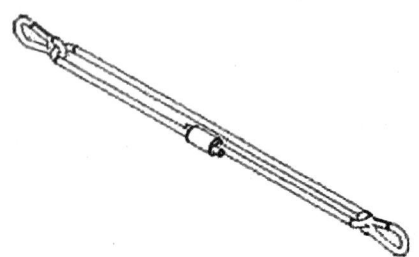

图 2.25 收紧绳

2.3.9 贯通道主要参数

主要数据：

车端距：700 mm；

过道净宽：1 350 mm；

过道净高：（1 900 ± 5）mm；

外宽：2 076 mm；

外高：2 410 mm；

贯通道总成质量：428 kg × （1 ± 10%）。

材料：

折棚：棚布、铝型材；

箍位框：铝型材；

螺钉框：铝型材；

橡胶型材：三元乙丙橡胶；

薄板（顶板）：铝板、滑动片、不锈钢；

踏板：不锈钢板（无图案）、铝板（带图案）、聚酰胺；

卸扣（支撑物）：不锈钢；

限位绳：不锈钢、纤维绳、铜。

防火性能：

棚布防火标准：DIN 5510 part 2。

隔音：

根据实验，同类件隔音：RW = 30 dB。

操作温度：

正常环境下为 – 30 ~ +80 °C。

寿命：

寿命很长，10 ~ 15 年（易损件除外）；

根据常规系数，易损件"滑动条"和"毛毡条"寿命为 2 ~ 4 年。

2.3.10 贯通道故障检测表

折棚、踏板、顶板及侧墙几乎是免维护的，按照表2.1所列清单执行车体检查。

表 2.1　各部件故障检查方法

主要部件/组件	可能故障	检查方法	措　施
月度维护任务			
折棚	• 铝型材破裂 • 棚布从型材中脱出 • 棚布撕坏或有洞 • 车端面与螺钉框之间有间隙	• 目检 • 目检 • 目检 • 从外部目检	• 根据破损铝折棚修复维修 • 根据漏出棚布修复维修 • 重新拧紧螺钉
踏板	• 铰链杆不灵活 • 踏板面没有正确放置于另一踏板上	• 上下翻动踏板检查 • 目检 • 目检	• 在铰链上涂油脂或喷润滑油 • 整理
连接顶板 （单棚板和双棚板）	• 顶板松动（有咔嗒声）	• 手动检查顶板	• 拧紧螺钉
侧墙（包括转轴机构体及盖板总成）	• 橡胶挡板撕坏 • 不贴合 • 转轴机构体内的弹簧 • 盖板未关合和锁闭	• 目检 • 移动侧护板 • 目检 • 目检	• 更换橡胶挡板 • 拧紧螺钉 • 必要时涂润滑脂 • 参考操作手册合上并锁闭盖板
年度维护任务			
折棚——清洁折棚下部区域	• 折棚下部区域的污垢和垃圾	• 掀起踏板目检	• 必要时使用工业吸尘器清洁
踏板	• 踏板上污垢	• 目检	• 必要时使用工业吸尘器或扫帚清洁

1. 破损铝折棚修复

（1）把维修工具里附带的连接铝型材放到断裂型材上。

（2）用 PVC 锤子把型材敲出想要的形状。

（3）在四处适当的位置打孔（如 $\phi 4.2$ mm，直径取决于型材尺寸），断裂处两侧各两个孔。

（4）用埋头铆钉固定（见图 2.26）。

（5）如转角型材破损，可根据材料号制订相对应的转角。

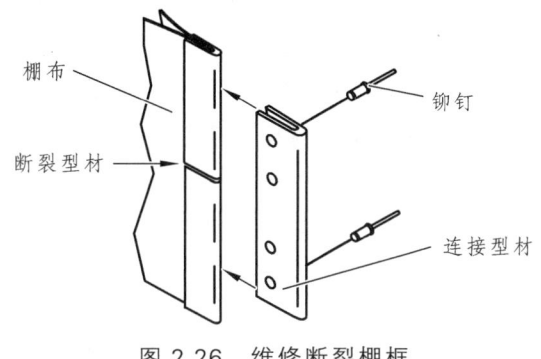

图 2.26　维修断裂棚框

2. 漏出棚布修复

（1）在需维修区域用附带的折弯钳轻轻开启铝型材（见图 2.27）。

（2）用手将棚布放回铝型材内。

（3）用附带的轧夹钳在需修复的地方每隔 5 cm 夹紧，在拐角处每隔 3 cm 夹紧。

（4）用特殊的手工锁合钳将整个修复区域关闭。

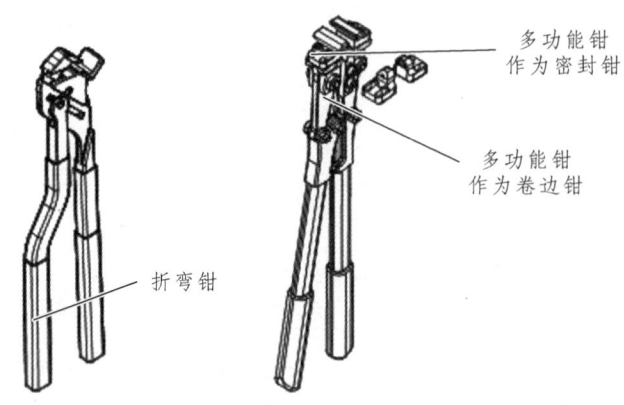

图 2.27　特殊钳具

3. 破损棚布的修复（割破、撕坏等）

（1）用维修工具中提供的清洁工具清洁受损棚布将要粘上补丁的一侧。

（2）用砂纸打磨清洁过的折棚（颗粒尺寸 100 目）。

（3）根据受损面积大小裁剪棚布补丁，尽可能使边缘光滑。普通破损地方用 T5 棚布修补。经常会接触到的地方用 T3 棚布修补，因为它更灵活、更薄，便于工作需要。

（4）将补丁一侧用砂纸均匀打磨（颗粒尺寸 100 目）。

（5）用维修工具中提供的清洁工具将被打磨的一面清理干净。

（6）用刷子给补丁和折棚打磨并清理过的地方刷一层薄薄的黏合剂。

（7）让黏合剂晾干 5～10 min。

（8）将补丁贴到破损处并用附带的泡沫橡胶辊将补丁紧紧压在折棚上（见图 2.28）。同时在里侧用一块硬物作支撑（如木板），防止气泡产生。

（9）黏合住的地方硬化之后便可以适应拉伸了。注意：24 h 之后可以达到最大的使用价值（适用于剧烈运动），大约 4 h 之后就能达到一般使用价值（适用于普通运动）。

（10）顶部、底部及拐角处的补丁需要再用修复工具中的中空铆钉固定。如补丁大小超过 3 cm×5 cm，则需在所有补丁上用中空铆钉再固定。必须在胶水硬化之前用铆钉钉住。

（11）让黏合剂晾干约 1 h。

（12）根据补丁尺寸（3 cm×5 cm，用 3 个空心铆钉）在棚布和补丁的适当位置钻孔或冲孔（用 ϕ4.2 mm 的冲钻机、空心穿孔机或其他工具）。

（13）钉入空心铆钉（NK 10 和 NN 7），在空心铆钉一侧用硬物支撑，用 PVC 锤子钉上。

4. 磨耗条的更换

当磨耗条严重损坏时，要进行更换，安装过程中所有连接螺钉必须涂螺纹锁固胶（如"乐泰 243"）。

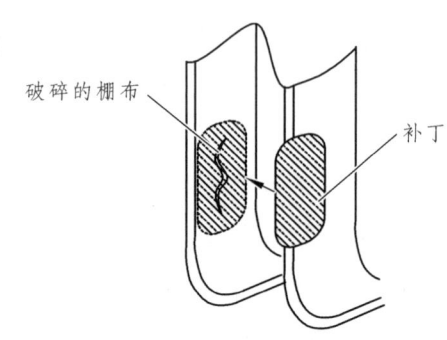

图 2.28　破损棚布的修复

（1）将已磨损的磨耗条中的铆钉打掉（钻头ϕ4 mm）。
（2）拿掉已磨损的磨耗条。
（3）将磨耗条与踏板各分块对应并铆接（铆钉ϕ4.2 mm，见图2.29）。

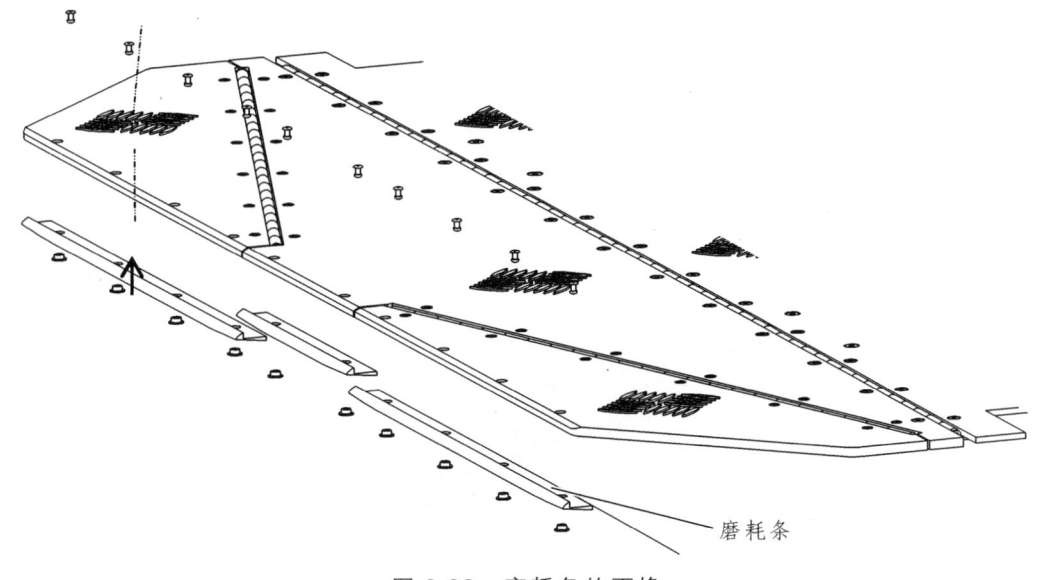

图 2.29 磨耗条的更换

2.4 紧急疏散门装置

紧急疏散门装置放置在6辆编组的列车两端，是发生火灾，有浓烟、有毒气体时供乘客和工作人员逃生的装置。它能提供一个从车体到轨道的逃生门通道，由门总成和坡道总成两大部分组成。图2.30为紧急疏散门装置关闭状态示意图。

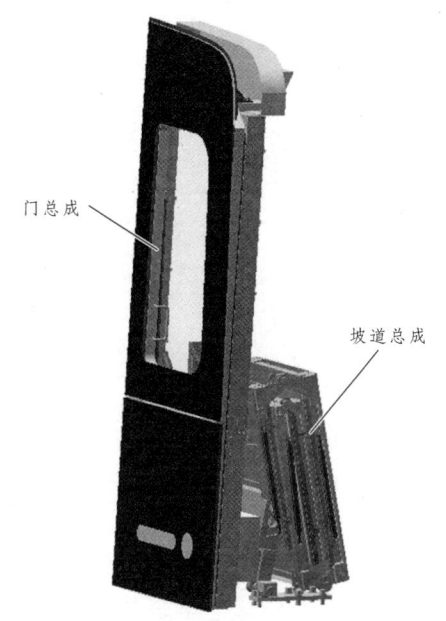

图 2.30 紧急疏散门装置关闭状态示意图

2.4.1 门总成

门总成安装在车头左侧,上部铰链连接在车骨架上,下部门框连接在铝地板上,门框四周与车头玻璃钢之间涂胶密封。门总成由门框、门扇、铰链、锁紧机构、气弹簧等部分组成。

门主体中有两个行程开关,安装在门框上,左右锁点各一个。当门处于锁紧状态时,锁舌触动行程开关的触头,使行程开关的常闭触点导通;当门处于打开状态时,常闭触点断开,行程开关将门及坡道的状态信号传入列车管理系统。

当列车遇到紧急情况时,扳动解锁把手到指定位置,锁舌从门框里脱出,向外推动门扇,当门扇绕着铰链轴旋转到一定角度,经过气弹簧的死点后,放开解锁把手,这时门扇可在气弹簧推力的作用下自动旋转到打开的极限位置。图2.31为门总成打开状态示意图。

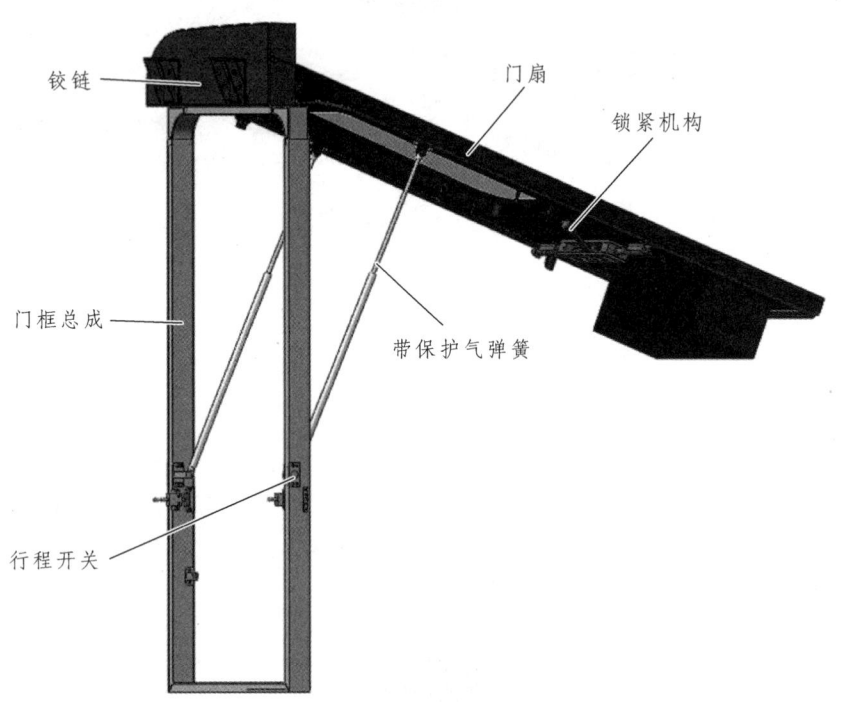

图 2.31 门总成打开状态示意图

关闭门总成时,从门扇上取下回收装置并展开,将回收布带两挂钩分别挂至门把手上,将布带拴到任意一根气弹簧上,先回收坡道,方法见2.4.2节。坡道回收完毕后,把气弹簧上的旋钮拉出,如图2.32所示,并拉动回收装置将门板拉回,直到锁舌滑入锁片内,同时将门解锁把手向右扳动到锁定位置,将门回收装置折叠好放回原来位置。

图 2.32 气弹簧旋钮状态示意图

2.4.2 坡道总成

坡道总成安装在车头左侧,坡道左右轴座下底板与车骨架分别用 M16 螺栓连接,坡道踏板与坡道左右轴座分别通过左右轴连接。坡道总成由坡道左右轴座、坡道踏板、扶手、锁机构、气弹簧、钢丝绳、链条等部分组成。

当列车遇到紧急情况时,将坡道上的锁把从关闭位置扳到打开位置,此时锁舌从伸出状态缩进坡道内,然后用力推动坡道,坡道踏板会在重力和气弹簧力的作用下,将坡道踏板逐节打开。图 2.33 为坡道总成打开状态示意图。

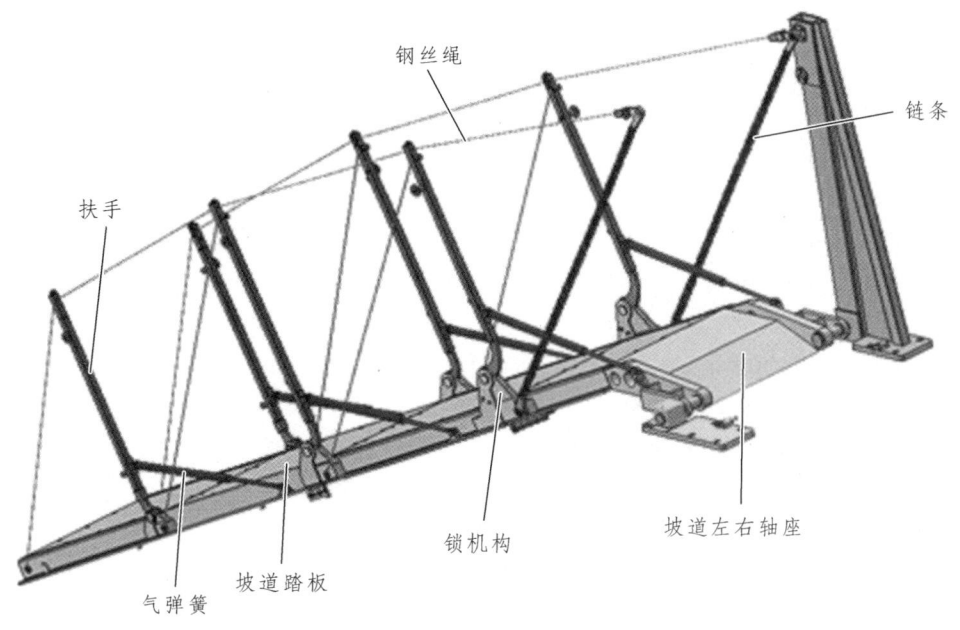

图 2.33　坡道总成打开状态示意图

收起坡道时,用力将坡道踏板逐节折叠收起,四节坡道全部折叠完毕后,将坡道限位机构的定位叉落到坡道左右轴座底板上的定位轴上,如图 2.34 所示,然后将坡道上的锁把从打开位置扳到关闭位置,此时锁舌从收缩状态伸出插入锁母内。

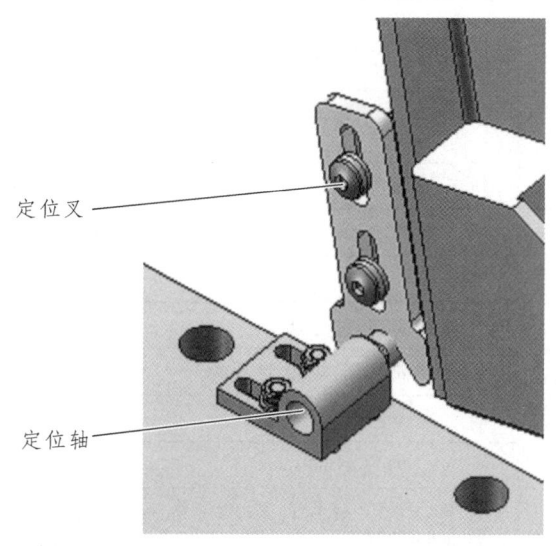

图 2.34　坡道总成打开状态示意图

需要注意的是，每节坡道在回收时，该节的斜拉钢丝绳应收回在扶手与踏板的空隙之中，且主钢丝绳应收回在踏板型材内侧，在回收过程中必须将坡道各钢丝绳梳理整齐，保证位置正确。此步骤非常重要，如果稍有不当，将导致坡道下次不能顺利展开。

2.4.3 主要技术参数

紧急疏散装置净宽：800 mm；
紧急疏散装置净高：1 800 mm；
紧急疏散装置隔音量（STL）：31 dB；
门框总成高度：1 930 mm；
门框总成宽度：800 mm；
门扇宽度：800 mm；
门扇高度：2 210 mm；
门扇角度：87.6°；
铰链宽度：808 mm；
门锁紧机构长度：760 mm；
门锁紧机构锁舌伸缩距离：18 mm；
坡道展开长度：2 758 mm；
坡道展开后与地面夹角：22°；
坡道展开后最底端距离地面：< 160 mm；
坡道宽度：620 mm；
坡道左轴座（长×宽×高）：320 mm × 120 mm × 70 mm；
坡道右轴座（长×宽×高）：320 mm × 120 mm × 925 mm；
扶手展开高度：680 mm；
坡道锁机构（长×宽×高）：382 mm × 55 mm × 110 mm；

2.4.4 紧急疏散装置故障检测表（见表 2.2）

表 2.2 紧急疏散装置故障检测表

序号	故 障	可能的原因	检修方法
1	锁门时锁舌不能插入门框内，锁不上门	关门时门没有拉到位	重新关门到位
		门与门框间有异物阻挡	打开门，检查门和门框的密封面上是否有异物
		锁机构损坏	拆掉门锁护罩，检查锁机构
2	门漏水	门没有锁到位	重新锁门
		密封面有异物	密封面如有异物，需清除
		密封条损坏或老化	密封条有损坏或失去弹性，需更换
		密封条安装座处密封不好	检查门和门框的密封面上是否有异物
3	坡道不能完全展开	钢丝绳与扶手刮碰	手动解除钢丝绳与扶手刮碰现象
		链条与扶手刮碰	手动解除链条与扶手刮碰现象
4	坡道锁不能插入锁母内，锁不上坡道	坡道回收不到位，坡道没有落到定位机构上	打开坡道，重新折叠回收
		坡道锁机构损坏	拆掉罩板，检查锁机构

2.5 日常检查

2.5.1 检查项点

在日检修程中，对车体、内装、贯通道、紧急疏散门进行检查，内容详见表2.3。

表 2.3 日检内容

项目	内容	方法	工具材料劳保用品	技术要求	检修周期
车体外侧	（1）检查车体及安装铆钉。 （2）检查司机室侧门和客室车门外部。 （3）检查车体外表面。 （4）检查车外侧指示灯。 （5）检查外紧急解锁。 （6）检查贯通道折棚外侧。 （7）检查司机室门电钥匙开关	目测检查	手电筒、防砸鞋、安全帽、手套	（1）车体无倾斜，安装铆钉无脱落。 （2）司机室侧门和客室车门外部无损伤。 （3）车体外表面无损伤。 （4）车体外侧制动不缓解指示灯（每侧6个，红色）、所有门未关闭指示灯（每侧6个，橙色）外表无损伤。 （5）外紧急解锁（每侧6个）位置在"复位"位。 （6）贯通道折棚外侧无损伤。 （7）司机室门电钥匙开关在正常位	每天
间壁门	（1）检查间壁门状态。 （2）检查间壁门开关。 （3）检查间壁门锁	目测检查、操作检查		（1）间壁门状态良好，折页无松动，铅封良好。 （2）间壁门开关正常。 （3）间壁门锁无松动	每天
送风格栅回风格栅	（1）检查外观。 （2）检查紧固件	目测检查		（1）外观良好。 （2）安装牢固，紧固螺栓无松动、丢失	每天
罩板、盖板、间壁	（1）检查客室各类罩板及盖板外观情况。 （2）检查客室各类盖板锁闭情况。 （3）检查司机室间壁及客室间壁锁闭情况	目测检查		（1）外观良好。 （2）锁闭位置正确。 （3）外观良好、锁闭位置正确	每天
LCD及动态地图	（1）检查外观。 （2）检查功能	目测检查		（1）外观良好。 （2）LCD画面正常，动态地图显示正常	每天
扶手及吊环	（1）检查外观。 （2）检查紧固件	目测检查、触摸检查		（1）外观良好，无丢失。 （2）用手轻微晃动扶手，扶手无松动，紧固螺栓无松动	每天
广告框	检查外观	目测检查		外观良好	每天
客室窗玻璃	检查外观	目测检查		外观良好，胶条无老化脱落	每天
客室座椅	检查客室座椅外观	目测检查		外观良好、无裂纹	每天
制动塞门箱	检查外观	目测检查		外观良好、无裂纹，锁闭良好	每天
地板布	检查外观	目测检查		外观良好，不影响美观	每天

续表

项 目	内　容	方法	工具材料劳保用品	技术要求	检修周期
摄像头	检查外观	目测检查		外观良好、无裂纹	每天
灭火器及设备盒	（1）检查外观。 （2）检查设备盒盖锁闭。 （3）检查设备盒盖内设备状态	目测检查		（1）外观良好，压力指针在绿色区域，无小件丢失。 （2）设备盒盖锁闭良好。 （3）设备盒盖内设备完整无损	每天
乘客紧急报警按钮	（1）检查外观。 （2）检查功能	操作检查		（1）外观良好。 （2）按下客室紧急报警按钮，可以与司机室对讲	每天
贯通道	（1）检查顶板、橡胶挡板、侧护板、踏板外观情况。 （2）检查贯通道毛刷锁闭情况。 （3）检查贯通道灯功能	目测检查		（1）外观良好、无裂纹。 （2）外观良好、锁闭位置正确。 （3）贯通道灯正常亮起	每天
温度传感器	检查外观	目测检查		固定良好、无损坏	每天
标识	检查各标识	目测检查		查看车号、门号、操作说明、文明标识、引导标识、提示标识等标识有无破损，如破损严重，则更换	每天
逃生门	（1）检查外观。 （2）检查逃生门状态	目测检查	防砸鞋、安全帽、手套	（1）外观良好。 （2）门解锁把手及坡道解锁把手在锁闭位	每天

2.5.2　日检程序

外观清洁：保持地铁紧急疏散门外观干净、清洁。

安全性：检查门锁、坡道锁是否锁定可靠，铅封是否完好，各部分应处于正常位置并完好。检查紧固件是否紧固可靠，紧固件完好，不应松动或脱落，防松标记清楚、正确。

设备保护：无论列车在运行或者停止状态，不能有任何零件脱落，不应人为损坏紧急疏散门。

专用工具：回收装置应放在车门上，不应乱丢乱放。

其他：不应在紧急疏散门的任何部位悬挂或倚靠物品。

详细填写维护记录。

2.6　均衡修（定期）检查

为保证紧急疏散门正常运行使用，紧急疏散门运用一段时间后需要进行均衡修，以保持其有效性和可靠性。由于紧急疏散门每年需要将其打开检查，且此项工作只能在运用库B段进行，因此要求均衡修试车线调试完成后将电客车调至运用库B段，由夜班日检工班负责检查，检查完成后填写《均衡修作业记录单》。

2.6.1　检查项点

在均衡修修程中，对车体、内装、贯通道、紧急疏散门进行检查，内容详见表2.4。

表 2.4 均衡修检查内容

项目	内容	方法	工具材料劳保用品	技术要求	力矩	检修周期
车体外侧	（1）检查车体及安装铆钉。（2）检查司机室侧门和客室车门外部。（3）检查车体外表面。（4）检查车外侧指示灯。（5）检查外紧急解锁。（6）检查司机室门电钥匙开关	目测检查	手电筒、白拼布	（1）车体无倾斜，安装铆钉无脱落。（2）司机室侧门和客室车门外部无损伤。（3）车体外表面无损伤。（4）车体外侧制动不缓解指示灯（每侧6个、红色）、所有门未关闭指示灯（每侧6个、橙色）外表无损伤。（5）外紧急解锁（每侧6个）位置在"复位"位。（6）司机室门电钥匙开关在正常位		每月
间壁门门板	检查外观	操作检查	白拼布、手电筒	玻璃无破裂；门页无异常损坏；无任何零件脱落；室内可视部分无漏水痕迹；密封橡胶无老化、破损、脱落；轻推间壁门玻璃及门页无晃动现象	M16：170 N·m	每月
间壁门门锁	检查间壁门门锁	操作检查	白拼布、手电筒	间壁门门锁手柄移动顺畅，无卡滞现象；行程到位，能将间壁门锁紧，锁定可靠		每月
间壁门紧固件	检查紧固件	操作检查	白拼布、手电筒	各处紧固螺栓齐全并完好；紧固件紧固可靠，无松动和脱落；防松标记清楚、正确、无错位	M24：580 N·m M30：1 130 N·m	每月
间壁门铅封	检查外观	操作检查	白拼布、手电筒	间壁门铅封良好		每月
间壁门	（1）检查开关门功能。（2）检查间壁门折页	操作检查	白拼布、手电筒	（1）开关门动作顺畅，开关到位，锁闭良好。（2）间壁门折页无破损和脱落，折页销轴无窜动	M12：70 N·m	每月
玻璃窗周边密封胶条	检查玻璃窗周边密封胶条	操作检查	白拼布、手电筒	密封条完好无损坏；密封性能可靠		每月
间壁门紧急解锁	检查间壁门紧急解锁	操作检查		紧急解锁装置功能正常，动作灵活，保护盖完好；拉断紧急解锁铅封，间壁门能自动打开		每月
侧顶板	检查外观	目测检查		侧顶板无损坏，安装牢固，转动灵活		每月
侧墙板	检查外观	目测检查		侧墙板安装牢固、无损坏、干净整洁		每月
间壁	检查外观	目测检查		外观良好、锁闭位置正确		每月
广告框	检查外观	目测检查		广告框安装牢固、无损坏、干净整洁		每月

续表

项目	内 容	方法	工具材料劳保用品	技术要求	力 矩	检修周期
立罩板	检查外观	目测检查	无	（1）检查立罩板安装牢固、无损坏、干净整洁。 （2）检查门立罩板扶手安装是否牢固，状态是否良好。 （3）检查门立罩板盖板安装状态是否牢固，状态是否良好。 （4）检查毛刷安装是否牢固，状态是否良好。 （5）检查立罩板设备安装盒安装是否牢固，状态是否良好。 （6）检查安全锤是否完好。 （7）检查立罩板设备盒上聚氨酯板有无破损		每月
客室间壁	检查外观	目测检查	无	客室间壁无损坏，安装牢固，转动灵活		每月
客室立柱及扶手	检查外观	目测检查	无	客室立柱及扶手外观无损坏，用手推拉立柱和扶手无松动，否则应修理或更换		每月
轮椅固定器	检查外观	目测检查	无	轮椅固定器安装紧固，作用良好		每月
客室座椅	检查外观	目测检查	无	客室座椅无损坏及变形		每月
客室所有警示标识	检查外观	目测检查	无	查看车号、门号、操作说明、文明标识、引导标识、提示标识等标识有无破损，如破损严重，则更换		每月
客室灭火器	检查外观	目测检查	无	灭火器安装规范、外观完好，压力指针在绿色区域，无小件丢失，在正常使用期内		每月
地板布	检查外观	目测检查	无	地板布粘贴良好，无破损		每月
客室照明	（1）检查外观。 （2）检查功能	目测检查	无	（1）灯罩外观良好、无裂纹。 （2）照明灯光正常亮起		每月
制动塞门箱	检查外观	目测检查	无	外观良好、无裂纹，锁闭良好		每月
客室窗玻璃	检查外观	目测检查	无	外观良好，胶条无老化脱落		每月
折棚	检查外观	目测检查	无	（1）折棚型材无破损，棚布无脱出、破损、撕裂和脱线。 （2）修理破损的棚布和铝型材		每月
踏板	（1）检查外观。 （2）检查铰链	目测检查、操作检查	无	（1）踏板上表面平整，未出现凸凹不平，磨耗条无脱出。 （2）用脚踩踏踏板铰链处，踏板铰链转动灵活、无卡滞		每月
顶板	（1）检查外观。 （2）检查顶板	目测检查、操作检查	无	（1）顶板外观良好，无损坏，磨耗条无脱出。 （2）用手推动顶板，无松动，无异常声音		每月

续表

项目	内容	方法	工具材料劳保用品	技术要求	力矩	检修周期
侧护板	检查外观	目测检查	无	检查侧护板橡胶挡板无损坏，无磨损。侧护板外观无损坏，四角锁位置在锁闭位		每月
客室间壁柜	（1）清洁客室间壁柜。（2）检查继电器接线	清洁操作	压缩空气、白拼布、电气清洁剂	（1）用压缩空气和电气清洁剂清洁间壁柜内部，达到Ⅲ级清洁度。各部件安装紧固件，无松动，线号整洁无丢失。（2）检查继电器接线，无松动		每年
紧急疏散门	（1）门框密封条检查及清洗。（2）检查紧急疏散门打开、回收功能	操作检查、清洁操作	手电筒、清洗液的Ph值为5~9	（1）检查密封条完好，密封性能可靠；门胶密封条全面清洁（清洗液的Ph值为5~9）；达到Ⅲ级清洁度。（2）打开/回收门扇，门扇能联动展开，动作顺畅，开门到位，收起后能正常锁闭；打开/回收坡道，疏散梯能联动铺开，动作顺畅，坡道打开到位，踏板、扶手无变形，关节轴连接可靠，收起后能正常锁闭		每年
	检查外观	目测检查	手电筒	钢丝绳完好、无断股；接头完好、无破损；钢丝绳连接可靠		每年
	紧急疏散门门锁机构锁舌清洁及润滑	清洁操作、润滑操作	手电筒、白拼布、中性洗涤剂、润滑剂（3#通用锂基润滑脂）	清洁无积灰，达到Ⅳ级清洁度；清洁后加注润滑油脂；油脂涂抹均匀；润滑情况良好		每年
	紧急疏散门坡道锁导柱清洁及润滑	清洁操作、润滑操作	手电筒、白拼布、中性洗涤剂、3#通用锂基润滑脂	清洁无积灰，达到Ⅳ级清洁度；清洁后加注润滑油脂；油脂涂抹均匀；润滑情况良好		每年
	检查外观	操作检查	白拼布、手电筒	（1）玻璃无破裂。（2）门页无异常损坏。（3）无任何零件脱落。（4）室内可视部分无漏水痕迹。（5）密封橡胶无老化、破损、脱落。（6）回收装置应放在车门上，不应乱丢乱放。（7）轻推疏散玻璃，玻璃及门页无晃动现象。（8）紧急疏散门的任何部位无杂物		每年
	门锁、坡道锁、铅封	操作检查	手电筒	（1）门锁闭手柄移动顺畅，无卡滞现象，行程到位，能将门扇锁紧，锁定可靠。（2）坡道锁闭手柄移动顺畅，无卡滞现象，行程到位，能将坡道锁紧，锁定可靠		每年
	紧急疏散门紧固件	操作检查	白拼布、手电筒	可见部分紧固螺栓齐全并完好；紧固件紧固可靠，无松动和脱落；防松标记清楚、正确、无错位		每年
	检查紧急疏散门功能	操作检查	无	行程开关完好，无损坏；扳动门解锁把手，HMI上能正常显示司机室疏散门的状态		每年

注：表中所提到的所有化学用品均可由同等功效的其他用品代替。

2.6.2 检查程序

紧急疏散门应在一年周期时进行细致检查和维护，包括日常维护的所有项目，并且要重点检查和保养以下项目：

（1）打开/回收功能：紧急疏散门打开/回收功能正常，无卡阻。

（2）完好、可靠性。
- 紧固件完好，紧固可靠。
- 锁机构动作正常，行程到位。
- 钢丝绳及接头完好，连接可靠。
- 密封条完好，密封性能可靠。
- 所有料件无损坏、腐蚀、松脱等现象。
- 行程开关功能正常。
- 发现非正常现象，必须查明原因，彻底排除故障并测试正常后，再投入使用。

（3）清洁及润滑。

紧急疏散门的活动部位需要清洁后加注润滑油脂（见表 2.5）。

表 2.5 润滑部位反方法

序号	润滑部位	润滑剂	润滑方法
1	门锁机构锁舌	润滑脂 （3#通用锂基润滑脂）	（1）拆下锁舌罩。 （2）用干布擦去锁舌上的污油。 （3）用油枪向锁舌横槽内注油。 （4）来回扳动摇把
2	坡道锁导柱		（1）拆下踏板 2 上的罩板。 （2）用干布擦去锁舌上的污油。 （3）用油枪向锁舌上注油。 （4）来回扳动摇把

2.7 作业指导书

《KSNZ-001 客室内装检查作业指导书》
《GTD-001 贯通道检查作业指导书》
《GTD-002 贯通道踏板磨耗条更换作业指导书》
《GTD-003 贯通道顶板紧固作业指导书》
《GTD-004 贯通道侧墙组成弹簧润滑作业指导书》
《GTD-005 贯通道踏板铰链润滑作业指导书》
《JJSSM-001 检查紧急疏散门打开、回收功能作业指导书》
《JJSSM-002 更换紧急疏散门钢丝绳作业指导书》
《JJSSM-003 门锁机构锁舌清洁及润滑作业指导书》
《JJSSM-004 坡道锁导柱清洁及润滑作业指导书》
《JJSSM-005 检查紧急疏散门外观及清洁作业指导书》
《JJSSM-006 门框密封条检查及清洗作业指导书》

 章节自测

一、填空题

1. 车体分为带司机室的拖车、带受电弓的动车和（　　　　　）的动车 3 种基本车型。
2. 车体主要承载结构由底架、（　　　）、端墙和车顶等部件组成，使用寿命将不低于（　　　）年。
3. 车体主体结构材料采用（　　　　　　　　）组合式中空挤压型材制造。
4. 端墙采用板梁结构，由（　　　　）的铝板和梁柱组焊接而成。
5. 底架由铝地板、边梁、端梁、枕梁和（　　　　　）组成。枕梁和缓冲梁采用碳钢材料，通过（　　　　）与底架边梁连接。
6. 哈尔滨地铁从内装材料的选择到内装结构的设计，充分考虑了（　　　　）的要求，满足低烟、（　　　　）的排放标准。
7. 送风格栅一侧（　　　　），另一侧采用螺钉连接，这种结构使格栅清洗维护时容易拆卸和（　　　　）。
8. 侧顶板背面带有（　　　　），电气设备如 LCD、动态地图、噪检设备、（　　　　）等均固定在侧顶板背面的滑槽上，侧顶板是可开启式结构，便于上述设备的检修。
9. 整个紧急疏散门是不需要外界动力源的供紧急情况使用的（　　　　）系统。
10. 如果逃生门坡道不能顺利打开，可能的原因是上次回收坡道时（　　　　）回收错误。
11. 在关闭逃生门门扇时，必须使旋钮保持在（　　　　）状态，否则在关闭门扇时会损坏气弹簧。
12. 紧急逃生门进行均衡修专项检作业时，需要在运用组合库（　　　　）段作业。
13. 紧急疏散门有（　　　　）和（　　　　）2 种气弹簧。
14. 紧急疏散门需要手动操作，并且共有（　　　　）个微动开关监控门及坡道的状态并将信号传入列车管理系统。
15. 紧急疏散门应在（　　　　）周期时进行细致检查和维护。

二、选择题

1. 哈尔滨地铁 3 号线每节车厢有（　　　　）个广告框。
   A. 6　　　　　　　B. 8　　　　　　　C. 10　　　　　　　D. 12
2. 哈尔滨地铁 1 号线每节车厢有（　　　　）个广告框。
   A. 6　　　　　　　B. 8　　　　　　　C. 10　　　　　　　D. 12
3. 哈尔滨地铁 3 号线每节车厢有（　　　　）个数码海报。
   A. 6　　　　　　　B. 8　　　　　　　C. 10　　　　　　　D. 12
4. 地铁车内发生紧急情况时，乘客可拉断间壁门（　　　　）进入司机室。
   A. 门板　　　　　B. 玻璃　　　　　C. 铅封　　　　　D. 门锁
5. 车体结构包括底架、两个侧墙、车顶和（　　　　）六部分。
   A. 两个端墙　　　B. 侧顶棚　　　　C. 裙板　　　　　D. 防爬器
6. 中间单扇侧墙上有窗口开口，开口宽度（　　　　），高度（　　　　）。
   A. 1 520 mm　950 mm　　　　　　　B. 1 520 mm　960 mm
   C. 1 530 mm　950 mm　　　　　　　D. 1 530 mm　960 mm

7. 立罩板上部通过连接座把立罩板和（　　）连接在一起。
   A. 海马吊　　　B. 海鸥吊　　　C. 海星吊　　　D. 海杆吊
8. 客室内扶手上设有吊环，吊环把手中心高度为（　　）mm。
   A. 1 640　　　B. 1 650　　　C. 1 660　　　D. 1 670
9. 哈尔滨地铁1号线每节车厢有（　　）个座椅。
   A. 30　　　B. 32　　　C. 34　　　D. 36
10. 下列哪个部件不属于紧急疏散门（　　）。
    A. 气弹簧　　　B. 微动开关　　　C. 门板　　　D. 门控器
11. 哈尔滨地铁紧急疏散门共有（　　）个坡道踏板。
    A. 1　　　B. 2　　　C. 3　　　D. 4
12. 回收紧急疏散门门扇时，需手动拉动（　　）使门扇关闭。
    A. 回收布带　　　B. 门锁　　　C. 门扇把手　　　D. 门框
13. 1个紧急疏散门总成，共有（　　）根气弹簧。
    A. 4　　　B. 6　　　C. 8　　　D. 10
14. 紧急疏散门门扇通过（　　）与车体连接。
    A. 门框　　　B. 气弹簧　　　C. 铰链　　　D. 密封胶条
15. 哈尔滨地铁1号线贯通道连接宽度为（　　）。
    A. 500 mm　　　B. 600 mm　　　C. 700 mm　　　D. 800 mm

三、判断题

1. 哈尔滨地铁1号线车体采用高强度碳钢结构。　　　　　　　　　　　　　　　（　　）
2. 中间单扇侧墙上有窗口开口，开口宽度1 520 mm，高度950 mm。　　　　（　　）
3. 枕梁和缓冲梁通过焊接的连接形式与底架边梁连接。　　　　　　　　　　　（　　）
4. 头车与前端模块的连接形式是螺栓连接。　　　　　　　　　　　　　　　　（　　）
5. 车体在生产中预制挠度：在最大垂直载荷（AW3）作用下不超过两转向架支承点之间距离的1‰，并能确保在各种载荷下车门运动不受阻。　　　　　　　　　　　　　　（　　）
6. 中顶板靠近车体中心处采用铆接的形式安装在车顶。　　　　　　　　　　　（　　）
7. 中顶板远离车体中心侧使用螺栓进行固定。　　　　　　　　　　　　　　　（　　）
8. 侧墙板上装有广告框，广告框由底板、面板、边框型材组成。通过螺钉将广告框与侧墙板固定。　　　　　　　　　　　　　　　　　　　　　　　　　　　　　　　　（　　）
9. 间壁上设有检查门，打开检查门便于维修其内部设备。　　　　　　　　　　（　　）
10. 间壁上设有扶手。间壁下部设踢脚板，用0.8 mm不锈钢板制成，表面拉丝，并粘贴在间壁下部。　　　　　　　　　　　　　　　　　　　　　　　　　　　　　　　（　　）
11. 间壁门铅封每次开门后都需要更换。　　　　　　　　　　　　　　　　　　（　　）
12. 在关闭逃生门门扇时，必须使旋钮保持在按下状态，否则在关闭门扇时会损坏气弹簧。　　　　　　　　　　　　　　　　　　　　　　　　　　　　　　　　　　（　　）
13. 紧急疏散门微动开关能监测车门的状态，有电、无电均可。　　　　　　　　（　　）
14. 紧急疏散门门锁和坡道锁机构都需要定期清洁和润滑。　　　　　　　　　　（　　）
15. 触发司机室间壁门紧急解锁时，HMI屏显示该门被解锁。　　　　　　　　（　　）

四、简答题

1. 简述哈尔滨地铁电客车车顶结构及组成。
2. 简述哈尔滨地铁电客车贯通道的作用。

3. 简述哈尔滨地铁电客车贯通道的组成。
4. 贯通道踏板每年需要进行哪些维护？
5. 在回收逃生门坡道踏板时，钢丝绳应该如何回收？
6. 简述哈尔滨地铁电客车紧急疏散门的作用。
7. 日检过程中需要对逃生门如何检查？
8. 简述哈尔滨地铁电客车侧顶板的组成。
9. 哈尔滨地铁1号线车体采用什么结构？型材是什么？
10. 简述电客车间壁组成。

3 车钩

车钩缓冲装置是连挂车辆的基本部件,其作用是连接车辆,使单节车辆连接成一列编组列车,并使其彼此之间保持一定的距离,传递动车牵引力、缓和车辆之间的纵向力和冲击力;此外,还可以实现车辆间的电路和气路连接。根据车辆连挂的特点可将车钩分为三类:全自动车钩、半自动车钩和半永久牵引杆。

哈尔滨地铁太平桥车辆段地铁车辆为6辆编组,使用的车钩类型为半自动车钩和半永久牵引杆。编组头尾端采用头车半自动钩缓装置,列车内部使用半永久钩缓装置,车钩配置如下所示:

=Tc*Mp*M*M*Mp*Tc=

=:头车半自动钩缓装置;

*:半永久钩缓装置。

3.1 半自动钩缓装置

半自动钩缓装置用于6辆编组的列车头尾端,由连挂系统、压溃装置、缓冲系统和过载保护装置几大部分组成,如图3.1所示。

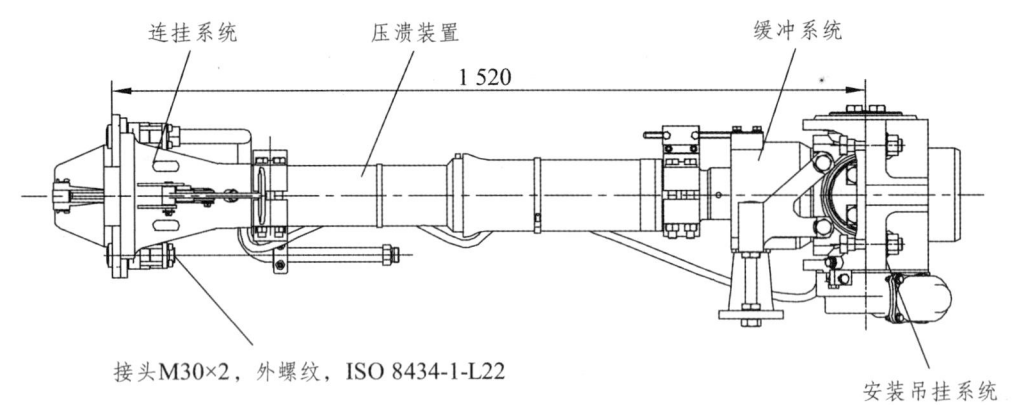

图 3.1 半自动钩缓装置示意图

3.1.1 连挂系统

连挂系统采用330型密接式车钩装置,内部由钩舌、连挂杆、复位弹簧、解钩装置等构成。车钩有待连挂位(同时也是锁定位)和全开位两种状态。图3.2为连挂和分解状态示意图。

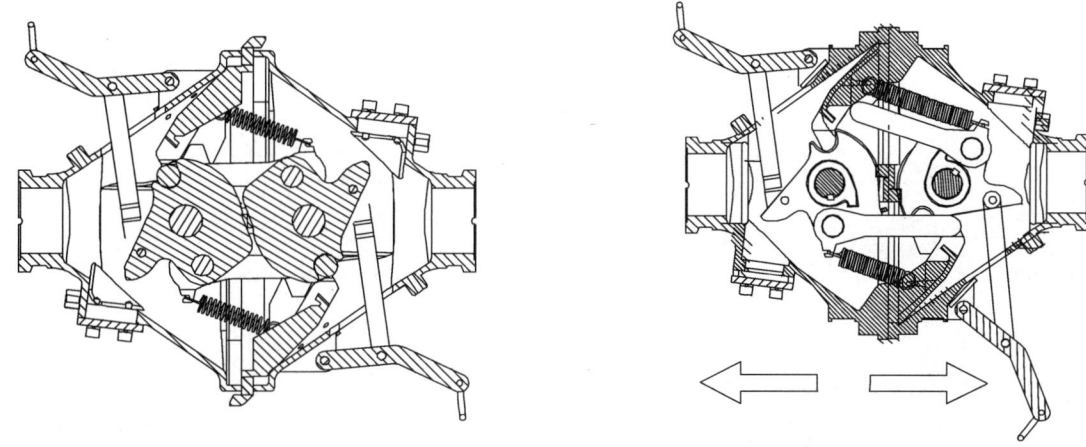

图 3.2　330 连挂系统的连挂状态（左）和分解状态（右）

3.1.2　压溃装置

半自动钩缓装置的压溃装置采用膨胀式压溃管。压溃管具有较大的能量吸收能力，当列车在运行或连挂过程中发生碰撞，钩缓装置受到的纵向压载荷大于设定值时，压溃管就发生作用，产生塑性变形，最大限度地吸收冲击能量，以达到保证车上人员人身安全和保护车辆设备的目的。压溃装置上部设置了一个触发判断的指示销，当压溃管触发时，指示销被剪断，由此来判断压溃管触发。图 3.3 为压溃装置结构示意图。

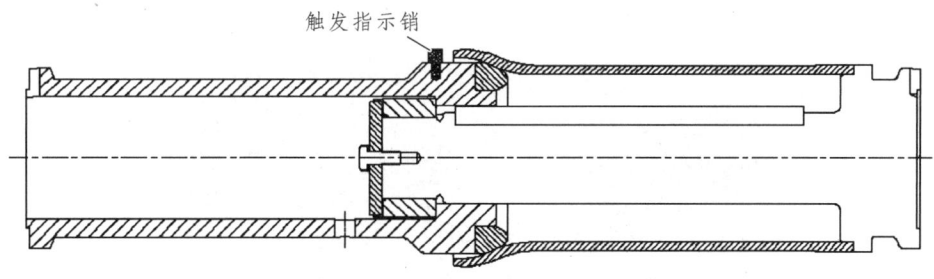

图 3.3　压溃管结构示意图

3.1.3　缓冲系统

缓冲系统采用弹性胶泥缓冲系统，由安装吊挂系统和弹性胶泥缓冲器两部分组成。弹性胶泥缓冲器在结构上与安装吊挂系统融为一体，承担钩缓装置的弹性缓冲、水平对中、垂直支撑等功能。

弹性胶泥缓冲器通过安装吊挂系统的拉压转换，在拉、压两个方向均能吸收 24 kJ 的载荷。相比紧凑式缓冲器常用的橡胶吸能元件，弹性胶泥缓冲器寿命更长，能量吸收特性和舒适度更高。如图 3.4 为缓冲系统结构示意图。

在对中装置中，对中机构弹簧力为整个钩缓装置提供一定范围内的水平对中力矩，使其在水平 ±15°范围之内有较大的对中旋转力矩，在超过 ±15°后对中力矩消失，但钩缓装置可继续旋转到 ±20°的范围，以方便在特殊环境下的检修作业。对中机构原理示意图如图 3.5 所示。

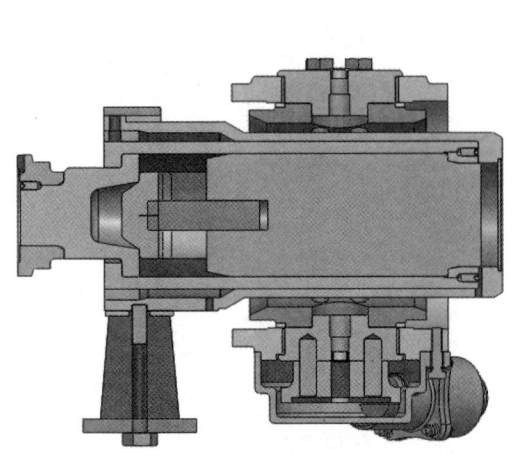

图 3.4 缓冲系统结构

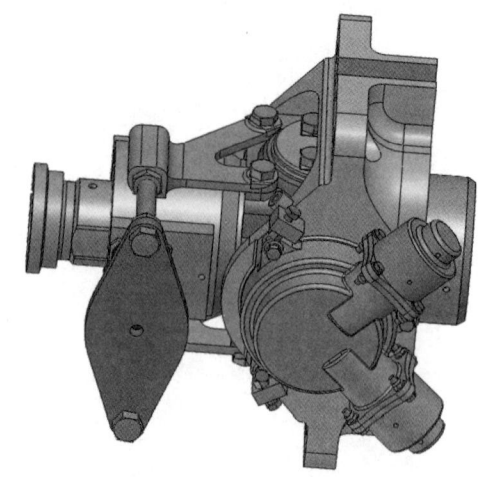

图 3.5 对中机构原理示意图

3.1.4 过载保护装置

过载保护装置用于列车在超速连挂或者受到强烈冲击时，使车钩脱离车体安装板向后回退，以使车体上的防爬器能够相互咬合。

如图 3.6 所示，当钩缓装置在正常牵引状态，安装座将牵引力直接传递给车体，过载保护螺栓并不承受牵引力；当钩缓装置在正常顶推状态，纵向压缩力通过载保护螺栓传递到车体。当钩缓装置受到的压缩载荷达到过载保护装置的额定触发力时，装置上的螺栓将断裂，安装座与安装板脱离，车钩在压缩力的作用下可以向后运动。

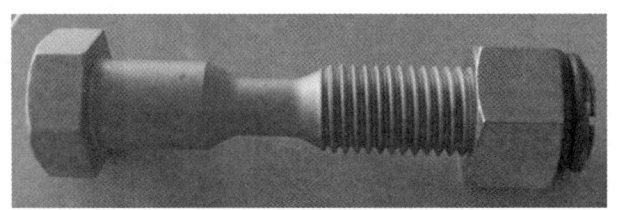

图 3.6 过载保护装置示意图

3.1.5 主要技术参数

纵向拉伸屈服载荷：≥640 kN；

纵向压缩屈服载荷：≥800 kN；

车钩长度：1 520 mm；

车钩高度：720^{+10}_{0} mm；

最大水平转角：±20°；

最大主动对中角：±15°；

最大垂直转角：±6°。

压溃管参数：

行程：330 mm；

稳态力：750 kN；

过载保护螺栓触发力：800 kN。

缓冲器参数：

初压力：30～40 kN；

行程：≤55 mm；

最大阻抗力：≤550 kN。

3.1.6 头车半自动车钩故障检测表（见表3.1）

表3.1 头车半自动车钩故障检测表

序号	故障	可能的原因	检修方法
1	钩缓装置连挂时不能正确导向对中	钩缓装置没有进行正确调整对中	对钩缓装置进行必要的对中调整，使其能够正确导向，顺利进行连挂
		钩缓装置处于自动对中范围之外	将钩缓装置推动，使其恢复到自动对中范围之内
		对中装置内部件损坏，对中失效	检修更换损坏件
2	机械车钩不能连挂	连挂机构内部部件损坏	检修更换损坏部件
		连挂机构内部部件锈蚀	检修清洁并润滑部件
		连挂机构内部部件磨损	使用校准量规检查，更换磨损部件
		连挂机构内部有异物	去除异物
3	机械车钩不能解钩	车钩受到牵引力	推顶两车体，消除牵引力
		解钩装置损坏	检修更换解钩装置
4	钩缓装置纵向非正常冲动	压溃装置受到非正常冲击导致触发	更换压溃装置
		缓冲器纵向非正常磨损	更换缓冲器
5	MRP、BP阀不能连通	阀内有异物堵塞	去除异物
		阀内部件损坏	检修更换损坏部件
6	MRP阀解钩后不能自动关闭	阀内有异物	去除异物
		顶杆密封圈损坏	更换顶杆密封圈
		顶杆弹簧断裂	更换顶杆弹簧
7	MRP、BP阀漏风	橡胶密封件损坏	检修更换橡胶密封件
8	钩高调整量用尽，钩缓装置仍无法垂向对中	橡胶支承损坏	更换橡胶支承

3.2 半永久钩缓装置

半永久钩缓装置分为A、B、C、D 4种车钩。A型和D型半永久钩缓装置带有压溃装置，B型半永久钩缓装置带弹性胶泥缓冲器和压溃装置，C型半永久钩缓装置带有弹性胶泥缓冲器；A型和B型半永久车钩在中间第一、五断面成对使用，D型和C型半永久车钩在剩余中间断面使用，中间采用卡环连接，如下所示：

= |Tc| A+B |Mp| D+C |M| D+C |M| C+D |Mp| B+A |Tc| =

3.2.1 半永久钩缓装置 A

半永久钩缓装置 A 头部是凸凹锥的卡环连接结构，中部加装了压溃装置，以满足整列车冲击工况的能量吸收要求，如图 3.7 所示。

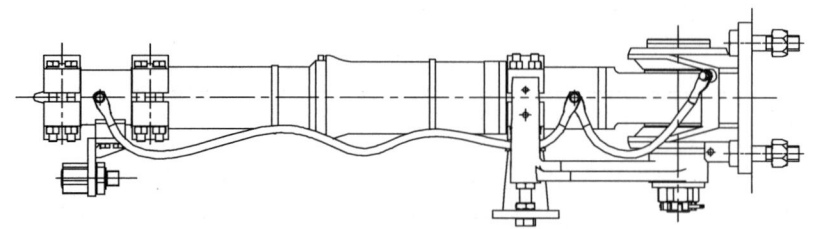

图 3.7 半永久车钩 A

3.2.2 半永久钩缓装置 B

半永久钩缓装置 B 结构示意图如图 3.8 所示。其头部也是凸凹锥的卡环连接结构，中部是由压溃装置和缓冲器组成的串联结构，以满足整列车冲击工况的能量吸收要求。

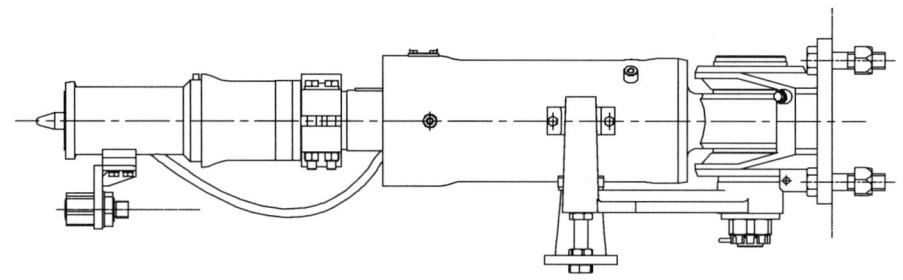

图 3.8 半永久车钩 B

3.2.3 半永久钩缓装置 C

半永久钩缓装置 C 结构示意图如图 3.9 所示，与半永久钩缓装置 B 相比较，取消了端部的压溃管，其他结构均相同。

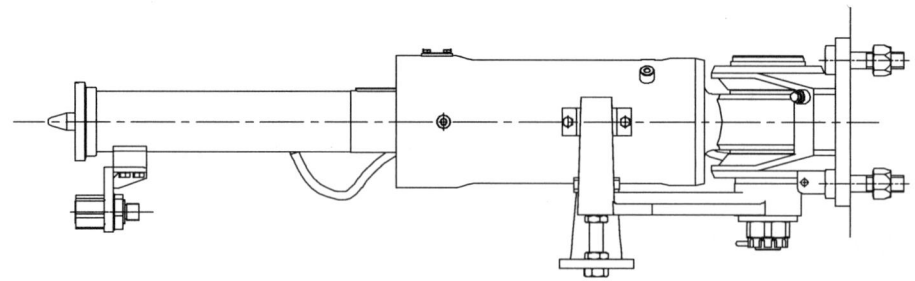

图 3.9 半永久车钩 C

3.2.4 半永久钩缓装置 D

半永久钩缓装置 D 和半永久钩缓装置 A 结构相同，只是压溃管的行程略小，如图 3.10 所示。

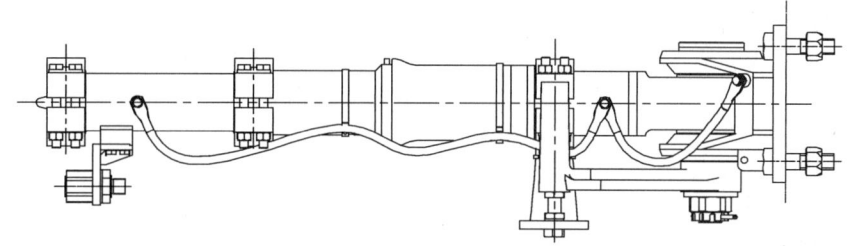

图 3.10　半永久车钩 D

3.2.5　中间车半永久车钩之间的连接

带压溃管半永久钩缓装置 A 和带缓冲器半永久钩缓装置 B 配对使用，带缓冲器半永久钩缓装置 C 和带压溃管半永久钩缓装置 D 配对使用，相互之间通过连接环连接。图 3.11 是带压溃管半永久钩缓装置 A 和带缓冲器半永久钩缓装置 B 连挂示意图，带缓冲器半永久钩缓装置 C 和带压溃管半永久钩缓装置 D 的连挂与其一样。钩缓装置 C 和 D 前端各有一个销孔标识，如图 3.12 所示，以与钩缓装置 A 和 B 相区分，方便安装操作。

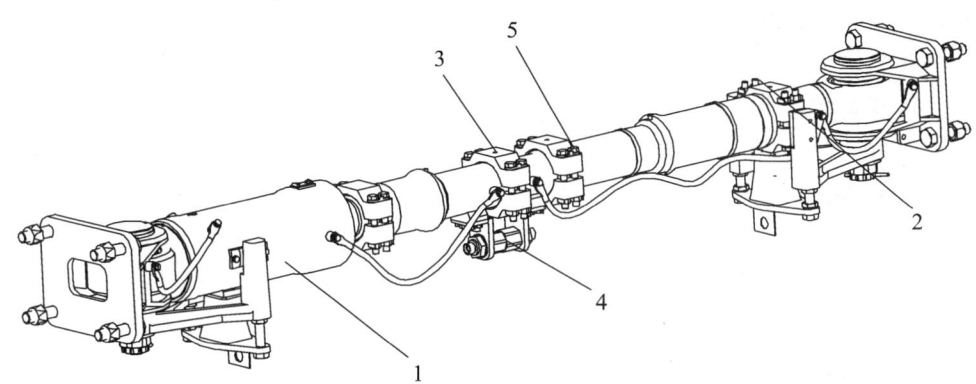

图 3.11　半永久车钩连挂示意图

1—带缓冲器半永久钩缓装置 B；2—带压溃管半永久钩缓装置 A；
3—连接环；4—风管连接器；5—连接环螺栓

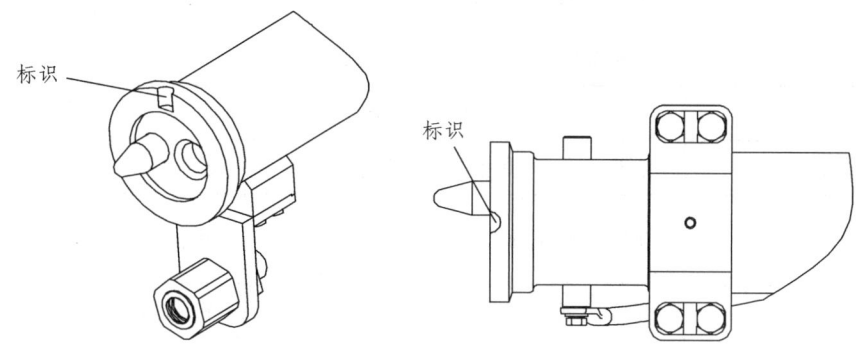

图 3.12　半永久车钩连挂示意图

3.2.6　主要技术参数

纵向拉伸屈服载荷：≥640 kN；
纵向压缩屈服载荷：≥800 kN；
车钩长度：1 370 mm；

车钩高度：720^{+10}_{0} mm；

最大水平转角：±35°；

最大垂直转角：±6°。

半永久钩缓装置 A：

 压溃变形管参数：

  行程：290 mm；

  稳态力：700 kN。

半永久钩缓装置 B：

 压溃变形管参数：

  行程：110 mm；

  稳态力：600 kN。

 弹性胶泥缓冲器参数：

  初压力：20~35 kN；

  行程：≤55 mm；

  最大阻抗力：≤550 kN。

半永久钩缓装置 C：

 弹性胶泥缓冲器参数：

  初压力：20~35 kN；

  行程：≤55 mm；

  最大阻抗力：≤550 kN。

半永久钩缓装置 D：

 压溃变形管参数：

  行程：200 mm；

  稳态力：(600±30) kN。

3.2.7 半永久牵引杆故障检测表（见表3.2）

表 3.2 半永久牵引杆故障检测表

序号	故障	可能的原因	检修方法
1	风管连接器漏风	橡胶密封件损坏	检修更换橡胶密封件
2	钩缓装置纵向非正常冲动	缓冲器纵向非正常磨损	检修更换缓冲器
3	连接卡环不能卡入	两侧钩缓装置端部定位孔错位	将定位孔对中
4	钩高调整量用尽，钩缓装置仍无法垂向对中	橡胶支承损坏	更换橡胶支承

3.3 车钩的日常检查

为保证车钩正常运行使用，需要进行日常预防维护检修，以保持其有效性和可靠性。

3.3.1 检查项点

在日检修程中,对半自动车钩进行检查,内容详见表3.3。

表3.3 车钩的日检内容

项目	内　容	方法	工具材料劳保用品	技术要求	力矩	检修周期
半自动车钩	（1）检查外观。 （2）检查钩头。 （3）检查手动解钩功能。 （4）检查接地电缆状态。 （5）检查总风管、前端密封圈状态。 （6）检查压溃管指示销状态。 （7）检查紧固件	目测检查、耳听检查	手电筒、白拼布、红色标记、笔、防砸鞋、安全帽、手套	（1）外观良好,无裂纹。 （2）钩头无异物,连接面良好。 （3）手动解钩功能正常（操作解钩拉环测试）。 （4）接地电缆状态良好。 （5）总风管、密封圈状态良好,无漏气。 （6）压溃管指示销未触发。 （7）过载保护螺栓M24（4个）划线清晰、无错位,卡环螺栓M16（8个）紧固良好,划线清晰、无错位	M24: 580 N·m M16: 170 N·m	每天
半永久牵引杆	（1）检查外观。 （2）检查触发销状态。 （3）检查紧固件。 （4）检查接地电缆状态	目测检查	手电筒、白拼布、防砸鞋、安全帽、手套	（1）外观良好。 （2）车钩压溃管触发销状态良好。 （3）各紧固件紧固状态良好,防松标记无错位。 （4）接地电缆状态良好		每天

3.3.2 日检程序

1. 半自动车钩

参考图3.13进行检验。按照如下程序对车钩进行检查,必要时进行修补或更换。

（1）对整个车钩进行目视检查。检查是否有损坏的迹象以及紧固件是否松脱或遗失。生锈的零部件必须进行清洁,然后涂上底漆,以便保护。

（2）检查机械车钩1的钩舌12和拉簧（位于机械车钩内部）是否损坏。

（3）解钩操作正常,拉动解钩手柄,检查其是否动作灵活。

（4）检查压溃管7是否有移动。如有任何松弛或移动,都应对其进行检修更换。

（5）检查MRP2、BP4是否损坏,前密封圈是否损坏,零件是否松脱。如有必要,应更换密封圈。

（6）检查连接环10、连接环11紧固件是否损坏或遗失。如有可能,试着推一下接口处,检验是否有松弛。如有松弛,则应更换连接环组件。

（7）检查安装螺栓13及其螺母上的防松标记是否错位移动,错位移动显示有移动,检查车钩零件是否损坏,更换损坏件,使用400 N·m的扭矩重新拧紧,并且标上红色力矩封。

（8）参照图3.14检查压溃管上的触发判断装置及压溃管表面状态,若指示装置被剪断、丢失或膨胀管油漆炸裂,则代表压溃管可能遇到非正常纵向冲击造成触发,应更换新的压溃管。

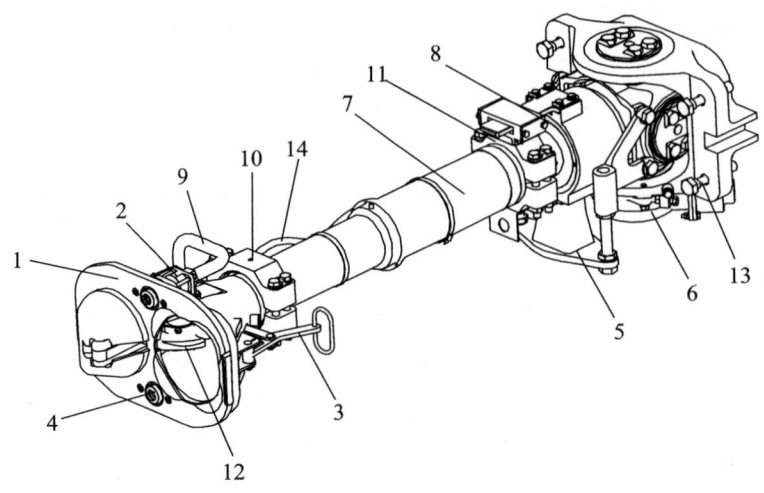

图 3.13 头车半自动车钩

1—机械车钩；2—MRP；3—手动解钩；4—BP；5—水平支撑；6—水平对中；7—压溃管；8—缓冲装置；
9—风管（MRP）；10，11—连接环；12—钩舌；13—螺栓；14—接地线

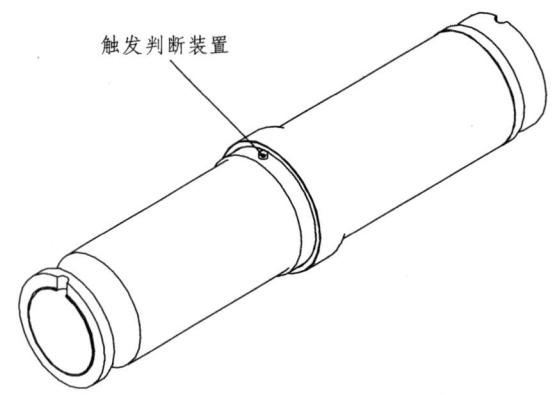

图 3.14 压溃管触发判断

2. 半永久钩缓装置 A

参考图 3.15 进行检验。按照如下程序对车钩进行检查，必要时进行修补或更换。

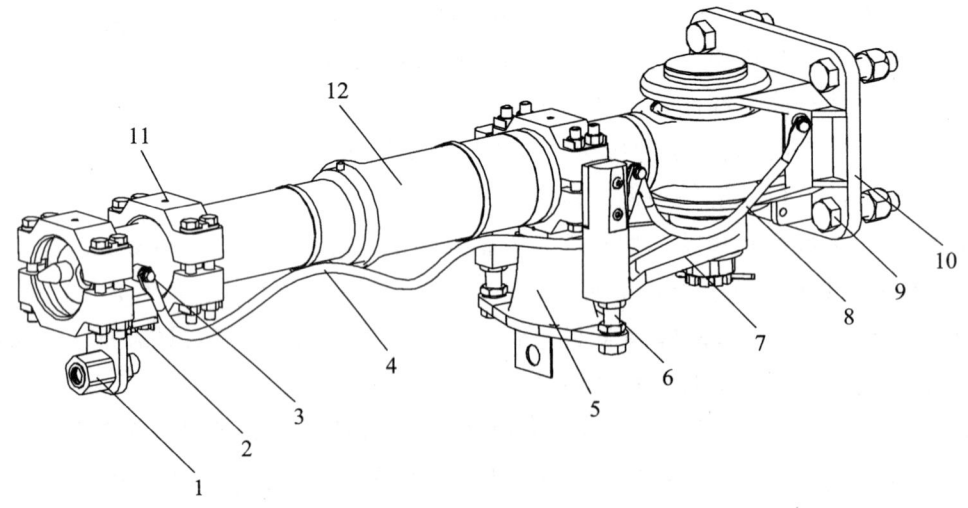

图 3.15 带压溃管半永久钩缓装置 A

1—风管连接器；2，3，6，9—螺栓；4，8—接地线；5—橡胶支撑；7—支架；
10—安装座；11—连接卡环；12—压溃管

（1）对整个车钩进行目视检查。检查是否有损坏的迹象以及紧固件是否松脱或遗失。生锈的零部件必须进行清洁，然后涂上底漆，以便保护。

（2）检查连接环 11 的螺栓是否松动。

（3）检查安装螺栓 9 是否松动，防松标记线是否错位移动，错位移动显示有移动，检查车钩零件是否损坏，更换损坏件，使用 1 100 N·m 的扭矩重新拧紧，并且标上红色力矩封。

（4）参照图 3.14 检查压溃管上的触发判断装置，若其被剪断或丢失，则代表压溃管可能遇到非正常纵向冲击造成触发，应更换新的压溃管。

3. 半永久钩缓装置 B

参考图 3.16 进行检验。按照如下程序对车钩进行检查，必要时进行修补或更换。

（1）对整个车钩进行目视检查。检查是否有损坏的迹象以及紧固件是否松脱或遗失。生锈的零部件必须进行清洁，然后涂上底漆，以便保护。

（2）检查连接环 9 的螺栓是否松动。

（3）检查安装螺栓 7 是否松动，防松标记线是否错位移动，错位移动显示有移动，检查车钩零件是否损坏，更换损坏件，使用 1 100 N·m 的扭矩重新拧紧，并且标上红色力矩封。

（4）检查压溃管 3 上的触发判断装置，若其被剪断或丢失，则代表压溃管可能遇到非正常纵向冲击造成触发，应更换新的压溃管。

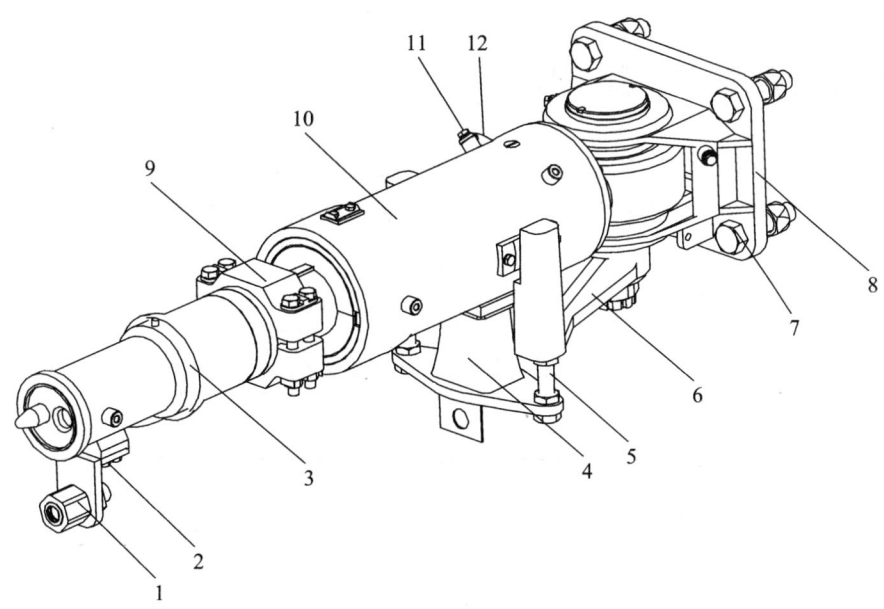

图 3.16　带缓冲器半永久钩缓装置 B

1—风管连接器；2，11—螺栓；3—压溃管；4—橡胶支承；5—吊座螺栓；6—支架；
7—安装螺栓；8—安装座；9—连接环；10—缓冲器；12—接地线

4. 半永久钩缓装置 C

参考图 3.17 进行检验。按照如下程序对车钩进行检查，必要时进行修补或更换。

（1）对整个车钩进行目视检查。检查是否有损坏的迹象以及紧固件是否松脱或遗失。生锈的零部件必须进行清洁，然后涂上底漆，以便保护。

（2）检查安装螺栓 7 是否松动，防松标记线是否错位移动，错位移动说明螺纹连接有可能松动。检查车钩安装螺栓是否损坏，更换损坏件，使用 1 100 N·m 的扭矩重新拧紧，并用红色标记笔标上防松标记。

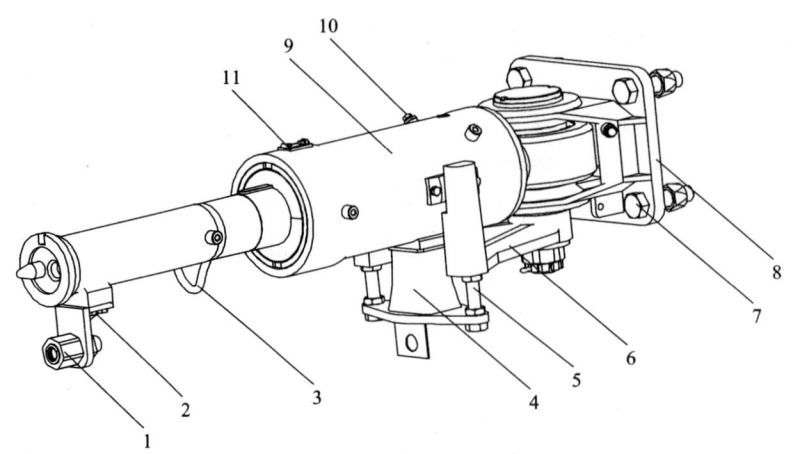

图 3.17 带缓冲器半永久钩缓装置 C
1—风管连接器；2，10—螺栓；3—接地线；4—橡胶支承；5—吊座螺栓；6—支架；
7—安装螺栓；8—安装座；9—缓冲器；11—盖板

5. 半永久钩缓装置 D

半永久钩缓装置 D 和半永久钩缓装置 A 结构相同，只是压溃管的行程略小，所以带压溃管半永久钩缓装置 D 的维护按照半永久钩缓装置 A 进行。

3.4 车钩的均衡修（定期）检查

为保证车钩正常运行使用，车钩运用一段时间后需要进行均衡修，以保持其有效性和可靠性，内容主要包括对半自动车钩进行清洁润滑，对车钩高度进行测量，检查半永久车钩的连挂情况。

3.4.1 检查项点

在均衡修修程中，对车钩各部件进行定期维护及检查，内容详见表 3.4。

表 3.4 车钩的均衡修检查内容

项目	内容	方法	工具材料劳保用品	技术要求	力矩	检修周期
主风管、制动风管	检查外观	目测检查	手电筒、白拼布、防砸鞋、安全帽、手套	主风管和制动风管无损坏，前密封圈无损坏，零件不松脱。如有必要，更换密封圈		每月
连接环	检查外观及紧固件	目测检查、操作检查	手电筒、白拼布、防砸鞋、安全帽、手套	连接环外观良好，4 个 M16 螺栓无损坏或遗失。推一下接口处，检验是否有松弛；如有松弛，则应更换连接环组件	M16: 170 N·m	每月
压溃管	检查外观	目测检查	手电筒、白拼布、防砸鞋、安全帽、手套	压溃管触发销无丢失；如有任何松弛或移动，都应对其进行检修更换		每月

续表

项目	内容	方法	工具材料劳保用品	技术要求	力矩	检修周期
车钩总体	（1）检查外观。（2）检查紧固件。（3）清洁车钩并润滑钩头	目测检查、清洁操作、润滑操作	活口扳手、扭力扳手、套筒、毛刷、Molykote 1000、手电筒、白拼布、红色标记笔、防砸鞋、安全帽、手套	（1）车钩表面无损坏、无生锈。（2）半自动车钩4个M24的安装螺栓、半永久牵引杆4个M30的安装螺栓及其螺母上的防松标记无错位移动；如错位移动显示有移动，检查车钩零件是否损坏，更换损坏件，使用400 N·m的扭矩重新拧紧，并且标上红色力矩封。（3）把车钩用干净的不含亚麻的布擦干净，达到Ⅳ级清洁度；润滑车钩钩头及凹锥，润滑钩锁及中心枢轴，使钩头润滑，动作自如。润滑涂层均匀覆盖一层润滑脂，润滑部位底漆无裸露为准	M24：580 N·m M30：1 130 N·m	每月
橡胶支承	检查外观	目测检查	手电筒、白拼布、防砸鞋	橡胶支承外观良好，无裂纹		每月
接地线	（1）检查外观。（2）检查紧固螺栓	目测检查	手电筒、白拼布、防砸鞋、安全帽、手套	（1）接地线无损坏、断股，断股10%以上需要进行更换。（2）接地线4个M12螺栓紧固良好	M12：70 N·m	每月
对中装置	检查紧固螺栓	操作检查	手电筒、白拼布、防砸鞋、安全帽、手套	对中装置的紧固螺母和螺栓无损坏，位置正常		每月
缓冲器	检查外观	目测检查	手电筒、白拼布、防砸鞋、安全帽、手套	缓冲器外观良好		每月
风管连接器	检查外观	目测检查、耳听检查	手电筒、白拼布、防砸鞋、安全帽、手套	风管连接器作用良好，风管连接头划线清晰、无错位，无漏气声音		每月
车钩总体	车钩高度测量	测量操作	车钩高度测量尺、水平尺、手电筒、白拼布、防砸鞋、安全帽、手套	（1）将车钩中心高度测量尺水平放置在轨道上，并与轨道保持垂直。（2）打开垂尺，直至限位块复位锁定垂尺。（3）移动钩舌测板至正好卡住钩舌的上下边缘，推动划针，所指位置即为钩舌中心位置。（4）锁紧游框顶丝，通过副尺直接可以读出车钩中心高度值。（5）测量完毕后，压下限位块，合上垂尺，使磁铁柱嵌入磁座中		6个月

续表

项 目	内 容	方 法	工具材料劳保用品	技术要求	力 矩	检修周期
解钩拉手	检查功能	操作检查	白拼布、手电筒、防砸鞋、安全帽、手套	拉动手动解钩把手，从车钩的正面可以看到连挂机构的运动。连挂机构应能自由移动，没有任何松弛或阻滞。检查指示器是否指到正确连挂位置（红色箭头对准红色刻度线）		12个月
钩板口和连杆	润滑钩板口和连杆的圆弧表面	润滑操作	注油枪、AUTOL TOP 2000润滑脂、防砸鞋	使用注油枪直到新注入的油从缝隙中挤出为止，润滑车钩连挂面（含凸锥），润滑凹锥内各零件，润滑连挂杆和钩舌口。润滑部位活动自如，涂抹油脂表面光洁平整，清洁等级达到Ⅳ级		12个月
橡胶支撑	润滑橡胶支撑螺栓裸露螺纹	润滑操作	毛刷、Molykote 1000、白拼布、手电筒、防砸鞋、安全帽、手套	对橡胶垂直支撑固定的2个M24螺栓裸露螺纹面进行润滑。用毛刷在螺纹表面均匀涂抹一层油脂，要求涂抹油脂后螺纹表面覆盖一层油脂膜，螺纹表面无裸露。涂抹周围清洁等级达到Ⅳ级		12个月

注：表中所提到的所有化学用品均可由同等功效的其他用品代替。

3.4.2　检查程序

1. 半自动车钩

按照如下程序对车钩进行检查，必要时进行修补或更换。标号内容请参照图3.13。

（1）进行日常检修所有内容。

（2）检查接地线14是否处于良好状态，是否紧固良好。

（3）检查对中装置6的紧固螺母和螺栓是否损坏，检查其状态。

（4）检验车钩位置，看其是否对中。如有必要，应调整车钩。

（5）参照图3.18检查解钩操作是否正常。拉动手动解钩把手1，从车钩的正面可以看到连挂机构的运动。连挂机构应能自由移动，没有任何松弛或阻滞。检查指示器是否指到正确连挂位置（红色箭头对准红色刻度线）。

（6）参照图3.19用AUTOL TOP2000润滑脂通过润滑油嘴1进行润滑。使用注油枪注油，直到新注入的油从缝隙中挤出为止。

（7）用AUTOL TOP2000润滑脂进行外部润滑。用刷子给钩舌口2和连挂杆3的圆弧表面进行润滑。

（8）参照图3.20使用Molykote 1000或同等功效产品对螺栓3裸露螺纹面进行润滑。

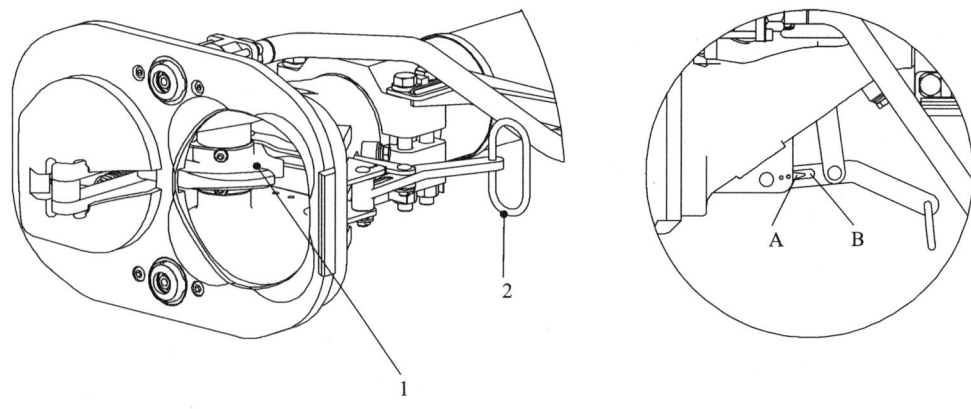

图 3.18 解钩操作

1—解钩手柄；2—连挂机构；A—连挂指示块；B—连挂指示位置

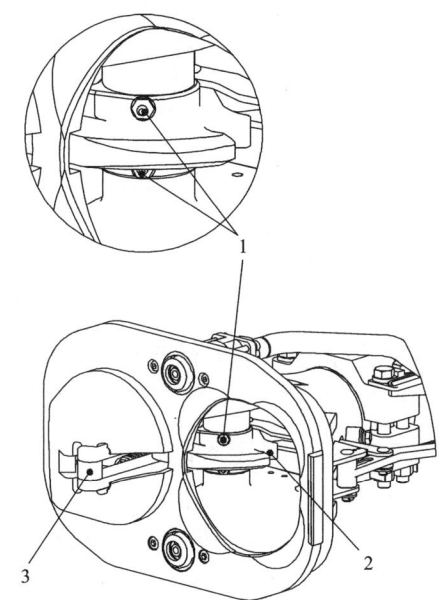

图 3.19 润滑图

1—润滑油嘴；2—钩舌口；3—连挂杆

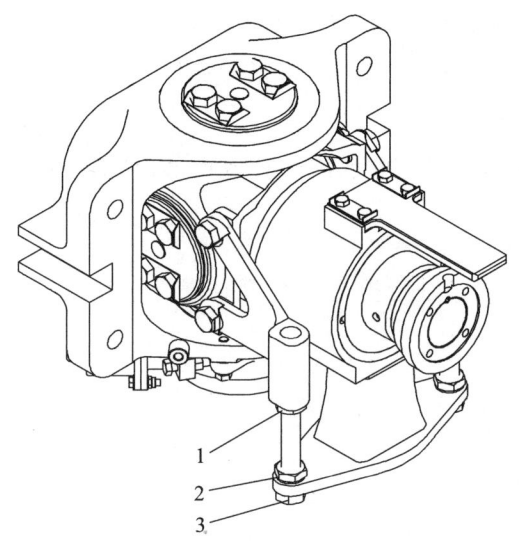

图 3.20 车钩的垂直对中

1，2—螺母；3—螺栓

2. 半永久钩缓装置 A

按照如下程序对车钩进行检查，必要时进行修补或更换。标号内容请参照图 3.15 所示。

（1）进行日常检修和月检所有内容。

（2）检查接地线 4 和 8 是否处于良好状态，是否紧固良好。参照图 3.21 使用 Molykote 1000 或同等功效产品对螺栓 3 裸露螺纹面进行润滑。

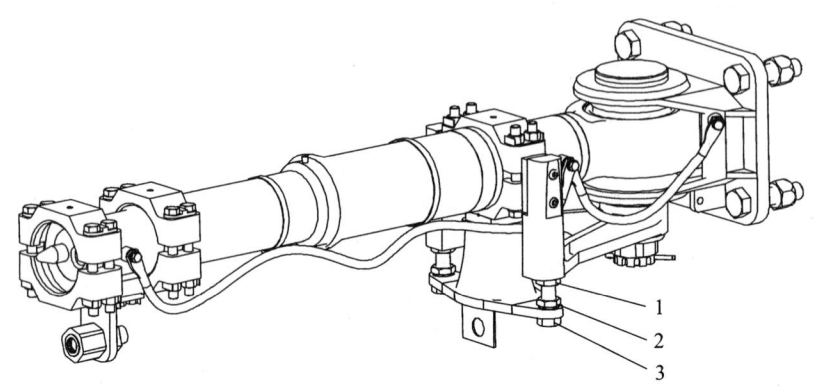

图 3.21　调整对中

1，2—螺母；3—螺栓

3. 半永久钩缓装置 B

参照图 3.16 进行检验。按照如下程序对车钩进行检查，必要时进行修补或更换。

（1）进行日常检修和月检所有内容。

（2）检查接地线 12 是否处于良好状态，是否紧固良好。

（3）检查缓冲器 10 是否松动。

（4）参照图 3.21 使用 Molykote 1000 或同等功效产品对螺栓 3 裸露螺纹面进行润滑。

4. 半永久钩缓装置 C

参照图 3.17 进行检验。按照如下程序对车钩进行检查，必要时进行修补或更换。

（1）进行日常检修和月检所有内容。

（2）检查接地线 3 是否处于良好状态，是否紧固良好。

（3）检查缓冲器 9 是否松动。

（4）参照图 3.21 使用 Molykote 1000 或同等功效产品对螺栓 3 裸露螺纹面进行润滑。

5. 半永久钩缓装置 D

参照图 3.13 进行检验。对车钩进行检查，必要时进行修补或更换。

3.5　车钩作业指导书

《CG-001 车钩检查作业指导书》

《CG-002 车钩高度测量作业指导书》

《CG-003 车钩垂直对中调整作业指导书》

《CG-004 车钩水平对中调整作业指导书》
《CG-005 更换安装用螺栓组件作业指导书》
《CG-006 更换安装用螺栓组件作业指导书》

章节自测

一、填空题

1. 车钩根据车辆连挂的特点可分为三类：（　　　　　　）、半自动车钩和（　　　　　　）。
2. 哈尔滨地铁太平桥车辆段地铁车辆为（　　　）辆编组，使用的车钩类型为（　　　　　）和半永久牵引杆。
3. 半自动钩缓装置的压溃装置采用（　　　　　　　）。
4. 哈尔滨地铁太平桥车辆段地铁车辆车钩配置：（　　　　　　　　　）（=：头车半自动钩缓装置；*：半永久钩缓装置）。
5. 连挂系统采用（　　　　　　）车钩装置，内部由钩舌、连挂杆、复位弹簧、解钩装置等构成。
6. 半永久钩缓装置 A 头部是（　　　　　　）的卡环连接结构，中部加装了压溃装置，以满足整列车冲击工况的能量吸收要求。
7. 缓冲系统采用（　　　　　　）缓冲系统，由安装吊挂系统和弹性胶泥缓冲器两部分组成。
8. 过载保护装置用于列车在超速连挂或者受到强烈冲击时，使车钩脱离车体安装板向后回退，以使车体上的防爬器能够（　　　　　　　）。
9. 半自动钩缓装置的纵向拉伸屈服载荷 ≥（　　　　　　　）（kN），纵向压缩屈服载荷 ≥（　　　　　　　）（kN）。
10. 半自动钩缓装置的长度为（　　　　）mm，车钩高度为（　　　　）mm。

二、选择题

1. 哈尔滨地铁太平桥车辆段地铁车辆编组头尾端采用（　　　　），列车内部使用半永久钩缓装置。
   A. 头车半自动钩缓装置
   B. 全自动钩缓装置
   C. 半永久钩缓装置
2. 连挂系统采用 330 型密接式车钩装置，内部由（　　　　）、连挂杆、复位弹簧、解钩装置等构成。
   A. 钩舌　　　　　　B. 钩尾销　　　　　　C. 钩头
3. 压溃装置上部设置了一个（　　　　），当压溃管触发时，指示销被剪断，由此来判断压溃管触发。
   A. 按钮　　　　　　B. 触发判断的指示销　C. 铁块
4. 半永久车钩长度（　　　　）mm，车钩高度（　　　　）mm。
   A. 1 370　　720$^{+10}_{0}$　　B. 1 470　　720$^{+10}_{0}$　　C. 1 370　　710$^{+10}_{0}$

5. 半永久钩缓装置 A 的压溃变形管参数：行程（　　）mm，稳态力（　　）kN。
   A. 290　700　　　　B. 300　700　　　　C. 290　690

6. 半自动钩缓装置的最大水平转角（　　），最大主动对中角（　　）最大垂直转角（　　）。
   A. ±20°　±15°　±6°　　　　B. ±10°　±15°　±6°
   C. ±20°　±25°　±16

7. 在检查车钩接地线时，接地线无损坏、断股，断股（　　）以上需要进行更换。
   A. 10%　　　　B. 15%　　　　C. 5%

8. 在测量车钩高度的时候，将车钩中心高度测量尺水平放置在轨道上，并与轨道保持（　　）。
   A. 垂直　　　　B. 水平　　　　C. 一定距离

9. 观察下列 3 张图，半永久钩缓装置 B 为图（　　）。

A.

B.

C.

10. 半永久钩缓装置分为 A、B、C、D 4 种车钩。（　　）半永久钩缓装置带有压溃装置，B 型半永久钩缓装置带弹性胶泥缓冲器和压溃装置，C 型半永久钩缓装置带有弹性胶泥缓冲器。
    A. A 型和 D 型　　　　B. B 型和 C 型　　　　C. C 型和 D 型

三、判断题

1. 半永久钩缓装置分为 A、B、C 3 种类型。　　　　　　　　　　　　　　　　　（　　）
2. 哈尔滨地铁 1 号线列车内部使用半自动钩缓装置。　　　　　　　　　　　　　（　　）
3. 半自动钩缓装置的压溃装置采用膨胀式压溃管。　　　　　　　　　　　　　　（　　）
4. 半永久钩缓装置连接和分解时需要人工手动操作。　　　　　　　　　　　　　（　　）
5. 相比紧凑式缓冲器，弹性胶泥缓冲器的寿命会更长。　　　　　　　　　　　　（　　）
6. 对中装置使整个车钩装置向横向中心线恢复、使其对中。　　　　　　　　　　（　　）
7. 半自动钩缓装置由连挂系统、压溃装置、缓冲系统和过载保护装置等几部分组成。（　　）

8. 半永久钩缓装置的作用是保证车组单元内部车辆的机械连接和电路连接。（ ）

9. 车钩压溃装置上的压溃管在受冲击变形后将无法继续使用。（ ）

10. 缓冲器的最大阻抗力为 550 kN。（ ）

四、简答题

1. 简述哈尔滨地铁太平桥车辆段地铁车辆中间车半永久车钩之间是如何连接的。
2. 简述半自动车钩在日检修程中都做哪些内容。
3. 半自动车钩有哪四大重要构件？并简述每个部件的作用。
4. 简述如何使用车钩高度测量尺测量车钩高度。
5. 图 3.22 为带压溃管半永久钩缓装置 A，将各指示部位全部名称填写出来。

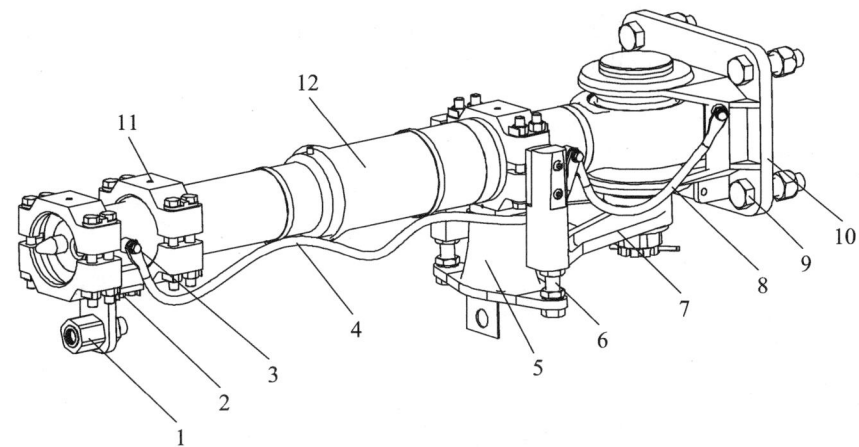

图 3.22　半永久钩缓装置 A

4 车门

车门装置是地铁车辆的重要组成部分，是连接站台与车辆的重要通道，同时也是乘客进出地铁车辆的必经之路。根据车门的运动方式可将其分为3种：内藏门、塞拉门、外挂门。

哈尔滨地铁1号线一、二期车辆客室车门采用双扇电控电动内藏门，每列车共有48套；司机室车门采用单开电动塞拉门，每列车共有4套。

4.1 客室车门

4.1.1 客室车门主要参数

客室车门系统数量：每辆车每侧4组客室车门系统；
净开宽度：（1 300 + 4）mm；
净开高度：（1 850 + 10）mm；
供电电压：DC110 V，波动范围为77.5 ~ 137 V；
开门时间：（3 ± 0.5）s；
关门时间：（3 ± 0.5）s；
开、关门时间调整范围：2.5 ~ 4.0 s；
开、关门延时时间：0 ~ 3.0 s可调；
车门关紧力：≤150 N；
探测最小障碍物：25 mm × 60 mm（厚×高）；
开关门噪声级别：≤68 dB（A）；
车门隔音量：≥22 dB（A）；
车门的隔热量：$K < 3.6$ W/m² · K；
记录、存储和传递车门的故障信息：容量不小于1 Mb；
车门控制方式：全列车门的开/闭满足ATO自动驾驶和人工驾驶模式；
振动冲击性能：符合IEC 61373—2010标准的要求。

4.1.2 驱动机构组成（见图4.1）

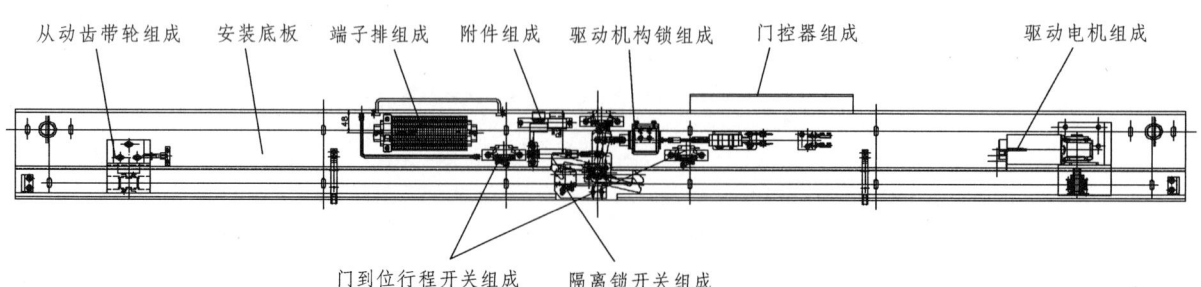

图 4.1 驱动机构组成

1. 安装底板组成

安装底板组成包括安装底板、定位止挡、附件组成、端子排组成、行程开关组成、门控器组成等元件。

（1）门控器。

每套客室车门都配置一套门控器，门控器是整个客室车门的控制系统。门控器是安装在客室车门机构上，响应各种指令，控制车门动作、蜂鸣器和指示灯。门控器上设有 8 段码的数码管，可以通过数码管的显示，判断出门控器在响应何种指令及车门处于什么状态。

（2）各种电气开关。

① 门锁闭开关：此开关是检测锁钩是否锁到位的开关。这个开关设有常开和常闭两组触点。这两组触点分别提供给门控器和车门锁闭硬线环路。

② 门板到位开关：此开关是检测门板是否到位，分为门板开关 1 和门板开关 2。这两个开关设常开和常闭两组触点，这两组触点分别提供给门控器和车门锁闭硬线环路。

③ 紧急解锁开关：此开关是在操作紧急解锁操作后触发的。该开关可以提供两个常开和两个常闭触点。紧急解锁开关动作后一般是给门控器提供一个信号，同时切断车门锁闭硬线环路。

④ 隔离锁开关：此开关是在操作隔离锁后触发的。该开关设有常开和常闭触点，分别提供给门控器、隔离指示灯和车门锁闭环路。

（3）蜂鸣器。

蜂鸣器在开关门及紧急解锁操作后，提供声音提示，由门控器控制输出。

（4）电机。

驱动电机是带有行星齿轮-锥齿轮减速机的 60 V 直流电机。

2. 门板吊挂部件

门板吊挂部件主要由左侧门吊板组成、右侧门吊板组成两大部件组成，同样为双扇电控电动内藏门系统导向装置的重要组成之一，如图 4.2 所示。

每扇门板通过 4 个 T 形螺栓与门吊板组成相连，通过门板上边框内的 T 形槽及调整垫片来调整门板的相对位置，从而保证门板的位置满足设计要求。承载滚轮组成在安装底板的导轨内滚动，与安装底板的导轨部位在尺寸上精密配合；防跳滚轮组成消除了跳动现象，提高了运动的平稳性。门吊板组成与门板连接紧固后，通过齿带夹将齿带与门吊板组成连接成一体（齿带夹分别夹在齿带闭环的内外两侧），承载滚轮组成在安装底板的导轨中滚动，实现了车门系统的直线运动。

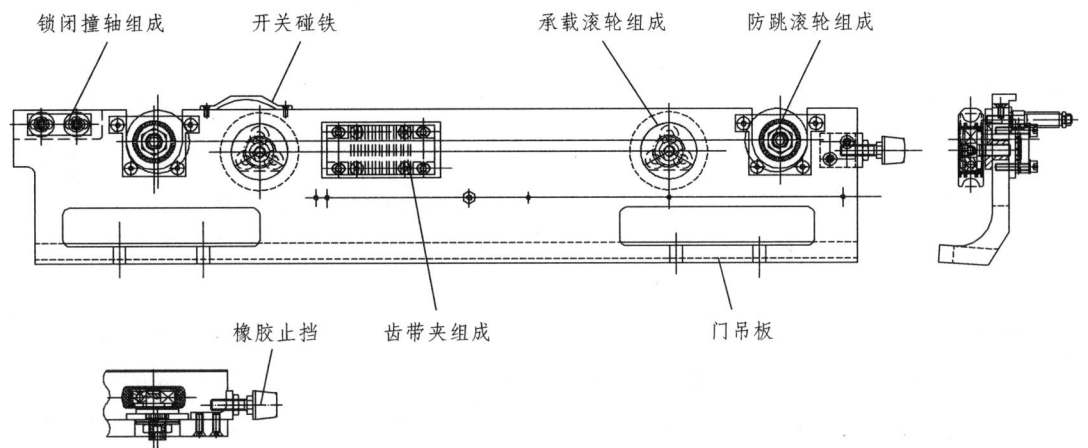

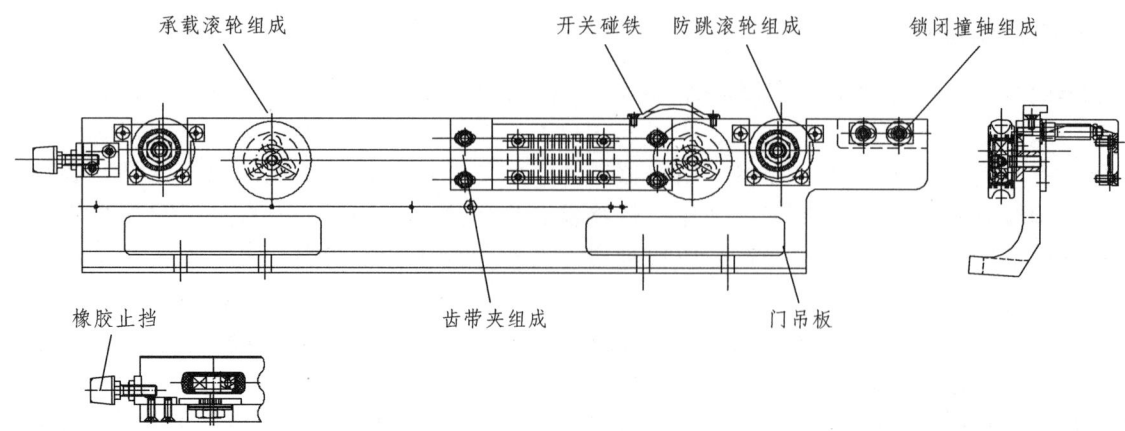

图 4.2 门板吊挂部件

3. 传动装置

驱动机构组成的传动装置由驱动电机、齿带、齿带轮、齿带夹（与门吊板组成相连接）共同组成，如图 4.3 所示。

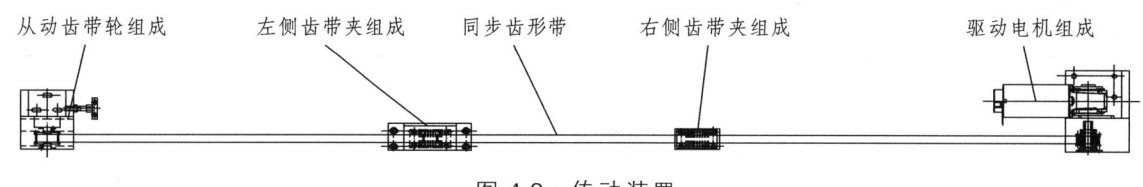

图 4.3 传动装置

齿带采用橡胶半圆形同步带，齿带是整个系统最重要的部件之一，起连接传动系统的作用。哈尔滨地铁采用的传动齿带为内衬张力钢丝，具有高强度、高抗疲劳性等特点。齿带在将整个传动机构连接在一起后经过调整达到一定的张力，当经过一段运营时间后，需要对齿形带的张力做一定的检测，必要时需要进行调节，使之达到更好的状态。

传动装置的原理：门控器得到开、关门指令，驱动电机得电旋转，旋转通过锥齿轮减速箱变向及减速，输出到电机齿带轮，电机齿带轮旋转带动齿带动作，从而使齿带在齿带轮之间进行直线运动。齿带在做直线运动的过程中，通过齿带夹带动左右两个门吊板组成在安装底板的导轨中做方向相反且同步的运动，从而门吊板组成将运动传递给左右门板，使其在门框范围内做客户所需要的动作。

4. 锁闭解锁装置

锁闭解锁装置（驱动机构锁组成）安装在安装底板上，组成部件是一套电磁铁组成、一套锁钩组成、一套复位气缸组成等，如图 4.4 所示。在门关闭的过程中，4 个分别位于左、右侧门吊板组成之上的锁闭撞轴组成（每个门吊板组成上有两组锁闭撞轴组成，起二级保护作用）进入锁钩中，锁钩通过复位气缸内部的弹簧可以使之自动复位（保证在供电故障情况下，车门系统仍能保持锁闭状态），从而使车门系统以这种方式被锁闭，同时门关到位行程开关及锁到位行程开关被触发，提供客室车门系统锁闭到位信号，列车可以开车。电动开门时，通过对电磁铁组成的控制，电磁铁得电吸合，可使锁钩转动，从而释放出锁闭撞轴，客室车门系统以这种方式实现解锁，解锁后门才可以打开。电磁铁组成后部可以与紧急解锁装置相连接，通过拉动紧急解锁手柄实现特殊情况下的手动机械解锁，同时触发相应的行程开关，提供客室车门系统被紧急解锁信号。紧急解锁完毕后，通过复位气缸内部的弹簧可以使锁钩自动复位，保证锁钩处于锁闭状态。

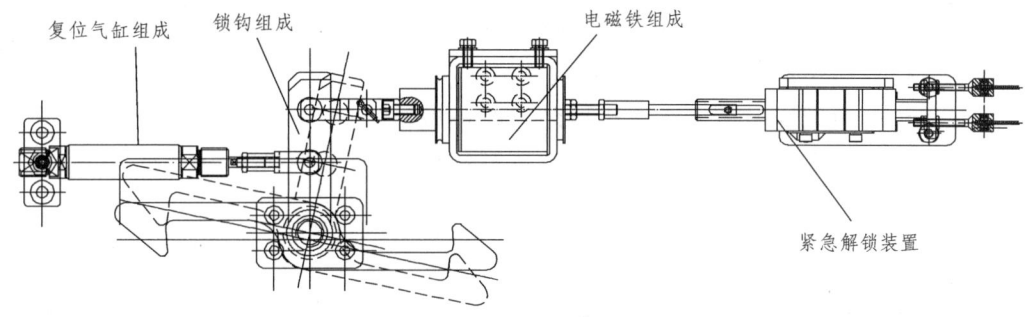

图 4.4 锁闭解锁装置

4.1.3 内部紧急解锁装置

为使乘客在轨道客车出现意外危险的情况下可以及时、迅速地疏散，在客室车厢指定车门内部罩板上特配备有内部紧急解锁装置（见图 4.5）。通过钢丝绳组成将内部紧急解锁装置与紧急解锁装置相连接。当旋转内部紧急解锁装置的解锁扳手时，钢丝绳带动紧急解锁装置旋转，紧急解锁装置旋转带动电磁铁克服复位气缸运动，从而使锁钩旋转打开，将锁闭撞轴释放出来实现解锁，同时触发相应的行程开关，提供客室车门系统被紧急解锁信号。

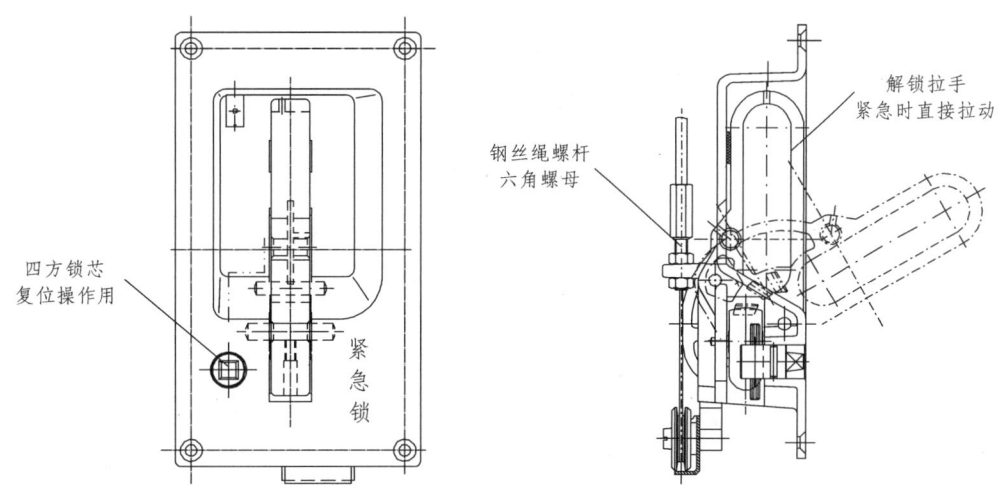

图 4.5 内部紧急解锁装置

内部紧急解锁装置有清楚的标记，平时由有机玻璃外罩罩住。日常检修时无须打碎外部保护面罩，被授权人员可以通过专用钥匙（四方钥匙）操作；紧急情况下乘客可以打碎有机玻璃外罩，操作解锁扳手实现车门解锁。

在紧急情况下需要从客室内打开车门时，必须首先击碎有机玻璃罩或由被授权人员使用专用钥匙打开，然后操作内部紧急解锁装置。操作该装置后，能实现以下功能：

（1）当车辆处于零速状态时（车速≤5 km/h），无论车门系统工作是否正常（车门系统隔离状态除外），紧急操作时可以通过钢丝绳实现车门的机械解锁并手动开门，手动开门最大作用力为150 N；当车辆速度大于5 km/h时（非零速状态下），操作内部紧急解锁装置，手动开门力大于200 N，并且手动开门力撤离后车门系统趋向于关门。操作解锁扳手所需的最大转矩不超过15 N·m。

（2）紧急操作后，紧急解锁信号可以传给列车监视系统，并能使列车司机控制屏上显示哪个车门的解锁装置被启动。

（3）车门系统上蜂鸣器鸣叫报警。

（4）内部紧急解锁装置操作后将被定位在操作状态，并必须手动复位。根据给定的信号，内部紧急解锁装置的复位操作将激活门的正常操作。

（5）该装置部位的内罩板上设有防止滥用的有机玻璃罩。

（6）如果此门处于隔离状态，则无法进行紧急解锁操作。

4.1.4 隔离锁组成

如果由于个别车门系统因为机械或电气故障而要求某一车门单独退出服务时，首先保证该车门处于关闭状态下，被授权人员才可以用专用钥匙（四方钥匙）打开罩板并转动位于驱动机构组成上的隔离锁组成（见图 4.6），使驱动机构组成机械锁闭，并同时触发隔离锁行程开关，提供该客室车门系统被隔离锁闭信号，进而隔离该车门系统电路，从而使该车门系统退出服务而其他车门不受其影响。当该车门被隔离后，处于客室内部罩板上的隔离指示灯（红色）亮起，对乘客起到指示作用。隔离锁操作扭矩≤15 N·m。

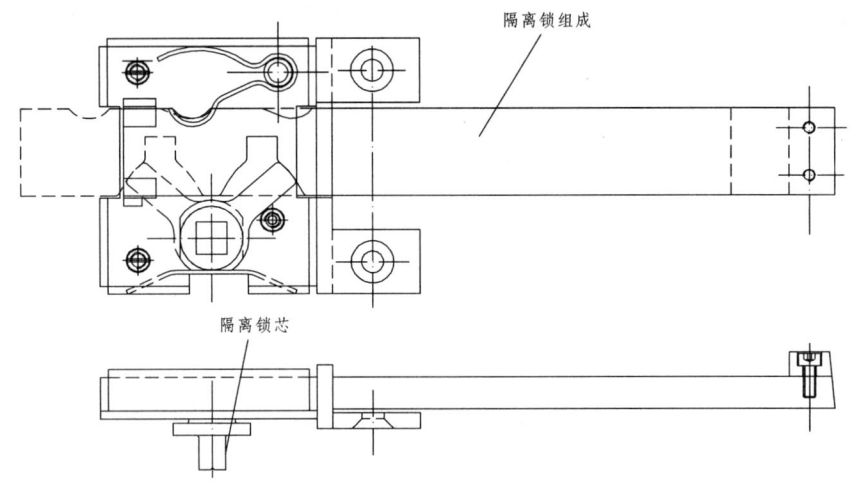

图 4.6 隔离锁组成

注：当车门系统处于隔离状态时，紧急解锁不能将其打开。

4.1.5 密封毛刷组成

双扇电控电动内藏门的门板上边缘密封采用密封毛刷形式（见图 4.7），毛刷采用柔软羊毛但不易脱落，从而保证门板上边缘的密封效果。密封毛刷组成安装在车体门框上部，毛刷与门板接触密封。

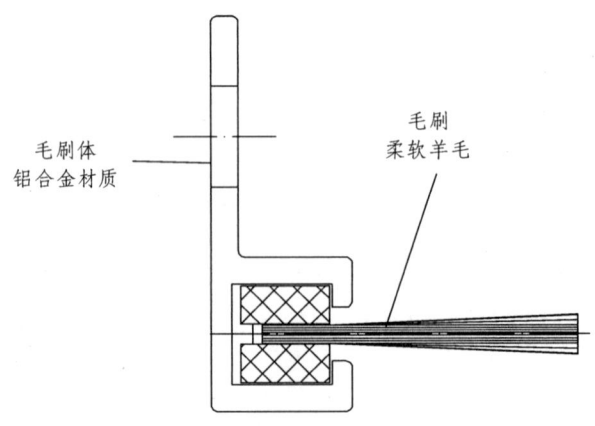

图 4.7 密封毛刷组成

4.1.6 门板组成

门扇采用铝合金框架焊接结构，内部为 30 mm 厚的铝型材框架，在门框框架的内表面上部黏接 1.0 mm 厚的铝板，内表面下部黏接 1.0 mm 厚不锈钢踢脚板，外表面黏接 1.0 mm 厚的不锈钢板，四周卷边，以增加强度。内部踢脚板距离地板面高度根据客户要求确定。门板总成具有高刚度和良好的隔音性能。门板框架内部空隙处填充纸蜂窝防火材料。门板组成如图 4.8 所示。

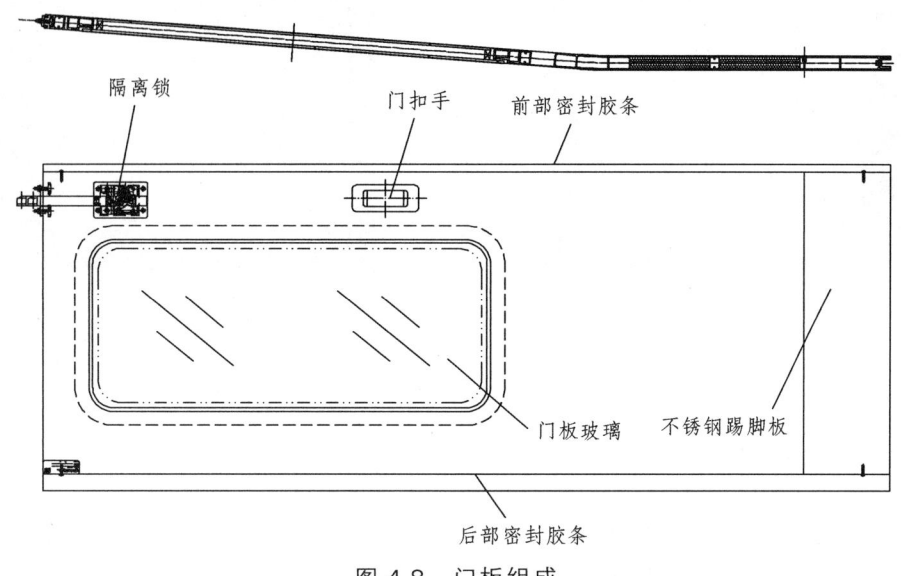

图 4.8 门板组成

4.2 司机室车门

4.2.1 司机室车门主要参数

净开宽度：(560 + 4) mm；

净开高度：(1 830 + 10) mm；

供电电压：DC110 V，波动范围为 DC77 ~ 137.5 V；

开门时间：(3 ± 0.5) s；

关门时间：(3 ± 0.5) s；

开、关门延时时间：0 ~ 3.0 s 可调；

车门关紧力：≤150 N（每个门扇）；

探测最小障碍物：30 mm × 60 mm（宽 × 高）；

开关门噪声级别：≤68 dBA；

隔热性能：≤3.6 W/m² · K；

隔音系数：≥22 dB（A）。

4.2.2 门页组成

门页组成如图 4.9 所示。

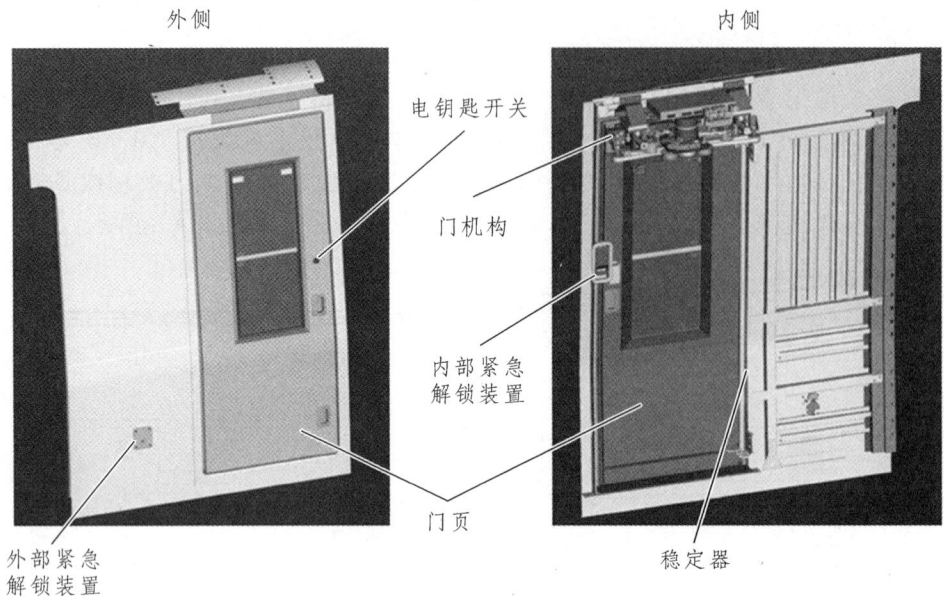

图 4.9 门页组成

4.2.3 门机构组成

车门的电控电动装置采用微处理器控制的电动机驱动装置,具有自诊断功能和故障记录功能,具有与列车总线网络进行通信的功能,并可通过列车总线网络对车门进行控制,如图 4.10 所示。车门采用硬线控制。

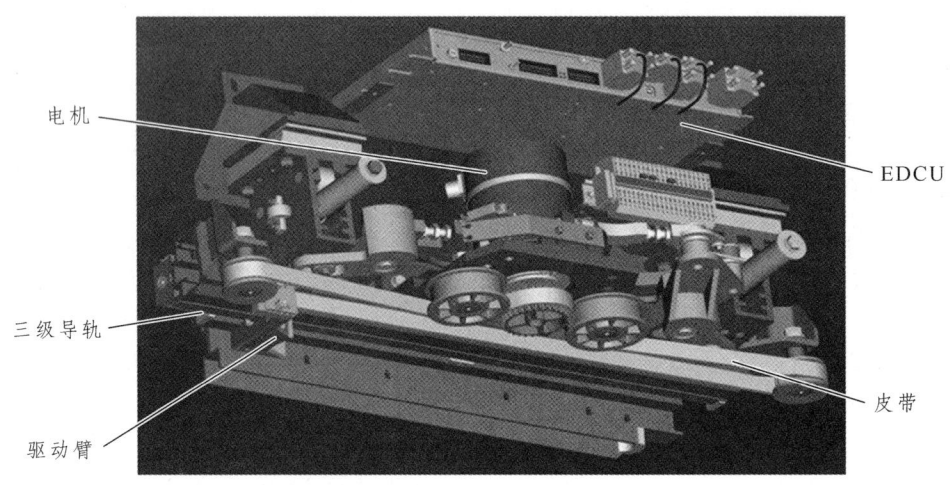

图 4.10 门机构组成

传动装置采用齿轮、齿带方式,导向装置、驱动装置和锁闭装置集中为一个紧凑的功能单元,便于安装和维修。

电机组件由一个直流电动机及电机和驱动装置之间的连接装置组成。电机及联轴节在寿命周期内免维护。电机的防护等级不低于 IP44。

4.2.4 稳定器组成

每一个门页的上部与下部通过稳定器杆连接,如图 4.11 所示。其目的是在塞拉运动时导向门页并提供门页后部的支点。其元件铰接并安装到车体的支架上。

每一个稳定器的上、下摆臂都安装有滚轮。这些滚轮沿相关的轨迹运行，门页的运动由上摆臂的运动给出。

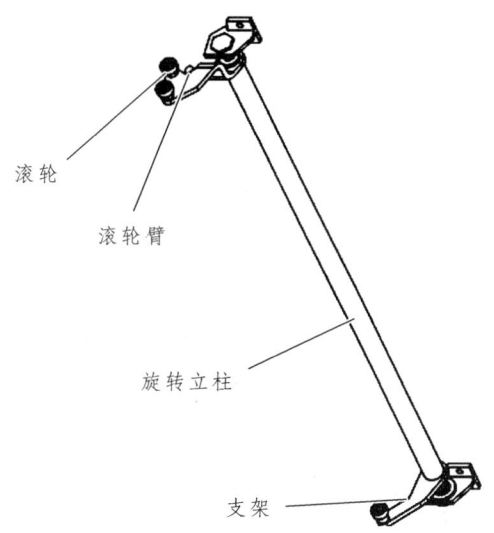

图 4.11 稳定器组成

4.2.5 司机室车门故障检测（见表 4.1、表 4.2）

表 4.1 司机室车门故障检测

故 障	检测标准（从 DCU 中获得的信息）	故障恢复前门的状态	如何消除故障（如果故障被消除，将恢复正常功能）	LED1	LED2	LED3	LED4
电机电路故障	在发出开门或关门命令 10 s 后，电机电流没有增加	故障出现时，车门无法打开或关闭	排除故障后，再次进行开门、关门控制	亮			
EDCU 发生故障	DCU 硬件重要故障（CPU、内存、继电器、电气回路等）：DCU 通电和周期测试时发生	车门在原位保持自由状态，所有功能禁止	切除 DCU 上的电源	亮	亮		
EDCU 发生故障	DCU 硬件次要故障（EEPROM 等）：DCU 通电和周期测试时发生	对功能无影响，车门能够继续工作	切除 EDCU 上的电源	亮	亮		
DLS failure（b）	DLS 激活，DCS 没有激活，并且门打开	零速有效时，门自由；零速无效时，门关闭	如果车门是打开的，手动关闭车门；使用 IC 隔离该车门，并重启	亮		亮	
DCS failure（b）	门打开，DLS 释放时，DCS 激活	零速有效时，门自由；零速无效时，门关闭	如果车门是打开的，手动关闭车门；使用 IC 隔离该车门，并重启	亮			亮
DCS failure（b）	门锁上了，但是 DCS 没有激活（在锁闭过程中 DCS 没有激活，或者在锁闭后 DCS 释放）	零速有效时，门保持开门并自由；零速无效时，再次关门		亮			亮
	命令无效，输出有效	周期性自检	故障消失，自动恢复	亮			亮

注：（a）静态输出故障将在 5 s 后自动消失。
（b）故障在出现 1 s 后被记录。

表 4.2 功能故障检测

故障	检测标准（从 DCU 中获得的信息）	故障恢复前门的状态	如何消除故障（如果故障被消除，将恢复正常功能）	LED1	LED2	LED3	LED4
意外解锁	在没有激活开门逻辑或没有激活紧急解锁装置时，锁闭的车门被解锁	车门在关闭时依然得电。如果车门收到开门控制信号，车门将打开并保持自由状态。如果激活紧急解锁装置，车门将在原位保持自由状态	手动锁闭车门。使用切除装置隔离车门，再将切除装置复位	亮	亮	亮	
锁闭失败	DCS 激活后 2 s，门依然没有成功锁闭（具体时间根据试验数据调整）	门保持关门力。如果收到开门逻辑或者紧急解锁装置被激活，门将打开并处于自由状态。零速消失，门关闭	车门到达锁闭位置，自动恢复	亮	亮		亮

4.3 客室车门检查内容

为保证客室车门正常运行使用，需要进行日常维护检修，以保持其有效性和可靠性。

4.3.1 日检项点

在日检修程中，对客室车门进行检查，内容详见表 4.3。

表 4.3 客室车门的日检内容

项目	内容	方法	技术要求	检修周期
客室车门	（1）检查客室车门及指示灯外观。（2）检查客室车门功能	目测检查、操作检查、耳听检查	（1）外观良好。（2）开关门正常，蜂鸣器正常（开门时响 2 声，关门时响 3 声）	每天

4.3.2 厂家推荐日检维护内容（见表 4.4）

表 4.4 日检维护内容

检修内容	型号规格	列检 1 天
承载滚轮组成	C327 1029 301	√
导向轮轴	C378 0016 301	√
滚轮垫块	C369 1035 301	√
滚动轴承深沟球轴承 6200-2RS	C833 0099 000	√
孔用弹性挡圈-A 型 30	C832 0020 050	√
承载滚轮	C392 1034 301	√
防跳滚轮组成	C327 1030 301	√
偏心轮轴	C378 0017 301	√
滚动轴承深沟球轴承 6200-2RS	C833 0099 000	√
孔用弹性挡圈-A 型 30	C832 0020 050	√
防跳滚轮组成	C392 1019 301	√

4.3.3 均衡修检查项点

为保证客室车门正常运行使用，保证各部件的稳定性，需要定期对部件进行预防性维修，即均衡修。在均衡修修程中，对客室车门各部件进行定期维护及检查，内容详见表 4.5。

表 4.5 客室车门的均衡修检查内容

项目	内容	方法	工具材料劳保用品	技术要求	检修周期
门板、门板玻璃	检查外观	目测检查	手电筒、白拼布	外观良好，车窗无刮擦或损坏，没有遗失或松脱的紧固件；车门和玻璃窗干净、整洁，玻璃窗内无积水；有积水时则更换，脱胶则修复	每月
门止挡	检查紧固状态	目测检查	白拼布	检查车门上的车门止挡（一扇门1个），无松动，无丢失	每月
锁钩	检查功能	操作检查	白拼布、手电筒	活动自如，无卡滞、不灵活、脱套。如有卡滞、不灵活或脱套，需更换锁钩	每月
门机构及安装底板	检查紧固件状态，安装底板外观	操作检查	白拼布、手电筒、划线笔	电磁铁固定螺栓 M5（2个），复位气缸固定螺栓 M6（2个），端子排固定螺栓 M5（2个），锁钩固定螺栓 M12（1个），电机固定螺栓上 M5（3个）、下 M4（4个），电机支座固定螺栓 M3（3个），从动轮固定螺栓 M5（8个），张紧轮固定螺栓 M5（8个），齿带夹固定螺栓左侧 M6（4个）、M5（4个），右侧 M5（4个），蜂鸣器固定螺栓 M5（2个）划线清晰、无错位，如有松动，需紧固，并重新划线。安装底板外观良好	每月
行程开关	（1）检查外观。（2）检查紧固件	目测检查	手电筒、白拼布	（1）各行程开关外观良好，无损坏，无丢失；接线良好，无松动。（2）各行程开关固定螺栓 M4（2个）	每月
门控器	（1）目测检查并清洁。（2）检查紧固件	操作检查、清洁操作	手电筒、白拼布	（1）对门控器外壳表面进行除尘，去除污渍，对门控器标签进行检验，对破损的、字迹不清晰的标签进行更换；达到Ⅳ级清洁度。（2）紧固件（MVB 门控器6根线插、普通门控器4根线插）、固定螺钉（4个）紧固	每月
上下滑道	（1）检查外观。（2）检查功能	目测检查、操作检查	手电筒、白拼布	（1）车门上下导轮与上下滑道无擦痕。（2）手动推拉车门，车门能够正常开关	每月
编码器	检查外观	目测检查	手电筒、白拼布	编码器外观良好，接线牢固，无松动	每月
电磁铁铁心	清洁电磁铁铁心（衔铁）	清洁操作	WD40 清洗剂	用软毛刷对电磁铁动作铁心（衔铁）表面进行清洁，检查电磁铁铁心，对出现卡滞情况的电磁铁铁心喷涂 WD40 清洗剂，连接插头无损坏，达到Ⅳ级清洁度	每月
复位气缸	（1）检查复位气缸功能。（2）清洁复位气缸	清洁操作、操作检查	WD40 清洗剂	（1）检查复位气缸压缩余量。方法是：右手向右拉动电磁铁至最右位置并保持住，左手向上抬锁钩左端，锁钩有活动余量为合格，无余量的须松开气缸锁紧螺母，调节气缸压缩余量。（2）复位气缸伸缩灵活，无卡滞或不畅现象，对出现卡滞的复位气缸喷涂 WD40 清洗剂并清洁，达到Ⅳ级清洁度	每月
车门功能	车门开关门操作检查	操作检查	秒表	操作司机室开关按钮，开关左右客室车门，确认开关车门无卡滞，开关自如，开关门时间为（3±0.5）s	每月

续表

项 目	内 容	方 法	工具材料劳保用品	技术要求	检修周期
前部密封胶条及密封毛刷	（1）检查外观，并喷橡胶保护剂。（2）检查毛刷外观及密封性	操作检查	橡胶保护剂	（1）开门位置，自上而下检查前密封胶条，确保前密封胶条无裂纹，并自上而下对密封胶条喷涂橡胶保护剂。喷涂前，先用干净的白拼布擦拭密封条上的灰尘和油渍，然后再进行喷涂作业。（2）密封毛刷外观良好，密封正常	6个月
内部紧急解锁装置	（1）检查功能。（2）检查紧固状态	操作检查	手电筒	（1）紧急解锁开关功能正常。（2）接线端子接线牢固且与开关插片插接牢固；从车内拉动手柄可以正常紧急解锁；钢丝绳外观无磨损，目测检查钢丝绳头无松动	1年
外部紧急解锁装置	（1）检查功能。（2）检查外观。（3）检查紧固状态	操作检查、目测检查	手电筒	（1）从车外用四角钥匙可以正常紧急解锁。（2）钢丝绳外观无磨损。（3）目测检查钢丝绳接头（包括紧固螺母）无松动	1年
门隔离锁	（1）检查功能。（2）检查紧固状态	操作检查	手电筒	（1）无松动，动作灵活到位。（2）接线端子接线牢固且与开关插片插接牢固	6个月
闭门器	（1）检查紧固状态。（2）检查外观	功能检查、目测检查	无	（1）闭门器外观良好，无损伤，无丢失；螺栓紧固，无松动。（2）闭门器功能正常	6个月
行程开关	检查功能	操作检查	测量块	（1）触点良好，功能正常。（2）行程开关与碰铁间隙为 $1\sim2$ mm	1年
车门防夹功能	车门防夹操作检查	操作检查	测试块 25 mm（厚）×60 mm（宽）	使用测试块 25 mm（厚）×60 mm（宽）测试防挤压，再开闭功能正常，6个月抽查一列车	6个月
齿带	测量齿带张紧力、清洁齿带并润滑	测量操作、润滑操作	霍尼韦尔（honeywell）AS325 170G 皮带保护剂、齿带张力仪	测量齿带张力时，测量位置在张紧轮与左侧齿带夹的中间 1/2 左右，齿带张紧力为 $46\sim53$ kN，对不符合张力范围的齿带进行调节。使用前均匀摇晃霍尼韦尔（Honeywell）皮带保护剂。关门位置，右侧齿带轮往左 650 mm 范围内（贴着机构吊板一侧齿带）；开门位置，左侧齿带轮往右 650 mm 范围内（贴着机构吊板一侧齿带），把皮带保护剂喷入凹槽内，以皮带清洁润滑剂不滴落为佳。喷完皮带清洁润滑剂开关门 3 次	1年
防跳轮	检查防跳轮上面与上导轨之间的间隙	操作检查	塞尺	防跳轮上面与上导轨之间的间隙为 $0.2\sim0.5$ mm。如超出范围，则调整防跳轮	1年
车门V形检查	检查车门V形是否符合标准	操作检查	板尺38件套	检查车门V形是否在规定范围内（$1\sim4$ mm），如不在规定范围内，对车门V形进行调整	1年

注：表中所提到的所有化学用品均可由同等功效的其他用品代替。

4.3.4 厂家推荐定期维护内容（见表4.6）

表4.6 定期维内容

检修内容	型号规格	列检 1天	月修 1.25万千米	定修 15万千米	架修 60万千米	大修 120万千米
后部密封胶条	C358 4037 000			√	√	
门板玻璃	C351 2036 301			√		
防磨导轨	C379 2032 301					√
隔离锁组成	C341 0126 301			√		
安装底板	C361 2159 301	√	√			
密封毛刷组成	C340 3017 301			√	√	
齿带	C763 0002 301			√	√	
橡胶螺钉	C342 2014 301			√		
隔离锁开关	C031 0009 301					√
锁到位开关	C031 0002 301					√
紧急解锁开关	C031 0010 301					√
根到位行程开关	C031 0002 301					√
钢丝绳组成	C344 1055 301 C344 1057 301					√
驱动电机	C321 4044 301					√

4.4 司机室车门检查内容

4.4.1 日检项点

在日检修程中，对司机室车门进行检查，内容详见表4.7。

表4.7 司机室车门检修项点

项目	内容	方法	技术要求	检修周期
司机室门	（1）检查外观。 （2）检查功能	操作检查	（1）外观良好。 （2）每侧开关门两次，检查HMI屏车门界面，开门显示蓝色，关门显示灰色	每天

4.4.2 均衡修检查项点（见表4.8）

表4.8 均衡修检查项点

项目	内容	方法	工具材料	技术要求	检修周期
门页、门窗	检查外观	目测检查 操作检查	工业酒精、BOSTIK 波士胶 7003 或具备同等功能的其他产品	外观良好，车窗无刮擦或损坏，没有故意破坏的痕迹，没有损坏的、被贴过标记及遗失的零件，没有遗失或松脱的紧固件。车门和玻璃窗干净、整洁，玻璃窗内无积水。活动窗上下滑动灵活，活动窗的锁功能正常。密封车门无油漆剥落；有积水则更换，脱胶则修复	每天
司机室门功能	（1）检查外观。（2）检查功能	目测检查	无	（1）外观良好。（2）每侧开关门两次，检查HMI屏车门界面，开门显示蓝色，关门显示灰色	每天
司机室门	（1）开关门时间检查。（2）司机门防夹操作检查。（3）行程开关检查	操作检查	秒表	（1）开关门时间为（3±0.5）s。（2）使用测试块30 mm（厚）×60 mm（宽）测试防挤压功能正常。（3）各开关功能正常；各触点接触良好	3个月
行程开关	检查外观	目测检查	手电筒、白拼布	各行程开关外观良好，接线牢固	1年
前密封和周边密封	检查外观	目测检查	手电筒、白拼布	由上至下检查前密封和周边密封，如有破裂、切口、老化现象，需更换	1年
门页	门页V形调整	操作检查	手电筒、白拼布	门页关闭后，四周密封良好，则V形功能正常。具体操作详见《司机室门页V形调整作业指导书》	1年
稳定器和端挡	检查外观	目测检查	手电筒、白拼布	稳定器和端挡完好。当门打开时，车门应紧靠端挡	1年
内、外解锁钢丝绳	（1）检查外观。（2）检查功能	目测检查 操作检查	开口扳手	（1）当车门关闭并锁止时，解锁钢丝绳应保持不松弛，处于略微张紧的状态，电机上的端挡应与止挡接触。（2）解锁正常，钢丝绳外观无磨损、断骨现象，用开口扳手检查钢丝绳接头无松动	1年
同步带及张紧装置	（1）检查外观。（2）检查张力	目测检查 操作检查	机械式张力计	（1）齿带表面无磨损或断裂，如有则更换。（2）机械式张力计的刻度值为20~25 kN为合格	1年
锁紧挡块	检查外观	目测检查 操作检查	手电筒、白拼布	锁紧挡块无损坏，如损坏则更换	1年
塞拉端挡	检查功能	操作检查	手电筒、钢板尺	塞拉端挡功能完好。开门时，当塞拉运动结束时，塞拉端挡被挤压1~1.5 mm	1年
滑道挡块	检查外观	目测检查	手电筒、白拼布	滑道挡块无损坏，如损坏则更换	1年
开门端挡	检查外观	目测检查 操作检查	手电筒、白拼布	开门端挡无损坏，如损坏则更换	1年

续表

项目	内容	方法	工具材料	技术要求	检修周期
弹性球推进装置	弹性球推进装置的润滑	润滑操作	白拼布、毛刷、润滑油	用干净的抹布擦去原来的油污，用毛刷把 SKF LGLT2 润滑油涂在弹性球推进装置的钢球上和滑轨的驱动凸轮上，弹性球推进装置涂抹润滑油部分均匀地覆盖一层润滑油，涂抹部分表面无裸露，润滑效果良好。润滑部分周围无油污，清洁等级达到Ⅳ级	2年
支架装置及座	支架装置及座组装的润滑	润滑操作	白拼布、毛刷、润滑油	（1）打开车门并用毛刷把润滑油涂在座组装前伸出的支撑杆上。 （2）关闭车门，用毛刷把 SKF LGLT2 润滑油涂在座组装后伸出的支撑杆上。支撑杆涂抹润滑油部分均匀地覆盖一层润滑油，涂抹部分表面无裸露，润滑效果良好。润滑周围无油污，清洁等级达到Ⅳ级。 （3）用毛刷把 SKF LGLT2 润滑油涂在扭簧上。扭簧涂抹润滑油部分均匀地覆盖一层润滑油，涂抹部分表面无裸露，润滑效果良好。润滑部分周围无油污，清洁等级达到Ⅳ级	2年
滑轨	滑轨的清洁和润滑	润滑操作	手电筒、白拼布、毛刷、润滑油	手动打开车门。用一块干净的抹布和安全的各向同性的溶剂擦拭滑轨。用毛刷把 SKF LGLT2 润滑油涂抹在滑轨的滚珠导轨上。手动打开并关闭车门 5 次，使润滑油分布均匀。用一块干净的干布擦去多余的润滑油	2年
司机室门	开关门时间检查、司机门防夹操作检查行程开关检查	操作检查	秒表	开关门时间为（3±0.5）s。使用测试块 30 mm（厚）×60 mm（宽）测试防挤压功能正常。各开关功能正常，各触点接触良好	3个月

4.4.3 厂家推荐定期维护内容（见表 4.9）

表 4.9 车门系统定期维护内容

任务类型	任务	周期	
车门系统			
功能检查	手动操作	3个月	
	自动操作	3个月	
安全检查	障碍探测	3个月	
	紧急开门	3个月	
一般检查	检查和调整		1年
性能检测	操作时间		1年
门页	检查		1年
前密封和周边密封	检查		1年
导轨	清洁		2年
内部紧急解锁装置	检查		1年
钢丝绳	检查		1年
稳定器滚轮装置	检查		1年

续表

任务类型	任务	周期
稳定器端挡装置	检查	1年
锁定杆套和锁定弹簧组件	润滑	2年
装配支架	润滑	2年
同步带	检查	1年
电机锁端挡	检查	1年
滑轨	清洁和润滑	2年
塞拉端挡	检查	1年
滑轨端挡组件	检查	1年
开门挡块	检查	1年
座组装	润滑	2年
DLS 和 DCS 开关装置	检查	1年
LOS 开关装置	检查	1年

4.5 客室车门作业指导书

《CM-001 更换客室门板作业指导书》
《CM-002 更换锁钩作业指导书》
《CM-003 更换行程开关作业指导书》
《CM-004 更换承载轮作业指导书》
《CM-005 车门外观及清洁作业指导书》
《CM-006 检查车门各紧固件作业指导书》
《CM-007 车门 V 形调整作业指导书》
《CM-008 更换门控器作业指导书》

4.6 司机室门作业指导书

《SJSM-001 门页、门窗检查作业指导书》
《SJSM-002 司机室门功能检查作业指导书》
《SJSM-005 门页 V 形调整作业指导书》
《SJSM-006 稳定器和端挡检查作业指导书》
《SJSM-007 内、外解锁钢丝绳检查作业指导书》
《SJSM-008 同步带及张紧装置检查作业指导书》
《SJSM-009 锁紧挡块检查作业指导书》
《SJSM-010 塞拉端挡检查作业指导书》
《SJSM-012 开门端挡检查作业指导书》

《SJSM-013 弹性球推进装置润滑作业指导书》
《SJSM-014 支架装置及座润滑作业指导书》
《SJSM-015 滑轨润滑作业指导书》
《SJSM-016 司机室门功能检查作业指导书》

章节自测

一、填空题

1. 满足开门条件下（　　　），进行正常集控开门时不能控制门的动作，其原因有（　　　）损坏和（　　　）损坏。
2. 电动内藏门用服务按钮操作开门，客室车门无动作，其原因有（　　　）和（　　　）。
3. 电动内藏门关门时防挤压功能不起作用，其原因有（　　　）损坏和（　　　）损坏。
4. 哈尔滨地铁 1 号线司机室车门采用（　　　）。
5. 客室车门开、关门时间为（　　　）。
6. 客室车门探测最小障碍物大小为（　　　）。
7. 为了保证电控开门操作的安全性，正常电控开门的零速信号有效状态指（　　　）。
8. 车门供电电源为（　　　）V。
9. 内藏门每块客室门板是通过（　　　）螺栓把它与门吊板相连的。
10. 哈尔滨地铁 1 号线内藏门客室车门净开度为（　　　）mm，净高度为（　　　）mm。

二、选择题

1. 哈尔滨地铁 1 号线客室门具有防挤压功能，如果（　　　）次未关好门，则此门报防挤压停。
   A. 1　　　　　　　B. 2　　　　　　　C. 3　　　　　　　D. 4
2. 调整车门齿带后，需要测量齿带张紧力。用电子齿带测量仪示值为（　　　）。
   A. 40～46　　　　B. 40～53　　　　C. 46～60　　　　D. 46～53
3. 每节车有 8 套车门，每个车门系统都有门控器，其中向上级的通信有几个车门为 MVB，几个车门为 RS485？（　　　）
   A. 4，4　　　　　B. 6，2　　　　　C. 2，6　　　　　D. 2，8
4. 哈尔滨地铁 1 号线客室车门关门时蜂鸣提示（　　　）声。
   A. 4　　　　　　　B. 3　　　　　　　C. 1　　　　　　　D. 2
5. 客室车门被隔离后，该车门在 HMI 屏上显示（　　　）色。
   A. 白　　　　　　B. 黄　　　　　　C. 蓝　　　　　　D. 红
6. 哈尔滨地铁 1 号线三期客室车门隔离系统为（　　　）。
   A. 机械隔离　　　　　　　　　　　B. 电隔离
   C. 机械隔离和电隔离　　　　　　　D. 机械隔离或电隔离
7. 哈尔滨地铁 1 号线一、二期电客车司机室车门 DLS 的意义：（　　　）。
   A. 车门关闭开关　　　　　　　　　B. 车门隔离开关
   C. 车门锁闭开关　　　　　　　　　D. 车门打开开关
8. 哈尔滨地铁 1 号线一、二期电客车司机室车门电压为（　　　）。
   A. 1 500 V　　　　B. 110 V　　　　C. 220 V　　　　D. 380 V

9. 客室车门系统门板与机构吊板连接是使用 T 形螺栓，每套车门系统通过（　　）个 T 形螺栓连接而成。

　　A. 2　　　　　　B. 4　　　　　　C. 6　　　　　　D. 8

10. 进行开门操作时，需同时按下（　　）个开门按钮。

　　A. 1　　　　　　B. 2　　　　　　C. 3　　　　　　D. 4

三、判断题

1. 哈尔滨地铁 1 号线一、二期电客车司机室内激活开门按钮，对司机室车门发出开门信号，若此时列车高速信号为启动状态，则车门打开。（　　）

2. 哈尔滨地铁 1 号线一、二期电客车司机室车门在开门指令和低速指令同时作用的情况下，司机门保持开门状态，若其中任何一条不作用时，门会被关闭。（　　）

3. 哈尔滨地铁 1 号线一、二期电客车司机室内激活关门信号，对司机室门发出关门信号，车门关闭。（　　）

4. 所有车门未关闭会导致牵引封锁。（　　）

5. 哈尔滨地铁 1 号线客室车门开关动作原理：司机室发出开关门指令至驱动门机构电机，使之旋转，通过齿带带动两侧门板运动，实现开关门的作业。（　　）

6. 每个车门都装有内外紧急解锁装置。（　　）

7. 哈尔滨地铁列车内藏门系统供电电压 DC 110 V 的允许变动范围是 DC 77~137.5 V。（　　）

8. 哈尔滨地铁 1 号线地铁客室车门开门时间为（2±0.5）s。（　　）

9. 打开客室车门有 3 种方式：集控开门、服务开关开门、紧急解锁手动开门。（　　）

10. 当车门运动时，本地红色指示灯闪烁。（　　）

四、简答题

1. 简述哈尔滨地铁 1 号线车辆一个客室车门机构内包含行程开关的名称和数量。

2. 请根据哈尔滨地铁 1 号线的客室车门参数回答下列参数：客室车门净开宽度、客室车门净开高度。

3. 简述哈尔滨地铁 1 号线电客车车门紧急解锁在列车运行时不同工况下的打开方式。

4. 如果车门在关闭状态下，蜂鸣器长鸣，其原因是什么？怎样处理？

5. 如何在有电的情况下进行司机室车门紧急出入操作？

5 空调系统

目前,国内城市轨道交通车辆采用的空调类型有两种:一种是单冷型空调,只具有制冷功能,没有制热功能,采用空调机组和控制部分分开的形式;另一种是变频空调,其主要特点是高频降温,低频连续运转维持恒温,温度波动小。

哈尔滨地铁 1 号线空调系统主要包括空调通风系统和采暖系统。其中,空调通风系统由空调机组、风道、排风装置、司机室送风单元(仅头车)、温度传感器、空气净化装置(安装于机组内部)组成,如图 5.1 所示;采暖系统由司机室电热器和客室电热器组成。

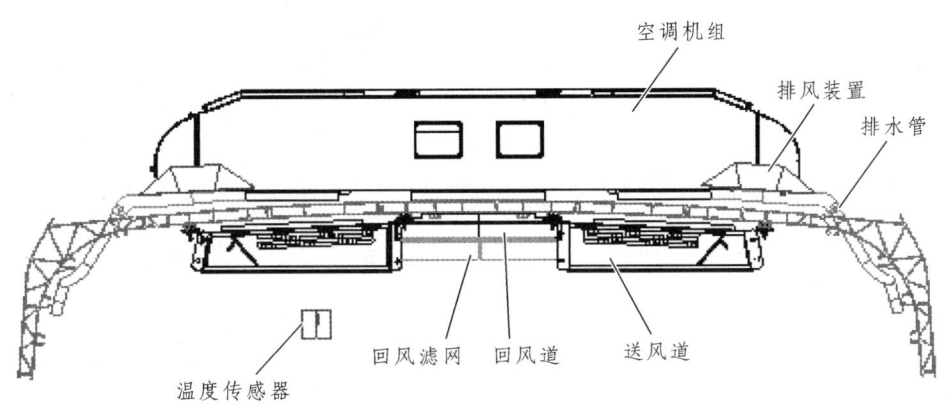

图 5.1 空调系统布置示意图

5.1 空调主要部件

5.1.1 地铁 1 号线一、二期空调机组

每辆车安装两台单元顶置式空调机组,空调机组的送、回风形式为下出风、下回风,制冷量为 29 kW。空调机组具有通风、制冷等功能。表 5.1 为哈尔滨地铁 1 号线一、二期空调机组主要参数。

表 5.1 哈尔滨地铁 1 号线一、二期空调机组主要参数

机组形式	顶置单元式
	下出风、下回风
制冷量	29 kW
	蒸发器吸入空气温度 29 ℃,湿度 65%,车外空气温度 35 ℃
制冷剂	R407C
电源 主回路	交流 380 V,50 Hz
控制回路	直流 110 V,直流 24 V,交流 220 V,50 Hz

续表

循环风量	不小于 4 000 m³/h
新风量	不小于 1 468 m³/h
主体外形尺寸	宽：1 600 mm 长：3 500 mm 高：300 mm
质　　量	630 kg
框架材质	不锈钢

空调机组主要部件如图 5.2 和图 5.3 所示。

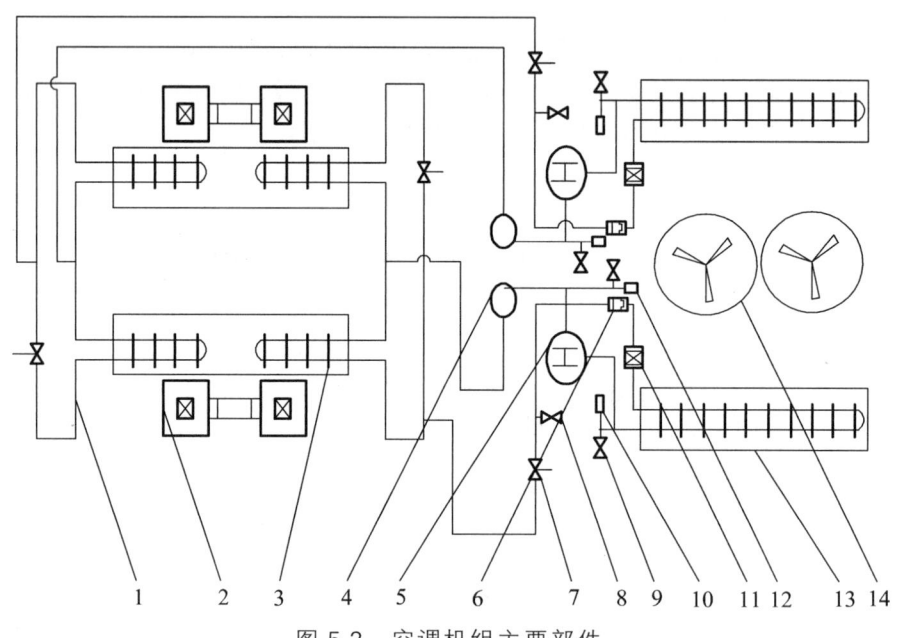

图 5.2　空调机组主要部件

1—毛细管；2—通风机；3—蒸发器；4—气液分离器；5—压缩机；6—视液镜；7—液路电磁阀；8—充注阀；9—检修阀接口；10—高压开关；11—干燥过滤器；12—低压开关；13—冷凝器；14—冷凝风机

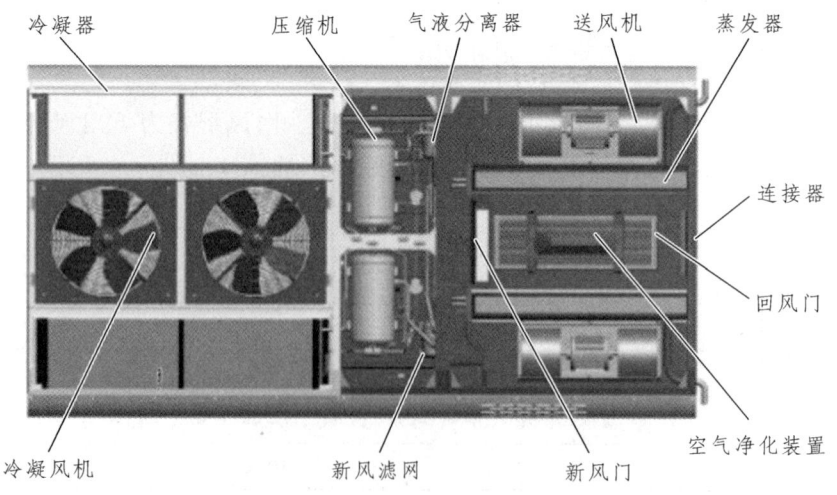

图 5.3　空调机组示意图

1. 压缩机

每台机组中制冷输出由 2 台卧式涡旋式压缩机（ZRH72KJE-TFD-650-TRD）提供，如图 5.4 所示。涡旋式压缩机由 3 相辅助电源供电。

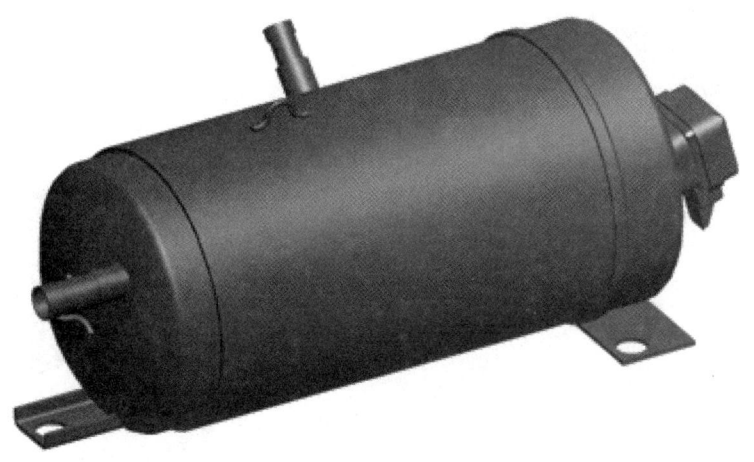

图 5.4　涡旋式压缩机

制冷压缩机的作用是将来自蒸发器的低温低压制冷剂蒸气压缩成高温高压气体，并输送到冷凝器。压缩机起压缩和输送制冷剂蒸气的作用，它是整个系统的"心脏"。

由于涡旋式压缩机比相近尺寸的活塞式压缩机少 70%的运动部件，且压缩机外置一个排气温度保护装置，可以避免电机因线圈过热而导致失效，因此具有高可靠性。另外，每台压缩机装有 4 个减振器，用以避免振动的传播并降低噪声。

2. 冷凝风机

冷凝风机包括风机叶片、电机和格栅等，如图 5.5 所示。为确保冷凝盘管内的高效热传递，两台轴流风机从空调机组顶部将周围"冷"空气吸入冷凝盘管，然后将"热"空气通过冷凝器上的格栅从空调机组的两侧排出。

每个冷凝风机组件包含一个 3 相 AC 380 V/50 Hz 的电动机（1 440 r/min），支持一个安装在轮毂上的五叶片（直径 500 mm）轴流风机，风机运行在一个导风圈内。需要注意的是：格栅不能被随意移动，格栅用于防止人员接触风机叶片，并保护风机内部部件。

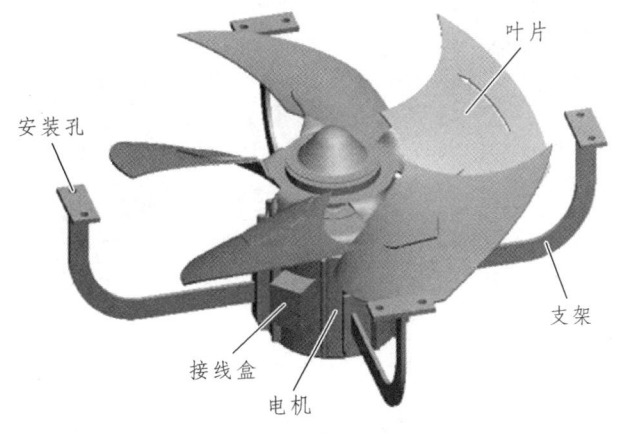

图 5.5　冷凝风机

3. 冷凝器

冷凝器位于制冷回路中压缩机和高压开关之后，干燥过滤器之前。每台冷凝器盘管由内螺纹铜管和铝翅片组成，如图 5.6 所示。

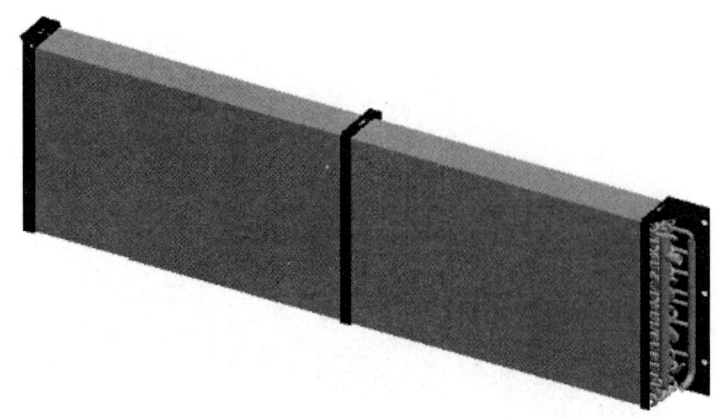

图 5.6　冷凝器

两台冷凝风机使外界空气经过冷凝盘管，外界空气带走盘管中来自压缩机排出的高温高压制冷剂蒸气的热量，从而使制冷剂蒸气冷却并冷凝成为液体。

4. 送风机

送风机安装在蒸发器后面。为符合车厢空气调节要求，克服空调机组以及送风管道中压力损失，每台空调机组中装有两台送风机，如图 5.7 所示。每台送风机既能经新风滤网从外界吸入新风，也能将客室回风吸入蒸发腔。蒸发腔内两股气流混合后经混合风滤网和蒸发器盘管进入送风机。混合风被吸入风机后，立即被吹到通风管道并输送分配至车顶风道。每台送风机包含一台 AC 380 V、三相、50 Hz 电动机（1 440 r/min）和两个安装在轴上的风机叶轮。

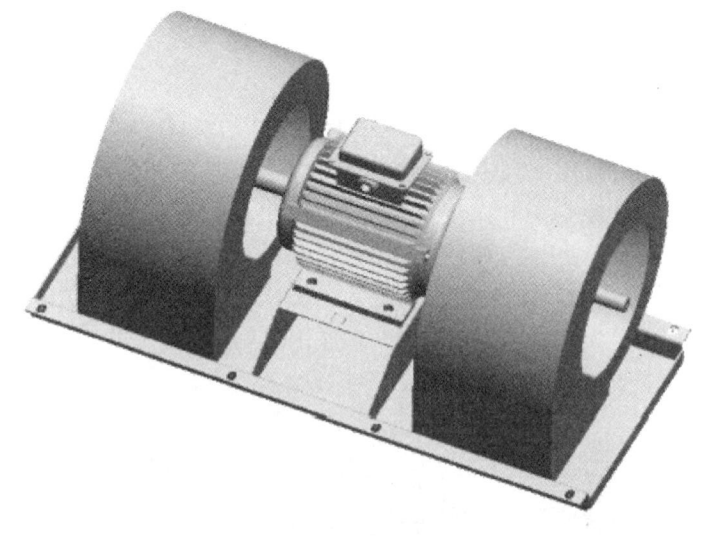

图 5.7　送风机

5. 蒸发器

蒸发器位于制冷回路中膨胀阀之后压缩机之前。每台蒸发器由铜管和铝翅片组成，如图 5.8 所示。液体制冷剂在蒸发器盘管中以一定的比例和温度蒸发，蒸发器盘管中低压低温制冷剂从由通风机吸入的流过盘管的空气中吸收热量。回风和新风组成的混合风经过蒸发器盘管，被冷却除湿后均匀地送至车厢。

图 5.8　蒸发器

6. 滤　网

新风滤网安装在空调机组两侧的新风格栅后，如图 5.9 所示。

空调机组配有两块新风滤网，用以滤清进入蒸发器盘管的空气，以防止阻碍空气流通的灰尘、脏物和其他固体颗粒卡在盘管翅片之间，如果堵塞，会降低制冷/制热系统的效率。

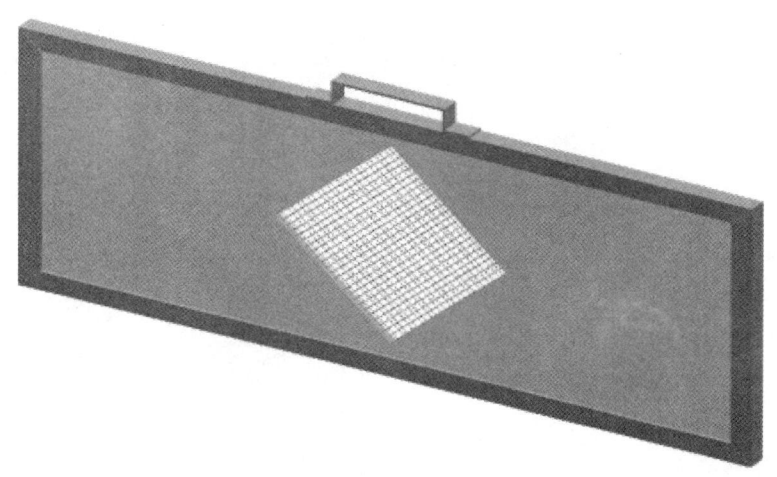

图 5.9　新风滤网

7. 回风门执行器

回风门位于蒸发单元中。

回风口位于机组蒸发腔底部，回风门安装在空调机组蒸发单元中，用来调节进入空调机组的回风量。根据空调控制模式和环境温度以及回风温度，控制器将发送信号给回风门，令其调节至一定的角度。回风门对回风口的角度将决定进入空调机组的回风量。在紧急模式中，回风门完全关闭。回风门执行器（见图 5.10）的技术数据如下，电源由 DC/DC 转换器提供。

额定电压：DC 24 V；

额定电压范围：DC 16.8～30 V；

输入功率：运行时 5 W/维持时 0.2 W；

转矩：最小 5 N·m（额定电压下）；

旋转角度：最大 95°（通过机械调节）；

运行时间：35 s

声功率级：最大 45 dB（A）。

图 5.10 回风门执行器

8. 接线盒

接线盒用于确保持久可靠的电气连接，其另一功能是防止水进入。接线盒材质为不锈钢，如图 5.11 所示。

图 5.11 接线盒

9. 新风门

新风门位于蒸发器两边。新风门用来调节送入客室的新风量，如图 5.12 所示。根据空调模式、外界温度和回风温度，控制器将信号发送到阀门，使其调节新风阀到一特定位置。阀门对新风入口孔径的开度（角度）将决定送入空调机组的新风量。在紧急模式下，新风阀完全打开。新风门技术数据如下：

额定电压：DC 24 V；

额定电压范围：DC 16.8～30 V；

输入功率：运行时 5 W/维持时 0.2 W；

转矩：最小 5 N·m（额定电压下）；
旋转角度：最大 95°（通过机械调节）；
运行时：35 s；
声功率级：最大 45 dB（A）。

图 5.12　新风门

10. 减振器

减振器用于吸收振动，降低噪声，如图 5.13 所示。一组共 6 个减振器装在空调机组上，安装位置为空调机组与车厢体连接处。

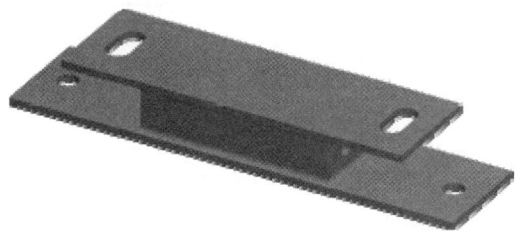

图 5.13　减振器

11. 电气连接器

空调机组通过安装电气连接器连接到控制柜。每台空调机组共使用两个电气连接器。电气连接器 X01 用于交流电源连接（见图 5.14），而电气连接器 X02 则用于直流电源连接（见图 5.15）。两个电气连接器一定要接对，否则部件将严重损坏。

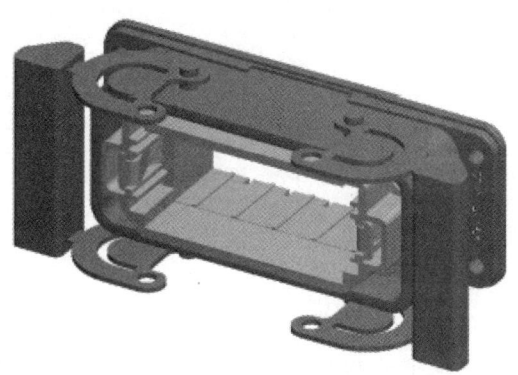

图 5.14　电气连接器（X01）

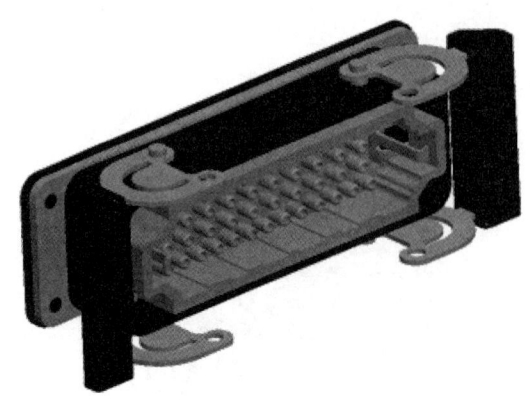

图 5.15　电气连接器（X02）

12. 温度传感器

在空调机组内安装有一组温度传感器来检测新风、回风和送风的温度，如图 5.16 所示。每组机组有 1 个新风温度传感器、1 个送风温度传感器和 1 个回风温度传感器。新风温度传感器和送风温度传感器分别位于新风入口和送风机上，回风温度传感器位于机组回风入口，通过它们监测不同的温度并由此选择所需的运行模式，以便为乘客提供舒适的环境。

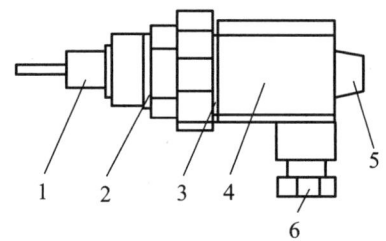

图 5.16　温度传感器

1—温度监测器；2—O 形环 M20×1.5；3—平垫圈；4—电线插座；
5—插座固定螺钉；6—电缆线管 M16×1.5

13. 视液镜

视液镜位于制冷回路中干燥过滤器之后毛细管之前，如图 5.17 所示。

图 5.17　视液镜

视液镜用于在制冷回路中观察制冷剂流动，并提供确定系统制冷剂中湿气量的精确方法。湿度指示通过与试纸指示剂的对比获得。它有下列特征：

绿色表示干燥，黄色表示制冷系统湿度高。如果绿色开始褪色，表明水分含量已经达到了临界水平；如果颜色变为黄色，表明系统中的水分已经较多，需要更换干燥过滤器（或者更换制冷剂，重新抽真空）。

5.1.2 哈尔滨地铁 1 号线三期空调主要部件

每辆车安装两台单元顶置式空调机组,空调机组的送回风形式为下出风、下回风,制冷量为 29 kW。空调机组具有通风、制冷等功能。哈尔滨地铁 1 号线一、二期与三期在空调机组工作原理、气流组织形式、空调控制上一致,两者主要不同点是空调机组各部件参数、内部构造不同。其他不同点有:哈尔滨地铁 1 号线一、二期采用螺栓紧固盖板的方式,三期采用四角锁锁闭方式,可以用支杆将盖板支撑起来;哈尔滨地铁 1 号线一、二期回风滤网安装在客室回风格栅上面,三期安装在空调机组上。表 5.2 为哈尔滨地铁 1 号线三期空调机组主要参数。

表 5.2 哈尔滨地铁 1 号线三期空调机组主要参数

整体式空调机组		
型 号		KL-29MCB
形 式		顶置单元式
制 冷 量		29 kW
电 源		主回路:3 相,380 V,50 Hz
		控制回路:DC24 V
通 风 量		4 000 m³/h
新 风 量		1 250 m³/h
紧 急 通 风 量		1 500 m³/h
制 冷 剂		R407C
压缩机	形 式	卧式涡旋压缩机
	额 定 功 率	6 kW
	台 数	2 台
冷凝器		铜管铝翅片
冷凝风机	形 式	轴流式
	额 定 功 率	0.75 kW
	台 数	2 台
蒸发器		铜管铝翅片
蒸发风机	形 式	离心式
	额 定 功 率	0.55 kW
	台 数	2 台
外形尺寸(长×宽×高)		3 500 mm×1 600 mm×300 mm

5.1.3 风 道

风道包括送风道和回风道,风道的材质为非金属材料,具有质量轻、强度高、隔振降噪效果好等优点。

送风道沿客室长度方向布置,通过合理布置空调机组送风口位置,送风道采用静压风道形式,在适当位置增加扰流，尽可能保证整个车长方向上均匀送风。

送回风道结构如图5.18所示。

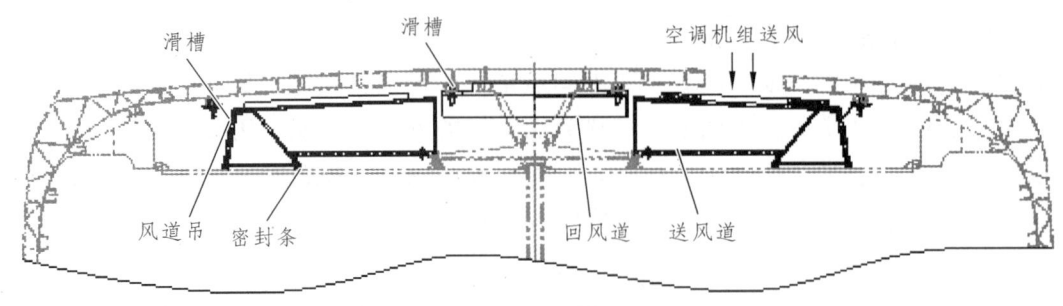

图5.18 送回风道结构

5.1.4 排风装置

为保证客室换气，每辆车设置6个自然排风装置。当车内无正压时，排风装置的调节风门保持关闭状态；当车内有正压时，废排装置的调节风门打开。采用自然排风的方式，解决了排风机的检修，减少了维护量。具体形式如图5.19和图5.20所示。

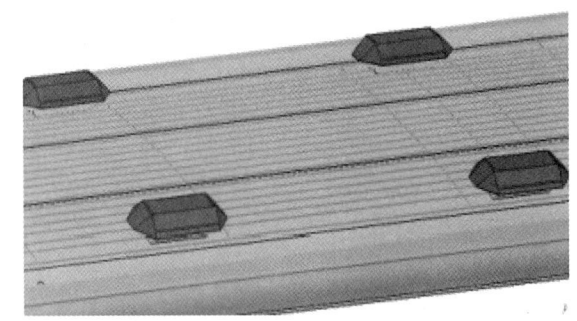

图5.19 调节风门关闭状态

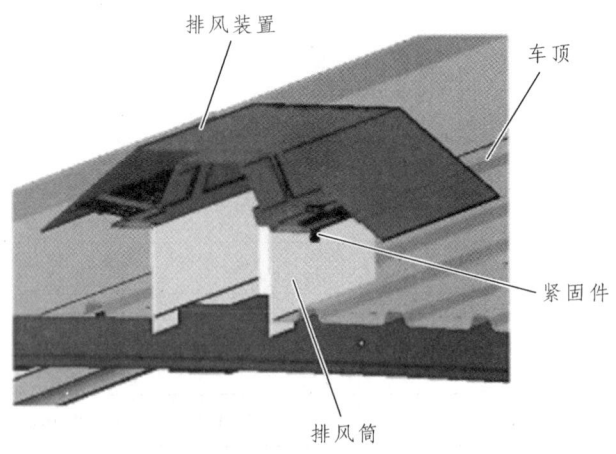

图5.20 调节风门打开状态

5.1.5 空气净化装置

为有针对性地改善地铁车厢内的空气品质，在每台空调机组内部设置一台具有杀菌消毒等功能的空气净化装置，如图5.21所示。空气净化装置安装在空调机组的回风口处，净化效率高，安装结构易于维护。运行时，能够有效去除客室内的细菌及异味。

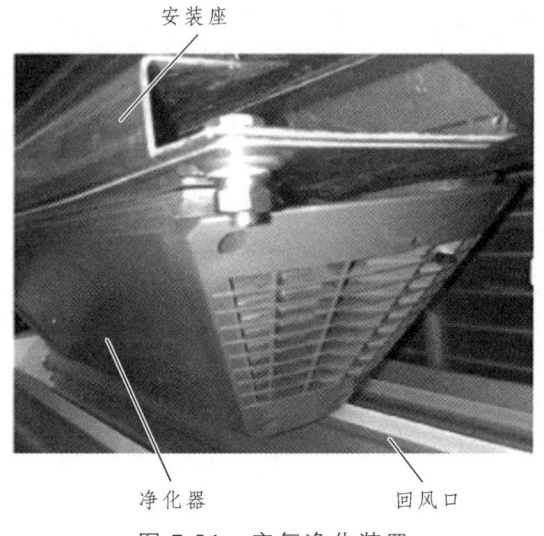

图 5.21　空气净化装置

5.1.6　温度传感器

每辆车车端的端墙处设有一个客室温度传感器，温度传感器向控制柜中温度采集模块传输阻值信号。设置客室温度传感器可减少由于回风温度与客室温度差异对空调控制精度造成的影响。

5.1.7　司机室送风单元

为满足司机驾驶的舒适性要求，司机室内设司机室送风单元，送风单元内设调速风机，分为高、中、低及停机4挡，由司机手动调节风向、开度。

5.1.8　空调机组气流组织形式

新风：空调机组自带新风口，新风从新风口进入空调机组内部后，与回风混合。

回风：车内回风通过设于车辆顶板处回风格栅、回风道、空调机组下部的回风口进入空调机组，与新风混合。

送风：新风、回风混合后经蒸发器降温除湿处理后通过送风机送入客室。

排风：客室内部的废气经侧墙、顶板处的间隙进入车顶后，经自然排风装置排出室外。

气流组织图如图 5.22 和图 5.23 所示。

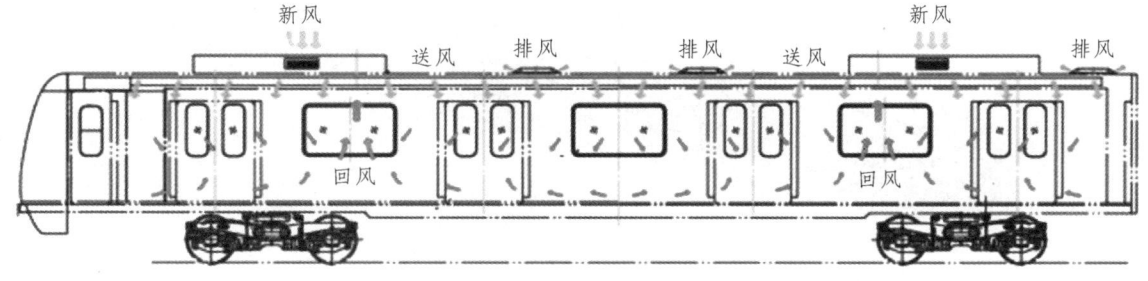

图 5.22　头车气流组织图

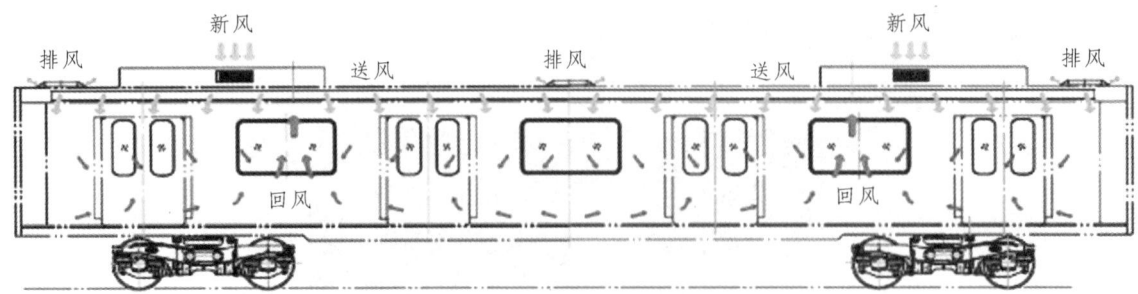

图 5.23 中间车气流组织图

5.2 采暖系统

车辆采暖系统包括客室电热器和司机室电热器。

5.2.1 客室电热器

中间车和头车各设置 6 个电热器,总功率均为 9.6 kW,可满足冬季客室内的采暖要求。

电热器安装在座椅下部的骨架上,通过螺栓进行固定。每个电热器内设两个电热管,每个电热管各为 1 路,可根据温度控制电热器内电热管分别或同时工作。

电热器安装及内部结构如图 5.24 和图 5.25 所示。

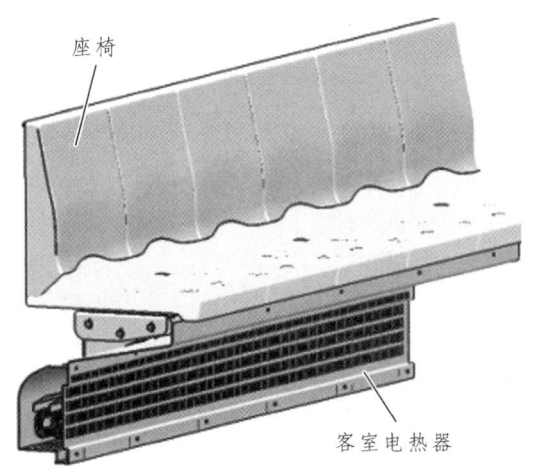

图 5.24 电热器安装

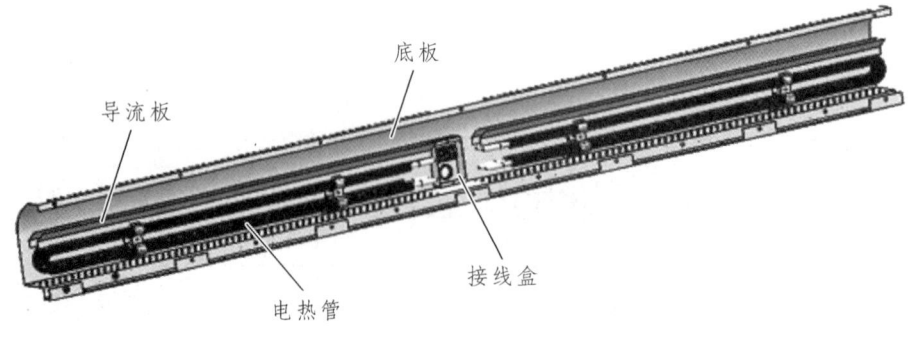

图 5.25 电热器组成(去掉罩板)

5.2.2 司机室电热器

为满足司机室内的采暖要求,在司机室布置两个带风机的电热器,设过热及超温保护,如图 5.26 和图 5.27 所示。其中一个布置在司机台下,另一个布置在侧墙,共 1.6 kW。

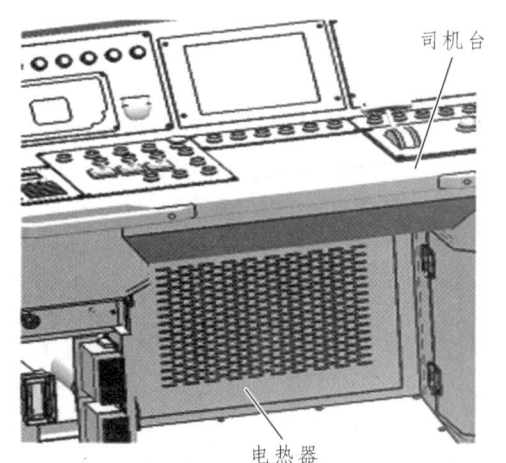

图 5.26 司机台下电热器

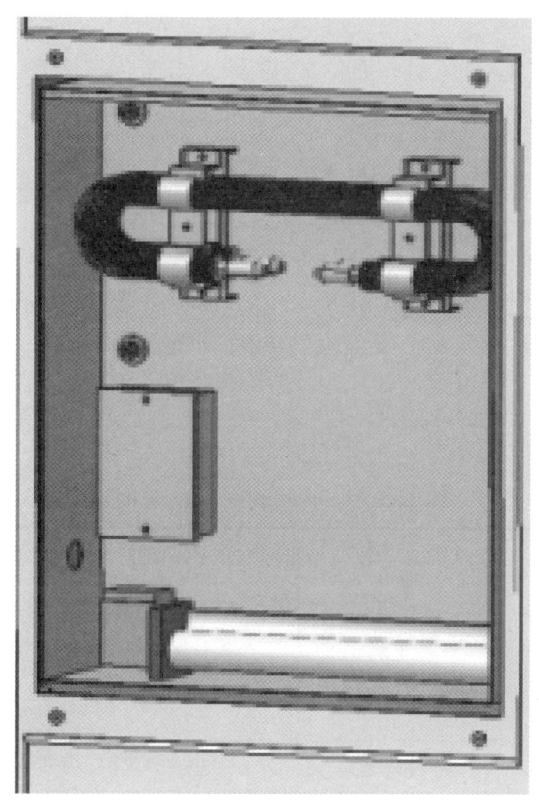

图 5.27 侧墙电热器

5.3 空调的日常检查

为保证空调正常运行使用,需要进行日常预防维护检修,以保持其有效性和可靠性。

5.3.1 检查项点

在日检修程中，对空调进行如下检查，内容详见表 5.3。

表 5.3 空调的日检内容

项 目	内 容	方 法	技术要求	检修周期
空调功能检查	功能检查	操作检查、体感检查	通过 HMI 屏空调界面试验功能，冬季时打开空调通风，非冬季时打开空调全冷，并通过第 2 界面检查 24 个通风机、压缩机、冷凝机能否正常运行，并检查客室温度设置是否为 26 ℃。客室送风温度正常	每天
司机室送风单元	检查司机室送风单元	操作检查	操作司机室送风旋钮，三挡风速可调	每天
电热功能检查	功能检查	操作检查、体感检查	电热功能正常，无异味、异响、温度过高表现	冬季每天
送风格栅、回风格栅	（1）检查外观。（2）检查功能	目测检查	（1）外观良好。（2）安装牢固，紧固螺栓无松动、丢失	每天

5.3.2 日检程序

检查空调功能是否正常，客室风道格栅、电热器、温度传感器紧固件是否牢固。

5.4 空调的均衡修（定期）检查

为保证空调机组的正常使用，需要对空调机组进行清洁和综合检查，包括清洗蒸发器，清洗冷凝器，测试高压开关的开关点，测试低压开关的开关点，检查冷凝风机电机，检查送风机电机，检查视液镜，检查司机室通风单元，更换空气净化装置光等离子灯管。

5.4.1 检查项点（见表 5.4）

表 5.4 空调的均衡修检查内容

项 目	内 容	工具材料劳保用品	技术要求	检修周期
回风滤芯	更换回风滤芯	内六角扳手、手电筒、手电钻	打开客室回风格栅及回风滤芯卡槽，更换新的回风滤芯	每月
新风滤网	清洗新风滤网	白拼布、手电筒	拆下新风滤网，用水冲洗后晾干，再安装到空调机组上，达到Ⅳ级清洁度	每月
连接部位	（1）检查螺栓连接。（2）检查空调电气连接	白拼布、手电筒	（1）螺栓连接处划线清晰、无错位。（2）空调电气连接处划线清晰、无错位	每月
空调功能检查	（1）检查应急通风功能。（2）检查空调通风功能	操作检查	未升弓状态下应急通风自动启动，检查 HMI 屏空调 2 界面，通风机显示蓝色，客室内有通风。操作 HMI 屏空调 1 界面，打开通风功能，检查空调 2 界面，通风机显示蓝色，客室内有通风	每月

5.4.2 检查程序

1. 清洁与综合检查空调机组

（1）打开空调机组的盖板（需要扳手等工具）。

（2）检查新风滤网，如有必要，进行清洗或更换（需要用到软毛刷）。

（3）检查冷凝器，如果脏堵，用水或压缩空气清洗（需要用到软毛刷）。

（4）检查空调机组各部件的螺栓连接，如果松动，需紧固。检查压缩机减振器，如果橡胶垫破损、金属板严重锈蚀或者橡胶与金属板脱胶，则更换减振器（需要用到扳手、起子等工具）。

（5）检查蒸发器是否脏堵，如有必要，进行清洗（需要用到软毛刷）。

（6）检查电气部件上螺栓的紧固，如果松动，需紧固（需要用到扳手、起子等）。

（7）清洗蒸发器下面的排水孔（见图 5.28）。

（8）检查空调机组与车体的连接，如果螺栓松动，则需要重新拧紧。检查空调机组减振器，如果橡胶垫破损、金属板严重锈蚀或者橡胶与金属板脱胶，则更换减振器（需要用到扳手、起子等工具）。

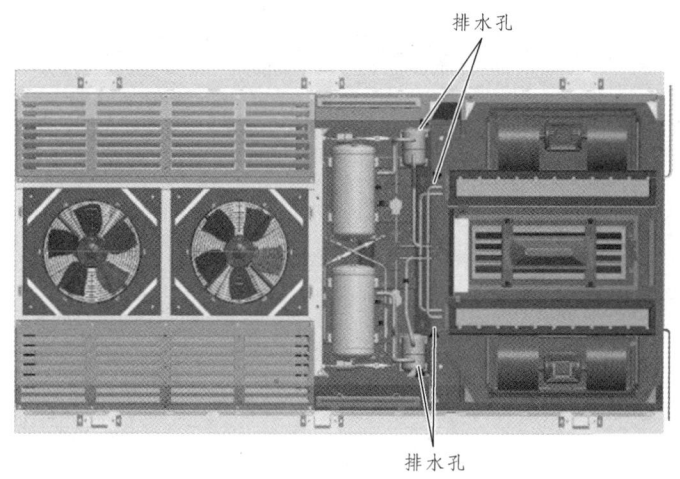

图 5.28 排水孔位置

2. 清洗蒸发器

清洗蒸发器的方法如下：

（1）打开空气处理单元的盖子（需要用到扳手或电动起子等工具）。

（2）用压缩空气清洗蒸发器。蒸发器位置如图 5.29 所示。直接使空气喷射到气流的反方向或从吸附大量灰尘的一面吸尘。

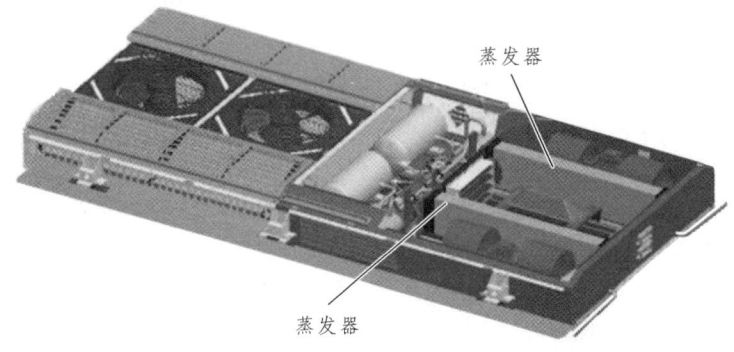

图 5.29 蒸发器位置

（3）如果蒸发器特别脏，使用软毛刷蘸上柔性洗涤剂轻轻洗刷。
（4）关闭空气处理单元的盖子。

3. 清洗冷凝器

清洗冷凝器的方法如下：

（1）打开冷凝单元的维护盖（需要用到扳手或电动起子等工具）。

（2）用压缩空气清洗冷凝器。冷凝器位置如图5.30所示。直接使空气喷射到气流的反方向或从吸附大量灰尘的一面吸尘。

（3）如果冷凝器特别脏，使用软毛刷蘸上柔性洗涤剂轻轻洗刷。

（4）关闭冷凝压缩单元的维护盖。

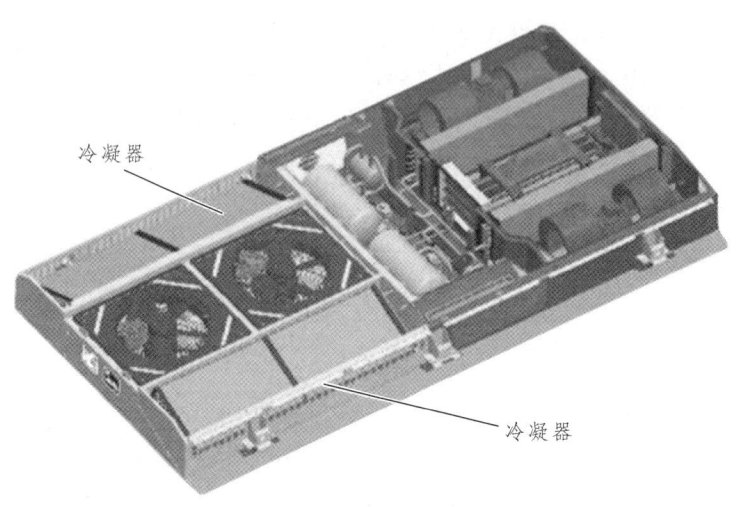

图 5.30 冷凝器位置

4. 检查高压开关

检查高压开关时［其设置值为（2 900±100）kPa，见图5.31］，应遵守下列程序：

（1）检查高压开关的状态，确保当机组停机时高压开关合上。

（2）将压力表连接到位于排气维护阀上的压力表端口，以观察高压压力。

（3）将笔记本式计算机连接到空调控制器，用维护软件运行空调机组。

（4）启动送风机。

（5）如果上面的程序都没问题，启动冷凝风机，否则等待。

（6）如果上面的程序都没问题，启动压缩机，否则等待。

（7）如果上面的程序都没问题，通过软件停运冷凝风机，以增加高压端压力。

（8）观察压力表，如果压力达到设定值时高压开关跳开，压缩机将自动停机，否则立即停运压缩机，并检查高压开关与控制柜之间的配线以及设定值。

（9）过一阵之后高压将降低，当压力降低到（2 400±100）kPa时，高压开关将自动合上。

5. 检查低压开关

检查低压开关时［其设置值为（190±50）kPa，见图5.31］，应遵守下列程序：

（1）检查低压开关的状态，确保当机组停机时低压开关合上。

（2）将压力表连接到位于排气维护阀上的压力表端口，以观察低压压力。

（3）运行空调机组，启动送风机。

（4）将笔记本式计算机连接到空调控制器，用维护软件运行空调机组。

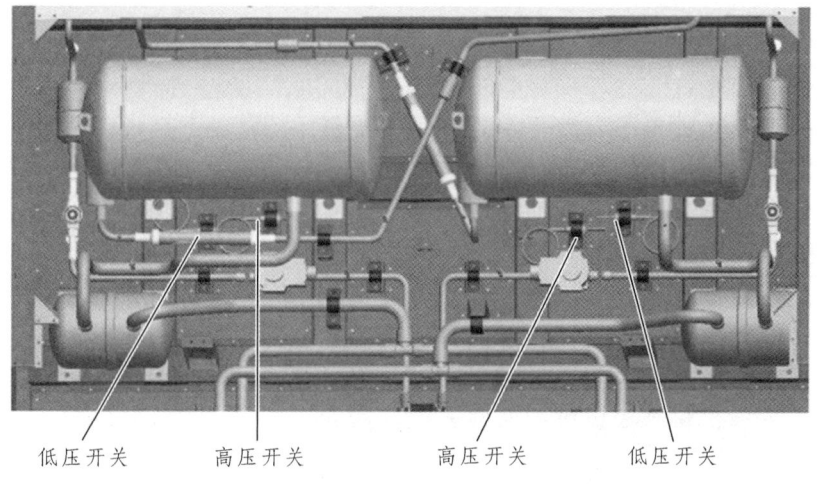

图 5.31 高压开关与低压开关

（5）启动送风机。
（6）如果上面的程序都没问题，启动冷凝风机，否则等待。
（7）如果上面的程序都没问题，启动压缩机，否则等待。
（8）如果上面的程序都没问题，通过软件停运送风机，以降低蒸发压力。
（9）观察压力表，如果压力达到设定值时低压开关跳开，控制器将取得信号，否则立即停运压缩机，并检查低压开关与控制柜之间的配线以及设定值。
（10）过一阵之后低压将升高，当压力升高到（320±0.5）kPa 时，低压开将自动合上。

6. 检查冷凝风机

检查冷凝风机电机的程序：
（1）打开压缩冷凝单元的维护盖（需要用到扳手等工具）。
（2）打开冷凝风机电机上的接线盒盖（需要用到起子等）。
（3）检查接线盒中的所有配线是否紧固。
（4）将笔记本式计算机连接到控制器。
（5）通过软件运行冷凝风机。
（6）检查电机转向与标签上所标注的是否一致。
（7）检查螺栓是否紧固。

冷凝风机安装构造如图 5.32 所示。

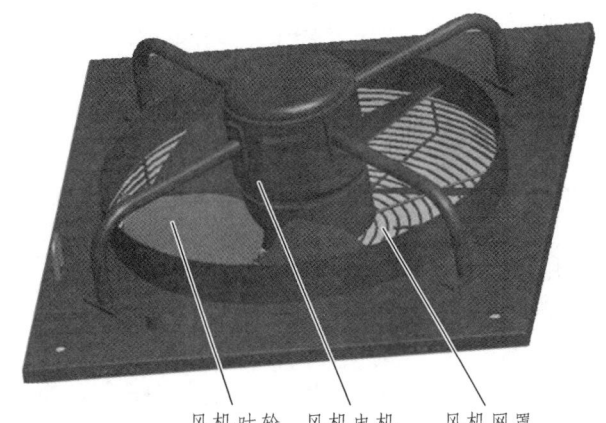

图 5.32 冷凝风机安装构造

7. 检查送风机

检查送风机电机的程序：

（1）打开空气处理单元的盖子（需要用到扳手等工具）。

（2）打开送风机电机上的接线盒盖。

（3）检查接线盒中的所有配线是否紧固。

（4）将笔记本式计算机连接到控制器。

（5）通过软件运行冷凝风机。

（6）检查电机转向与送风机外壳标签上所标注的是否一致。

（7）检查螺栓连接，用（16±1）N·m的扭矩重新紧固。

（8）如果转向不正确，将冷凝风机的两线或三线换接。

（9）检查螺栓连接。

送风机位置如图5.33所示。

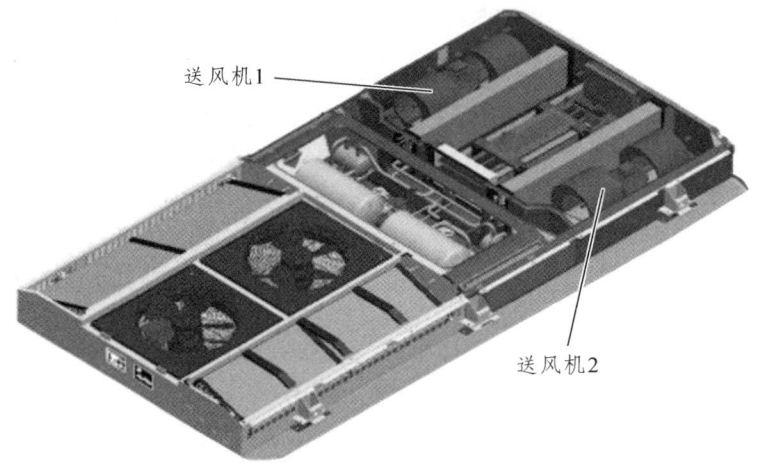

图5.33 送风机位置

8. 检查视液镜

视觉检查视液镜，看是否有污物，如有，用干布清洁视液镜。视液镜中的湿度指示仪将提供一个指示信号（绿色或黄色，绿色表示干燥，黄色表示湿度高）。如果机组正常运行后，制冷回路中有气泡，这意味着缺乏制冷剂，此时需进行泄漏检查。

9. 检查司机室通风单元

视觉检查司机室通风单元的程序：

（1）拆开电气插销。

（2）打开司机室通风单元（需要用到扳手等工具）。

（3）检查是否所有配线都已连接良好。如果没有，重新连接。

（4）检查送风机的螺栓连接，用固定扭矩（5±1）N·m拧紧。

（5）检查变压器的螺丝，用固定扭矩（2±1）N·m拧紧。

（6）将司机室通风单元固定到车厢上。

（7）重新连接电气插销。

（8）打开司机室通风单元的开关，以检查是否有气流流出喷嘴。如果没有，检查风机配线。

（9）断路器属热保护元件，如送风机不工作，可检查此元件。

10. 更换空气净化装置光等离子灯管

处理光等离子光管时，请勿用手触摸光等离子光管的玻璃管。
（1）设备保养前，先关掉电源。
（2）从固定夹中取出光等离子光管。
（3）插入新的光等离子光管。

11. 检查电加热器

（1）检查线路和温度控制装置。
（2）检查紧固件是否存在松动现象。
（3）清理电加热器散热部件上的灰尘。
（4）检查风机是否运转正常。

5.5 空调作业指导书

《KT-001 空气净化装置设备外壳和光等离子光管更换作业指导书》
《KT-002 清洁温度传感器作业指导书》
《KT-003 清洁新风滤网作业指导书》
《KT-004 视液镜检查更换作业指导书》
《KT-005 清洁新风门、回风门作业指导书》
《KT-006 更换客室温度传感器作业指导书》
《KT-007 清洁蒸发器作业指导书》
《KT-008 清洁冷凝器作业指导书》

 章节自测

一、填空题

1. 空调系统能实现通风、（　　）、除湿的功能。
2. 一列车单节有（　　）台空调机组。
3. 一台空调机组有（　　）个压缩机、2 个蒸发器、2 个冷凝风机、2 个送风机。
4. 预冷时空调机组新风门关闭，回风门（　　）。
5. 空调自动模式有预冷模式、半冷模式、（　　）模式。
6. 哈尔滨地铁 1 号线电客车空调通风系统由空调机组、风道、排风装置、司机室送风单元（仅头车）、温度传感器、（　　）组成。
7. 哈尔滨地铁 1 号线电客车采暖系统由（　　）电热器和（　　）电热器组成。
8. 哈尔滨地铁 1 号线空调采暖系统主要包括（　　）系统和（　　）系统。
9. 空调从压缩机流出的制冷剂，首先经过（　　），然后经过节流装置、蒸发器。
10. 可以通过空调系统制冷回路中视液镜的颜色检测制冷剂的湿度，（　　）色表示干燥，（　　）色表示制冷系统湿度高。

二、选择题

1. 压缩机感温装置检测的温度超过（　　）会保护性停机。
   A. 100 ℃　　　　B. 125 ℃　　　　C. 130 ℃　　　　D. 150 ℃
2. 空调机组低压开关检测的压力低于（　　）会动作。
   A. 200 kPa　　　B. 180 kPa　　　C. 160 kPa　　　D. 140 kPa
3. 新风滤网（　　）清洗一次，会保持良好的状态。
   A. 1 月　　　　B. 3 月　　　　C. 6 月　　　　D. 12 月
4. 视液镜的颜色为（　　）时表示空气干燥器堵塞或者失效。
   A. 红色　　　　B. 黄色　　　　C. 绿色　　　　D. 蓝色
5. 空调机组压缩机、通风机、冷凝风机启动顺序为（　　）。
   A. 通风机、压缩机、冷凝风机　　　　B. 压缩机、通风机、冷凝风机
   C. 通风机、冷凝风机、压缩机　　　　D. 冷凝风机、压缩机、通风机
6. 制冷剂离开压缩机时变为高压（　　）。
   A. 气液混合物　　B. 液体　　　　C. 气体　　　　D. 固体
7. 应急通风功能是保障列车在正线运行时，接触网突然断电，蓄电池应急启动输出电能，保证客室通风（　　）min 内正常供风，提高应急状况下乘客的生命安全。
   A. 30　　　　　B. 35　　　　　C. 40　　　　　D. 45
8. 哈尔滨地铁 1 号线车辆上使用的空调机组制冷循环分为蒸发过程、压缩过程、（　　）、节流过程。
   A. 降温过程　　　B. 冷凝过程　　　C. 降压过程　　　D. 过滤过程
9. 空调自动模式有（　　）模式、半冷模式、全冷模式。
   A. 预冷　　　　B. 停机　　　　C. 低温　　　　D. 暖风
10. 为有针对性地改善地铁车厢内的空气品质，在每台空调机组内部设置一台具有杀菌、（　　）等功能的空气净化装置。
    A. 消毒　　　　B. 过滤　　　　C. 加湿　　　　D. 干燥

三、判断题

1. 风道包括送风道和回风道，风道的材质为金属材料，具有质量轻、强度高、隔振降噪效果好等优点。（　　）
2. 在空调机组内安装有一组温度传感器来检测新风、回风和客室的温度。（　　）
3. 新风门位于压缩机两边。新风门用来调节送入客室的新风量。根据空调模式、外界温度和回风温度，控制器将信号发送到阀门，使其调节新风阀到一特定位置。（　　）
4. 一个空调机组有 2 套空气净化装置。（　　）
5. 空调机组控制电压为直流 220 V。（　　）
6. 空调压缩机外置的排气温度保护装置，可以保护电机因线圈过热而导致失效。（　　）
7. 地铁车辆空调系统中所处理空气的来源，主要是新风和回风。（　　）
8. PLC 是可编程逻辑控制器的缩写，对整个空调机组进行自动控制。（　　）
9. 空调机组送、回风口与车体钢结构之间设防风防雨密封条，通过密封条压缩变形后，保证机组与钢结构之间的密封。（　　）

10. 司机室送风单元内调速风机分为高、中、低及停机 4 挡。　　　　　　（　　）

四、简答题

1. 简述 PLC 系统的基本功能。
2. 按图 5.34 填写出空调机组的组成。

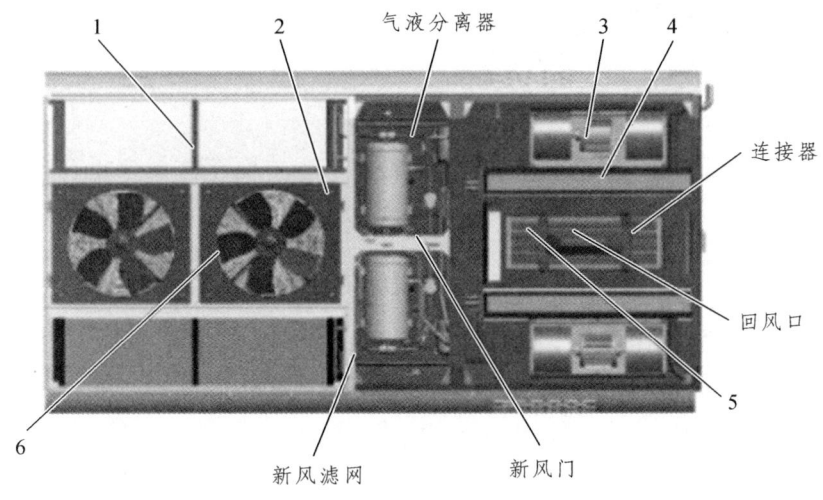

图 5.34　空调机组的组成

3. 哈尔滨地铁 1 号线车辆上使用的空调机组制冷循环分为哪 4 个工作过程？
4. 简述空调系统客室的空气循环过程。
5. 简述空调系统制冷剂的制冷原理。
6. 为什么压缩机要设置吸气、排气压力保护（高、低压开关的作用）？
7. 简述客室空调系统的工作原理。

6 转向架

转向架就是由两个或几个轮对用专门的构架组成的小车,而车体就架承在前后两个转向架上。为了方便通过曲线,车体与转向架之间可以相对转动。这样将一个车体落在两个转向架上,使车辆的载质量、长度和容积都可以得到增加,以满足有轨交通发展的需要。目前,绝大多数车辆都采用转向架的结构形式。

哈尔滨地铁1号线车辆采用的CW2100(D)型转向架是适合于80 km/h速度等级的无摇枕焊接结构转向架。该型转向架经过几次设计改进及结构优化,具有较好的运行性能、较低的振动噪声和较少的维修量。

6.1 转向架的主要部件

哈尔滨地铁1号线转向架共分为3种,其中动车转向架1种,拖车转向架2种。转向架由构架、轮对、轴箱装置、弹性悬挂装置、牵引装置、基础制动装置、驱动装置、天线梁等部件组成。

6.1.1 构 架

转向架构架属于U形构架,采用钢板焊接结构的箱形侧梁以及与侧梁相贯通的无缝钢管横梁。构架横梁上对角焊接有电机吊座、齿轮箱吊座和牵引拉杆座,分别用于安装牵引电机、齿轮箱吊杆和牵引拉杆。箱形纵梁的内侧用于安装横向挡。如图6.1所示为转向架构架。

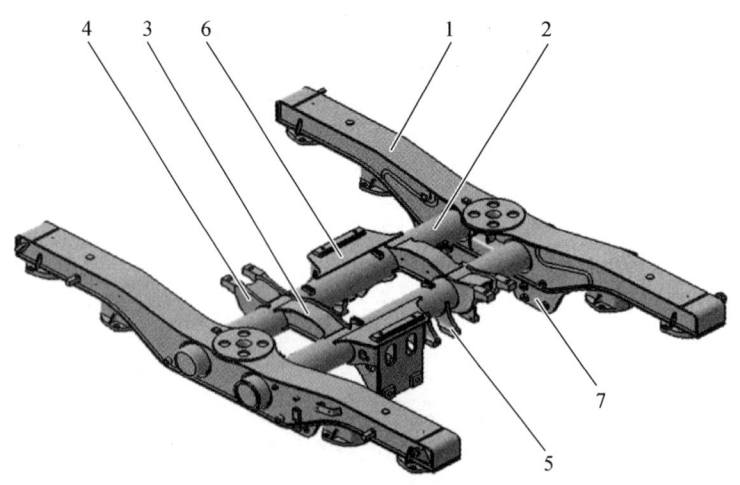

图 6.1 转向架构架
1—侧梁组成;2—横梁;3—纵梁组成;4—齿轮箱吊座;
5—牵引拉杆座;6—电机吊座;7—托板组成

6.1.2 轮对、轴箱装置

轮对是沿着钢轨滚动,除了传递车辆质量外,还传递轮轨之间的各种作用力,包括牵引力和制动力。轴箱与轴承装置是联系构架和轮对的活动关节,使轮对的滚动转化为车体沿钢轨的平动。

1. 轮 对

轮对包括车轮和车轴(见图6.2)。车轮主要包括踏面、轮缘、轮辋、辐板、轮毂等(见图6.3)。车轮直径为$\phi 840$ mm,公差为(+2,+6),其主要目的是为了保证车轮具有70 mm的镟修量,保证车轮的使用寿命。车轮加装有降噪阻尼环,能有效地降低车辆通过曲线时,轮轨间由于侧滑、挤压、摩擦而产生的高频噪声。车轮内侧面向外70 mm(即L_2)处踏面上的一点称为基点,基点沿车轮一周组成的圆称为滚动圆。轮缘高度是指从车轮轮缘顶部到踏面基准线的距离,即S_h,范围为27~33 mm;轮缘厚度是指从踏面基准线上10 mm(即L_3)引一条垂线与车轮轮辋内侧断面之间的水平距离,即S_d,范围为23~32 mm(见图6.4);q_R:轮缘尺寸检查,用轮缘形状专用测量尺测量,其值应在6.5~12.5 mm内,否则应进行镟修(L_1为2 mm)。车轴轴径间距为1 930 mm,轴颈直径为120 mm。传动齿轮装在动车车轴上。

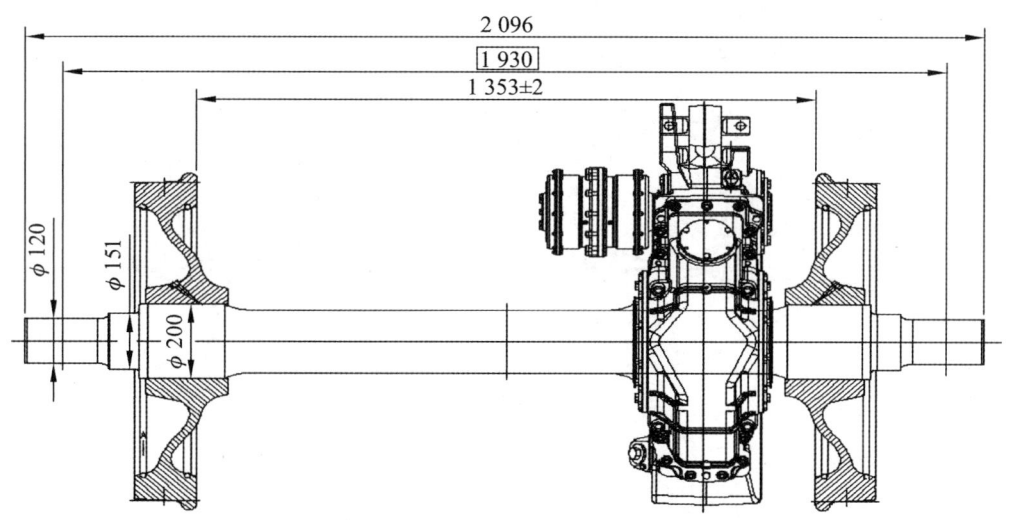

图6.2 轮对组成

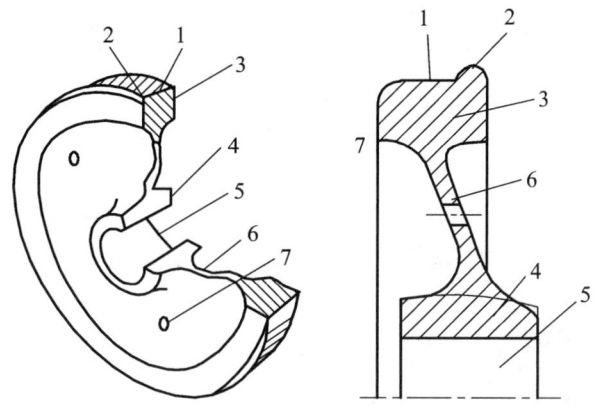

图6.3 车轮结构

1—踏面;2—轮缘;3—轮辋;4—轮毂;5—轮毂孔;6—辐板;7—辐板孔

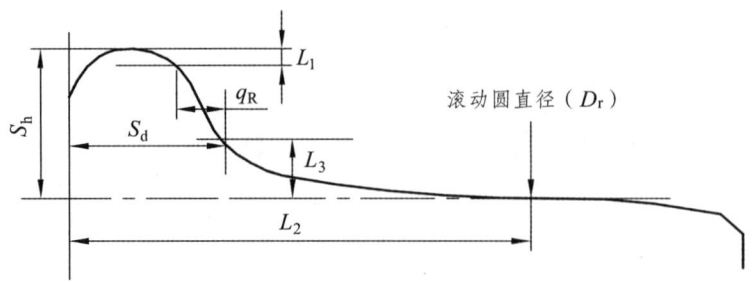

图 6.4 轮缘踏面外形

车轮镟修后,需要对车辆的地板面高度重新调整,主要是通过增加调整垫来实现。调整垫按 12 mm 的级别增加,车轮镟修小于 10 mm 时不用加垫调整,大于 10 mm 加 1 个 12 mm 的调整垫,镟修大于 20 mm 时,加 2 个 12 mm 的调整垫。当空簧下面的调整垫加至 12 mm 时,构架两侧垂向挡下各取下一个调整垫;空簧下面的调整垫加至 24 mm 时,构架两侧垂向挡下取下所有调整垫,保证垂向止挡的间隙。

2. 轴箱和轴箱轴承

轴端组成主要由轴箱、轴箱轴承、轴箱前盖、轴端压板、防尘挡圈和 O 型密封圈等组成。根据轴端安装设备的不同,轴端组成又分为 3 种,分别为防滑轴端安装组成、接地轴端安装组成、测速轴端安装组成。3 种轴端安装组成的结构基本相同,如图 6.5~6.7 所示。

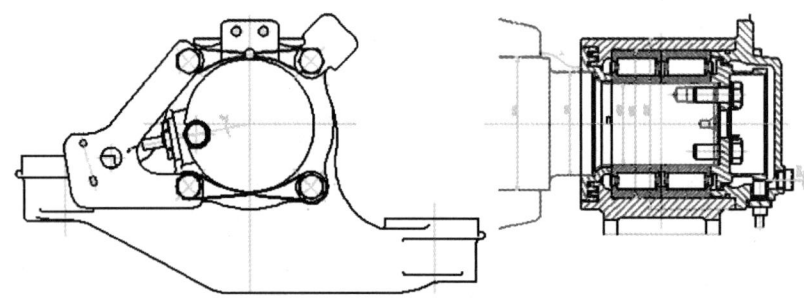

图 6.5 防滑轴端安装组成

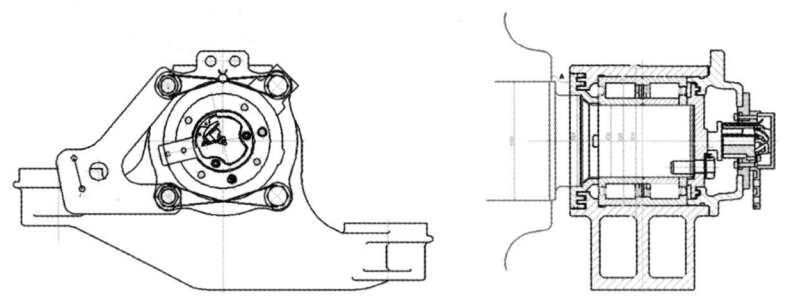

图 6.6 接地轴端安装组成

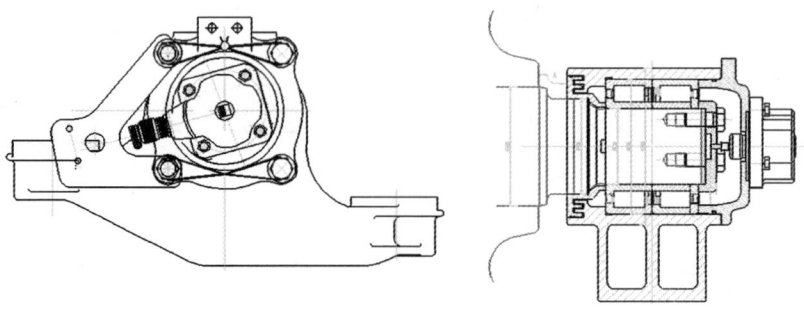

图 6.7 测速轴端安装组成

轴箱轴承采用双列自密封圆柱滚子轴承，安装在轴箱体内，轴承在制造厂已填充了润滑脂，不需要再添加润滑脂。密封罩能够把润滑脂封闭在轴承组里并防止污物进入。

6.1.3 弹性悬挂装置

为了减少线路的不平顺和轮对运动对车体的各种动态影响（如垂向振动、横向振动和通过曲线等），转向架在轮对与构架之间或者构架与车体之间，设有弹性悬挂装置，前者称为轴箱悬挂装置（又称一系悬挂），后者称为中央悬挂装置（又称二系悬挂）。

1. 一系悬挂装置

为减轻质量，一系悬挂装置采用圆锥叠层橡胶弹簧。两个螺栓将轴箱弹簧上端固定在构架的一系弹簧座上。轴箱的顶部和转向架构架止挡之间的距离正常应保持在（115±5）mm，如果此数值低于110 mm，必须用调整垫进行调整。同一转向架的该尺寸差应不大于2 mm，在保证轮重分配的前提下，联轴节调整完毕后，同一转向架上的该尺寸差应不大于4 mm，调整垫总的插入厚度不应超过10 mm，如图6.8所示。

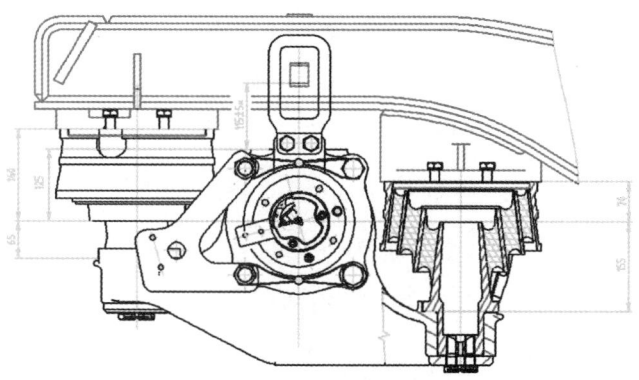

图6.8 一系悬挂装置

2. 二系悬挂装置

二系悬挂装置主要包含的零部件有：空气弹簧、高度调整阀、水平杠杆、调整杆、差压阀、抗侧滚扭杆等。各零部件如图6.9所示。

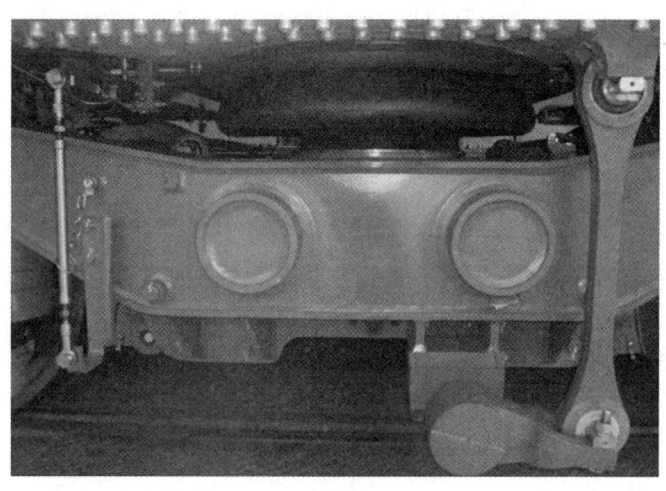

图6.9 二系悬挂装置

（1）空气弹簧。

空气弹簧的正常工作高度为 200 mm，其高度的保证是通过测量车体底架的工艺块下面（与空气弹簧上平面共面）与构架的工艺块之间的距离，此距离为 255 mm + t ± 3 mm。此处 t 为空气弹簧下调整垫的厚度。

转向架构架横梁内部作空气弹簧的附加空气室，空气弹簧的下部通风口与附加空气室连接，上部进风口与车体的管路连接。空气弹簧的胶囊气室与附加空气室间的节流孔，对车体的垂向振动起到衰减作用，因此不需要加装垂直油压减振器。

当空气弹簧内无空气压力时，叠层橡胶堆能起到一定的垂直减振作用，能保证车辆安全行驶。安装空气弹簧时，上部进风口和下部通风口的外部表面，需涂铁道Ⅲ型脂防锈，O 型圈需涂润滑脂进行保护。

（2）高度调整阀、水平杠杆、调整杆。

每个空气弹簧对应安装一套高度调整装置，如图 6.10 所示，用于自动调节空气弹簧的充气、排气，主要包括高度阀、高度阀调整杆、水平杠杆和安全吊链等。

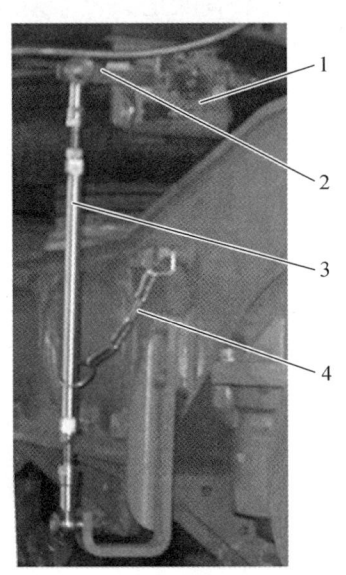

图 6.10　高度调整装置

1—高度阀；2—水平杠杆；3—高度阀调整杆；4—安全吊链

高度调整装置用来检测车体与转向架之间由于乘客负载变化而引起的高度变化，并针对高度变化情况对空气弹簧进行充、放气，进而保证车辆处于恒定的平衡高度。高度阀安装在车体上，高度阀调整杆下端安装在构架上，上端与水平杠杆的一端相连，水平杠杆的另一端穿过高度阀的转轴。这样，车体与转向架之间的高度变化就转化为水平杠杆的角度变化，完成了高度阀的打开或关闭。高度调整装置不能用于补偿车轮和转向架等零件的磨损。

（3）差压阀。

为了保证车辆的运行安全，在两个空气弹簧的附加气室之间安装差压阀。差压阀相当于二系悬挂系统的安全阀，当两空气弹簧内部的压强差达到限度值（100 ± 13）kPa 时，差压阀就会发生动作，将两个附加气室导通，使压力高的空气弹簧卸压。这样就能避免某一个高度阀故障而过充或任意一个空气弹簧爆破而导致的车辆过度倾斜，保证车辆安全运行。

6.1.4　牵引装置

每个转向架设一套中央牵引装置，如图 6.11 所示，采用传统的"Z"形拉杆结构。牵引装置主要由中心销、牵引梁、横向挡、横向减振器、中心销套和两个牵引拉杆组成。

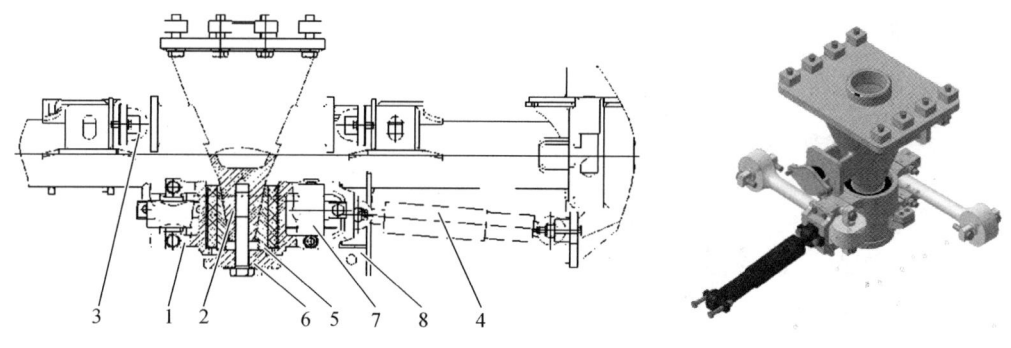

图 6.11 牵引装置

1—牵引梁组成；2—中心销；3—横向挡组成；4—横向减振器；
5—中心销套；6—下盖；7—牵引拉杆；8—减振器座

（1）横向挡。

为适应低横向刚度的空气弹簧，采用柔性横向挡，能有效地缓解车辆的横向摆动。

（2）牵引梁。

牵引梁采用整体铸件结构，可以看作是小型化的转向架摇枕。牵引梁通过两根牵引拉杆悬挂在转向架构架上。

（3）牵引拉杆。

每台转向架使用两个呈"Z"形布置的牵引拉杆。它的两端为弹性橡胶节点，牵引拉杆的一端与构架相连，另一端与牵引梁相连。

（4）横向减振器。

在车辆发生横向振动时，横向减振器会施加适当的阻尼力，来改善车辆的横向特性。

6.1.5 基础制动装置

基础制动装置采用单侧踏面单元制动缸的制动方式。动、拖车每台转向架有 4 个踏面单元制动缸，分为两个具有停放功能的踏面单元制动缸和两个不具有停放功能的踏面单元制动缸。具有停放功能的单元制动缸还配有手动缓解闸线，手动缓解闸线的把手安装在侧梁上部，可以在必要时很方便地手动缓解停放制动（见图 6.12、图 6.13）。

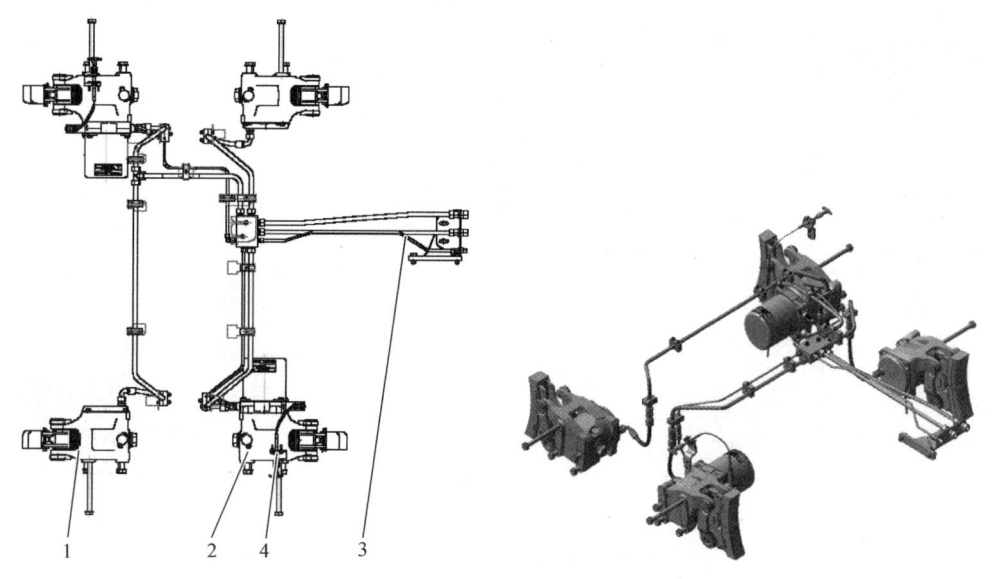

图 6.12 动车基础制动装置

1—单元制动缸；2—带停放的单元制动缸；3—制动配管；4—手动缓解拉链

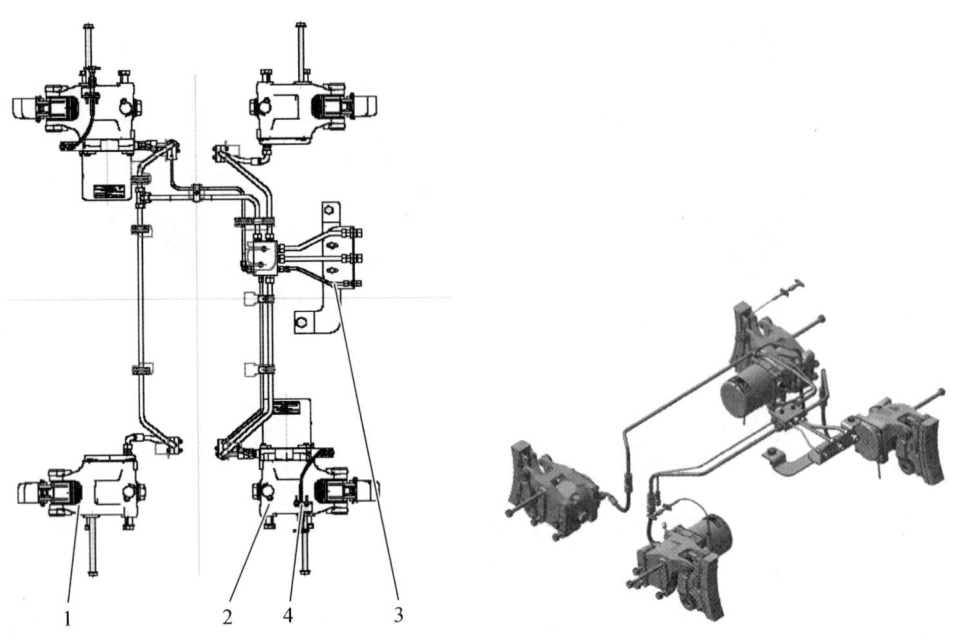

图 6.13 拖车基础制动装置

1—单元制动缸；2—带停放的单元制动缸；3—制动配管；4—手动缓解闸线

6.1.6 驱动装置

驱动装置包括齿轮箱组成、齿式联轴节和牵引电机，如图 6.14 所示。该装置仅限于安装在动车转向架上，利用轮轨间的黏着作用，驱动车辆沿着钢轨运行。齿轮箱齿轮为斜齿轮、一级减速，润滑方式为飞溅润滑。齿式联轴节可适应电机侧和小齿轮侧的偏角，满足电机轴和小齿轮轴的相对位移要求，同时可完成传递扭矩的作用。牵引电机完全悬挂在构架上。

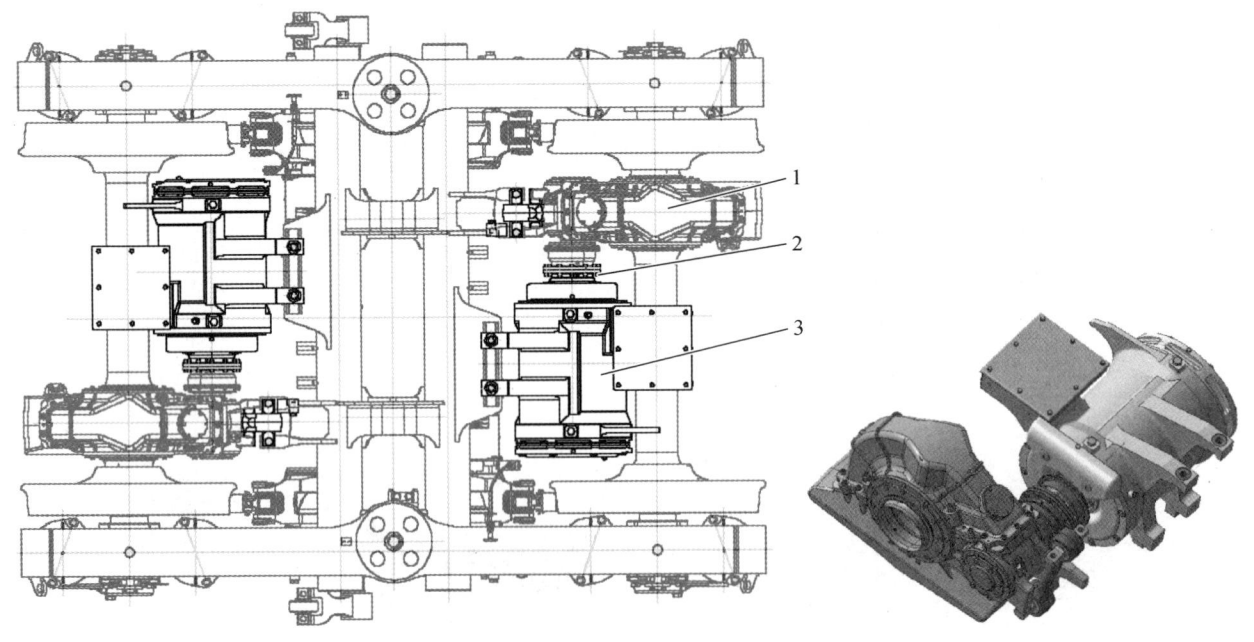

图 6.14 驱动装置

1—齿轮传动装置；2—联轴节；3—牵引电机

6.1.7 排障器及 ATP/TWC 天线梁

ATP 天线梁组成安装在每列车头车的一位转向架端部,并设置两个简易排障器,排障器下端距轨面的距离为 75^{+10}_{0} mm。

Tc 车的一位端转向架的端部安装有两个连接支架,在两个连接支架之间安装有一个管梁式的端梁,在端梁上分布有两个简易排障器安装座和两个 ATP 天线安装支架,排障器位于 ATP 天线前面。

6.1.8 转向架主要参数

最高试验速度:90 km/h;
最高运行速度:80 km/h;
转向架轴距:2 200 mm;
车轮直径:ϕ840 mm(新轮)/ϕ770 mm(磨耗到限);
轮对内侧距:(1 353 ± 2) mm;
轴重:14 t;
一系悬挂:圆锥橡胶弹簧;
二系悬挂:空气弹簧;
制动方式:踏面制动;
轴箱轴承:ϕ120 mm × ϕ215 mm × 146 mm,圆柱轴承单元;
轴颈间距:1 930 mm;
轮缘高度:27 ~ 33 mm;
轮缘厚度:23 ~ 32 mm。

6.2 转向架的拆装

分解转向架与车体时,必须将列车停靠在带有地沟的平直轨道上,车轮处加铁鞋防止车辆运动。轨道两侧需有合适的起车设备,以便吊起车体。组装时,按照拆卸的反向顺序进行组装。

6.2.1 转向架的拆解

转向架分解时,应按部件进行,准确记录分解零部件的状态、数量和序列号等信息,特别要记清调整垫的数量,以方便后续组装。

拆卸顺序如下:

1. 二系悬挂装置的分解

(1)拆卸高度调整杆(见图 6.15)。
① 拆卸安全吊链的安装螺栓 M12(件 4),拆下安全吊链。
② 拆卸调整杆(件 3)与水平杆(件 1)之间的螺栓 M10(件 2)。
③ 拆卸调整杆(件 3)与构架安装板之间的螺栓 M12(件 5)。
④ 取下调整杆。

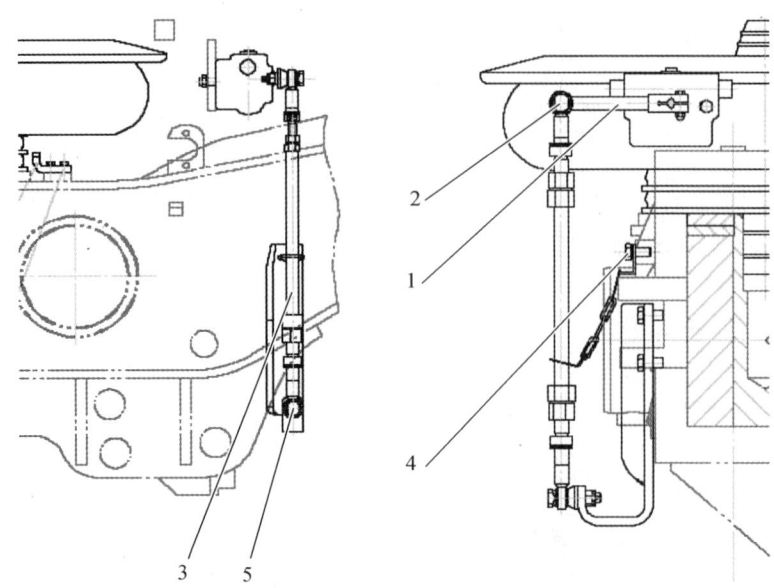

图 6.15 高度阀调整杆两端连接的分解
1—水平杆；2—螺栓 M10；3—调整杆；4,5—螺栓 M12

（2）拆卸空气弹簧。

从空气弹簧上部进风口将空气弹簧起吊用吊环螺栓（M10）拧入空气弹簧应急橡胶堆中的螺纹孔中，用起吊设备吊起空气弹簧即可。空气弹簧吊起后，须注意对构架上空气弹簧座孔进行保护，防止异物进入。

（3）拆卸抗侧滚扭杆。

拆卸抗侧滚扭杆与构架侧梁上扭臂座的连接螺栓。

2. 驱动装置与构架连接的分解

（1）拆卸连接牵引电机和齿轮箱之间联轴器的半联轴节连接螺栓（见图 6.16）。

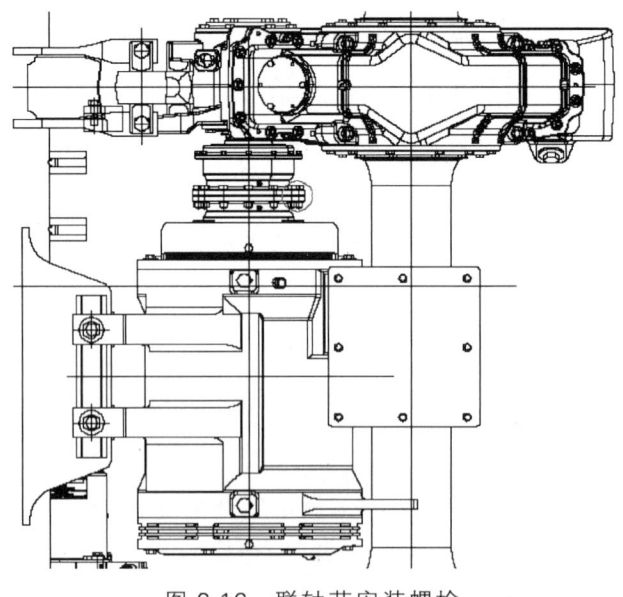

图 6.16 联轴节安装螺栓

(2)拆卸牵引电机的安装螺栓(见图6.17)。

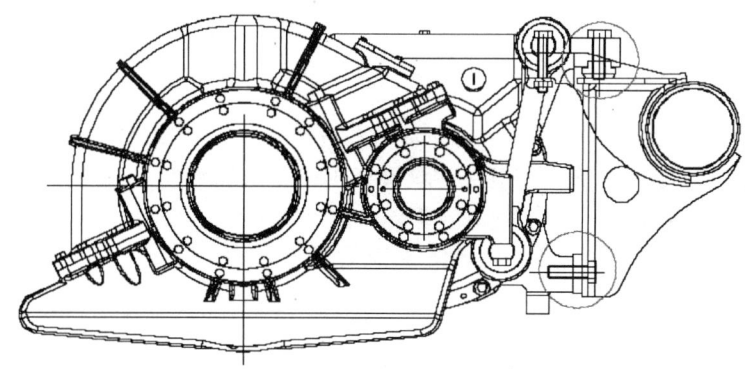

图6.17 牵引电机安装螺栓

(3)在齿轮箱下面安设支撑架,然后拆卸齿轮箱吊杆上部的螺栓、螺母。
(4)拆卸构架横梁齿轮箱吊座下端的安全吊。

3. 中央牵引装置的分解

(1)中央牵引装置与车体连接的分解:先分解中心销与牵引梁的连接,待起车后再分解中心销与车体的连接(见图6.18)。中心销与牵引梁端的分解步骤如下:

① 将已翻折至紧贴螺栓头的两个防松片舌片(件1)翻折回去。
② 用扳手将大螺栓M36×140(件2)拆下。
③ 将下盖(件3)取下(可轻轻敲打)。
④ 用专用工具M90拧进中心销套(件4)内圈的螺纹中,使中心销套与中心销(件5)的配合脱开。

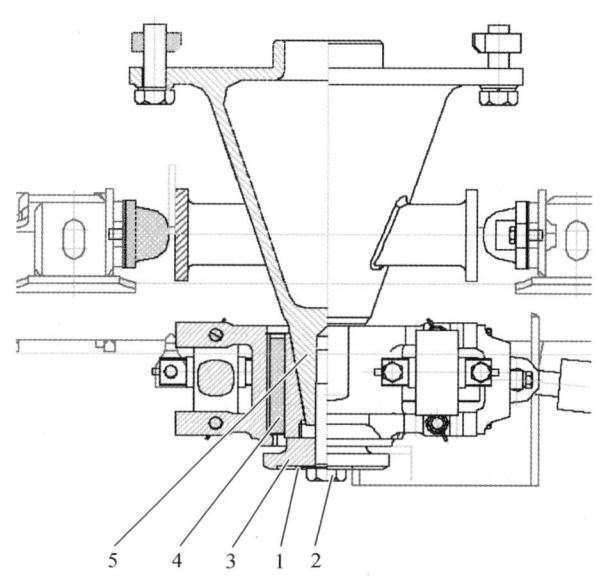

图6.18 牵引装置与车体连接的分解
1—防松片;2—螺栓;3—下盖;4—销套;5—中心销

(2)拆下横向减振器,用天车或其他起吊设备吊住牵引梁,然后从构架上拆卸牵引拉杆。
(3)从牵引梁上拆卸牵引拉杆。
(4)从构架上拆卸横向挡组成。

（5）从车体枕梁上拆卸中心销组成。

（6）用挡圈专用钳子将牵引梁内孔中的挡圈取出，然后用专用工装将中心销套从牵引梁中压出。

4. 基础制动装置的分解

（1）分解空气软管和单元制动缸之间的连接，共6处。

（2）拆卸用于固定制动配管的单管卡组成、双管卡组成，从而将制动配管和空气软管从构架上拆下。

（3）拆卸手制动缓解闸线（2个）的安装螺栓M8（动车，共4个）。

（4）从构架上拆下单元制动缸（4个）、螺栓M20（数量为4×4=16个）。

（5）分解制动配管和空气软管的连接。

5. 天线梁安装座的分解

在确认车体与转向架之间的连接完全分解之后，使用大型架车机分离车体和转向架。架车前在车体和架车机之间安装架车垫，以便将车体安全、慢慢地架起，4个支承点同时起落，在起落车时工作区域内应当确认无其他操作者。

6.2.2 转向架的组装

1. 组装顺序

按拆卸时的反向顺序进行。

2. 零部件的确认

一般原则：组装使用的零部件应与拆卸前一样在同样的位置上使用。因为调整垫数量取决于加工阶段的调整尺寸，所以如果可能，应尽量使每一零件的尺寸与它们被拆卸前调整过的状态保持一致。

准备工作：

① 所有待组装的零部件，经表面清理后，涂刷底漆和面漆，干后方可进行组装。

② 图纸上要求防腐处理的零部件（如镀锌等）必须确定无误，方可上车。

③ 用M10螺栓和弹簧垫圈将差压阀安装在构架上。

④ 确认构架附加气室螺堵已紧固好，并用钢丝锁紧。

（1）基础制动装置的组装。

基础制动装置包括单元制动缸、制动配管和手动缓解闸线等，组装前先将构架空气弹簧面朝下放置到支撑台位上。

① 单元制动缸组装。

先将单元制动缸上的螺孔丝堵用锥子挑出，并把单元制动缸上的防腐油和构架托板组成表面的油污清除干净，然后用天车吊起单元制动缸与构架进行组装，并用制动单元自带的M20螺栓进行预紧，然后再均匀紧固，踏面制动缸紧固力矩为535 N·m。

② 制动配管组装。

在转向架落成以后进行制动配管组装（将构架落在轮对轴箱装置上）。

注意：管子在组装前须用600 kPa的压力空气吹净管内污物，然后通过滑动螺栓、单管卡和双管卡，将折弯好的管路按图纸安装在构架组成上。先用螺栓将管卡带上，然后重新调整好各管子的相对位置再紧固。配管组装好后，再连接空气软管。

③ 空气软管与单元制动缸组装。

（2）轴箱弹簧的组装。

将轴箱弹簧座孔及其端面上均匀涂上润滑脂后，吊放到构架一系弹簧座上（见图6.19），分左右对正后与弹簧座凸台进行组装,用 M16 螺栓进行紧固,紧固力矩为 150 N·m。同一转向架要使用相同颜色标记的弹簧。

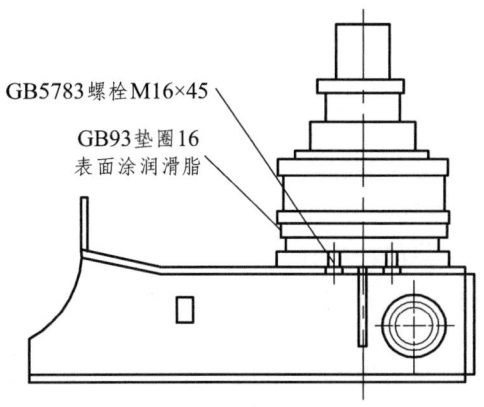

图 6.19 轴箱弹簧的安装

(3) 中央牵引装置的组装。

① 首先将横向止挡安装在构架小纵梁上,螺栓为 M16×45,紧固力矩为 150 N·m。

② 安装牵引梁组成。

首先将牵引梁组成与牵引拉杆组装在一起,如图 6.20 所示,注意牵引拉杆的安装方向,用螺栓 M20×180(涂 LT 243)、平垫圈及防松螺母将牵引拉杆组成安装在牵引梁组成上,紧固后用金属丝将螺栓锁紧。安装横向减振器座用螺栓 M12×35(涂 LT 243)、弹簧垫圈紧固,力矩为 60 N·m。

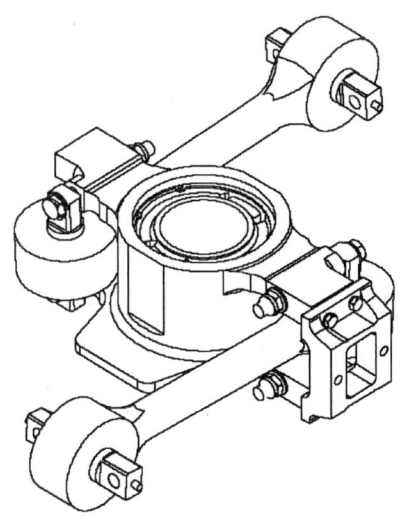

图 6.20 牵引梁组成

将牵引梁组成用天车吊至构架,缓缓下落,注意横向减振器座安装位置为安装差压阀侧,将其安装在构架牵引拉杆座上并用螺栓 M20×80(涂 LT 243)、弹簧垫圈紧固,力矩为 300 N·m,最后用金属丝将螺栓锁紧。

③ 用螺栓 M16 组装横向减振器,注意该减振器和螺栓的安装方向,紧固力矩为 150 N·m。

(4) 构架组成与轮对组成落成。

① 将装配好的带有齿轮箱和轴箱组成的轮对推到转向架落成台位上,轮对间距按 2 200 mm 摆放好,用铁鞋将车轮固定,将齿轮箱的吊杆端垫起,保持小轴与大轴基本水平即可。

注意:需按不同车种设备配置图的列车编组及设备配置情况来进行转向架的总组成。

落成前,需将单元制动缸行程调到最小,以便构架与轮对的落成。

② 用吊带吊起构架组成缓缓移动到摆好轮对的正上方。在轴箱弹簧座孔内放入适当的调整垫，并保证构架上的轴箱弹簧对正轮对轴箱弹簧孔的情况下，构架组成缓缓落下，待完全将构架落下后，检查各部位是否落实。

③ 检查轮对外侧与构架之间的间隙不得小于 10 mm。

④ 进行闸瓦间隙调整。

⑤ 向停放制动管路通入 700 kPa 的压力空气使停放制动缓解。

⑥ 用扳手转动制动缸前部的闸瓦间隙调整螺母，将闸瓦与踏面之间的间隙调整为 10 mm。也可多次向空气制动管路通入 350 kPa 的压力空气，使闸瓦与踏面间隙自动调整。

⑦ 安装吊杆螺栓。

⑧ 将组装好的半联轴节的牵引电机吊到构架上方，对正构架电机吊座上的安装座后，缓缓落下，然后用螺栓 M24 将电机紧固在构架电机吊座上，紧固力矩为 675 N·m。

⑨ 吊起空气弹簧缓缓落在空气弹簧孔的上方，检查空气弹簧下簧脐的密封胶圈是否正位及完好，并将其表面清洁干净后均匀涂二硫化钼油膏后，对正构架空气弹簧孔，将空气弹簧落在构架上。

（5）车体落装。

① 在车体枕梁上安装中心销。

② 将装配好的转向架推到落成台位上，转向架中心距按车辆定距 12 600 mm 摆放好，用铁鞋将车轮固定。

注意：需按不同车种设备配置图的列车编组及设备配置情况来摆放转向架。

③ 吊起车体组成缓缓移动到摆好的转向架正上方。在保证牵引梁中心筒和车体枕梁上中心销组成、空气弹簧的上簧脐和枕梁两侧空气弹簧座对正的情况下，将车体组成缓缓落下，待完全落下后，检查各部位是否落实。

④ 安装牵引装置中的定位销、下盖、防松片。下盖与牵引梁之间的间隙 t 应为 11~13 mm。

⑤ 将抗侧滚扭杆上端安装到车体上，下端连接到构架上。

落车后需对尺寸进行检查及调整，尺寸检查内容包括四角高、空气弹簧高、横向止挡间隙、牵引装置中的下盖间隙等。

6.3 转向架的日常检查

6.3.1 转向架的主要日检项点（见表6.1）

表 6.1 转向架的主要日检项点

检查项点	检查方式	检查工具	检查内容
ATC 天线安装梁	目测检查	手电筒	外观良好，无裂纹
排障器	目测检查	手电筒、白拼布	（1）外观良好。 （2）紧固螺栓 M16（2个）划线清晰、无错位
构架	目测检查	手电筒	外观良好，无裂纹
轮对与车轴	目测检查	手电筒	（1）外观良好，无裂纹。 （2）降噪阻尼环安装牢固。 （3）轮对与车轴连接良好，轮对防松线清晰、无错位
闸瓦	目测检查	手电筒、白拼布	（1）外观良好。 （2）紧固螺栓 M16（2个）划线清晰、无错位。 （3）未磨耗到限
抗侧滚扭杆	目测检查	手电筒	外观良好，无裂纹

续表

检查项点	检查方式	检查工具	检查内容
牵引拉杆	目测检查	手电筒、白拼布	（1）外观良好。 （2）紧固螺栓 M20（4 个）无松动，横向止挡无不正常磨耗和损坏
横向油压减振器	目测检查	手电筒、白拼布	（1）无漏油。 （2）紧固螺栓 M16（内 2 个）防松铁丝无脱落
齿轮箱	目测检查	手电筒	（1）外观良好，无裂纹。 （2）注油口与放油口无漏油。 （3）确认齿轮箱的润滑油在规定油面以上，油脂颜色正常。 （4）无异常发热，感温标贴无变色。 （5）铭牌固定良好
联轴节	目测检查	手电筒、白拼布	（1）外观良好。 （2）连接紧固 M10（可视 9 个）划线清晰、无错位。 （3）无润滑油脂渗漏
牵引电机	目测检查	手电筒、白拼布	（1）外观良好，无裂纹。 （2）注油堵无丢失。 （3）无异常发热，感温标贴无变色。 （4）牵引电机与构架安装牢固，安装座无异常损伤及裂纹。 （5）安装螺栓 M24（可视 2 个）划线清晰、无错位。 （6）检查有无异物，有异物时应进行清理
齿轮箱吊杆	目测检查	手电筒、白拼布	（1）外观良好，安装牢固。 （2）安装螺栓 M20（可视 2 个）划线清晰、无错位

6.3.2 转向架的主要均衡修项点（见表 6.2）

表 6.2 转向架的主要均衡修项点

项 目	内 容	技术要求
ATC、TWC 天线安装梁	（1）检查外观。 （2）检查紧固件	（1）外观良好，无裂纹。 （2）安装螺栓划线清晰、无错位
排障器	（1）检查外观。 （2）检查紧固件	（1）外观良好。 （2）紧固螺栓划线清晰、无错位
构架	检查外观	外观良好，无裂纹
轮对	（1）检查外观。 （2）检查降噪阻尼环。 （3）检查轮对与车轴连接情况。 （4）检查轮对踏面	（1）外观良好，无裂纹。 （2）降噪阻尼环安装牢固。 （3）轮对与车轴连接良好，轮对防松线清晰、无错位。 （4）检查轮对无剥离、无裂纹、无明显擦伤
闸瓦	检查外观	闸瓦完好，无裂纹
踏面制动单元	（1）检查外观。 （2）检查紧固件	（1）检查踏面制动单元外观良好，无漏气。 （2）紧固螺栓划线清晰、无错位
抗侧滚扭杆	（1）检查外观。 （2）检查紧固件	（1）外观良好，无裂纹。 （2）检查抗侧滚扭杆两侧连杆螺栓，安装紧固，划线清晰、无错位；检查扭杆端部划线清晰、无错位
牵引拉杆	（1）检查外观。 （2）检查紧固件	（1）外观良好。 （2）紧固螺栓无松动
横向油压减振器	（1）检查外观。 （2）检查紧固件	（1）外观良好，无漏油。 （2）紧固螺栓防松铁丝无脱落

续表

项 目	内 容	技术要求
空气制动管路	检查外观及管接头	制动管路无损伤，管路接头划线清晰、无错位，无明显漏气声音
空气弹簧	（1）检查外观。 （2）检查高度调整阀、高度调整杆。 （3）检查差压阀	（1）空气弹簧无不正常伤痕和裂纹，无漏气声音。 （2）无明显空气泄漏声音，关节轴承无松动，润滑良好，无卡滞。 （3）检查差压阀外观良好，无漏气现象
横向挡	（1）检查外观。 （2）检查紧固件	（1）外观正常，无损坏。 （2）安装螺栓无丢失
中心销	（1）检查外观。 （2）检查紧固件	（1）外观正常，无损坏。 （2）安装螺栓无丢失
一系橡胶弹簧	（1）检查外观。 （2）检查紧固件	（1）检查一系橡胶弹簧无老化、变形和损伤。 （2）检查每个弹簧的安装螺栓紧固
齿轮箱吊杆	（1）检查外观。 （2）检查紧固件	（1）齿轮箱吊杆无损坏、无裂纹。 （2）螺栓紧固无松动，划线清晰、无错位
轴箱	（1）检查温度。 （2）检查外观。 （3）检查紧固件	（1）检查感温标贴不变色。 （2）检查轴箱无漏油，外观无裂纹。 （3）检查紧固螺栓划线清晰、无错位
齿轮箱	（1）检查温度。 （2）检查外观。 （3）检查紧固件。 （4）检查齿轮箱油	（1）目测感温标贴无变色。 （2）检查齿轮箱外观无锈蚀、损坏现象，无不正常泄漏，齿轮箱铭牌安装牢固。 （3）齿轮箱上的所有螺栓连接外观完好，防松标记无松动。 （4）车辆停车 20 min 后检查油位，油位介于槽口的上刻线与下刻线之间
联轴节	检查外观	检查外部无损坏（无冲击点，无腐蚀），螺栓螺母（12个 M10 螺栓，力矩为 35 N·m）无松动并划线，检查无润滑油泄漏
牵引电机	（1）检查温度。 （2）检查外观。 （3）检查紧固件及接线。 （4）检查出风口	（1）目测感温标贴无变色。 （2）电机及接线外观完好，无裂纹；牵引电机与构架安装牢固，安装座无异常损伤及裂纹，注油堵无丢失，清除电机滤网杂物，清除电机外部油污（丙酮或酒精）。 （3）电机螺栓紧固划线清晰、无错位，电机接线划线清晰、无错位。 （4）出风口无异物

 章节自测

一、填空题

1. 一系悬挂装置采用圆锥叠层（　　　）。
2. 轴箱的顶部和转向架构架的止挡之间的距离正常应保持在（　　　）。
3. 在轮对检修测量过程中，需要保证轮对同轴大小不超过（　　　）mm，同转向架不超过（　　　）mm，同车不超过（　　　）mm，两节车之间不超过（　　　）mm。
4. 轴端分为（　　　）、（　　　）、（　　　）。
5. 轮对内侧距应保证（　　　）mm
6. 排障器下端距轨面的距离为（　　　）mm。
7. 基础制动装置采用（　　　）的动车，每台转向架有 4 个踏面单元制动缸。
8. 基础制动装置采用单侧踏面单元制动缸的拖车，每台转向架有（　　　）个踏面单元制动缸。
9. 踏面单元制动缸使用（　　　）闸瓦。
10. 轮踏面擦伤有严重槽沟则必须加工。深度大于（　　　）mm 应进行镟轮，车轮外圆直径原形为（　　　）mm，磨耗到限为（　　　）mm。

二、选择题

1. 动车和拖车采用的是（　　　）踏面制动。
    A. 单侧　　　　　B. 双侧　　　　　C. 单级　　　　　D. 多级
2. 哈尔滨地铁 1 号线最高运营速度可以达到（　　　）km/h。
    A. 70　　　　　B. 80　　　　　C. 90　　　　　D. 100
3. 转向架的主要功能没有（　　　）。
    A. 支持车体　　B. 降低载荷　　C. 传递牵引力　　D. 缓和振动
4. 轮缘高度的范围为（　　　）mm。
    A. 23~32　　　B. 23~33　　　C. 27~32　　　D. 27~33
5. 在列车载荷出现变化时，高度调整装置能对空气弹簧（　　　），来进行调整。
    A. 充气　　　　B. 放气　　　　C. 两者都可以
6. 轴端的种类不包括（　　　）。
    A. 防护轴端　　B. 防滑轴端　　C. 接地轴端　　D. 测速轴端
7. 为适应低横向刚度的空气弹簧，下列能有效缓解车辆的横向摆动的是（　　　）
    A. 一系橡胶弹簧　　　　　　　　B. 牵引拉杆
    C. 高度调整装置　　　　　　　　D. 横向挡
8. 一个转向架有（　　　）个一系弹簧。
    A. 2　　　　　B. 4　　　　　C. 6　　　　　D. 8
9. 两个空气弹簧内部的压强差达到限度值（　　　）时，差压阀就会发生动作。
    A.（1±0.13）kPa　B.（100±13）kPa　C.（100±13）bar　D.（150±13）kPa
10. 每节车有（　　　）个具有停放功能的踏面单元制动缸，有（　　　）个不具有停放功能的踏面单元制动缸。
    A. 2，2　　　　B. 8，2　　　　C. 4，4　　　　D. 16，8

三、判断题

1. 高度调整装置不能用于补偿车轮和转向架等零件的磨损。（ ）
2. 为适应低横向刚度的空气弹簧，采用柔性横向挡，能有效地缓解车辆的垂向摆动。（ ）
3. 除日常检查以外，均衡修需对空气弹簧进行拆解检查维护。（ ）
4. 牵引梁在车轮踏面磨耗时有对车体高度调整的功能。（ ）
5. 每台转向架使用两个呈"X"形布置的牵引拉杆。（ ）
6. 在车辆发生横向振动时，横向减振器会施加适当的阻尼力，来改善车辆的横向特性。（ ）
7. 为了保证车辆的运行安全，在两个空气弹簧的附加气室之间安装差压阀。（ ）
8. 哈尔滨地铁 1 号线车辆采用的 CW2100（D）型转向架是适合于 80 km/h 速度等级的无摇枕焊接结构转向架。（ ）
9. 能够降低车轮和钢轨之间摩擦和噪声的装置是阻尼器。（ ）
10. 日检过程中不需要检查一系弹簧的蠕变和刚度的变化情况。（ ）

四、简答题

1. 简述差压阀的工作原理。
2. 高度调整装置是如何工作的？
3. 简述拆卸高度阀的步骤。
4. 简述列车镟修后进行空气弹簧加垫的过程。
5. 简述空气弹簧的作用。

7 制动系统

制动系统是保证车辆运营安全的重要环节，其作用就是根据需要使车辆按照规定减速、停车。

城市轨道交通车辆一般采用再生制动、电阻制动（以上两种统称为电制动）和摩擦制动（称为空气制动）3种制动方式，它们分别为第一、第二、第三优先级制动。

城市轨道交通车辆制动模式包括常用制动、快速制动、紧急制动、停放制动、保持制动（停车时自动施加保持制动）。

哈尔滨地铁1号线采用4动2拖——6辆编组。

列车配置Tc1-Mp1-M1-M2-Mp2-Tc2。其中，Tc车为带司机室的拖车，采用空气制动；Mp车和M车分别为带受电弓和不带受电弓的动车，采用电制动（ED）和空气制动。

哈尔滨地铁采用电空混合制动（EP）的管理方式，电空混合制动是在整个列车级实现的，其目的是通过最大限度地使用动车转向架上的电制动力从而最小限度地使用摩擦制动，以便减小对车轮的磨损。

哈尔滨地铁1号线一、二期项目采用法维莱制动系统，而1号线三期项目采用克诺尔制动系统。

哈尔滨地铁的制动系统中主要包括以下几个部件：

（1）空气供给装置；
（2）制动控制单元；
（3）制动模块（辅助控制箱、风缸）；
（4）基础制动装置。

7.1 法维莱制动系统

7.1.1 空气供给装置

哈尔滨地铁1号线一、二期采用的是AGTU-0.9K风源装置，如图7.1所示。风源装置（AGTU）主要有整体吊架、空气压缩机、空气净化处理单元、电控单元，其作用是为地铁车辆的制动系统及受电弓系统提供压缩空气。

整体吊架的作用是支撑AGTU上的各个零部件。

1. 空气压缩机组成

AGTU采用螺杆式空气压缩机，压缩机机头采用由两个相互啮合的有螺旋形沟槽的转子组成的螺杆组成（见图7.2），机械式双轴旋转完成空气的加压输送，转子具有不对称的啮合型面，并在一个铸铁内完成旋转，进气入口是径向的，而出气口是从轴向通过空气压缩机螺杆壳体内特殊形状的通道。

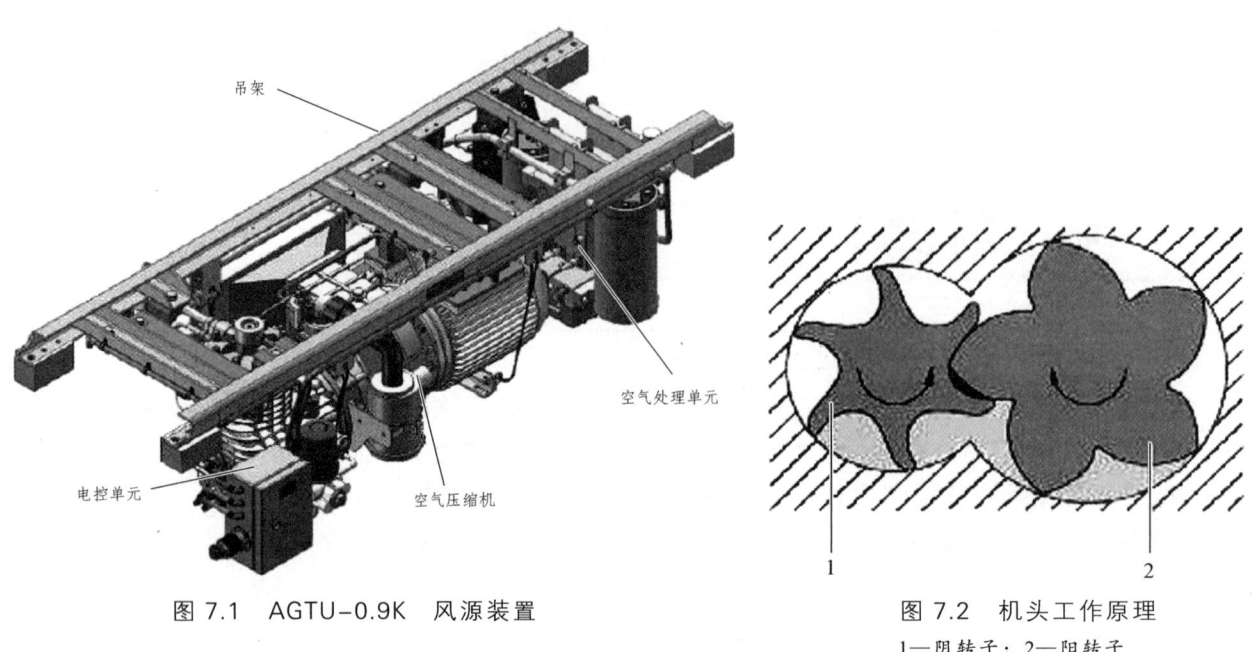

图 7.1　AGTU-0.9K 风源装置

图 7.2　机头工作原理
1—阴转子；2—阳转子

注入空气压缩机内的油的作用是将转子的叶片在它们的啮合点上和它们与壳体的接触点上密封分隔开，起到润滑设备的作用，另外，空气压缩机内的油还将压缩作用产生的热量吸收并带走。图 7.3 为螺杆式空气压缩机结构图。

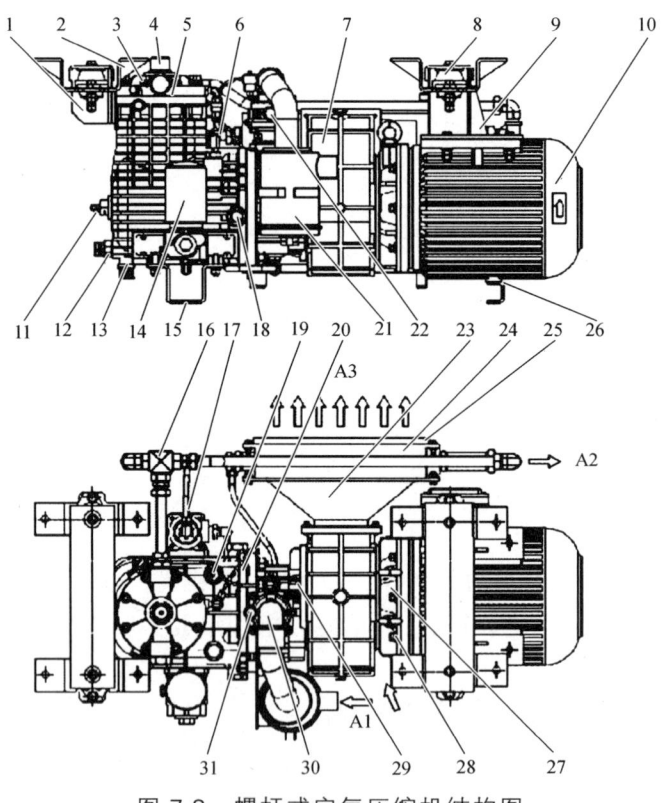

图 7.3　螺杆式空气压缩机结构图

1—压缩机吊座；2—吊耳组成；3—油分盖；4—压力维持阀；5—油细分离器；6—加油口盖；7—蜗壳；8—减振器；9—电机支座；10—电动机；11—温度开关；12—电控箱；13—放油阀；14—油过滤器；15—压缩机支座；16—手阀；17—温控阀；18—视油镜；19—安全阀；20—机头；21—空气滤清器；22—压力开关；23—扩压器组成；24—冷却器；25—冷却器护网；26—电机支座；27—中托架护网；28—中托架；29—风机后盖；30—进气阀；31—真空指示器；A1—空压机空气入口；A2—压缩空气出口；A3—冷却空气

主要部件及其功能：

（1）空气滤清器 21：空气过滤器的滤芯采用干式纸质过滤器，过滤空气中的大颗粒杂质。

（2）真空指示器 31：当空气过滤器滤芯上灰尘越多，滤芯流体阻力越大，会逐渐推出真空指示器中的红色指示装置，从而显示出何时滤芯需要进行维护，达到最大限度地使用空气滤清器的滤芯。

（3）进气阀 30：螺杆空气压缩机工作时，阀板打开，提供风源；停止工作时，阀板关闭，同时卸荷阀打开，将压缩空气通过卸荷阀的横截面流向空气过滤器，迅速降到 300 kPa，剩余压力通过卸荷阀全部排出至 0 kPa，其目的是使机器在很小的负荷下启动，如图 7.4 所示。

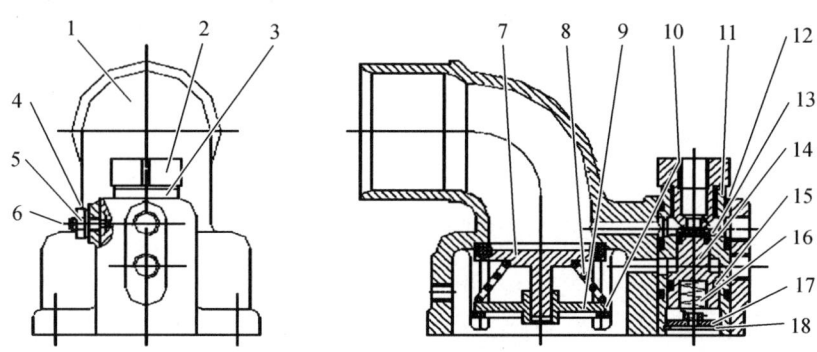

图 7.4 进气阀结构

1—进气阀座；2—卸荷喷嘴；3—密封垫片；4—垫圈；5—螺母；6—螺钉；7—进气阀阀板；8—进气弹簧；9—进气阀阀座；
10—挡圈；11—卸荷气缸；12, 13—O 型圈；14—卸荷活塞；15—B 型密封圈；
16—卸荷弹簧；17—卸荷阀座；18—挡圈

（4）压力开关 22：确保空气压缩机再次启动时压力小于 300 kPa，并确保机器在很小的负荷下启动运行。

（5）压力维持阀 4：位于油气筒上方油细分离器出口处，开启压力设定于 650 kPa 左右，其作用是在空压机刚启动时优先建立起润滑油的循环，确保机器的润滑；可降低流过油细分离器的空气流速，同时避免因压差太大导致油细分离器受损；同时，当停机后油气筒内压力下降时，防止主风缸内压缩空气回流。

（6）温度开关 11：其作用是在失油、油量不足、冷却不良等情况时，导致排气温度过高，当排气温度达到温度开关所设定的温度值（105 ± 5）℃时，设备因温度开关断开而停机；检查温度开关时，拔下温度开关上的电线护套，用电阻表测量温度开关两接线柱间的电阻，在温度没有达到断开时，该电阻应为 0。

（7）油细分离器 5：油细分离器滤芯是用多层细密玻璃纤维制成，其作用是滤去压缩空气中所含的雾状油气。

（8）油过滤器 14：一种纸质的过滤器，其作用是除去油中杂质，如金属微粒、油的劣化物等，以保护轴承及转子。若油过滤器未及时更换，则可能因堵塞导致进油量不足，造成排气温度升高，以致停机；或油过滤器内的旁通阀开启，使脏油未经过滤即进入压缩机内，损伤转子、轴承及壳体。

（9）温控阀 17：油冷却器前装有一个温控阀，其功能是维持排气温度在压力露点温度以上，避免空气中的水汽在油气筒内凝结而乳化润滑油。刚开机时，润滑油温度低，此时温控阀自动开启通往机体的油路，油不经过油冷却器而进入机体。若油温升高到 87 ℃ 以上，温控阀被逐渐打开至油冷却器的通路，至 98 ℃ 时全开，此时油会全部经过油冷却器再进入机体内。

（10）冷却器 24：冷却系统由离心风扇、蜗壳、油冷却器和后冷却器组成，冷却空气由离心风扇吸入，经蜗壳和扩压器导向吹过油冷却器和后冷却器的散热翅片，同时冷却压缩空气及润滑油。

（11）油气筒上装有视油镜18，用于观察空压机油位；加油口盖6用于空压机加油；放油阀13用于空压机油的排放，放油时需要使用工装放油接头，如图7.5所示。

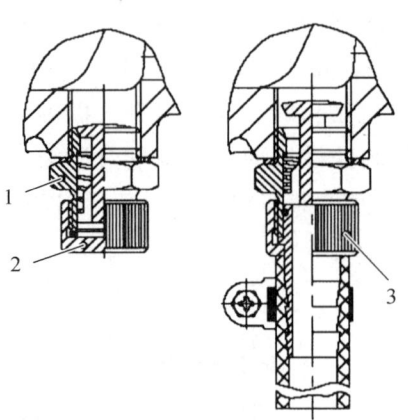

图7.5　放油阀与放油接头示意图
1—放油阀；2—放油阀阀帽；3—放油管

（12）安全阀：AGTU共有两个安全阀，一个安装在油气筒19上，开启压力设定为1.25 MPa，其作用是当排气管路上有堵塞现象而致使油气筒内压力高出安全阀整定值时，安全阀即会自动起跳而卸压，使压力降至设定的排气压力以下；另一个安装在AGTU供风至储风缸的管路上，开启压力设定为1.06 MPa，其作用是保证总风压力处于1.06 MPa以下，以保护设备安全。

2. 空气压缩机工作流程

压缩机气路系统流程如图7.6所示。

空气通过位于空气压缩机机头17吸气端的空气滤清器1和进气阀3吸入，经过相互啮合的转子压缩后，压缩空气通过安装在空气压缩机机头的出气口压入油气筒10内，压缩空气经过隔板10.1过滤掉粗油，再经过油细分离器9过滤掉雾状油气后，当压力维持阀7达到650 kPa时，压缩空气经过后冷却器2.1进入空气净化处理单元，而后进入车辆压缩空气系统的通道，提供整车风源。

当空气压缩机停机时，在气压控制作用下压力从空气压缩机油气筒内自动卸除。在空气压缩机停机后，压力维持阀7与进气阀3闭合。由于空气压缩机机头产生了空气回流，因而进气口处压力升高。此时，卸荷阀7打开，压缩空气可以通过打开的阀门横截面流向空气过滤器1，迅速将空气压缩机油气筒内的压力降到约300 kPa。剩余的压力通过卸荷阀7全部排出至0 kPa，干燥塔内的空气经过排污口排出塔外。

压缩机油路系统流程如图7.6所示。

润滑油是利用压差的原理进行循环，无油泵。

当空气压缩机运行时，在油气筒内建立起来压力，推动油通过油过滤器15，然后将油传送到螺杆组的轴承、传动机构以及注油点处。所传输的油用来润滑机器，将转子的叶片在它们的端部密封分隔开，并将压缩作用所产生的热量带走。

由空气压缩机所传输的空气/油混合物流过输出口并打在油气筒中的隔板10.1上，这个过程提供了油的粗滤作用，完成了这一步后，空气再由油细分离器9处理作为细滤，在这一阶段所除去的油被收集在油细分离器的底部，经过空气压缩机油气筒中压力产生的力的作用，油通过回油管返回到空气压缩机螺杆组。油温升高到87 ℃以上，温控阀14被逐渐打开至油冷却器2.2的通路，至98 ℃时全开，此时油会全部经过油冷却器2.2再回到机体内。

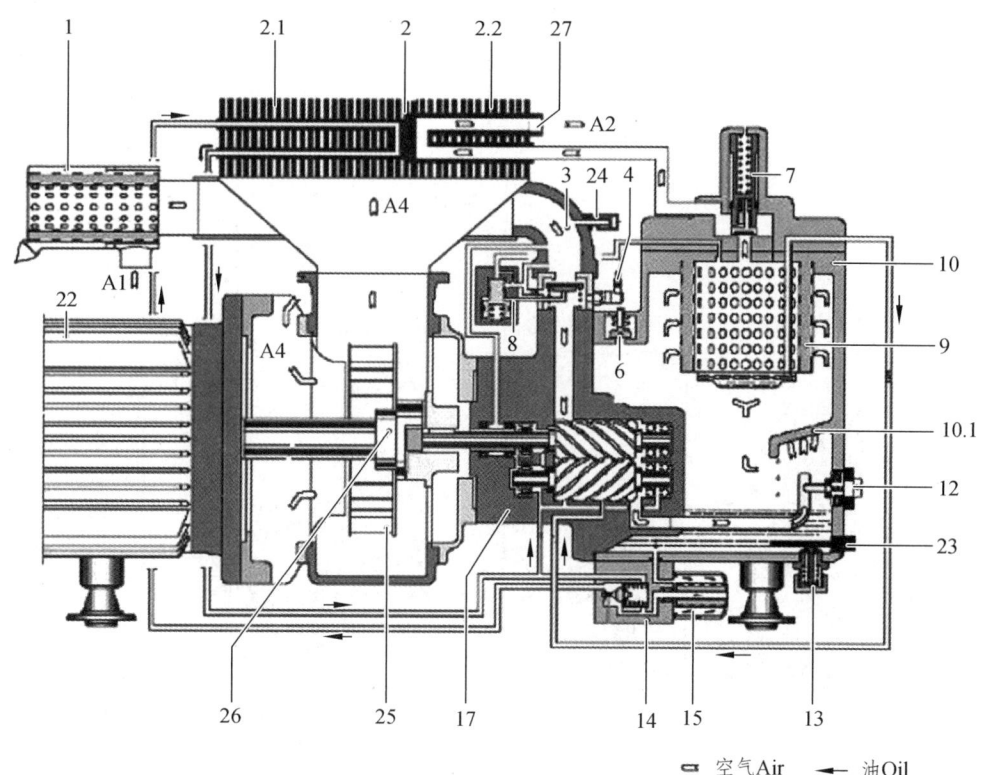

图 7.6 空气压缩机工作流程

1—空气滤清器;2—冷却器;2.1—后冷却器;2.2—油冷却器;3—进气阀;4—压力开关;6—安全阀;7—压力维持阀;8—卸荷阀;9—油细分离器;10—油气筒;10.1—隔板;12—温度开关;13—放油阀;14—温控阀;15—油过滤器;17—机头;22—电动机;23—电加热器;24—真空指示器;25—离心式风扇;26—联轴器;27—空气供给口;A1—空压机空气入口;A2—压缩空气出口;A4—冷却空气

3. 空气净化处理单元组成

空气净化处理装置包括预过滤器组成、油过滤器组成、干燥器组成,如图 7.7 和图 7.8 所示。

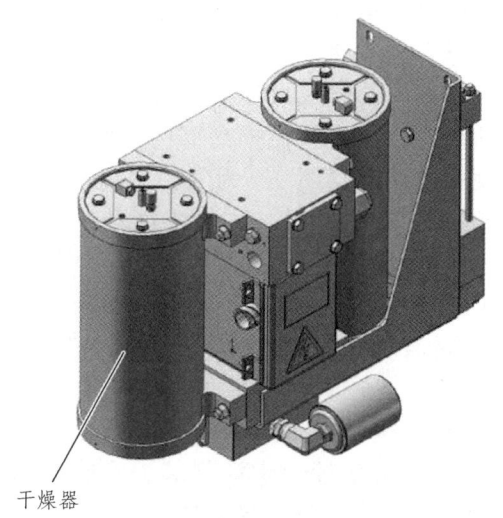

干燥器

图 7.7 空气净化处理单元

预过滤器的作用是通过机械分离及联合雾化作用从压缩空气中去除液态油及水。

油过滤器(精密过滤器)的作用是让压缩空气通过更精密(0.01 μm)的滤芯,进一步降低空气中的油含量。

干燥器的主要作用：干燥器通过变压吸附的原理去除压缩空气中的水蒸气；次要作用：通过过滤器去除微粒，保证吸附剂良好。

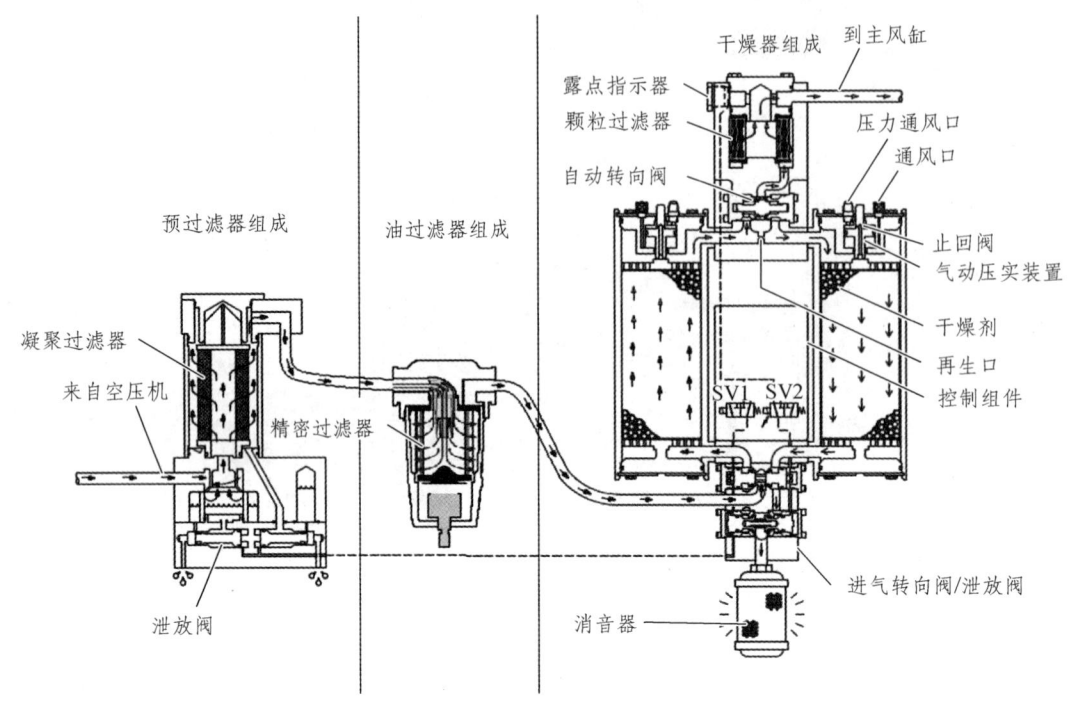

图 7.8 空气净化处理装置工作流程图

4. 空气净化处理装置工作原理

预过滤器工作原理：含有污染物的空气进入预过滤器，之后通过预过滤器的离心作用将污染物分离出来。大体积的液体物质被收集到过滤器的液体收集部分，之后通过卸放阀进行卸放。由于空压机的连续运行的要求，此卸放阀每 60 s 卸放一次。空气在进入干燥器之前会先经过一个高效的集成过滤单元。这个大容量的部件可以收集油以及凝聚的小水滴。收集起来的液体通过第二个卸放阀来卸放。为了保证安全，这里设计安装了两个相同的卸放阀。它利用中间收集装置来进行卸放，从而将卸放带来的空气损失降到最小。此外集成过滤器还可以将气体中的固体污染物分离出来。固体颗粒物被吸附在集成过滤器的纤维上，这样就能提高部件的使用寿命。此部件的尺寸比较大，从而能够最大限度地降低污染物对设备的损坏。图 7.9 为气控原理图。

干燥系统工作原理：由于预过滤器的作用，进入干燥系统的空气中的液态水的含量已经得到了很大程度的减少，但是气态水的含量仍然处在饱和状态。空气经过干燥系统之后，气态水的含量将会降低到出口空气的露点值以下。空气通过干燥系统的进气口之后，通过一个进气转向阀使空气进入干燥机层中。进气转向阀通过一个被电磁阀控制的空气控制信号来驱动。此控制信号同时控制着另外一个干燥塔的卸放阀，通过这个卸放阀干燥塔将会得到泄压。一小部分经过干燥的空气将通过再生孔进入另一个已经卸完压的干燥塔中，之后穿过该干燥塔的干燥剂层通过卸放阀卸放到空气中。此干燥空气的反吹作用是带走干燥剂层中吸收的水分。这个带走干燥剂中收集的水分的过程被称为再生过程。一个出口处的自动换向阀使得通过干燥室的空气能够进入出气口处，并且能够阻止处在再生状态的干燥室中的空气进入干燥塔。

两个干燥塔的干燥与再生是由一个时间继电器来控制的。在一个循环开始时，空气进入一个干燥塔，同时另一个干燥塔的卸放阀打开并且进行再生。在 48 s 之后处于再生状态的干燥塔的卸放阀关闭 12 s。在这 12 s 中，再生的干燥塔通过反吹孔被外部的气流充满压力。这个渐进的升压过程可以使得该塔之后的干燥过程可以避免气流的突然增大带来再生耗气率过高或者干燥剂吸附能力的损坏。当此 12 s 结束时，气流通过换向阀进入刚刚完成再生的干燥塔，同时原来的干燥塔变为再生状态，并且泄放阀打开。这个 60 s 的循环过程会在两个塔之间交替进行。

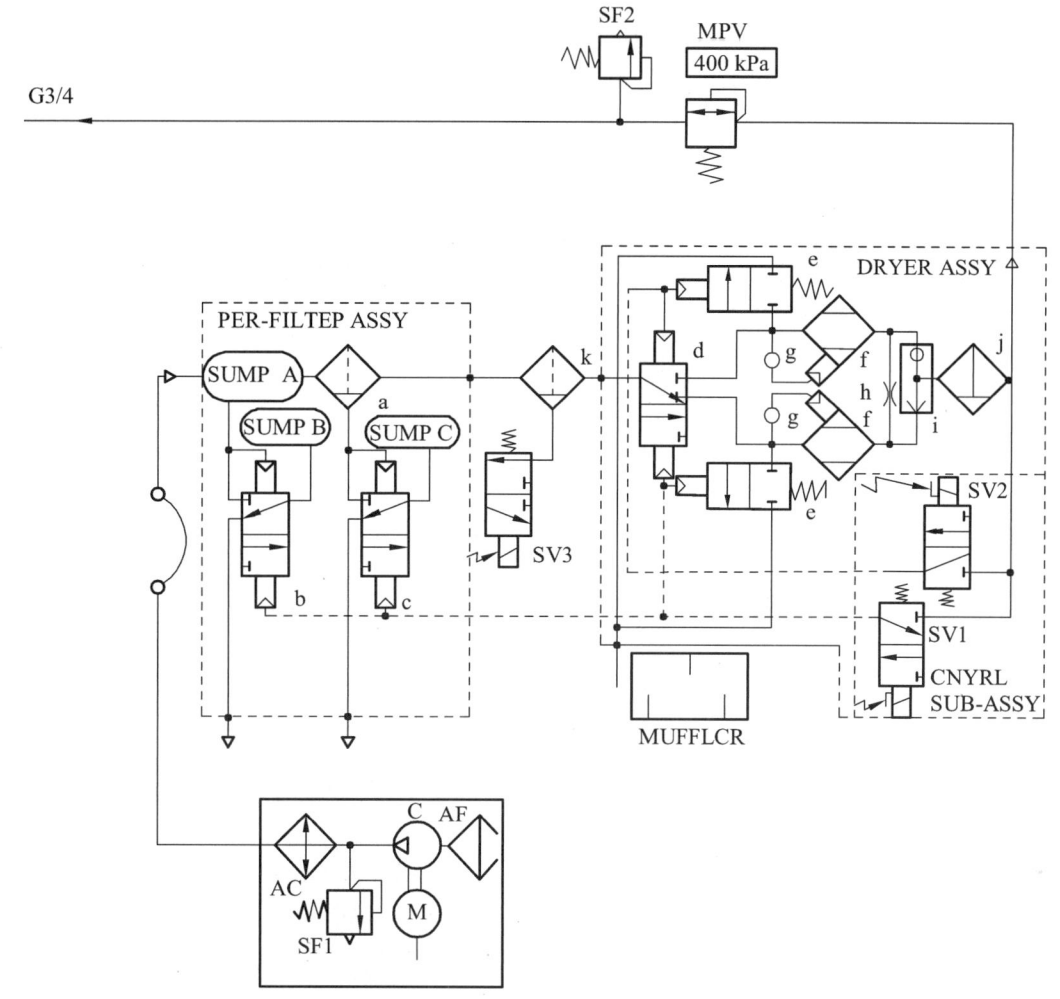

图 7.9　气控原理图

AF—空气过滤器；M—电机；C—压缩机；AC—后冷却器；SF1—压缩机安全阀；MPV—最小压力阀；SF2—出口安全阀；a—综合过滤器芯；b—储液器排水器；c—综合排水器；d—进气组合阀；e—泄放阀；f—干燥塔；g—气动压实装置；h—再生孔；i—出口梭阀；j—最终（尘埃）过滤器；k—超精过滤器

5. AGTU 控制说明

AGTU 控制原理图如图 7.10 所示。

电机被主控接触器提供的三相交流电（AC 380 V，50 Hz）直接驱动。

XP-1、XP2、XP-6 需要根据 AGTU 启动信号同步，这 3 个触点需要在启动的时候同时给电。其中 XP-1 为空压机信号，XP-2 为计时器信号，XP-6 为干燥器信号。

XP-1、XP2 需要和电机保持同步，XP-1、XP2 电路中的压力开关、温度开关保护时电机必须停机。

XP-3、XP-4 为 DC 110 V 负电，其中 XP-3 为空压机负电，XP-4 为干燥器及加热装置负电。

XP-5 为 AGTU 控制 DC 110 V 正电，此正电需要长给电（干燥器及加热电源，完全开启电流约为 11 A）。

XP-7 为干燥器故障信号（干燥器故障信号是通过检测干燥器双塔内部的压力来判断干燥器是否正常的）。

WJ1 为油气桶温度开关（目前选型为 -25 ℃ 开启，-20 ℃ 断开）。

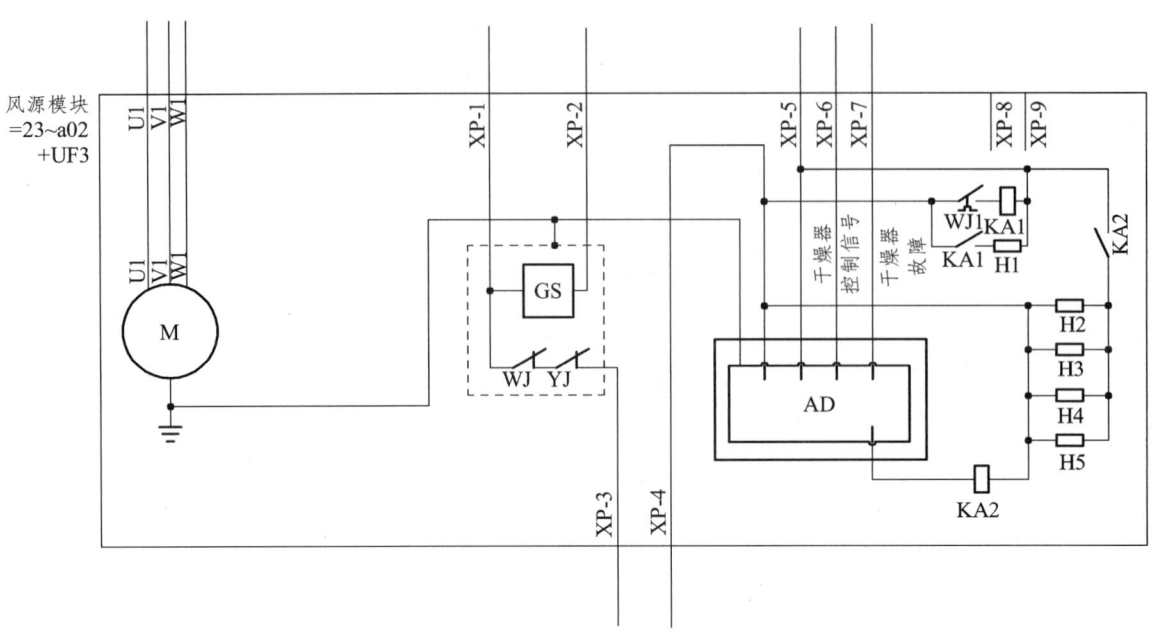

图 7.10 控制原理图

M—压缩机电机；AD—干燥器；GS—计时器；WJ，WJ1—温度开关；YJ—压力开关；
KA1，KA2—中间继电器；H1～H5—加热器

7.1.2 制动控制单元 EPAC2

EPAC2 外形图如图 7.11 所示。

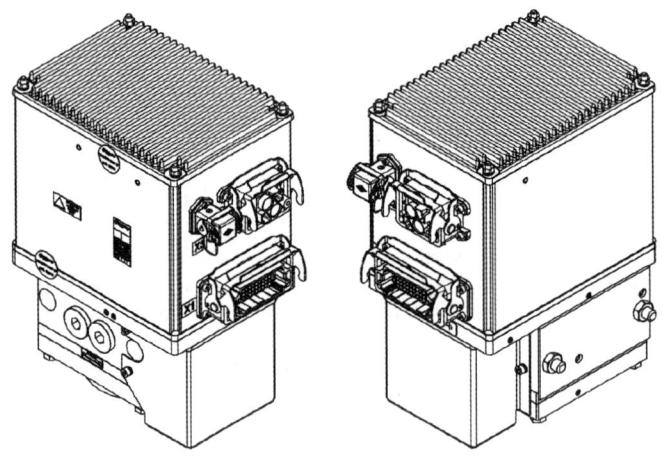

图 7.11 EPAC2 外形图

1. 系统部件概述

图 7.12 为 EPAC2 原理图。

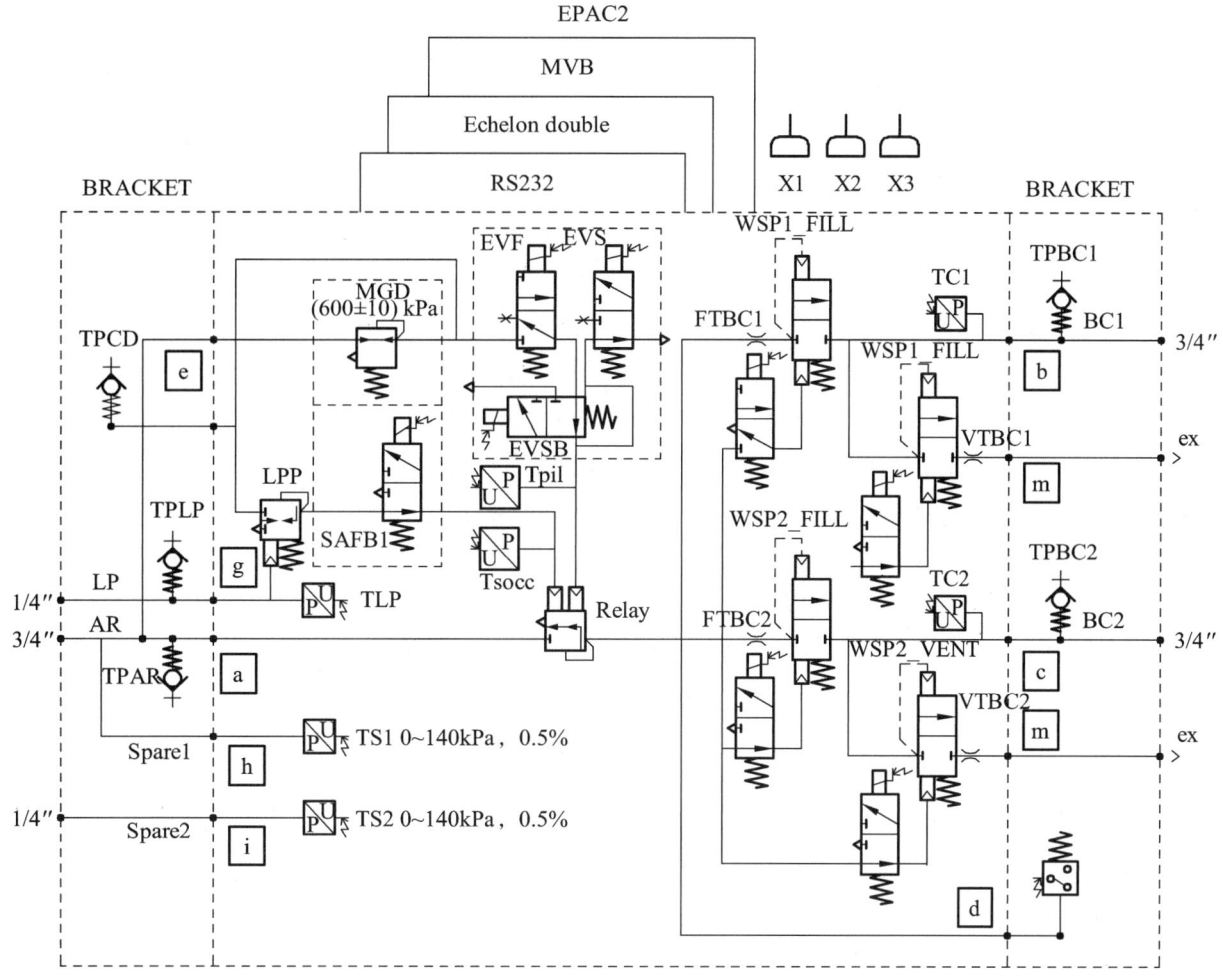

图 7.12　EPAC2 原理图

AR—来自副风缸；BC1,BC2—到制动缸；LP—来自悬挂系统；EVF—压力施加电磁阀；EVS—压力缓解电磁阀；EVSB—远程缓解电磁阀；MGD—减压阀；LPP—与负载成比例的先导压力控制阀；TLP—空气悬挂负载信号压力传感器；Tpil—先导室压力传感器；WSP1-2_FILL—防滑充风电磁阀；WSP1-2_VENT—防滑排风电磁阀；FTBC1-2，VTBC1-2—标定孔；TC1-2—单元制动缸 1、2 压力传感器；TS1-2—备用压力传感器；R—中继阀（双腔室）；RP—中继阀输出压力开关；Tsocc—紧急制动压力传感器；TPx—测试点

EPAC2 是由法维莱的 EPAC 理念改进而来的，该系统是以转向架控制为单位的城轨制动系统。EPAC2 模块由气路板和相关防水电子控制技术在单板电路构成。

EPAC2 的压缩空气由贯穿全列车的总风管供应，输出的空气压力通过专门的管路与制动缸等相连。电源和数据交换通过专用的电气连接实现（一个或多个电气连接器）。EPAC2 能够接收来自列车总线的制动指令对每个转向架实施常用制动。

EPAC2 采用来自转向架空气悬挂系统的平均压力作为载重信号，产生所需求的机械制动力。另外，接收车辆数据，如电制动力，用于电空混合制动。

EPAC2 通过电空控制产生先导压力（电子控制单元控制的闭环，由电磁阀和压力传感器组成），然后控制中继阀的输出压力。根据不同的理念先导控制有 3 种不同的配置：

（1）正逻辑先导控制（即得电制动）；
（2）反逻辑先导控制（即得电缓解）；
（3）反逻辑先导控制并有强迫缓解（如上，加强迫缓解）。

对于哈尔滨地铁 1 号线项目，选择正逻辑控制理念，外加一个远端排气阀。

一个 EPAC2 控制一个转向架，整车共 12 个 EPAC2，其中 Tc 车转向架 1 由 FT0025893-100 型

EPAC2 控制，并与 TCMS 通信，Tc 车转向架 2 由 FT0025894-100 型 EPAC2 控制，Mp 车由 FT0025895-100 型 EPAC2 控制，M 车由 FT0025896-100 型 EPAC2 控制。

2. 系统功能概述

动车上面的 EPAC2 必须接收来自牵引系统（TCU）的"动力制动"情况并将此信号通过内部网络线（ECHELON）传送给 Tc 车 EPAC2，Tc 车 EPAC2 将会计算动力制动和所缺少的制动力的大小，这一过程是为了保证在制动过程中各种制动力能满足制动需求。列车制动采用电制动与空气制动实时协调配合、电制动优先使用、空气制动延时投入的混合制动方式。当电制动不足时，缺少的制动力由空气制动在动车和拖车上平均补充。每个 EPAC2 同时要通过压力传感器的测量来读取车辆载荷，然后计算制动力和相关的中继阀先导压力实施空气制动，EPAC2 由常用制动电磁阀控制，根据车辆的载重来决定制动需求。每个 EPAC2 不间断地通过 Tpil 压力传感器检测先导压力，并且调整电磁阀 EVF、EVS 的状态使其达到目标压力。在混合制动操作时，操作模式是相同的，但制动力是有牵引装置的动力制动和机械摩擦部分的空气制动共同提供。在混合制动时，动力制动和空气制动之间不断地调整，但是优先使用动力制动，以减少机械磨损。

EPAC2 能实现以下功能：常用制动管理、紧急制动控制、保持制动控制、快速制动控制、车轮防滑控制、强迫缓解功能、状态监控功能。

（1）常用制动控制。

对于哈尔滨地铁 1 号线项目，选择正逻辑控制理念，常用制动的控制是通过电磁阀 EVF 和电磁阀 EVS 配合来实现的，如图 7.13 所示。

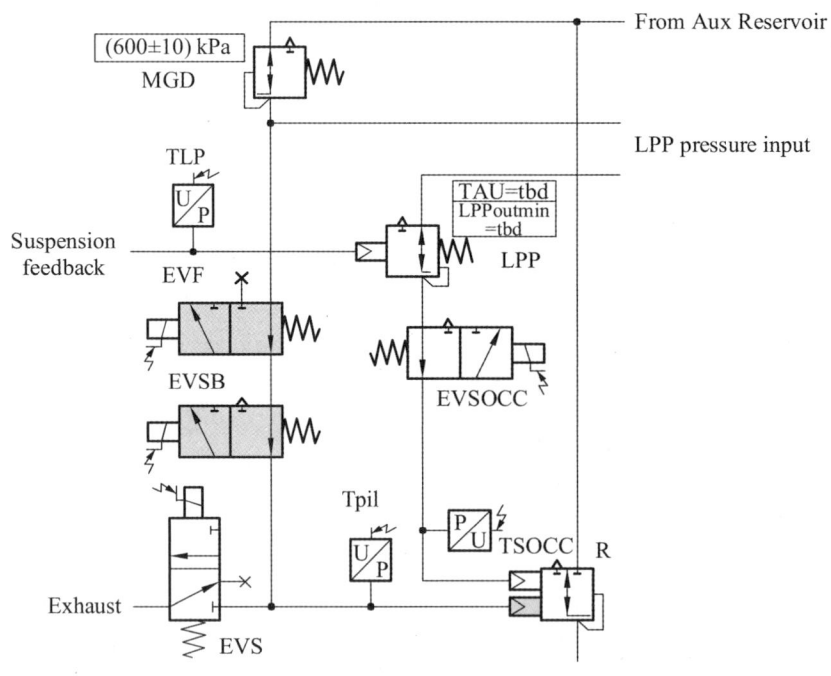

图 7.13　EPAC2 常用制动命令

（2）紧急制动控制。

EPAC2 装有通过列车安全回路独立控制（硬线）的紧急制动部（EVSOCC 阀），如图 7.14 所示。当紧急回路断开时，该紧急电磁阀失电，制动缸充气，仅仅施加空气制动。

紧急制动的制动缸压力是可变的：

① 根据实际质量调整（通过气信号），本项目中，空气弹簧压力进入 LPP 提供的紧急制动预控压力，预控压力进入中继阀 R 的先导室驱动制动缸；
② 由外部分配阀产生；
③ 通过外部分配阀和实际质量调整；
④ 受预先设定值限制。

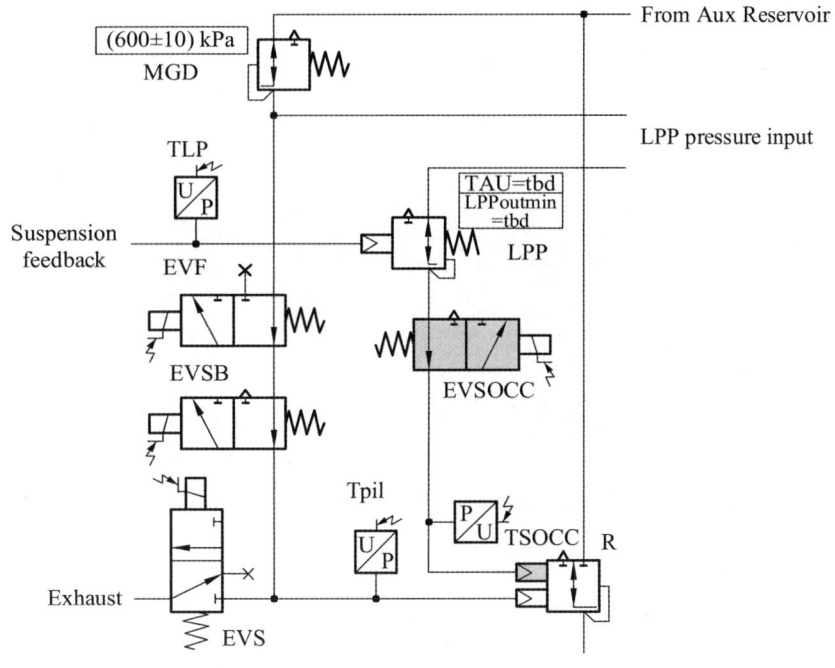

图 7.14　EPAC2 紧急制动命令

（3）车轮防滑控制。

车轮防滑控制（WSP）的任务就是要防止制动施加后车轮抱死而引起的滑行和可能引起的列车制动距离增加，同时也防车轮磨平。哈尔滨地铁 1 号线项目是通过轴控实现这一功能的。防滑系统通过一个测速齿轮和一个专用速度传感器测出每根轴的速度，如图 7.15 所示。

在系统级，每个 EPAC2 都会计算出列车的参考速度。每个 EPAC2 控制每个转向架的两根轴，同理接收两个速度传感器信号。所计算的列车参考速度（VRS）在某个时候可能是不准确的，特别是两根轴都滑行了很长一段时间时。为了提高列车参考速度（VRS）的准确性，该 EPAC2 将参考在 ECHELON 网上的其他 EPAC2 所计算的参考速度。不论 ECHELON 网上有多少轴速，每个 EPAC2 只用 4 个轴速计算列车的参考速度：两个来源于本车的速度传感器，两个来源于网络。网络轴速的选取基于以下原则：第 $n-1$ 个 EPAC2 的 2 轴速度和第 $n+1$ 个 EPAC2 的 1 轴速度。如果某个单轴速度远低于规定的列车参考速度，该 EPAC2 将操纵防滑阀，以获得一个合理的黏着值。

WSP 通过以下信息判断是否滑行，从而控制防滑阀：

轴速与列车参考速度之间的差值（基于每个转向架的速度轴 1 和速度轴 2 的 WSP 控制是轴控制）；当滑行时，为了开始控制轴速，需要超出一些参数阈值（可以通过加速和冲击来控制这些参数）；这些临界值不能任意设置，它们需要在动态调试中确定。原因如下：防滑控制是最敏感的制动控制，是动态的，取决于多个因素，如轮

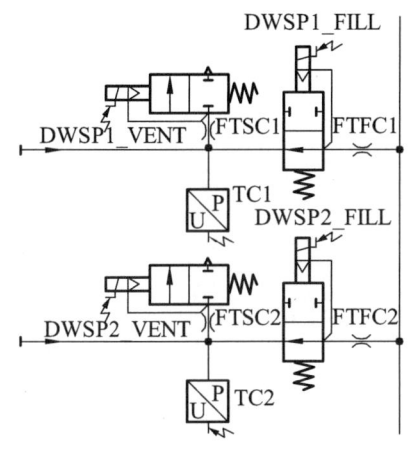

图 7.15　防滑控制命令

轨黏着系数、车轴自然频率和相关轴速下对应的摩擦系数。

单轴的加速/减速：同上述原因，同样需要设定参数，用于车轴加减速的控制，且需在调试时进行。

车轴冲击：为获得车轴的性能及产生原因，车轴冲击非常重要。

（4）强迫缓解功能。

依靠 EVSB 电磁阀（强迫缓解）可以自动实现列车级的常用制动隔离，但是此功能不会影响紧急制动的施加和缓解。

7.1.3 制动模块

哈尔滨地铁 1 号线的制动模块由辅助控制箱及储风缸组成，如图 7.16 所示。

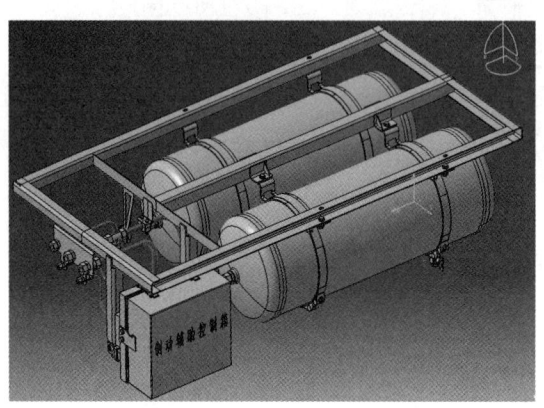

图 7.16 制动模块组成

1. 辅助控制组成

辅助控制组成原理图如图 7.17 ~ 7.19 所示。

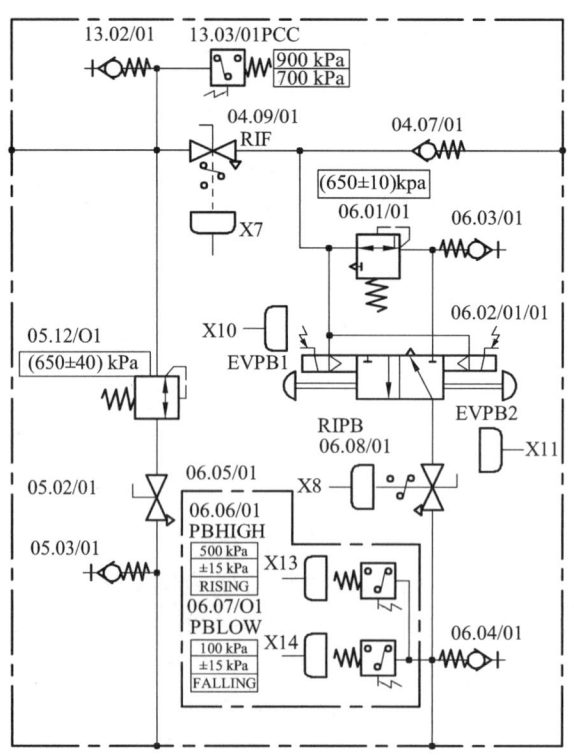

图 7.17 Tc 车辅助控制箱原理图

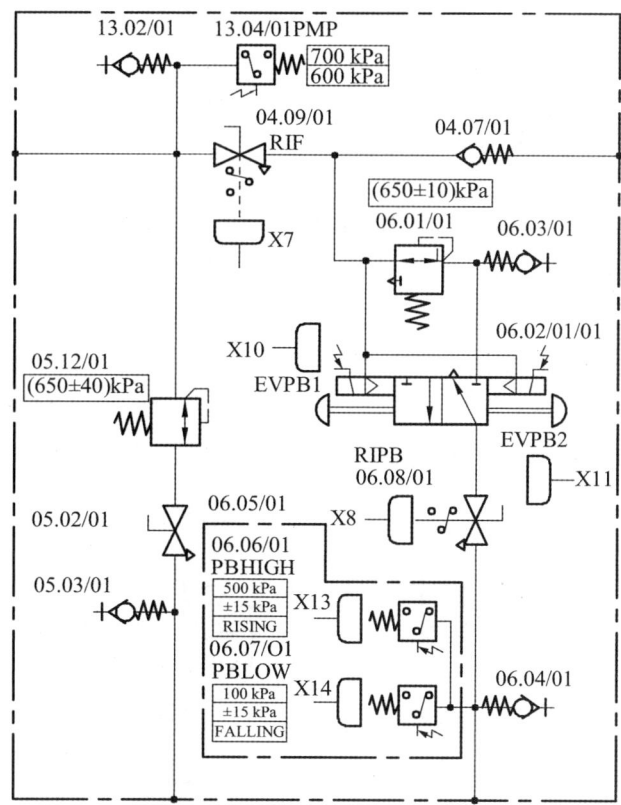

图 7.18 Mp 车辅助控制箱原理图

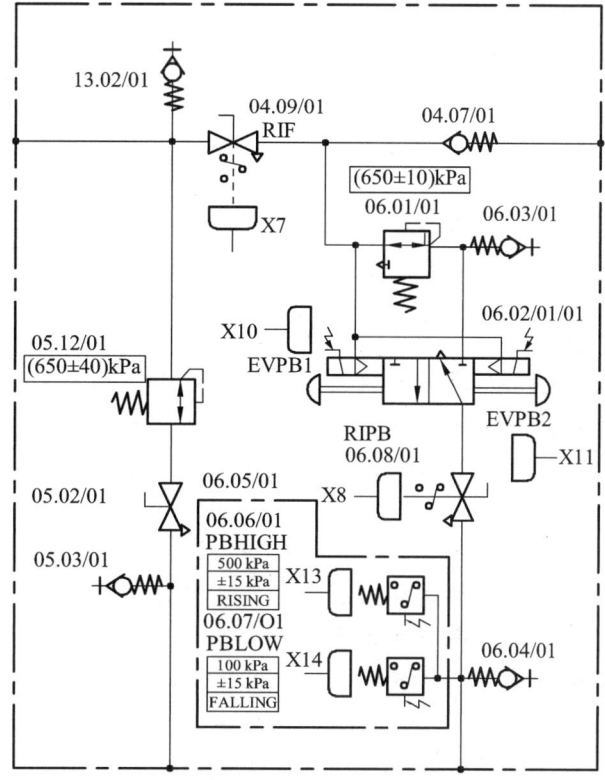

图 7.19 M 车辅助控制箱原理图

13.03—700～900 kPa 压力开关；13.04—600～700 kPa 压力开关；05.12—650 kPa 溢流阀；05.02—空簧截断塞门；
04.09—总风截断塞门；04.07—单向阀；06.01—650 kPa 压力维持阀；06.02—停放制动双向脉冲阀；
06.08—停放制动截断塞门；06.05—停放制动压力开关组；13.02，06.03，06.04—测试点

2. 辅助控制箱功能

（1）停放制动控制。

停放制动控制原理图如图 7.20 所示。

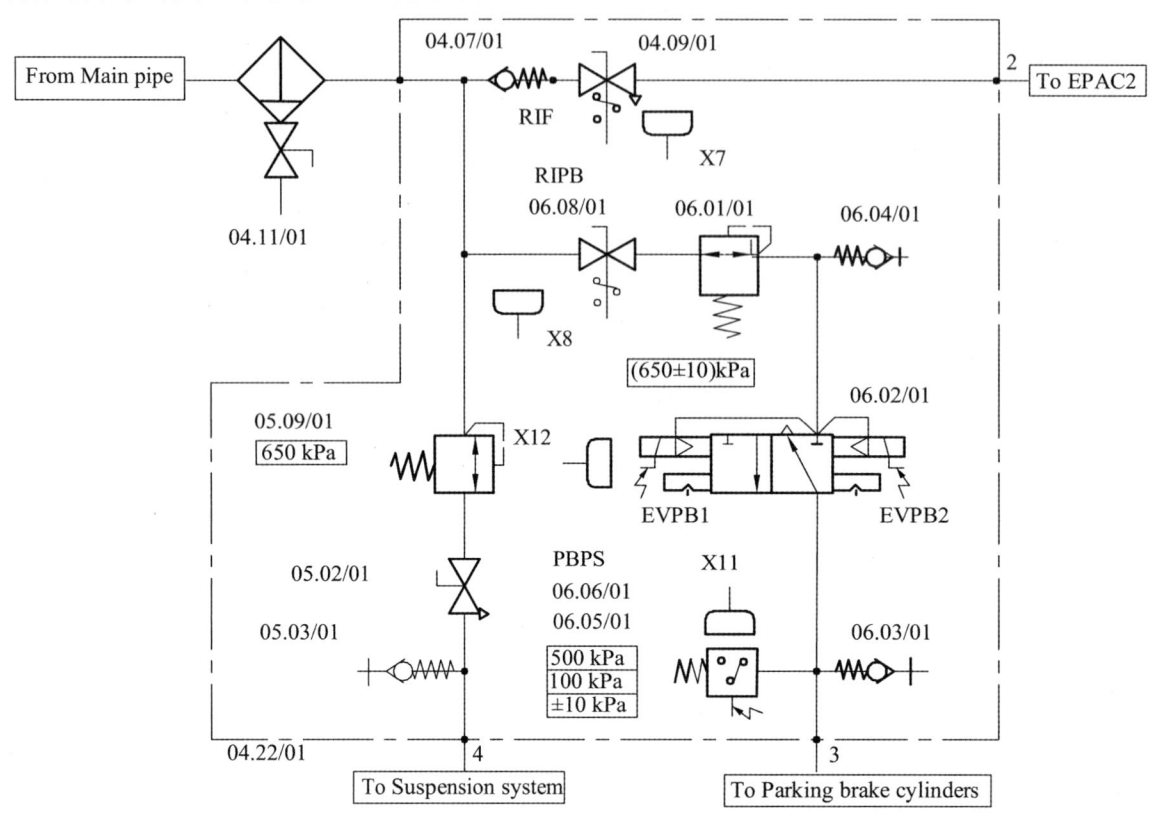

图 7.20　停放制动控制

（2）弹簧停放制动单元。

除空气制动外，还提供弹簧停放制动。

在正常情况下，弹簧制动缸处于缓解状态，即主风缸压力通过脉冲阀、双向止回阀和隔断塞门施加到这部分制动装置上。

（3）脉冲阀操作。

脉冲阀（06.02）有两个电磁阀：一个用于缓解，另一个用于实施弹簧制动。

将缓解脉冲阀通电，主风缸管与停放制动缸的通路立即打开，空气进入制动缸，停放制动缓解。

当制动脉冲阀通电时，脉冲阀内的活塞动作，打开排风通路。此时，停放制动缸压力下降，停放制动实施。

（4）防止混合。

为了避免常用空气制动和弹簧停放制动力混合，导致过分制动或闸调器/卡钳的机械载荷过大，两个制动系统之间在停放制动缸上采用双向止回阀连接。

弹簧停放制动力因此被中和到空气制动的水平。如果没有空气制动，将实施全部的弹簧制动力。

（5）手动缓解。

如果没有空气供给来缓解停放制动缸，可以通过手动方式，利用手动缓解线缓解。

7.1.4　基础制动单元

基础制动装置配置如下：

拖车和动车每根轴上包括一套含停放制动装置的踏面单元制动缸（BFCF）和一套不含停放制动装置的踏面单元制动缸（BFC），并配备远程缓解装置，该机械缓解装置位于各个停放制动执行器的上方，如图 7.21～7.23 所示。当再次实施空气制动时，该机械缓解装置被自动复位。

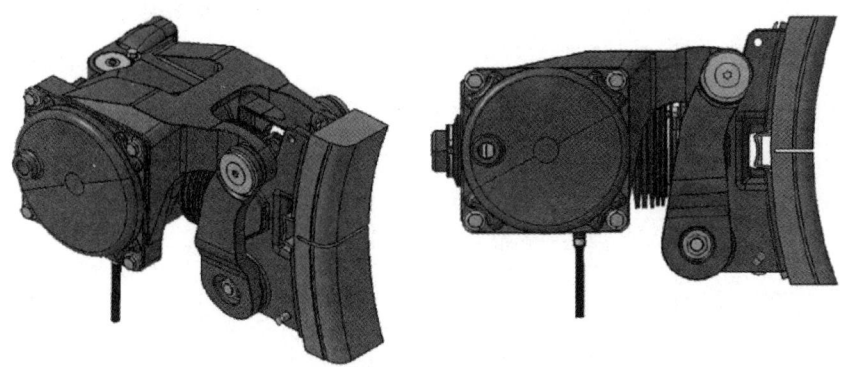

图 7.21　BFC 示意图

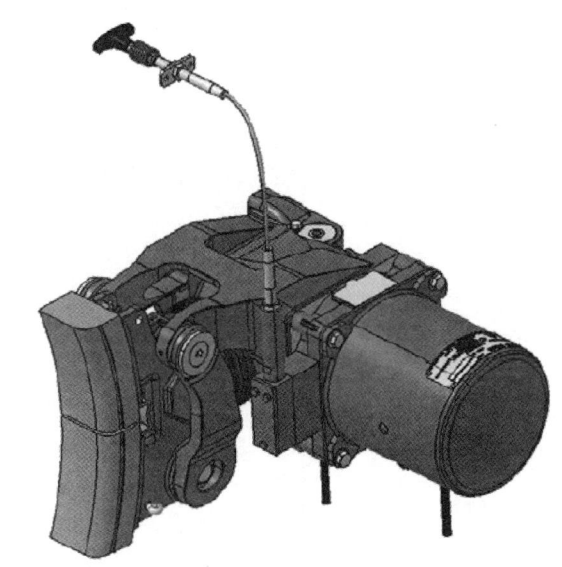

图 7.22　BFCF 示意图

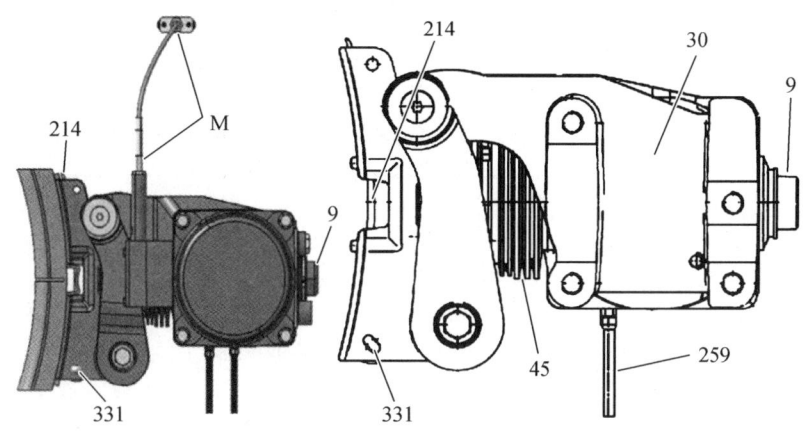

图 7.23　基础制动单元示意图

214—瓦钎；331—开口销；45—防尘套；259—呼吸管；
30—缸体；9—调整螺母；M—手动缓解拉绳

7.1.5 制动系统的日常检查（见表7.1）

表7.1 制动系统的日检内容

项目	内容	方法	工具材料劳保用品	技术要求	检修周期
踏面制动单元	（1）检查外观。 （2）检查紧固件。 （3）检查闸瓦	目测检查、耳听检查	手电筒、白拼布、红色标记笔、防砸鞋、安全帽、手套	（1）外观良好，无漏气，橡胶保护套无裂纹，呼吸管无堵塞。 （2）紧固螺栓划线清晰，无错位。 （3）检查手动缓解锁扣良好，拉绳无断裂。 （4）闸瓦外观良好，无裂纹，未磨耗到限	每天
制动管路管卡及阀门	（1）检查外观。 （2）检查管接头。 （3）检查管卡	目测检查、耳听检查	手电筒、白拼布、防砸鞋、安全帽、手套	（1）外观良好，无漏气。 （2）接头划线清晰，无错位。 （3）管卡无脱落	每天
制动控制单元	（1）检查外观。 （2）检查连接插及接地线	目测检查、耳听检查	手电筒、白拼布、防砸鞋、安全帽	（1）外观良好，无漏气。 （2）连接插安装良好，波纹管无破损，接地线防松标记无错位	每天
风缸	（1）检查外观。 （2）检查紧固件	目测检查、耳听检查	手电筒、白拼布、防砸鞋、安全帽、手套	（1）外观良好，无漏气。 （2）安装螺栓划线清晰，无错位	每天
供风单元	（1）检查外观。 （2）检查连接插。 （3）检查真空指示器。 （4）检查油位。 （5）检查散热片	目测检查、耳听检查	手电筒、白拼布、防砸鞋、安全帽、手套	（1）外观良好，防松标记无错位，安全绳无脱落、断裂，空压机运行无异常声响，油路、气路无泄漏。 （2）连接插安装状态正常。 （3）真空指示器红色指示活塞未弹出。 （4）空压机启停10 min左右进行油位检查，处于标准线范围内。 （5）散热片表面无异物，无裂纹；散热风扇扇片无变形，内部无异物	每天
辅助控制箱	（1）检查外观。 （2）检查紧固件	目测检查、耳听检查	手电筒、白拼布、红色标记笔、防砸鞋、安全帽、手套	（1）外观良好，上下安装搭扣及二级防护销状态正常。 （2）安装螺栓划线清晰，无错位。 （3）气路板无漏气	每天
制动自检	制动测试	操作测试	无	制动自检通过，制动功能正常	每天

7.1.6 制动系统均衡修（定期）检查（见表7.2）

表7.2 制动系统的均衡修内容

项目	内容	方法	工具材料劳保用品	技术要求	检修周期
踏面制动单元	（1）检查外观。 （2）检查紧固件。 （3）检查、测量闸瓦厚度	目测检查、耳听检查、测量检查	手电筒、白拼布、红色标记笔、防砸鞋、安全帽、手套	（1）外观良好，无漏气，橡胶保护套无裂纹，呼吸管无堵塞。 （2）紧固螺栓划线清晰，无错位。 （3）检查手动缓解锁扣良好，拉绳无断裂。 （4）闸瓦外观良好，无裂纹，未磨耗到限，并记录闸瓦厚度	每月
制动管路管卡及阀门	（1）检查外观。 （2）检查管接头。 （3）检查管卡	目测检查、耳听检查	手电筒、白拼布、防砸鞋、安全帽、手套	（1）外观良好，无漏气。 （2）接头划线清晰，无错位。 （3）管卡无脱落	每月
制动控制单元	（1）检查外观。 （2）检查连接插及接地线	目测检查、耳听检查	手电筒、白拼布、防砸鞋、安全帽	（1）外观良好，无漏气。 （2）连接插安装良好，波纹管无破损，接地线防松标记无错位	每月
风缸	（1）检查外观。 （2）检查紧固件	目测检查、耳听检查	手电筒、白拼布、防砸鞋、安全帽、手套	（1）外观良好，无漏气。 （2）安装螺栓划线清晰，无错位	每月
供风单元	（1）检查外观。 （2）检查连接插。 （3）检查真空指示器。 （4）检查油位。 （5）检查散热片。 （6）清洁空气滤清器	目测检查、耳听检查、操作检查	手电筒、白拼布、防砸鞋、安全帽、手套、吹风机	（1）外观良好，防松标记无错位，安全绳无脱落、断裂，空压机运行无异常声响，油路、气路无泄漏。 （2）连接插安装状态正常。 （3）真空指示器红色指示活塞未弹出。 （4）空压机启停10 min左右进行油位检查，处于标准线范围内。 （5）散热片表面无异物，无裂纹；散热风扇扇片无变形，内部无异物。 （6）用压缩空气（不大于600 kPa）进行吹扫，如积尘严重，则更换滤芯	每月
辅助控制箱	（1）检查外观。 （2）检查紧固件	目测检查、耳听检查	手电筒、白拼布、红色标记笔、防砸鞋、安全帽、手套	（1）外观良好，上下安装搭扣及二级防护销状态正常。 （2）安装螺栓划线清晰，无错位。 （3）气路板无漏气	每月
制动功能	制动测试	操作测试	无	制动自检通过，制动功能正常。	每月
空气滤清器	更换空气滤清器滤芯	更换操作	38件套、13 mm开口扳手	（1）用13 mm开口扳手松开空气滤清器下方底罩螺母，拆下底罩。 （2）用13 mm开口扳手拆下空气滤清器芯固定螺母。 （3）取下空气滤清器，更换新品，并用13 mm开口扳手把滤芯螺栓固定紧。 （4）安装底罩，并用13 mm开口扳手把底罩螺母紧固	6个月

续表

项目	内 容	方法	工具材料劳保用品	技术要求	检修周期
油过滤器	更换油过滤器	更换操作	皮带扳手、力矩扳手 20~100 N·m、27 mm 梅花扳手、38 件套	（1）更换油过滤器之前需要将油过滤器外部清洁干净，并排净空压机中的油。 （2）将皮带扳手按要求预装至油滤壳体上，向逆时针方向用力，将油滤拆下。 （3）用 27 mm 梅花扳手将油滤对丝拆下；检查对丝表面螺纹处有无损伤，检查密封圈有无损伤，若无损伤，则清洁后备用，有损伤则及时更换。 （4）用力矩扳手、27 mm 套筒将油滤对丝及密封圈安装到位，力矩为（90±10）N·m。 （5）在油过滤器的密封圈位置涂少量润滑油，用皮带扳手安装、紧固油过滤器	6 个月
精密过滤器滤芯	更换精密过滤器滤芯	更换操作	38 件套、13 mm 开口扳手	（1）打开过滤器的小锁。 （2）拧开过滤器下壳体，取出滤芯，更换滤芯和 O 型垫圈，O 型垫圈涂润滑脂。 （3）将下壳体装回原位并拧好，小锁位置对正并紧固	1 年
空气过滤器（法维莱）滤芯	更换空气过滤器（法维莱）滤芯	更换操作	皮带扳手	具体步骤详见《空气过滤器（法维莱）滤芯更换作业指导书》	1 年
空压机润滑油	更换空压机润滑油	更换操作	管钳子、30 mm 套筒、0~340 N·m 力矩扳手、放油阀、润滑油 SHELL AS-32	具体步骤详见《空压机润滑油更换作业指导书》，更换后油位液面在上下标之间	第 1 年更换，之后 2 年更换一次
油细分离器滤芯	更换油细分离器滤芯	更换操作	13 mm 开口扳手、38 件套、20 mm 开口扳手、游标卡尺、30 mm 钢板尺、0~100 N·m 力矩扳手	更换后安装牢固，管路无漏气，具体步骤详见《油细分离器滤芯更换作业指导书》	2 年
凝聚过滤器滤芯	更换凝聚过滤器滤芯	更换操作	38 件套、0~100 N·m 力矩扳手、15 mm 套筒	（1）拧下凝聚过滤器上 4 个螺栓，取下过滤器上盖。 （2）更换新的滤芯和 O 型垫圈，O 型垫圈上涂抹润滑脂。 （3）用力矩扳手拧紧 4 个螺栓，力矩为 25 N·m	2 年
颗粒过滤器滤芯	更换颗粒过滤器滤芯	更换操作	38 件套、0~100 N·m 力矩扳手、13 mm 套筒	（1）拧下颗粒过滤器上 4 个螺栓，取下过滤器上盖。 （2）更换新的滤芯和 O 型垫圈，O 型垫圈上涂抹润滑脂。 （3）用力矩扳手拧紧 4 个螺栓，力矩为 25 N·m。更换后安装牢固，管路无漏气	2 年

续表

项目	内　容	方法	工具材料劳保用品	技术要求	检修周期
冷却器	清洁空压机冷却器	清洁操作	13 mm 开口扳手、38 件套、工业吸尘器	具体步骤参考《空压机冷却器散热片清理作业指导书》。清洁度达到Ⅳ级	1年
总风压力开关	检查总风压力开关设定值	检查操作	风压表、万用表	设定压力值均正常	2年
压力表	（1）检查压力表校准日期。（2）更换双针压力表指示灯	目测检查、更换操作	38 件套	（1）检查压力表校准在有效日期内。（2）用38件套拆下压力表面板，拔下指示灯插口，更换指示灯，更换后安装牢固，功能正常	1年
防寒保护	（1）检查外观。（2）操作检查	目测检查	白拼布、手电筒、万用表	（1）检查空压机防寒保护安装牢固，无破损。（2）对空压机加热棒电阻进行测量，阻值正常在 70~85 Ω	1年
空压机安全阀	检查功能	操作检查		操作强迫供风按钮，确认空压机安全阀在 1 050 kPa 动作	1年
带电触电的截断塞门	检查功能	操作检查		手动操作常用制动、停放制动、全制动截断塞门，手柄活动畅通、不卡涩，没有泄漏。操作塞门时，确认HMI屏显示相应位置被隔离。检查必须在有压力的情况下进行。最后确保截断塞门所有内部件都恢复到原有状态	1年

7.2　克诺尔制动系统

7.2.1　空气供给装置

哈尔滨地铁1号线三期采用的是克诺尔公司生产的风源装置，主要有整体吊架、VV120空气压缩机、空气净化处理单元（双罐式干燥器、精密滤油器），如图7.24所示。其作用是为地铁车辆的制动系统及受电弓系统提供压缩空气。

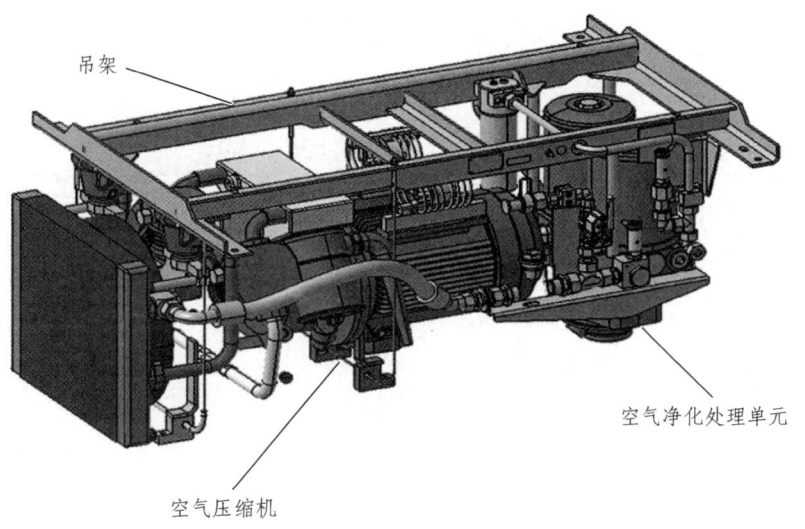

图7.24　克诺尔风源装置

1. 空气压缩机组成

空压机由 380 V、50 Hz 三相交流电机驱动，弹性悬挂在框架上，如图 7.25 所示，具有以下特性：

（1）3 个气缸组成，W 形构造，两级压缩；
（2）紧凑型自承式法兰装置，具有模块式结构，低噪声、低振动；
（3）优化的浸油润滑式闭合循环油路；
（4）无磨损、扭转刚性离合器；
（5）带黏液耦合器的风扇叶轮；
（6）内置式大功率干式空气滤清器；
（7）新式免维护弹性支座。

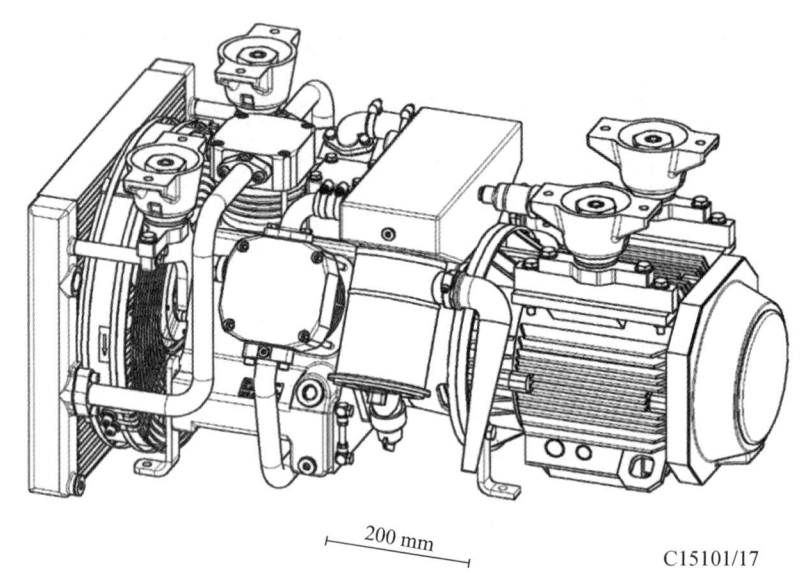

图 7.25 压缩机组 VV120

空气压缩机结构图如图 7.26～7.31 所示。

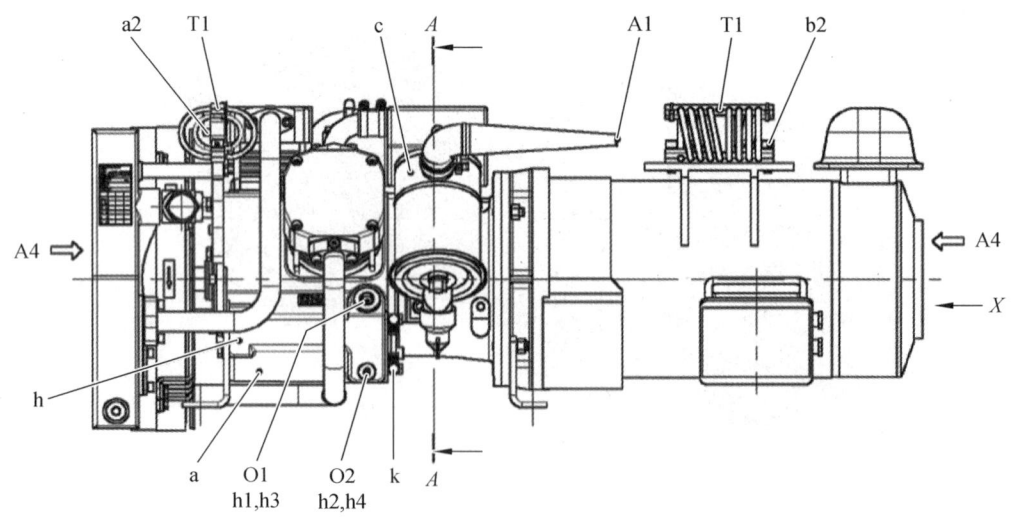

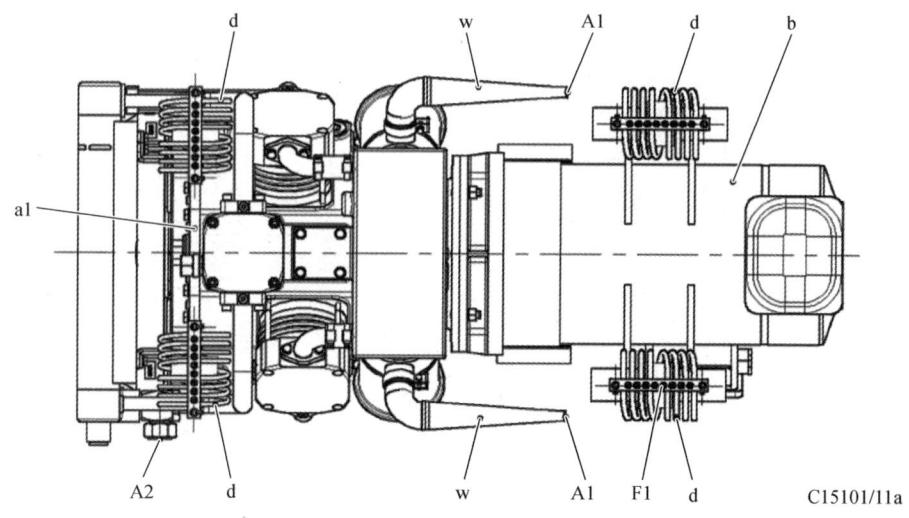

图 7.26　结构图 1

a—压缩机；a1—支架；a2, b2—圆柱头螺栓；b—直流电动机；c—干式空气滤清器；d—弹性零件；h—曲轴箱；
h1, h2—螺塞；h3, h4—密封圈；k—油位显示管；w—减振管；A1—进风口；A2—出风口；
A4—冷却空气；F1—弹性支座；O1—注油口；O2—出油口；S—防护棚；T1—悬挂点

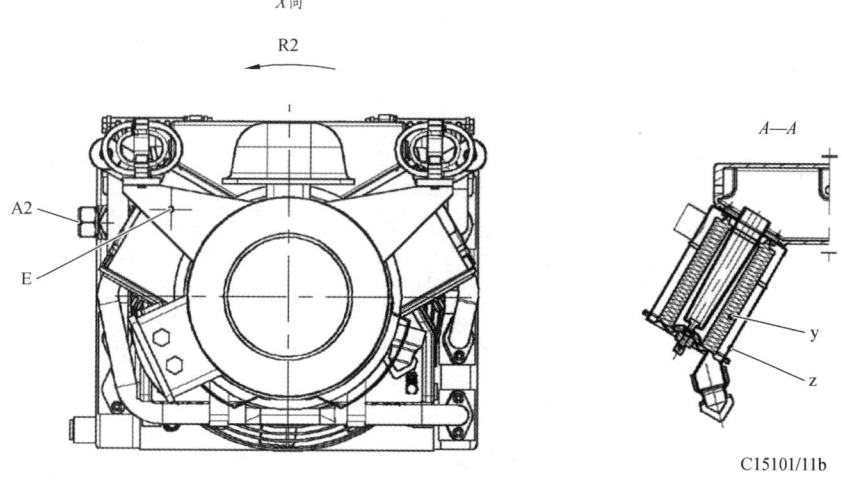

图 7.27　结构图 2

y—干式空气滤清器滤芯；z—空气滤清器外壳；A2—出风口；
E—接地接头；R2—逆时针旋转方向

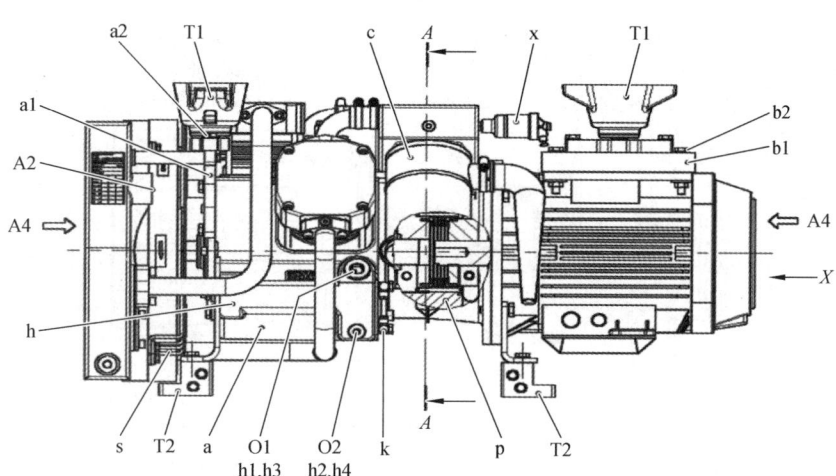

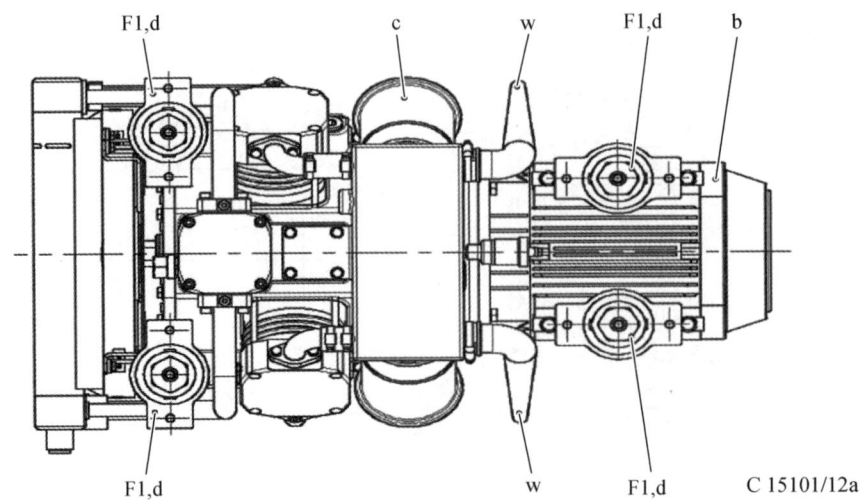

图 7.28　结构图 3

a—压缩机；a1—支架；a2，b2—六角螺栓；b—三相交流电动机；b1—板条；c—干式空气滤清器；d—弹性零件；h—曲轴箱；h1，h2—螺塞；h3，h4—密封圈；k—油位显示管；p—离合器；w—减振管；x—真空指示器；A2—出风口；A4—冷却空气；F1—弹性支座；O1—注油口；O2—出油口；S—防护棚；T1—悬挂点；T2—用于固定在托盘上

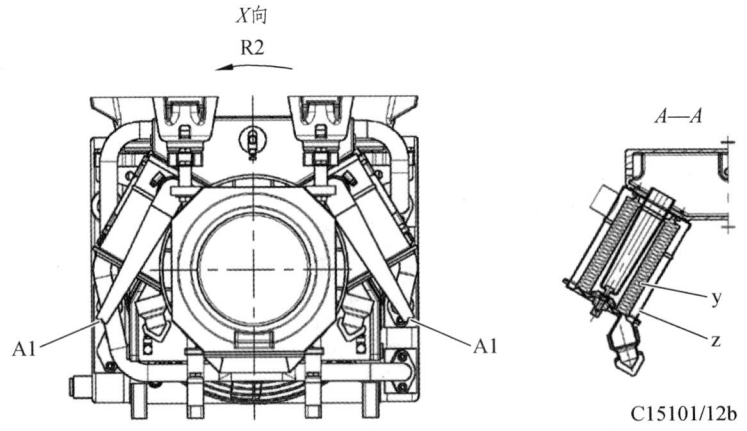

图 7.29　结构图 4

y—干式空气滤清器滤芯；z—空气滤清器外壳；A1—出风口；R2—逆时针旋转方向

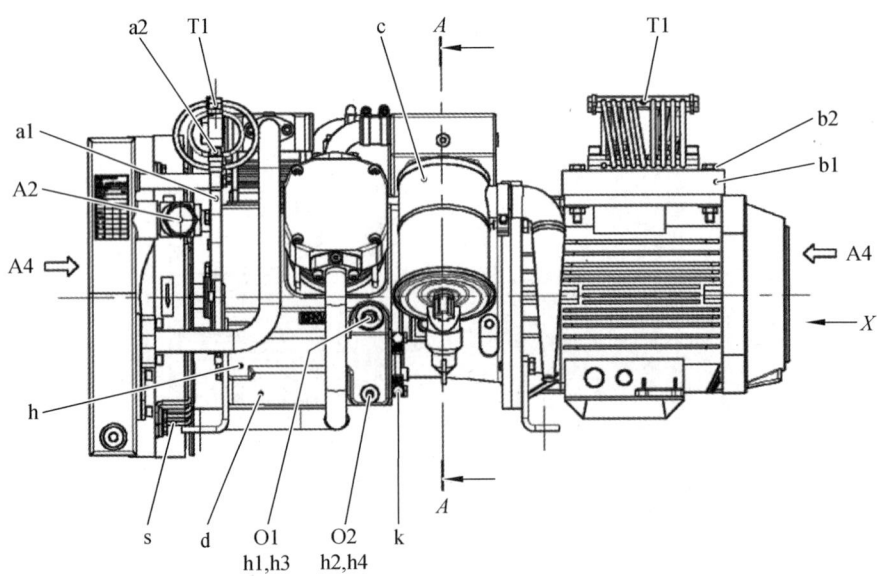

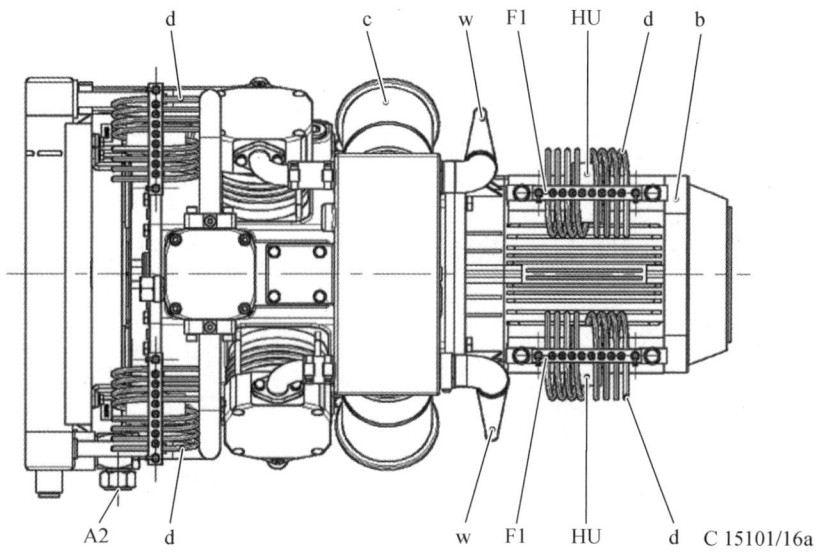

图 7.30　结构图 5

a—压缩机；a1—支架；a2—圆柱头螺栓；b—三相交流电动机；b1—板条；b2—六角螺栓；c—干式空气滤清器；d—弹性零件；h—曲轴箱；h1，h2—螺塞；h3，h4—密封圈；k—油位显示管；w—减振管；A2—进风口；A4—冷却空气；F1—弹性支座；O1—注油口；O2—出油口；S—防护棚；T1—悬挂点；HU—行程限制

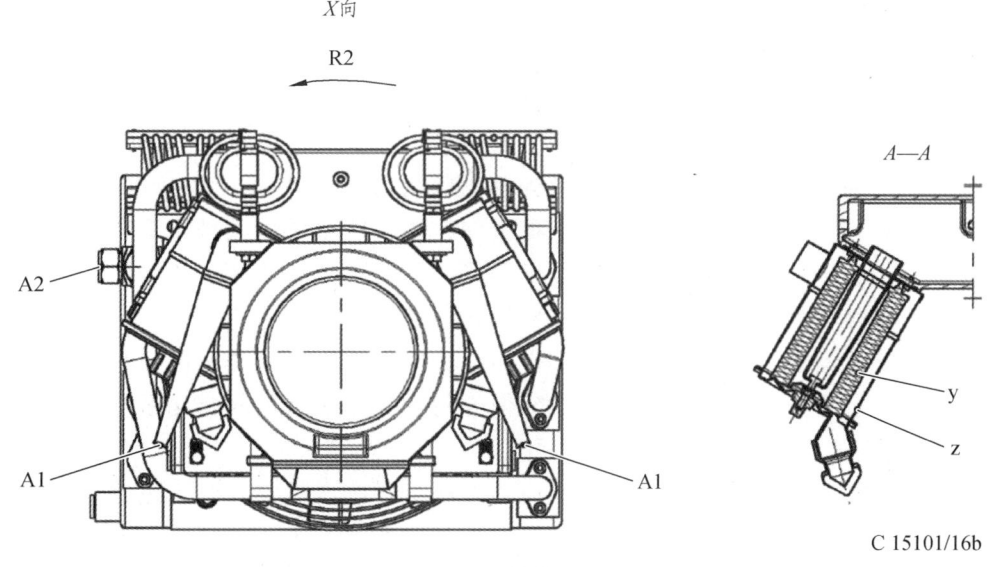

图 7.31　结构图 6

y—干式空气滤清器滤芯；z—空气滤清器外壳；A1—进风口；A2—出风口；R2—逆时针旋转方向

参考 VV120 空压机结构图（见图 7.26~7.31），哈尔滨地铁 1 号线三期车辆的空气压缩机是克诺尔生产的三缸两级活塞式空气压缩机。

压缩机组的主要部件为交流电机 b、压缩机 a、弹性支座 F1 和干式空气滤清器 c。

小巧的造型以及实现了无框悬挂的可能，使此压缩机也特别适合于低置安装。利用弹性零件 d 和超柔性调准装置的新型支座，使传送到车厢的振动降到最低。除此之外，此弹性零件为纯金属构造，因此持久耐用且无须保养。

如图 7.32 所示，风机叶轮 e 配有黏液耦合器。这样，冷却装置会根据环境温度和压缩机出口温度自行进行无级调节，从而保证压缩机以一个适宜的工作温度来运行。黏液耦合器同时作为滑动离合器使用，以使在风机叶轮结冰或被异物（如树枝等）卡住的情况下不会造成设备损坏。

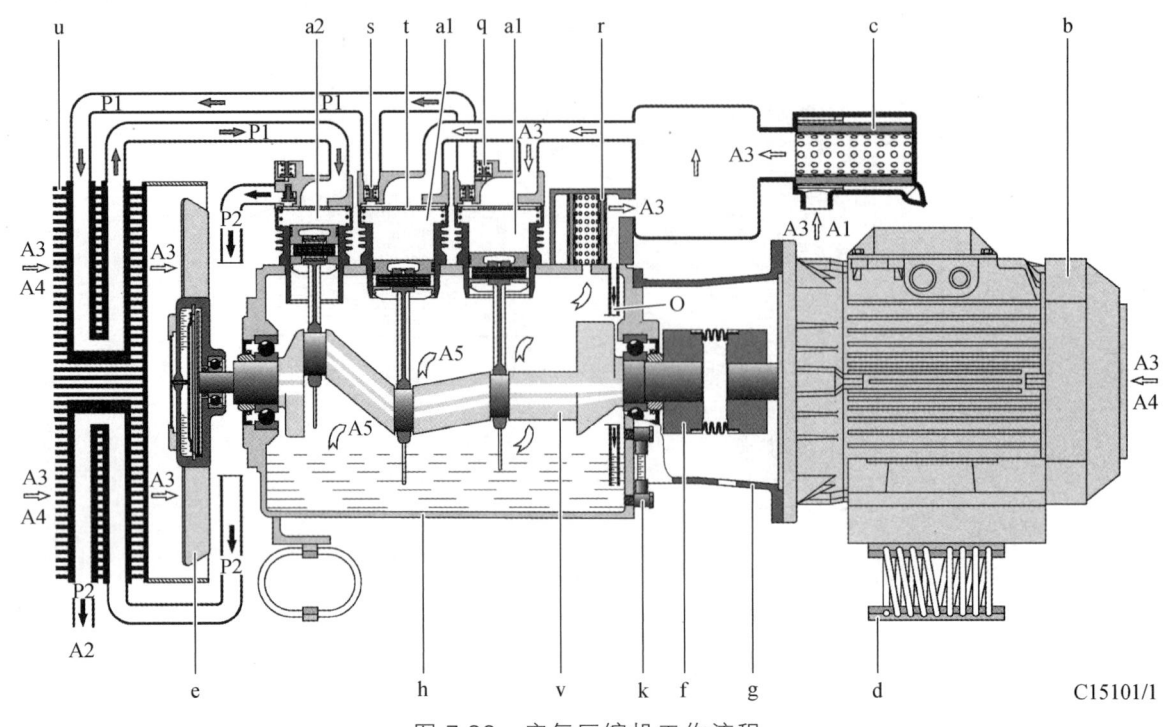

图 7.32 空气压缩机工作流程

a1—气缸,低压(第Ⅰ级);a2—气缸,高压(第Ⅱ级);b—电动机;c—干式空气滤清器;d—弹性元件(图示为钢丝弹簧);e—带黏液耦合器的风扇叶轮;f—波纹管联轴器;g—中间法兰;h—曲轴箱;k—油位显示管;q—防护阀;r—过滤元件;s,t—阀;u—冷却器;v—曲轴;A1—进风口;A2—出风口;A3—抽吸气体;A4—冷却空气;A5—含油气体;P1—中间压力;P2—高压;O—润滑油

此压缩机可用三相交流电机驱动。考虑到耐用性和保养简易性,采用 KNORR-BREMSE 标准三相电机进行驱动最为理想。它是专为铁路营运企业研制的。

通过一个新式的、同样无须保养的、持久耐用的波纹管联轴器 f 实现压缩机的连接,此联轴器用中间法兰 g 来进行保护。该联轴器 p 扭转刚度很强,因此不会造成压缩机中的扭振。通过自对中的法兰构造,避免了经常性的调准电动机和压缩机的烦琐工作。

内置干式空气滤清器的高分离度使压缩机得到最佳保护。保养工作只限于更换滤芯 y,明显比使用油浴式空气滤清器更方便快捷。可通过观察作为附加装置供货的真空指示器,根据实际的脏污程度来调整更换周期。

所有轴颈以及活塞和气缸均采用喷射润滑油的方法进行润滑。连杆浸入油池中,在每次转动时即会造成润滑。润滑油会自己流回油池中,无须附加装置如滤油器、油泵或者阀门等。这种浸入润滑方式在冬季的特殊外界条件下也很可靠。

因为曲轴箱 h 的排气也是通过过滤元件 r 被导回吸气组,所以不会有润滑油流到外面。

2. 空气压缩机工作流程

压缩机空气流程图如图 7.33 所示。

压缩机工作方式:

此压缩机分两级工作:两个气缸在低压级(Ⅰ),一个气缸在高压级(Ⅱ)。在每个气缸上面的气缸盖中安置了组合式吸入阀 t 和压力阀 s。

由低压气缸吸入并被干式空气滤清器 c 清洁的气体经预压缩之后,流过中间冷却器 n。

经过强烈的二次冷却之后,气体进入高压气缸中,被压缩至最终压力。

高压级之后的二次冷却器 j 对进入储压罐之前的压缩空气进行二次冷却。

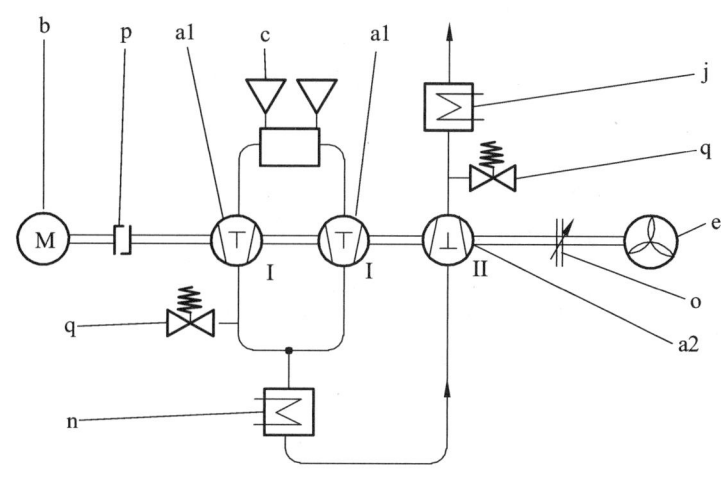

图 7.33 空气压缩机气路示意图

a1—气缸，低压（第Ⅰ级）；a2—气缸，高压（第Ⅱ级）；b—电动机；c—干式空气滤清器；e—风扇叶轮；
j—二次冷却器；n—中间冷却器；o—黏液耦合器；p—离合器；q—防护阀

3. 空气净化处理单元组成

空气净化处理单元包括双罐式干燥器以及精密滤油器。

双罐干燥器的作用是使压缩空气的空气湿度降低到微不足道的剩余含湿量，避免因压缩空气中的湿气腐蚀和冻结危险导致气动装置出现故障和过早磨损。

干燥剂由合成铝硅酸盐制成，具有吸附水的能力。

双罐式干燥器结构图如图 7.34 所示。

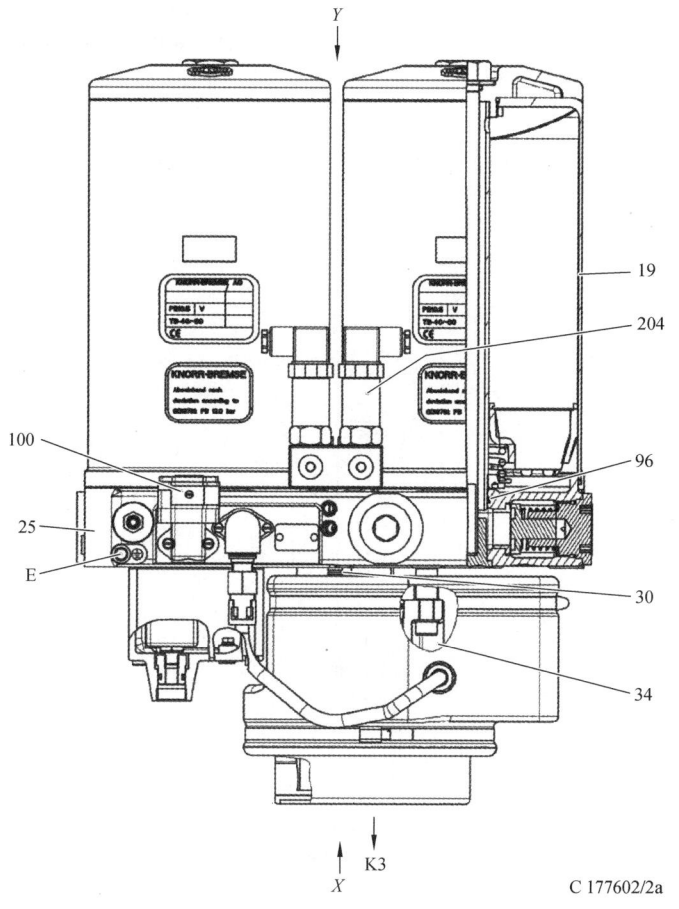

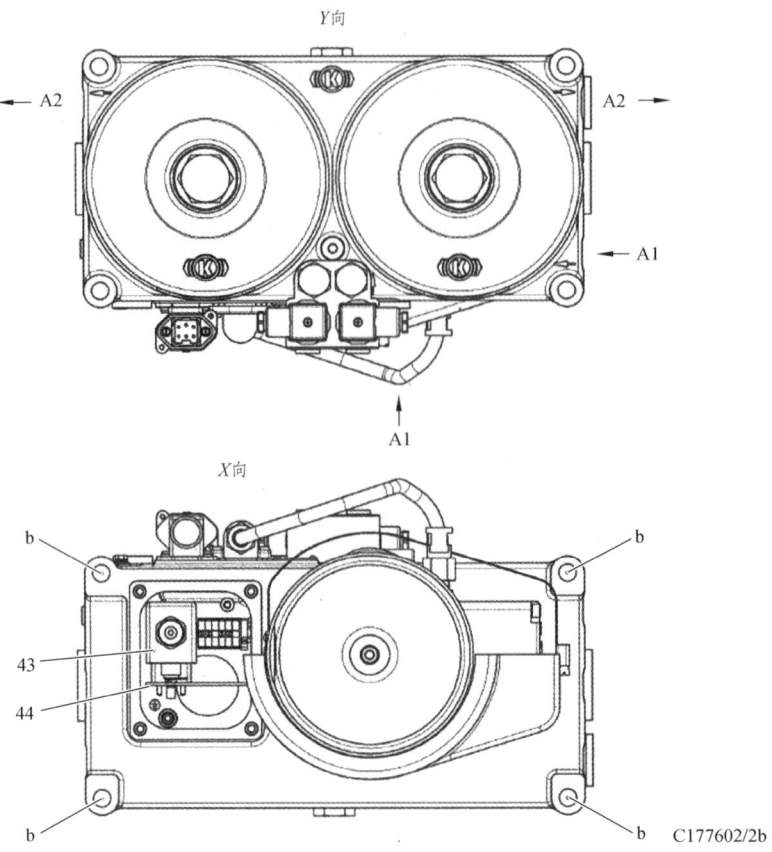

图 7.34 双罐式干燥器结构图

19—储压罐；25—支架；30—套筒；34—双活塞阀；43—阀用电磁铁；44—电路板；96—O 形环；
100—插头；204—压力开关；b—固定点；A1—压缩机进风口（可置于右侧或前面）；
A2—主风缸出风口（可置于左侧或右侧）；E—接地接头；K3—排水口

精细滤油器用于去除压缩空气中的残油，装在压缩空气管路中，位于空气干燥设备后面。精密滤油器结构图如图 7.35 所示。

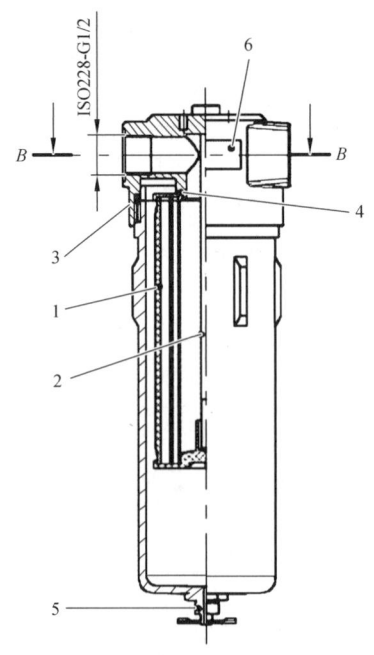

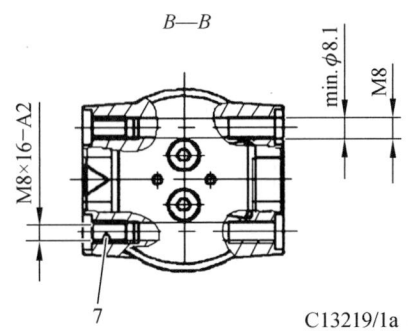

图 7.35 精密滤油器结构图

1—过滤元件；2—螺纹杆；3, 4—O 形环；5—手动泄放阀；6—标牌；7—螺纹衬套

4. 干燥器工作原理

双缸干燥器原理图及气路图如图 7.36 和图 7.37 所示。

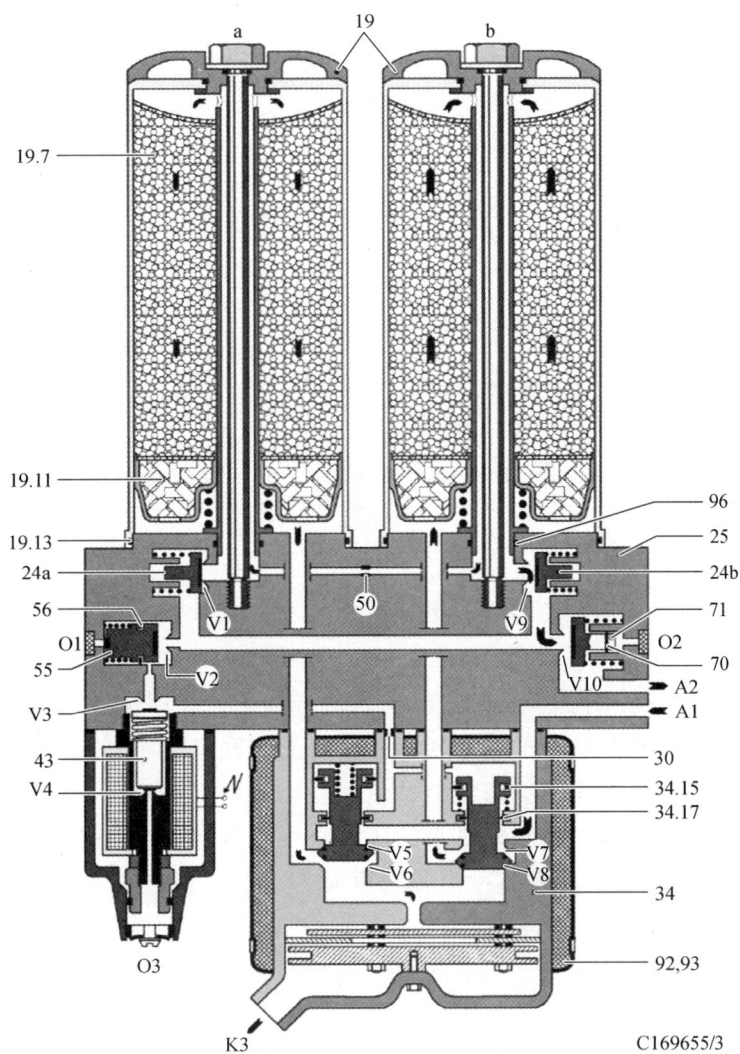

图 7.36 双缸干燥器原理图

19a—再生阶段的储压罐；19b—干燥阶段的储压罐；19.7—干燥剂；19.11—带拉西环的油分离器缸；19.13, 96—O 形环；24—止回阀的阀锥；25—支架；30—套筒（节流阀）；34—双活塞阀；34.15, 34.17, 56, 70—KNORR K 形环；43—阀用电磁铁；50—再生罐喷嘴；55—先导阀的活塞；71—溢流阀阀盘；92, 93—绝缘套；
A1—压缩机的进气口；A2—通向主风缸的排风口；
K3—冷凝水排水口；O—排风孔；V—阀座

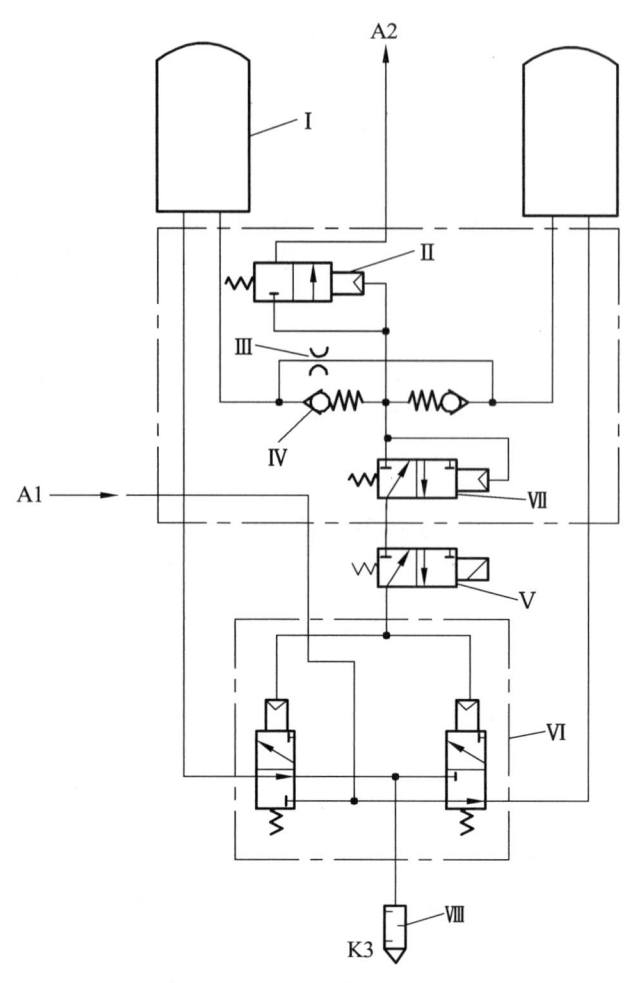

图 7.37 双缸干燥器气路图

Ⅰ—储压罐（干燥剂罐）；Ⅱ—溢流阀；Ⅲ—再生罐喷嘴（50）；Ⅳ—止回阀（24）；Ⅴ—阀用电磁铁（43）；
Ⅵ—双活塞阀（34）；Ⅶ—先导阀；Ⅷ—消音器；K3—冷凝水排水口；A1—进气口；A2—出气口

双缸干燥器工作原理：

图 7.36 表示处于工作状态中的空气干燥设备，其中储压罐 19b 处于干燥阶段，储压罐 19a 处于再生阶段。

电磁阀体 43 通过从循环控制装置发出的电输入信号而得电；阀座 V3 打开。从通向压缩空气接口 A2 的压缩空气管道中分流出来的压缩空气流经开启的阀座 V2 和 V3，流至活塞阀 34。

转换压力将活塞顶着弹簧力压至下部或上部位置，以此打开阀座 V6 和 V7。

由压缩机供给并随之经过再冷却和预排水的压缩空气流经接口 A1 和开启的阀座 V7，流至风缸 19b，它从下向上流过该储压罐，接着通过中心管再向下，经过止回阀 24b 和溢流阀 71 被导向接口 A2。空气在流入干燥剂 19.7 之前，先要流经油分离器 19.11 中的拉西环填料。这样，通过多次环流、涡旋和碰撞后，残留在压缩空气中的最小油滴和水滴都落在拉西环的较大的表面上，然后结成较大的滴液，在重力作用下落到下面的集流室中。

接着在通过干燥剂时，空气中尚含的水分被吸走，使压缩空气从储压罐 19b 中流出时的相对湿度小于 35%。

一部分已干燥的空气被分流出来，经过再生罐喷嘴 50 被减压，通过储压罐 19a 的干燥剂后被送入相反方向。这种减压后的空气也称为再生空气，它从需要再生的干燥剂中吸走了水分，并通过开启的阀座 V6 和消声器而排入大气。

当干燥剂即将达到饱和极限时，通过电子控制装置在 $T/2$ 阶段（见图 7.38）被换接，即阀用电磁铁 43 失电。阀座 V3 关闭，阀座 V4 打开，通向活塞阀 34 的控制线路排气，从而通过弹力将活塞压入上部或下部位置，这样就关闭了阀座 V6 和 V7，并打开了阀座 V5 和 V8。

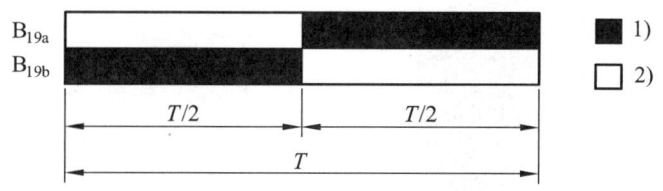

图 7.38　转换周期图

B—干燥剂罐；1）—再生阶段；2）—干燥阶段；T—转换周期

在这种操作位置时，主气流（A1→A2）在储压罐 19a 中被干燥，而干燥剂在储压罐 19b 中再生。操作位置的时间顺序和相应的工作阶段由图 7.38 显示。

为了使设备完好地工作，需要有一定的转换压力，在这种转换压力下先导阀 55 打开并且活塞阀 34 可以转换。溢流阀 71 确保这种压力在设备中迅速形成。通往主风缸的通道直到超过转换压力时才打开。这样可以避免在长时间充气过程中储压罐 19b 中的干燥剂出现过饱和。

两个止回阀 24 可防止空气压缩机停机时主风缸和车辆内管路排气。

5. 电气控制说明

电机采用 380 V，50 Hz 交流电供电。

干燥器 1、5 分别为 DC 110 V 的正电和负电，3 为空压机启动信号（见图 7.39）。

X1:1 和 X2:1 为压力开关 DC 110 V 供电。

X1:3 和 X2:3 为干燥器反馈信号。

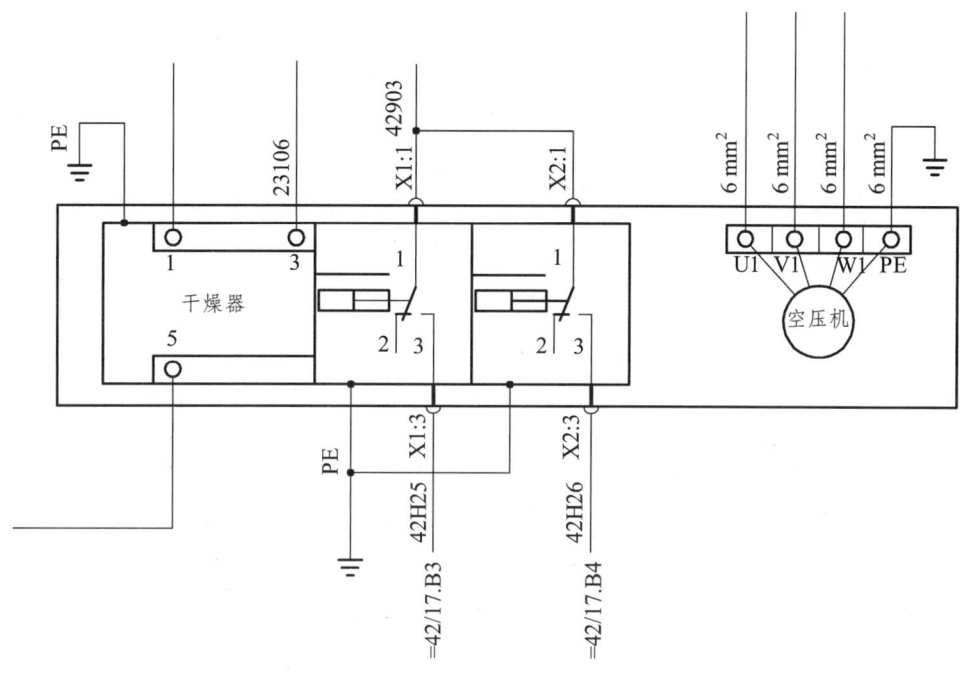

图 7.39　控制原理图

7.2.2 制动控制单元 EP2002

EP2002 的分布为 3 节车一个编组，一个阀控制一个转向架，共 12 个，即 1、2、3 节为一个编组，4、5、6 节为一个编组，每节编组的两端为网关阀，其余为智能阀如图 7.40 所示。

图 7.40 EP2002（左为网关阀，右为智能阀）

1. 设备结构介绍

EP2002 智能阀是一个"机电"装置，如图 7.41 所示。其中包括一个电子控制段，该电子控制段直接装在称为气动阀单元（PVU）的气动伺服阀上。起控制作用的 EP2002 网关阀通过 CAN 制动总线传达制动要求，每个阀门据此控制着各自本地转向架上制动执行器内的制动缸压力（BCP）。本设备通过转向架进行常用制动和紧急制动，同时通过车轴进行车轮防滑保护控制。阀门由软件和硬件联合进行控制和监控，并可以检测潜在的危险故障。结合使用来自各车轴的车轴速度数据和其他阀门通过专用 CAN 制动总线传来的速度数据即可进行车轮防滑保护。图 7.42 展示了智能阀的 I/O 状况。

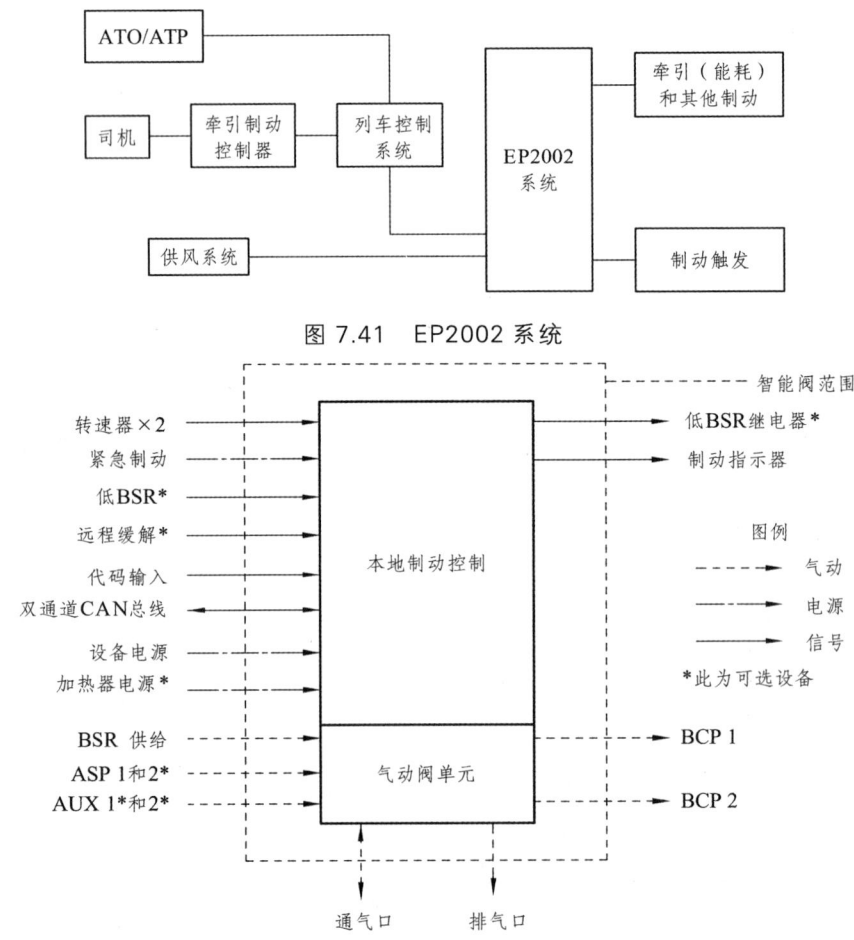

图 7.41 EP2002 系统

图 7.42 智能阀 I/O

EP2002 网关阀执行 EP2002 智能阀的所有功能，并将常用制动压力要求分配至安装在本地 CAN 网络中的所有 EP2002 阀门。网关阀也可以提供 EP2002 控制系统与列车控制系统的连接。EP2002 网关阀可以按要求定制，以连接 MVB、FIP 和 RS485 通信网络或传统列车线缆和模拟信号系统。

在 EP2002 系统内，一台 EP2002 网关阀中的制动要求分配功能可以将 SB 制动力要求分配至列车装有的所有制动系统，以达到司机/ATO 要求的制动力。

图 7.43 展示了网关阀的 I/O 状况。

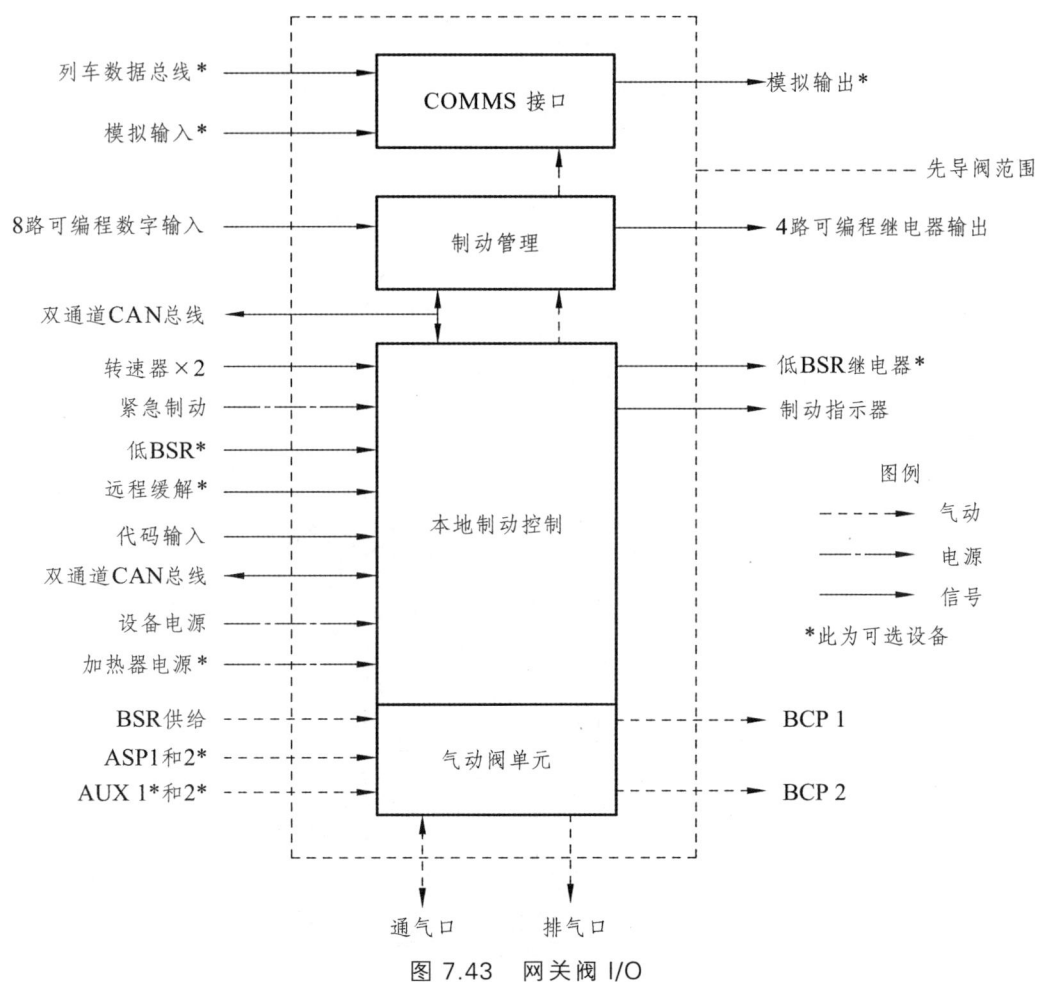

图 7.43　网关阀 I/O

（1）网络结构。

哈尔滨地铁 1 号线三期项目采用 3 节一个编组，EP2002 阀之间通过 CAN 网络总线进行通信，每个编组含有两个网关阀，来执行制动管理功能，主 EP2002 网关阀将制动信息发送至 CAN 总线区段中的 EP2002 智能阀，或从智能阀处获取制动信息。

（2）设备结构。

智能阀和网关阀结构如图 7.44 和图 7.45 所示。

① 设备外壳。

重型模压成型阳极氧化铝外壳。外壳保护内部电子部件与外部工作环境隔离，并为设备提供 IP66 级密封。

② 气动阀单元（PVU）。

此气动伺服单元接收本地制动控制卡发出的指令，用来控制进行常用和紧急制动以及车轮防滑保护各本地车轴上的 BCP 压力。

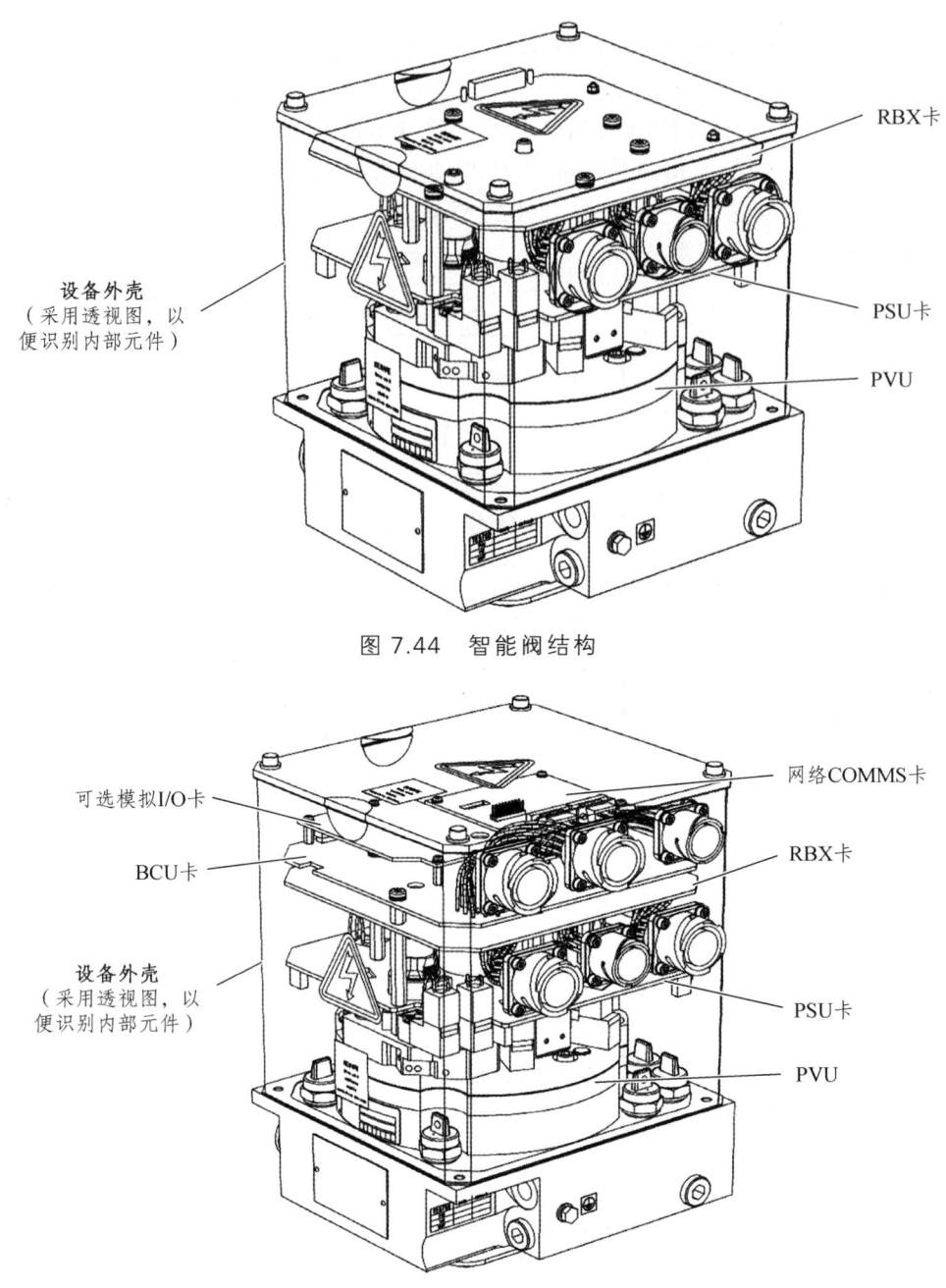

图 7.44 智能阀结构

图 7.45 网关阀结构

③ 供电单元（PSU）卡。

供电单元卡接收所输入的电池供电和加热器供电。主供电经调控后在内部被传送至设备内的其他电子元件卡上。加热器供电则被传输至设备的加热器上，使其可以在极低温度下进行工作。

④ 本地制动控制（RBX）卡。

本地制动控制卡根据主网关单元通过专用 CAN 总线传达的制动要求来控制 PVU，以进行常用制动、紧急制动和车轮防滑保护。

⑤ 制动管理（BCU）卡。

制动管理卡仅安装在 EP2002 网关阀中，它包含对整列列车进行制动管理所需要的功能，而且还支持可配置的 I/O 端口。如果使用主网关阀，则制动管理功能激活并且通过 CAN 总线与所有其他智能阀和网关阀建立通信。如果未使用主网关阀而仍使用一台普通网关阀，则 BCU 卡将作为远程输入/输出工作，可以允许进入制动 CAN 总线而无须直接发送电信号至主网关阀。

⑥ 网络通信 COMMS 卡。

网络通信卡仅安装在 EP2002 网关阀中。此卡符合 MVP、FIP 和 RS485 接口标准（一个通信卡对应一种协议标准）。通信连接可以用于控制和诊断数据传输。

⑦ 可选模拟 I/O 卡。

可选模拟 I/O 卡可安装到网关阀上，以提供进行常用制动控制所需的模拟信号。

（3）气动结构。

气动结构如图 7.46 所示。

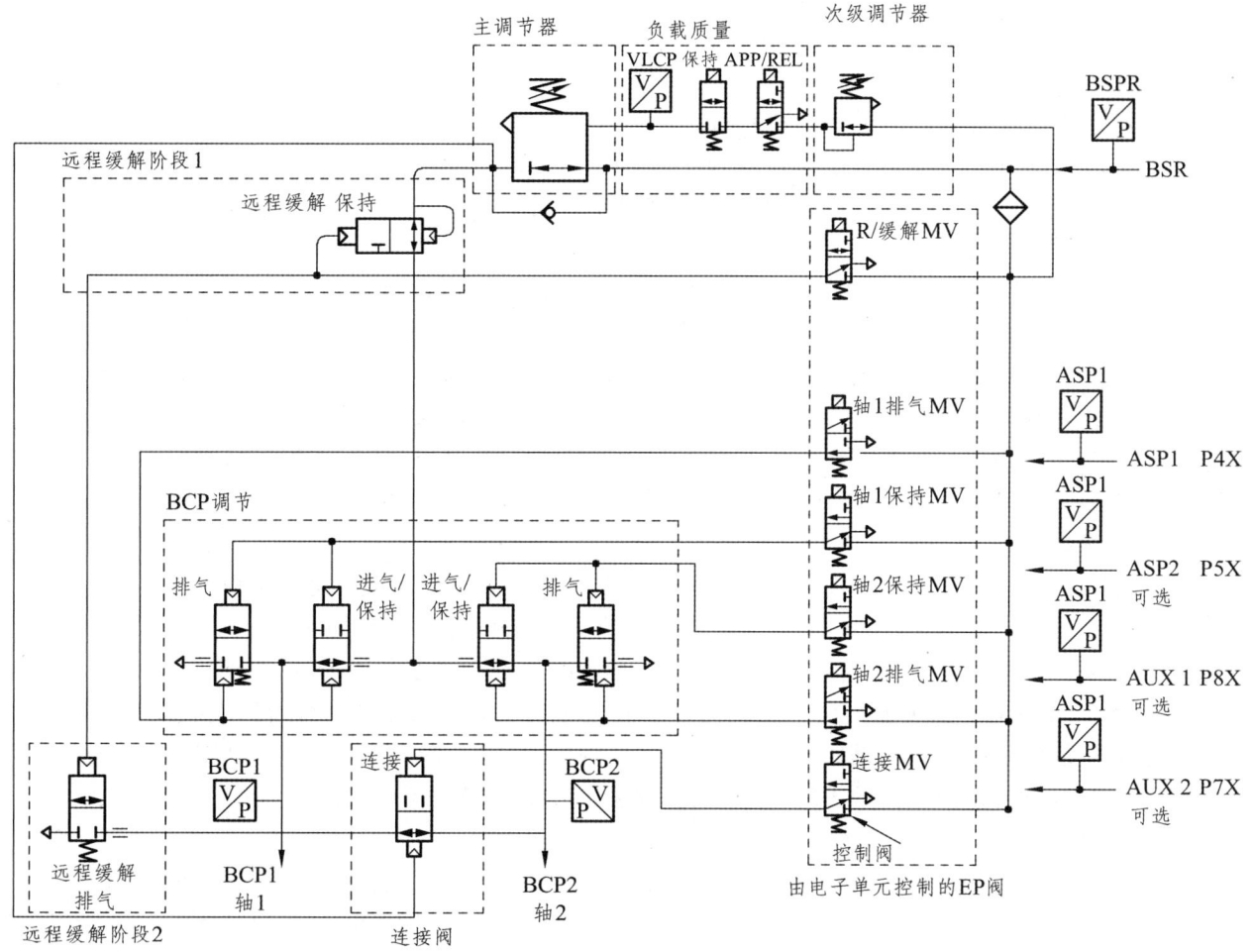

图 7.46 内部气动示意图

① 主调节器。

主调节器负责调节装置的供风压力并将其降低至一个按负荷增减的紧急制动压力的水平上。主调节器同时还负责在电子负荷系统出现故障时提供机械系统产生的最小紧急制动压力。

② 次级调节器。

次级调节器位于主调节器上游，负责将可以供送到制动缸的最大压力限定在最大紧急制动压力的水平。

③ 负荷单元。

负荷单元用于向主调节器继动阀提供一个按负荷增减的紧急制动控制压力。此控制功能一直保持激活状态，并与空气悬挂系统压力成一定比例。

④ BCP调节。

BCP调节功能负责从主调节器处接收输出压力并进一步将其调节至常用制动所要求的BCP等级。在进行车轮防滑保护时，BCP调节段同样负责对制动缸压力进行气动控制。

⑤ 连接阀。

连接阀可以使BCP输出以气动方式汇合或分开。在常用制动或紧急制动时，两个BCP输出汇合通过转向架进行控制。在经车轴进行车轮防滑保护的系统上，当WSP动作时，两车轴互相被气动隔离，每个车轴上的BCP都通过BCP调节段得到独立控制。

2. 设备功能介绍

（1）常用制动。

在进行常用制动时，本地制动控制（RBX）卡为网关阀制动管理（BCU）卡提供悬挂负荷信息，并根据网关阀制动管理（BCU）卡通过双通道CAN总线传达的命令来控制常用制动缸压力。常用制动缸压力的控制是一个闭环过程，同时还需使用安装在PVU上的压力传感器和EP阀。

（2）紧急制动。

紧急制动（EB）功能独立地控制每个转向架上按负荷增减的制动缸压力（BCP），并同时切断常用制动（SB）控制。紧急制动功能通过列车控制系统发出的紧急输入的释放来触发。

负荷（内部）增减功能为电子控制，而且能够通过编码输入进行预设，将不同车辆的质量纳入考量范围。紧急制动的制动缸压力被机械地限定在合同规定的最大和最小压力之间。其目的是为了防止紧急制动的制动压力的全部损失或在紧急制动电子负荷控制失效时，由于制动触发系统的加压过高而导致设备损坏。

（3）负荷系统。

主调控段必须进行负荷调控。为此，电子控制装置对提供给PVU的空气悬挂系统压力进行测量，并通过操作按负荷增减的EP阀向主调节器提供适宜的控制压力。ASP压力和控制压力之间的关系储存在PAL设备中，而且此逻辑还控制着EP阀。PAL设备可储存多达16组不同的ASP与紧急制动BCP关系。阀门编码插头输入用于配置列车上安装位置的正确关系。装在阀门安装集管上的插头用来依据车辆位置调整紧急制动压力控制（ASP与VLCP的关系）。编码也可以用于CAN总线网络配置。位置编码可以使相同的EP2002硬件安装在车组内的多个位置上。

（4）车轮防滑保护系统。

车轮防滑保护在EP2002阀门内部进行，系统将进行检测并通过控制制动力来修正车轮滑动。在每个轴上都安装有速度探测器来监测车轴速度；该车轴速度信息在同一个CAN区段中的EP2002阀之间共享。

如果EP2002阀检测到滑动，则会控制制动缸压力以对正在滑动的车轴进行修正。

假如列车在制动时发现滑动，车轮防滑控制可以独立地控制各个车轴的制动力。系统中应用了两种滑动检测方法来检测持续的低附着力情况：

① 单一车轴上减速过量。

② 车轴与车轴最高转速之间出现的速度差异。

一旦检测到上述两种滑动情况中的任意一种，控制系统都会以有规律的间隔进行地面速度测试，以更新计算出来的实际列车速度。系统能够准确地控制滑动的深度以进行跟踪调整。这样可以改进后面车轮的附着力情况，并在附着力低的情况下使制动力最大化且保证不会对车轮造成损伤。当车轮防滑保护算法判定附着力情况已经恢复正常时，系统也会恢复到初始状态并停止定时的地面速度测试。

为了确保在延长期内不对制动进行缓解，硬件监视定时器电路会监测持续保持超出 8 s 和持续排气超出 4 s 的阀门状态。

每个车轴的减速检测是独立于所有其他车轴的，而且车轴之间的补偿也不会影响其精确性，但是该软件会使用从维护连接处输入的实际车轮尺寸信息来对每个车轴进行准确的减速检测。

（5）远程缓解。

远程缓解功能可以作为 EP2002 阀功能的组成部分。当远程缓解输入加电时，供风压力被隔离，制动缸经阀门的输出被排入大气。系统还具有硬件互锁功能，可以在出现紧急制动要求时防止 EP2002 阀被远程缓解。

（6）状态监控。

制动系统的状态监控是连续的，不影响 EP2002 阀的正常工作，其功能是车辆正常运行时监控和评估 EP2002 阀的状态是否良好。其中包含车辆载荷、制动缸压力、制动系统输入/输出和制动施加状态等。同时纳入监控范围的还有制动总线及外部装置（如速度传感器等）。

（7）制动自检。

网关阀或 EP2002 调试终端可以要求系统进行自检，以便在得到指令时主动检查并检测硬件故障。阀门仅在工作环境可以保证自检工作不会危害到系统安全时才会进行自检。

自检包括下列内容：车轮防滑保护检测、常用制动检测、紧急制动检测。

7.2.3 制动模块

1. 辅助控制箱组成

辅助控制箱原理图如图 7.47 ~ 7.49 所示。

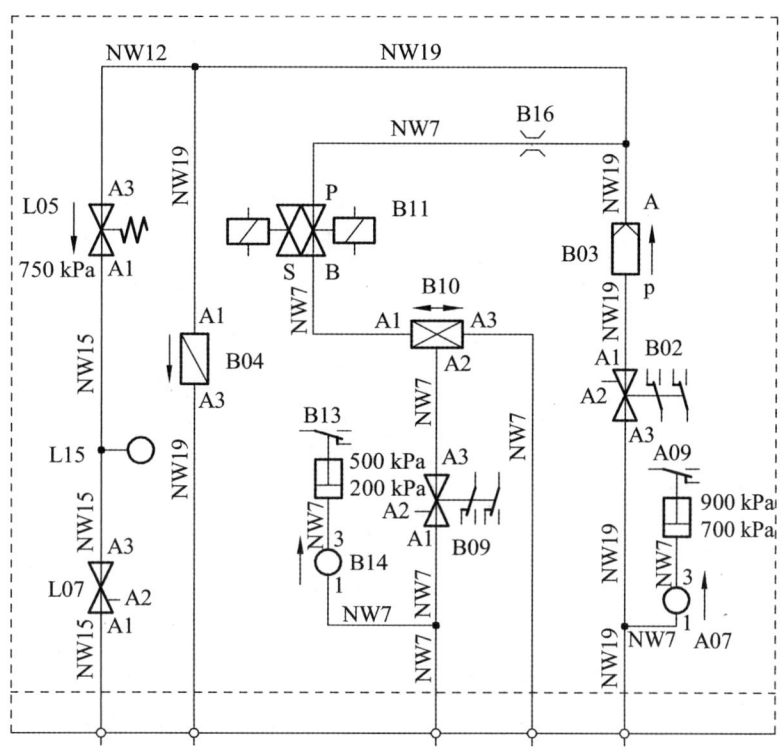

图 7.47 Tc 车辅助控制箱原理图

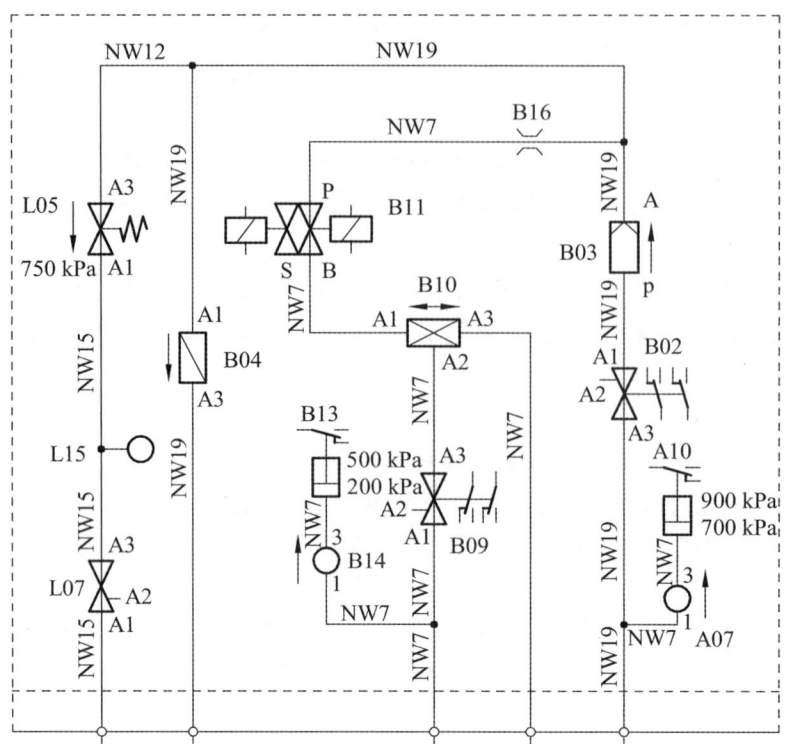

图 7.48 Mp 车辅助控制箱原理图

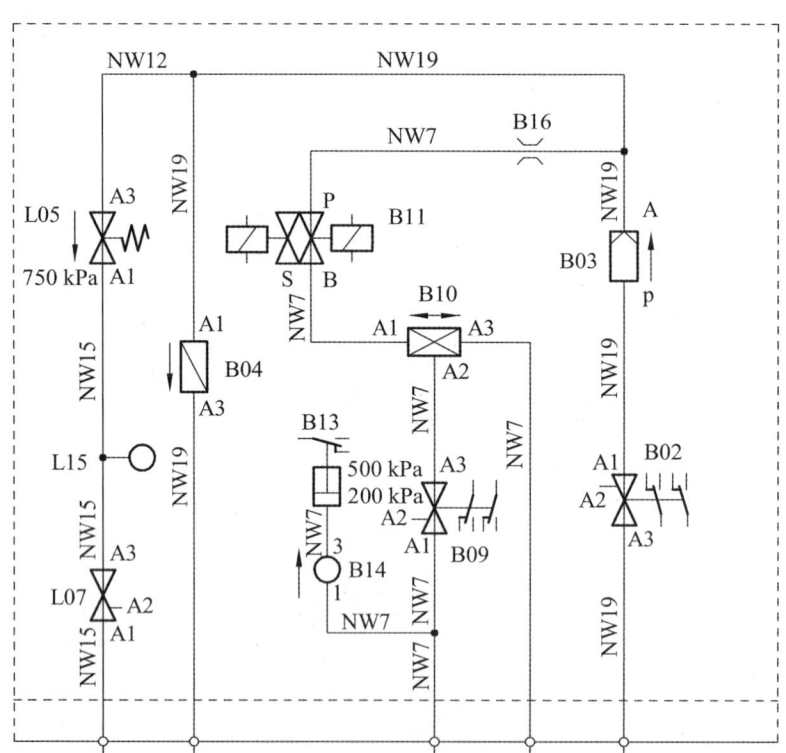

图 7.49 M 车辅助控制箱原理图

B03—空气过滤器；B02—总风截断塞门；A09—700~900 kPa 压力开关；A10—600~700 kPa 压力开关；B16—节流孔；B11—停放制动脉冲阀；B04—单向阀；B09—停放制动截断塞门；B13—停放制动压力开关；L05—750 kPa 溢流阀；L07—空簧截断塞门；B10—双向阀；L15，B14，A07—测试点

2. 辅助控制箱功能

（1）停放制动控制。

（2）弹簧停放制动单元。

除空气制动外，还提供弹簧停放制动。

在正常情况下，弹簧制动缸处于缓解状态，即总风缸压力通过脉冲阀、双向止回阀和隔断塞门施加到这部分制动装置上。

（3）脉冲阀操作。

脉冲阀 B30/31/30.B11 有两个电磁阀：一个用于缓解，另一个用于实施弹簧制动。

将缓解脉冲阀通电，总风缸与停放制动缸的通路立即打开，空气进入停放制动缸，停放制动缓解。

当制动脉冲阀通电时，脉冲阀内的活塞动作，打开排风通路。此时，停放制动缸压力下降，停放制动实施。

（4）防止混合。

为了避免常用空气制动和弹簧停放制动力混合，导致过分制动或闸调器/卡钳的机械载荷过大，两个制动系统之间设置双向止回阀，防止两种制动的叠加。

弹簧停放制动力因此被中和到空气制动的水平。如果没有空气制动，将实施全部的弹簧制动力。

（5）手动缓解。

如果没有空气供给来缓解停放制动缸，可以通过手动方式，利用手动缓解线缓解。

7.2.4 基础制动单元

该基础制动单元为踏面制动单元，如图 7.50～7.52 所示。

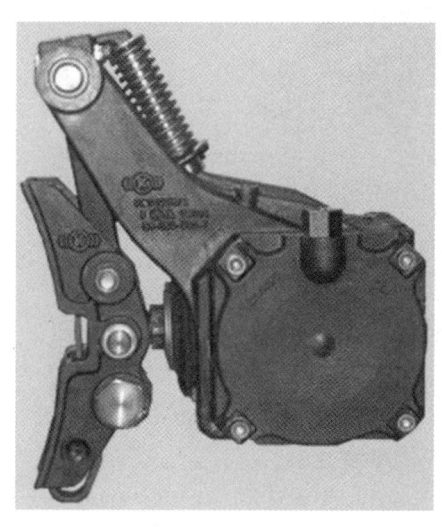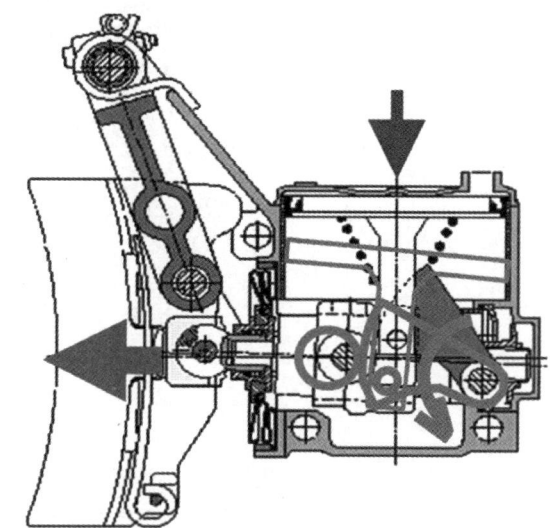

图 7.50 踏面制动单元结构图

技术特性：

① 结构紧凑、无连杆；

② 通过单作用气缸间隙调节器自动修正闸瓦和轮子磨损造成的闸瓦间隙；

③ 空气消耗量稳定；

④ 通过压缩空气可在驾驶端集中操作弹簧储能器；

⑤ 在换闸瓦时无须进行调整工作。

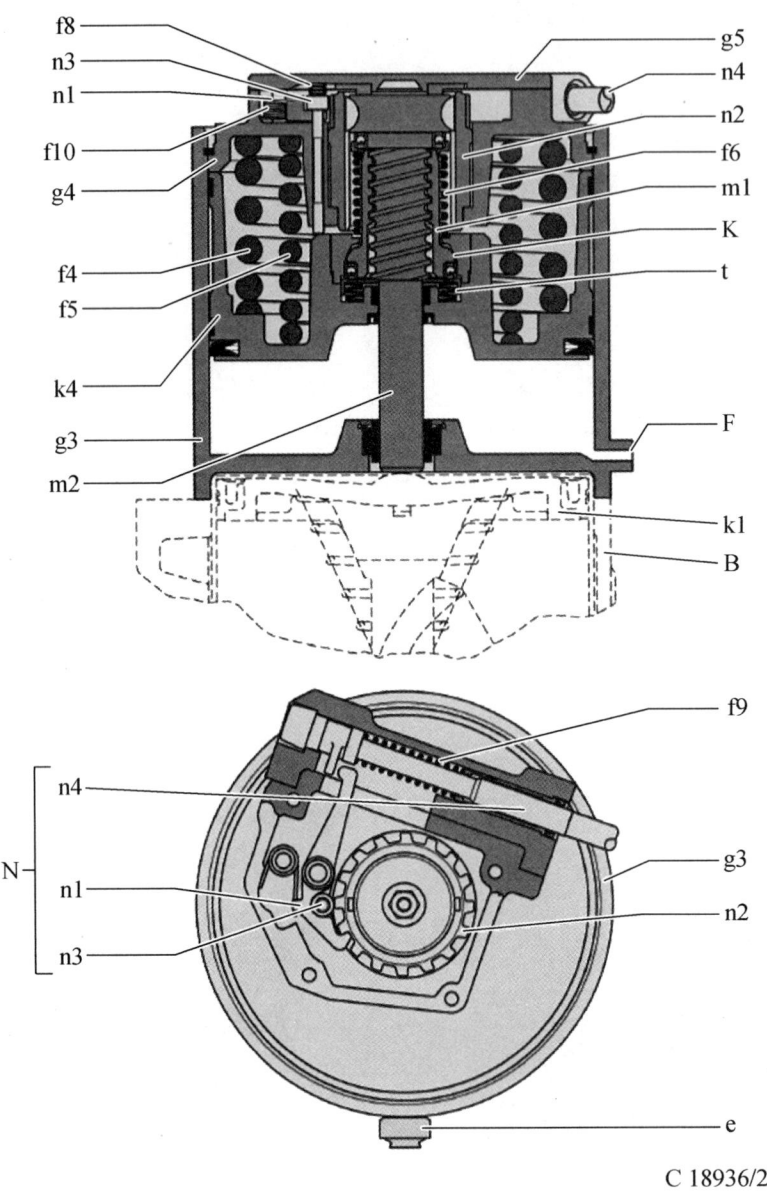

图 7.51 弹簧储能缸示意图（缓解位）

e—带孔螺栓；f4，f5—储能弹簧；f6，f8—压缩弹簧；f9—回位弹簧；f10—扭转弹簧；g3—气缸；g4，g5—罩盖；k1，k4—活塞；m1—螺母；m2—螺栓；n1—棘爪；n2—齿轮；n3—锁定销；n4—推杆；t—盘形弹簧组；B—常用制动缸；F—弹簧储能缸的压缩空气接口；K—锥体联接器；N—紧急缓解装置

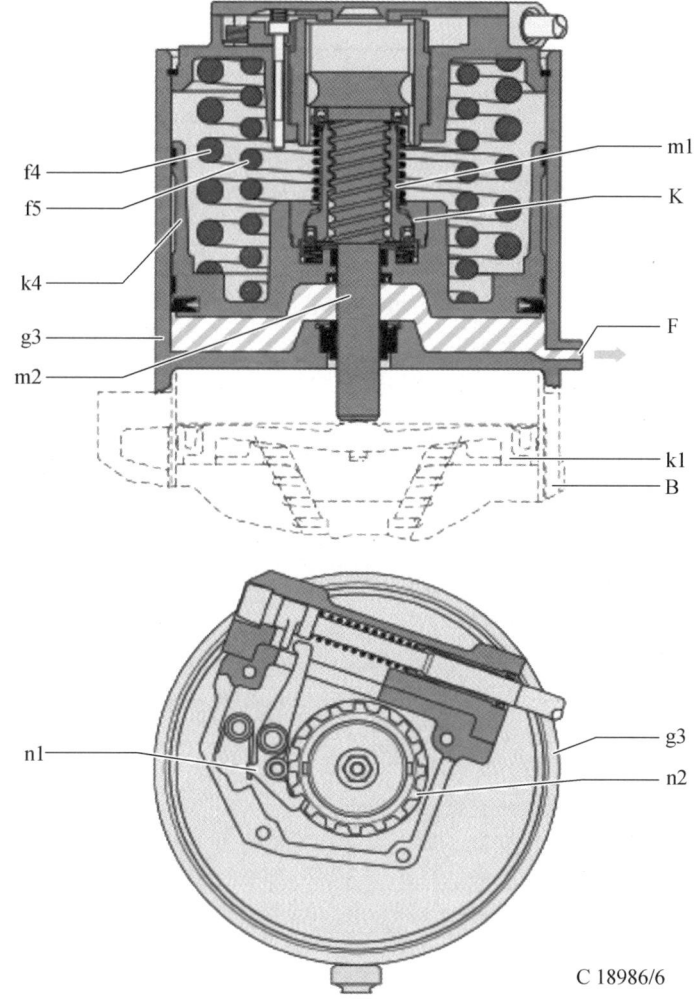

图 7.52 弹簧储能缸示意图（制动位）

f4，f5—储能弹簧；k1，k4—活塞；g3—气缸；m1—螺母；m2—螺杆；n1—棘爪；n2—齿轮；
B—常用制动缸；F—弹簧储能缸的压缩空气接口；K—锥体联接器

7.2.5 制动系统的日常检查（见表7.3）

表 7.3 制动系统的日检内容

项目	内容	方法	工具材料劳保用品	技术要求	检修周期
踏面制动单元	（1）检查外观。 （2）检查紧固件。 （3）检查闸瓦	目测检查、耳听检查	手电筒、白拼布、红色标记笔、防砸鞋、安全帽、手套	（1）外观良好，无漏气，橡胶保护套无裂纹，呼吸管无堵塞。 （2）紧固螺栓划线清晰，无错位。 （3）检查手动缓解锁扣良好，拉绳无断裂。 （4）闸瓦外观良好，无裂纹，未磨耗到限	每天
制动管路管卡及阀门	（1）检查外观。 （2）检查管接头。 （3）检查管卡	目测检查、耳听检查	手电筒、白拼布、防砸鞋、安全帽、手套	（1）外观良好，无漏气。 （2）接头划线清晰，无错位。 （3）管卡无脱落	每天

续表

项目	内容	方法	工具材料劳保用品	技术要求	检修周期
制动控制单元	（1）检查外观。（2）检查连接插及接地线	目测检查、耳听检查	手电筒、白拼布、防砸鞋、安全帽	（1）外观良好，无漏气。（2）连接插安装良好，波纹管无破损，接地线防松标记无错位	每天
风缸	（1）检查外观。（2）检查紧固件	目测检查、耳听检查	手电筒、白拼布、防砸鞋、安全帽、手套	（1）外观良好，无漏气。（2）安装螺栓划线清晰，无错位	每天
供风单元	（1）检查外观。（2）检查连接插。（3）检查真空指示器。（4）检查油位。（5）检查散热片	目测检查、耳听检查	手电筒、白拼布、防砸鞋、安全帽、手套	（1）外观良好，防松标记无错位，安全绳无脱落、断裂，空压机运行无异常声响，油路、气路无泄漏。（2）连接插安装状态正常。（3）真空指示器红色指示活塞未弹出。（4）空压机启停10 min左右进行油位检查，处于标准线范围内。（5）散热片表面无异物，无裂纹；散热风扇扇片无变形，内部无异物	每天
辅助控制箱	（1）检查外观。（2）检查紧固件	目测检查、耳听检查	手电筒、白拼布、红色标记笔、防砸鞋、安全帽、手套	（1）外观良好，上下安装搭扣及二级防护销状态正常。（2）安装螺栓划线清晰，无错位。（3）气路板无漏气	每天
制动自检	制动测试	操作测试	无	制动自检通过，制动功能正常	每天

7.2.6 制动系统的均衡修（定期）检查（见表 7.4）

表 7.4 制动系统的均衡修内容

项目	内容	方法	工具材料劳保用品	技术要求	检修周期
踏面制动单元	（1）检查外观。（2）检查紧固件。（3）检查、测量闸瓦厚度	目测检查、耳听检查、测量检查	手电筒、白拼布、红色标记笔、防砸鞋、安全帽、手套	（1）外观良好，无漏气，橡胶保护套无裂纹，呼吸管无堵塞。（2）紧固螺栓划线清晰，无错位。（3）检查手动缓解锁扣良好，拉绳无断裂。（4）闸瓦外观良好，无裂纹，未磨耗到限，并记录闸瓦厚度	每月
制动管路管卡及阀门	（1）检查外观。（2）检查管接头。（3）检查管卡	目测检查、耳听检查	手电筒、白拼布、防砸鞋、安全帽、手套	（1）外观良好，无漏气。（2）接头划线清晰，无错位。（3）管卡无脱落	每月
制动控制单元	（1）检查外观。（2）检查连接插及接地线	目测检查、耳听检查	手电筒、白拼布、防砸鞋、安全帽	（1）外观良好，无漏气。（2）连接插安装良好，波纹管无破损，接地线防松标记无错位	每月

续表

项目	内　容	方法	工具材料劳保用品	技术要求	检修周期
风缸	（1）检查外观。 （2）检查紧固件	目测检查、耳听检查	手电筒、白拼布、防砸鞋、安全帽、手套	（1）外观良好，无漏气。 （2）安装螺栓划线清晰，无错位	每月
供风单元	（1）检查外观。 （2）检查连接插。 （3）检查真空指示器。 （4）检查油位。 （5）检查散热片。 （6）清洁空气滤清器	目测检查、耳听检查、操作检查	手电筒、白拼布、防砸鞋、安全帽、手套、吹风机	（1）外观良好，防松标记无错位，安全绳无脱落、断裂，空压机运行无异常声响，油路、气路无泄漏。 （2）连接插安装状态正常。 （3）真空指示器红色指示活塞未弹出。 （4）进行油位检查，处于标准线范围内。 （5）散热片表面无异物，无裂纹；散热风扇扇片无变形，内部无异物。 （6）用压缩空气（不大于 600 kPa）进行吹扫，如积尘严重，则更换滤芯	每月
辅助控制箱	（1）检查外观。 （2）检查紧固件	目测检查、耳听检查	手电筒、白拼布、红色标记笔、防砸鞋、安全帽、手套	（1）外观良好，上下安装搭扣及二级防护销状态正常。 （2）安装螺栓划线清晰，无错位。 （3）气路板无漏气	每月
制动功能	制动测试	操作测试	无	制动自检通过，制动功能正常	每月
干燥器	（1）测量露点压力。 （2）测量干燥器切换时间。 （3）检查外观	操作检查	压力露点测量仪 II 51382	（1）用一台压力露点测量仪监测空气干燥设备功能，所测得的压力露点在当时的室外温度下必须在 35% 的空气相对湿度极限值曲线以下。 （2）用计时器测量干燥器两次排水的间隔时间。 （3）外观良好，划线清晰，无错位	1 年
过滤器	检查滤芯	操作检查	内六角扳手、抹布、润滑脂 RENOLIT HLT2-KB	（1）切断供风，并给所有相连的压缩空气管路和风缸排风，设备处不允许再有压缩空气。 （2）松开紧固元件，将设备从设备支架上拆下。 （3）检查滤芯，外观良好。 （4）给 O 形环涂上少许 RENOLIT HLT2-KB 润滑脂。将涂过油的 O 形环放到设备的凹座内，将设备用紧固元件安装在设备支架上。 （5）接通设备的供风	2 年
空气滤清器滤芯	更换空气滤清器滤芯	更换操作	M8 开口扳手	（1）拧下真空指示器并予以清洁。用防松剂涂抹螺纹管接，并重新用手予以拧紧。 （2）松开软管夹，拔下消声器管并予以清洁。 （3）拆下干式空气滤清器的两个滤清器外壳以及滤芯，清洁导风环、外壳、滤器上部和灰尘罐的密封环接触面。 （4）装入新的滤芯。重新装上两个滤清器外壳。 （5）用软管箍固定消声器管。调整消声器管，以使其不会触碰到其他部件	1 年
空压机润滑油	更换空压机润滑油	更换操作	16 mm 内六角扳手、7 mm 内六角扳手、润滑油 RIMULA R6 ME 5W-30	具体步骤详见《空压机润滑油更换作业指导书》，更换后油位液面在上下标之间	第一年运行 300 h，以后为 1 年

续表

项目	内 容	方法	工具材料劳保用品	技术要求	检修周期
冷却器	清洁空压机冷却器	清洁操作	吹风机	用压缩空气逆着冷却空气方向吹过冷却器,或用蒸汽喷射器(最高温度70 ℃)来清洁。严重脏污时,可为蒸汽喷射器添加水溶性的通用清洁剂。清洁度达到Ⅳ级	1年
总风压力开关	检查总风压力开关设定值	检查操作	风压表、万用表	设定压力值均正常	2年
压力表	(1)检查压力表校准日期。(2)更换双针压力表指示灯	目测检查、更换操作	38件套	(1)检查压力表校准在有效日期内。(2)用38件套拆下压力表面板,拔下指示灯插口,更换指示灯,更换后安装牢固,功能正常	1年
截断塞门	清洁所有截断塞门	清洁操作	抹布	外部清洁,检查是否有损坏或磨损的迹象。清洁度达到Ⅳ级	1年
精细滤油器	精细滤油器排风、排油	操作检查	白拼布、手电筒、废油收集桶	手动拧开精细油过滤器底部的排水阀,排出精细油滤器中积存的油和水,待油和积水排完,手动将排水阀恢复到关闭状态	3个月
	更换精细滤油器滤芯	更换操作	废油收集桶、螺纹防松剂Loctite 222	(1)精细滤油器排风。(2)拧下外壳下半部分,手动将过滤器从螺纹杆上拧下。(3)将新的过滤元件涂上螺纹防松剂Loctite 222,用手旋在螺纹杆上,然后以相反的顺序重新装上精细滤油器。注意O型密封圈的位置是否正确	2年
空压机安全阀	检查功能	操作检查		操作强迫供风按钮,确认空压机安全阀在1 000 kPa动作	1年
带电触电的截断塞门	检查功能	操作检查		手动操作常用制动、停放制动、全制动截断塞门,手柄活动畅通、不卡涩,没有泄漏。操作塞门时,确认HMI屏显示相应位置被隔离。检查必须在有压力的情况下进行。最后确保截断塞门所有内部件都恢复到原有状态	1年

 章节自测

一、选择题

1. 控制停放制动的阀是( )。
   A. 双向脉冲阀　　　B. 安全阀　　　C. 溢流阀　　　D. 差压阀
2. 辅助控制单元不包括哪个接口:( )。
   A. 进口,从主风管　　　　　　　　B. 出口,到制动风缸和制动管路
   C. 进口,停放制动管路　　　　　　D. 出口,空气弹簧管路
3. 哈尔滨地铁1号线车辆优先采用的制动方式为( )。
   A. 空气制动　　　B. 再生制动　　　C. 电阻制动
4. 列车在总风压力值低于( )时产生紧急制动。
   A. 500 kPa　　　B. 600 kPa　　　C. 700 kPa　　　D. 800 kPa

5. 法维莱空压机的空气过滤器的例行维护为每（　　）更换滤芯筒。
   A. 半年　　　　　　B. 一年　　　　　　C. 三年　　　　　　D. 五年
6. 法维莱制动系统中，在空压机各类过滤器中，后置过滤器为（　　）。
   A. 凝聚过滤器　　　B. 精密过滤器　　　C. 颗粒过滤器　　　D. 油细分离器
7. 在法维莱系统中，当空压机组超过设备工作压力时，其内部的安全阀具有泄压排风作用，保护空压机组设备的安全，设定值为（　　）Pa。
   A. 12.00　　　　　　B. 12.50　　　　　　C. 13.00　　　　　　D. 13.50
8. 空压机的各类过滤器更换的过程中，不需要用到的工具是（　　）。
   A. 开口扳手　　　　B. 活扳手　　　　　C. 力矩扳手　　　　D. 插针
9. 检查真空指示器，如果（　　）柱塞能完全可见，则拆下滤清器滤芯，用干毛刷清扫；如清洁无效，则更换滤清器滤芯，擦拭消音器排放口。
   A. 蓝色　　　　　　B. 绿色　　　　　　C. 红色　　　　　　D. 紫色
10. EPAC2的型号有（　　）种。
    A. 3　　　　　　　B. 4　　　　　　　　C. 5　　　　　　　D. 6
11. 不属于AGTU-0.9 K风源系统的是（　　）。
    A. 冷却器　　　　　B. 进气阀　　　　　C. 风扇　　　　　　D. 弹性胶泥缓冲器
12. 法维莱制动系统中控制单元为（　　）。
    A. EP2002阀　　　　B. EPAC2阀　　　　C. EPAC阀　　　　　D. 差压阀
13. 在克诺尔制动系统中，（　　）的作用是为了避免停放制动与常用制动叠加。
    A. 脉冲阀　　　　　B. 单向阀　　　　　C. 双向阀　　　　　D. 中继阀
14. MP辅助控制箱内不含有下列哪个部件？（　　）
    A. 700～900 kPa压力开关　　　　　　　B. 单向阀
    C. 溢流阀　　　　　　　　　　　　　　D. 600～700 kPa压力开关

二、填空题

1. 当空压机真空指示器显红时应更换（　　　　　）。
2. AGTU-0.9 K风源装置由四大主要部件构成：即整体吊架、（　　　　　）、（　　　　　）和电控单元，它们用螺栓连接到一起组成一个紧凑单元。
3. 法维莱系统中空气压缩机采用（　　　　　）式压缩机，克诺尔系统中空气压缩机采用（　　　　　）式压缩机，均采用（　　　）V、3相、50 Hz交流电动机驱动。
4. 控制模块吊装在车体底架上，每辆车均设有制动控制单元，在（　　　）车上单独设有风源模块。
5. 哈尔滨地铁采用的制动方式为（　　　　　）。
6. 在空气压缩机中，去压缩空气中所含雾状油气的过滤装置是（　　　　　）。
7. 每个转向架含有2个（　　　　）的基础制动单元和2个（　　　　）的基础制动单元。
8. （　　　）上面的EPAC2必须接收来自牵引系统（TCU）的"动力制动"情况并将此信号通过内部网络线（ECHELON）传送给（　　　）车EPAC2，（　　　）车EPAC2将会计算动力制动和所缺少的制动力的大小，这一过程是为了保证在制动过程中各种制动力能满足制动需求。
9. 在克诺尔制动系统中，制动控制单元是（　　　　），它的两种型号分别是（　　　　）和（　　　　）。
10. 哈尔滨地铁1号线的紧急制动力是根据（　　　　　）进行调整。
11. （　　　　）的任务就是要防止制动施加后车轮抱死而引起的滑行和可能引起的列车制动距离增加，同时也防车轮磨平。
12. 停放制动的施加方式是（　　　　）施加，可以手动拉动（　　　　）缓解。
13. 双塔干燥器的两个过程是（　　　　）和（　　　　）。

14. 在克诺尔制动中，精密滤油器的检修周期为：每（　　）排油，每（　　）更换滤芯。

15. 在法维莱制动系统中，空气滤清器的更换周期是（　　）；在克诺尔制动系统中，空气滤清器的更换周期是（　　）。

16. 在法维莱制动系统中，空气供给装置的空气净化装置中预过滤器的组成滤芯是（　　），它的更换周期是（　　）。

17. 在法维莱制动系统中，常用制动是由 EPAC2 内部的（　　）电磁阀和（　　）电磁阀配合控制的。

三、判断题

1. 制动力分配时优先使用电制动。　　　　　　　　　　　　　　　　　　（　　）
2. 油过滤器的作用是滤去压缩空气中所含的雾状油气。　　　　　　　　　（　　）
3. 干燥器的主要作用是通过变压吸附的原理去除压缩空气中的水蒸气。　　（　　）
4. 法维莱制动系统中压力维持阀的动作压力是 560 kPa 左右。　　　　　 （　　）
5. 克诺尔制动系统中每列车含有 4 个网关阀、8 个智能阀。　　　　　　 （　　）
6. 650 kPa 减压阀的作用是当总风压力达到 650 kPa 后给空簧打气。　　 （　　）
7. 600～700 kPa 总风压力开关的作用是当总风压力低于 700 kPa 后控制空压机启动。（　　）
8. 克诺尔 VV120 压缩机采用 3 个气缸组成，W 形构造，两级压缩空气。　（　　）
9. 克诺尔制动系统中停放制动施加压力开关动作的压力值为 100 kPa。　　（　　）
10. 停放制动的手动缓解拉绳在再次实施空气制动时会被自动复位。　　　（　　）

四、简答题

1. 哈尔滨地铁制动系统中包含的 4 个主要组成部件是什么？
2. 简要描述法维莱制动空气压缩机气路系统的工作流程。
3. 简要描述法维莱制动空气压缩机油路系统的工作流程。
4. 简要描述法维莱制动系统辅助控制箱内部部件组成。
5. 描述哈尔滨地铁车辆的编组配置，并分别描述法维莱制动系统以及克诺尔制动系统中制动控制单元的分配情况。

8 牵引系统

列车牵引系统是地铁车辆的核心部分，是车辆的动力来源，主要有两个工况：牵引工况和制动工况。

在牵引工况下，列车牵引系统为列车提供牵引力，列车在起动时会把大量的电能转化为在轨道上运动的动能。

制动工况可以分为再生制动工况和电阻制动工况。牵引系统再生制动就是在列车进行制动时，把列车的动能转化为电能反馈到电网供其他列车使用，这极大地降低了列车的实际能量损耗。若列车制动时牵引系统反馈的电能使得电网网压超过 DC 1 800 V，此时列车电制动产生的电能将会消耗在制动电阻上，列车动能转化为热能散逸在大气中，这种通过制动电阻消耗电能来实现电制动的工况叫电阻制动工况。列车牵引系统提供列车的前进动力，电制动和空气制动共同配合完成列车的制动功能。

8.1 牵引系统的主要设备

根据牵引系统的不同功能单元，牵引系统包括以下几个部件：受流装置、避雷器、高速断路器、牵引逆变器、制动电阻、滤波器、牵引电机等，如图 8.1 和图 8.2 所示。

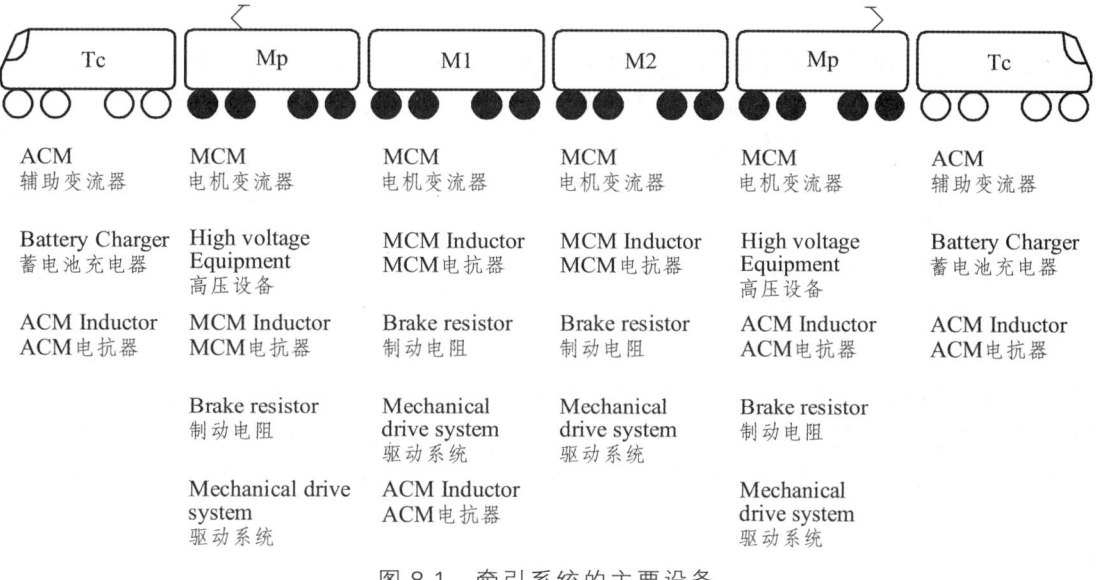

图 8.1 牵引系统的主要设备

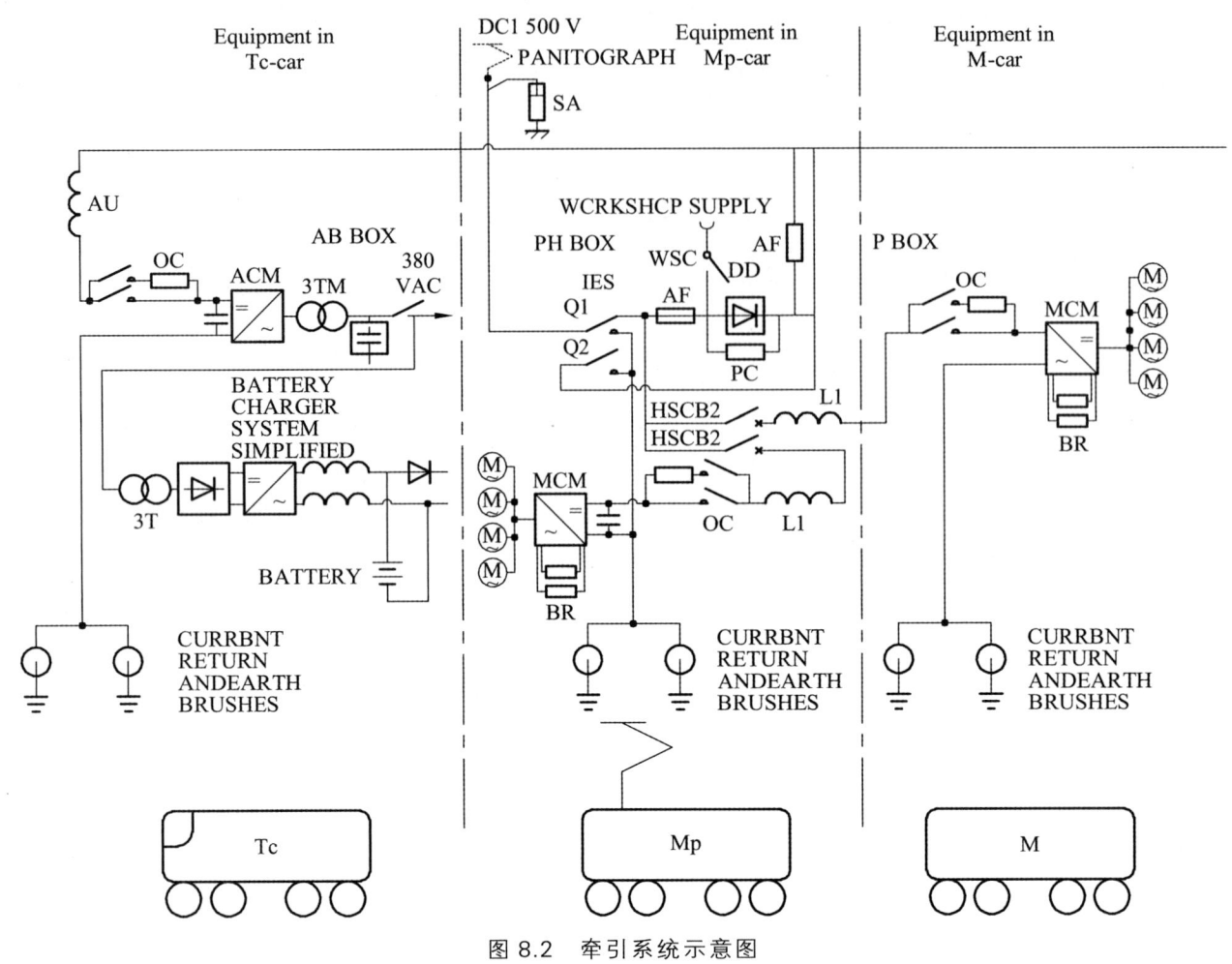

图 8.2 牵引系统示意图

SA—避雷器；HSCB—高速断路器；M—牵引电机；ACM—辅助变流器模块；
MCM—主变流器模块；BR—制动电阻

8.1.1 受流装置

受流装置的主要功能是从电网获取直流电源，供列车牵引系统和辅助系统使用。常用的车辆受流装置有车顶受电弓（从接触网受流）和集电靴（从第三轨受流）两种方式，哈尔滨地铁太平桥车辆段地铁车辆采用受电弓从接触网受流的方式。

1. 受电弓概述

受电弓是从接触网向整个列车电气系统供电以及输送再生制动能量的必要部件。受电弓在刚性接触网和柔性接触网的线路上均能适用。

哈尔滨地铁太平桥车辆段地铁车辆使用的是 QG-120（B-HEBL1）型受电弓，如图 8.3 所示。该型号受电弓具有结构简单、性能安全可靠、维护简单、日常维护工作量小等特点，且在整个车辆速度范围内具有良好的空气动力学特性，包括在最大规定逆风时的空气动力学性能，从而保证了受电弓能在各种轨道状态下与架空接触导线都具有良好的接触状态和接触的稳定性。QG-120（B-HEBL1）型受电弓适用于速度在 120 km/h 以下的各类轻轨、地铁车辆。

2. 受电弓主要部件

哈尔滨地铁 1 号线项目电动客车使用的受电弓：全列车配置两台受电弓，分别布置于第 2 车（Mp1

车二位端）、第 5 车（Mp2 车二位端）车顶，如图 8.4 所示。

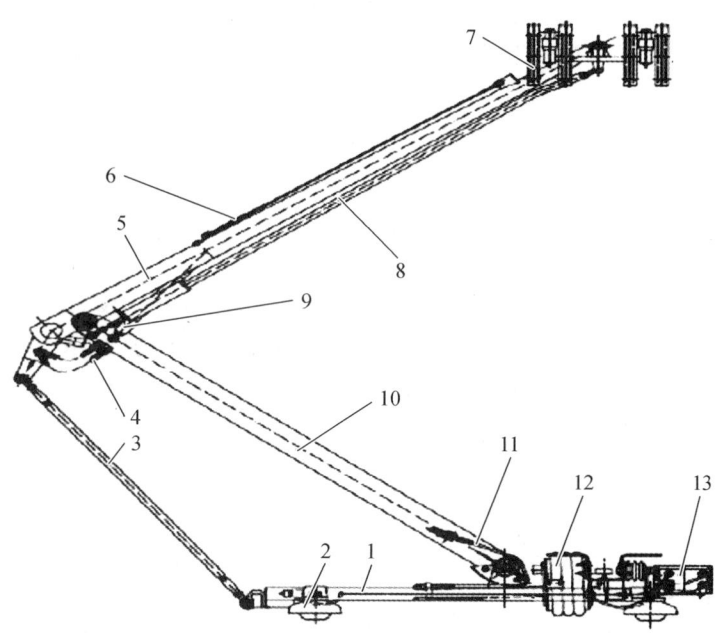

图 8.3 受电弓的主要部件

1—底架；2—绝缘子；3—拉杆；4—软连线；5—上臂杆；6—调整钢丝；7—弓头；8—平衡杆；
9—液压阻尼器；10—下臂杆；11—钢丝绳；12—气囊；13—电气控制箱

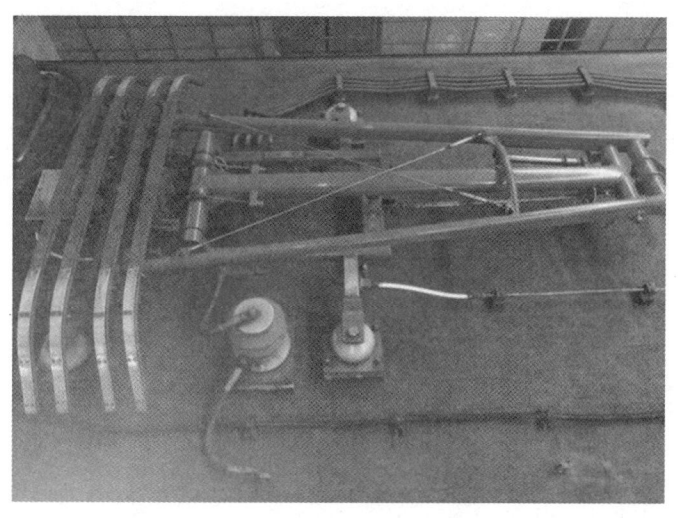

图 8.4 受电弓实物图

受电弓主要部件及功能如下：

① 底架组装。底架安装在车顶，作为下臂的支撑装置。QG-120（B-HEBLI）型受电弓的底架采用无缝矩形管材料焊接而成。该型号受电弓的底架具有强度高、质量轻等特点。

② 下臂杆组装。QG-120（B-HEBLI）型受电弓的下臂杆采用无缝钢管经机械加工后焊接而成，同时在下臂杆上采用转动轴承技术，使受电弓的转动更加灵活。

③ 上臂杆组装。QG-120（B-HEBLI）型受电弓在设计时考虑到受电弓的受流性能和质量等，所以受电弓的上臂杆采用了高强度的铝合金材料，使上臂杆的受流性能明显增强，且质量减轻，同时不会影响上臂杆的强度。

④ 气囊组装。QG-120（B-HEBLI）型受电弓的升弓动力来源于气囊组装，当车内压缩空气进入气囊组装后，气囊向水平方向移动，安装在气囊组装前推板上的钢丝绳推动下臂杆旋转，使受电弓升起。

⑤ 液压阻尼器。受电弓的缓冲是通过安装在下臂杆和上臂杆上的液压阻尼器来实现的。通过安装液压阻尼器使弓头的碳滑条有很好的随网性。液压阻尼器能在 −40 ~ +100 ℃ 环境下使用。

⑥ 拉杆。拉杆是由无缝不锈钢管和重型自润滑的关节轴承组合而成。当拉杆绕底架的回转中心转动时，受电弓弓头的位置被改变。

⑦ 平衡杆。平衡杆是使受电弓弓头在整个工作高度范围内（包括升到最大高度）保持水平，在车辆运动过程中通过缓冲调整装置消除外力对弓头在运动过程中的干扰。

⑧ 受电弓控制装置。受电弓控制阀板主要有：过滤器、精密调压阀、节流阀和快速排气阀等组成。安装在控制阀板上的精密调压阀可以调节受电弓的静态压力。

⑨ 软连线。为了避免电流通过轴承发热使轴承损坏，QG-120（B-HEBLI）型受电弓在每个转动部位都加装了一定数量的软连线，可对各转动部位的轴承起到保护作用。

⑩ 弓头总装。QG-120（B-HEBLI）型受电弓弓头采用四根滑板条，同时横托架内设计有减振弹簧，受电弓在工作时可有效地保护滑板条。

3. 工作原理

（1）升弓。每列车可以通过操作升弓控制开关来控制受电弓的升降动作。这种控制信号直接通过硬线来控制相关电磁阀，由电磁阀控制气路，最终压缩空气经受电弓供风单元、受电弓控制单元、ADD 电气控制箱进入空气弹簧，空气弹簧膨胀推动钢丝绳带动下臂杆运动，下臂杆在拉杆的协助下托起上臂杆及弓头，弓头在平衡杆的作用下，在工作高度范围内始终保持水平状态，并按照规定的时间平稳地升至网线高度，完成整个升弓过程中受电弓的运动平稳，不对架空的接触网产生有害冲击。

受电弓能够升起有一个必要条件是列车主风缸有足够的气压，在没有气压的情况下，可以通过按升弓泵投入按钮或操作脚踏泵产生气压。

（2）降弓。操作者按下降弓按钮，控制单元释放空气弹簧中的压缩空气，受电弓在重力作用和阻尼器的辅助下平稳地落到底架上的橡胶止挡上，完成整个降弓动作。整个降弓过程在规定的时间内完成，并且受电弓的运动平稳，对底架和车顶无有害冲击。

4. 技术数据

（1）集电容量。

额定电压：DC 1 500 V；

网线电压变化范围：DC 1 000 ~ 1 800 V；

额定电流：1 050 A；

最大启动电流（30 s）：1 500 A；

最大短时电流（70 s 占空因数为 5 s）：2 400 A

最大停车时电流（网压 DC 1 000 V 和单弓受电）：400 A。

（2）适用机车速度。

适用机车速度：≤120 km/h；

（3）受电弓位置。

最小工作位置（不包括绝缘子）：80 mm；

最大工作位置（包括绝缘子）：2 400 mm；

最大升弓高度（包括绝缘子）：（2 880 ± 100）mm；

折叠高度（包括绝缘子）：（300 ± 5）mm。

（4）受电弓网线接触压力。

标准静态压力：（120 ± 10）N；

静态压力调整范围：100～140 N；
静态压力可允许的容差：±10 N。

（5）受电弓张开、闭合时间。

升弓时间：≤8 s；

降弓时间：≤7 s。

（6）受电弓尺寸。

受电弓总长度：约 2 400 mm；

受电弓总宽度：（1 550±5）mm；

碳滑条工作部分长度：800 mm；

碳滑条数量：4 根；

底脚安装尺寸：（950±1）mm×（1 100±1）mm。

（7）受电弓工作气压。

额定工作气压：0.5 MPa；

最小工作气压：0.36 MPa。

（8）受电弓质量。

受电弓总质量（包括绝缘子）：约 140 kg。

（9）绝缘子。

绝缘子高度：80 mm；

绝缘子数量：4 个；

绝缘子安装接口：M20。

5. 故障检测（见表8.1）

表 8.1　故障检测

序号	故　障	可能的原因	检修方法
1	受电弓不能升弓	气囊装置损坏	检查更换气囊装置
		升弓钢丝绳磨损或断裂	检查更换升弓钢丝绳
		绝缘气管管路堵塞	检查清理绝缘气管管路，使其畅通
2	受电弓受流不稳定	接触压力变小	检查调整接触压力至额定值
		碳滑条破损	更换新的碳滑条
3	碳滑条磨耗不均匀	平衡杆的问题	调整平衡杆，使每根碳滑条都能与接触网很好地接触
4	受电弓底架和车顶之间产生火花	底架和车顶之间的绝缘子上有灰尘或污垢	清洁绝缘子
5	受电弓各管路漏气严重	管路破裂或各接头部位连接不牢固	检查更换破损的管路风管或将连接不牢固的管路接头紧固
6	受电弓静态压力发生变化	受电弓压力变大	检查受电弓大控制箱中的精密调压阀，如果失灵，应更换
		受电弓压力变小	检查受电弓大控制箱中的精密调压阀或受电弓的进气管路，如果需要，应进行清理

8.1.2 避雷器

哈尔滨地铁太平桥车辆段地铁车辆采用直流 1 500 V 级避雷器，如图 8.5 和 8.6 所示。该避雷器用来保护受电弓的绝缘和列车的电气设备免受直击雷和操作过电压的冲击，减少列车运行故障率，确保直流地铁车辆正常运行。

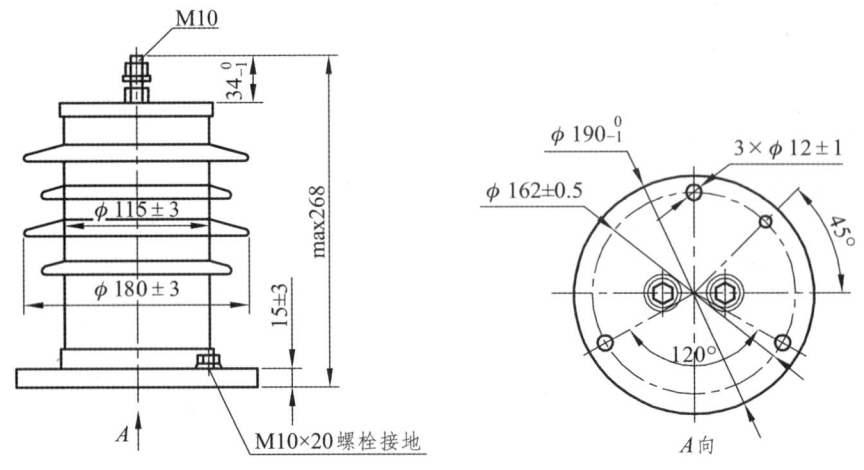

图 8.5 避雷器形状及尺寸

图 8.6 避雷器实物图

1. 结构和原理

避雷器内部采用直流氧化锌电阻片作为主要元件，电阻片两端设有金具和缓冲弹簧，压紧后用玻纤管套装，构成避雷器芯体；外部再用硅橡胶包封一体化压铸而成。

避雷器具有以下功能特性及优点：

（1）直流氧化锌电阻片具有优越的伏安特性，在正常持续运行电压下避雷器呈现高阻值，只流过很小的泄漏电流；当系统出现雷电和操作过电压时，氧化锌电阻片呈现低电阻，使避雷器的残压被限制在允许值以下，从而对电器设备提供可靠的保护。

（2）避雷器的芯体上面涂有专用底涂液，使硅橡胶复合外套与芯体黏接成一体，消除呼吸作用的影响，避免避雷器因受潮而导致的事故，同时改善电阻片的散热性能。

（3）避雷器芯体内电阻片与金具之间装有缓冲弹簧，避免各种冲击、振动对电阻片的损伤。

（4）玻纤管具有很高的机械强度，当避雷器超负荷而发生故障时，不会引起恶性爆炸。

（5）避雷器外套采用防污大小伞设计，具有优良的耐污秽和憎水性，在各种恶劣的大气环境中均能可靠运行。

（6）底座及端盖采用防锈铝材，端子及其余外露金属件均采用不锈钢材质，防腐蚀且美观。

2. 主要技术参数

系统电压：1 500 V；

设备最高电压：1 800 V；

额定电压：2 000 V；

持续运行电压：2 000 V；

标称放电电流：10 kA；

额定大电流：100 kA；

残压：≤4.80 kV（8/20 μs、10 kA 下）；

2 ms 方波通流容量（18 次）：≥1 200 A；

直流 1 mA 参考电压：≥2.60 kV；

0.75 倍直流 1 mA 参考电压下漏电流：≤50 μA；

避雷器的抗弯负荷：≥300 N；

避雷器的爬电距离：≥360 mm。

产品外形尺寸：

高度：（265±10）mm；

底座直径：（1 900±1）mm；

顶部端子规格：M10；

底座安装孔：3×ϕ12±1；

质量：≤8 kg。

8.1.3 高速断路器

高速断路器主要是对牵引逆变器与高压电路进行隔离，同时对牵引系统进行保护。在列车牵引系统的电路出现异常的情况下（如过电流、逆变器故障或者线路短路），高速断路器（HSCB）能够快速断开其触点，将各牵引设备从受电弓线路上安全断开。VVVF 逆变器通过高速断路器（HSCB）连接到接触网上。有些牵引系统在高速断路器（HSCB）和受电弓之间还设置了闸刀开关（KS），必要时（如检修时）可以把高速断路器（HSCB）和受电弓的高压线路断开，并用闸刀开关（KS）设置为接地。

高速断路器的主要功能为接通线路电压到牵引系统，在过载及短路时，保护牵引系统免受伤害，每个 MCM 配置一个 HSCB，MCM 封锁后，HSCB 将断开，如图 8.7 所示。

高速断路器的主要参数：额定电压为 2 kV；跳断电流为 1.2 kA。

下面情况下 HSCB 会立即断开：紧急停车，MCM 保护关断，降弓，检测及故障处理时。

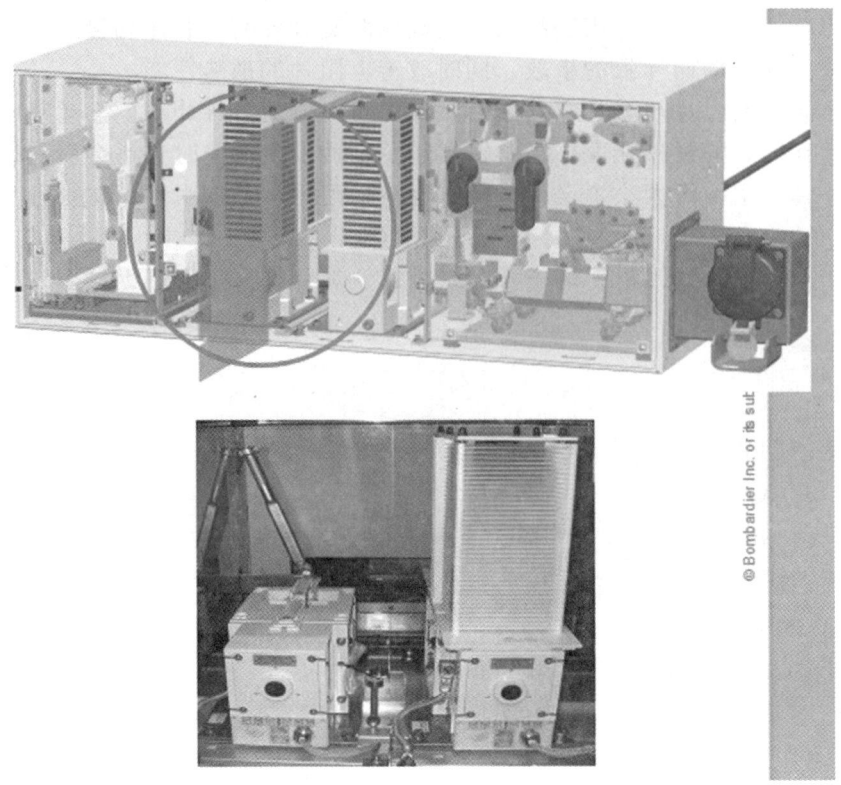

图 8.7　高速断路器

8.1.4　牵引逆变器

牵引变流器（MCM）的主要功能是把 DC（直流）电压转换为 AC（交流）电压。MCM 包含了电源转换的所有必要的控制功能，非车辆级控制，如图 8.8 所示。

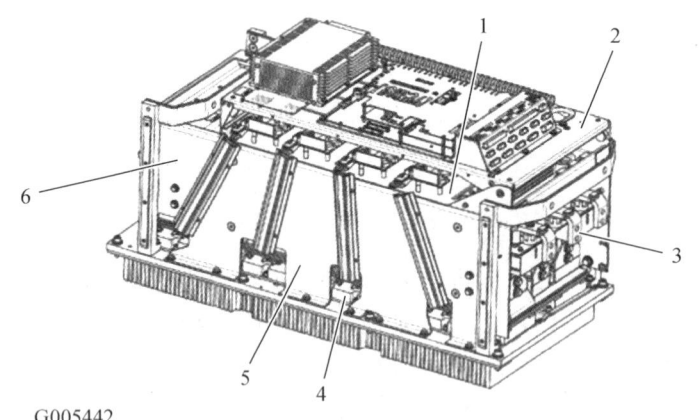

图 8.8　牵引变流器模块

1—GDU 组件；2—DCU 组件；3—电流传感器；3—相端子组件；4—功率部分；
5—DC link 电容；6—电流传感器，DC 端子组件

MCM 基于 IGBT 技术，有 3 个相似的相，每相并联至直流环节，每相 IGBT 通过开通、关断把稳定的直流环节电压转换为变压变频的三相电压，驱动 4 个并联的电机。门极驱动单元（GDU）控制 IGBT 的开通和关断并与驱动控制单元通信，其状态通过 GDU 上的两个 LED 指示。DCU（驱动控制单元）监控温度传感器、电流和电压传感器以控制变流器模块。当直流环节电压超出定义的最

大值时，DCU 也可以开通过压斩波器（OVP）。DCU、GDU 和传感器由低压电源供电。图 8.9 为牵引变流器控制电路图。

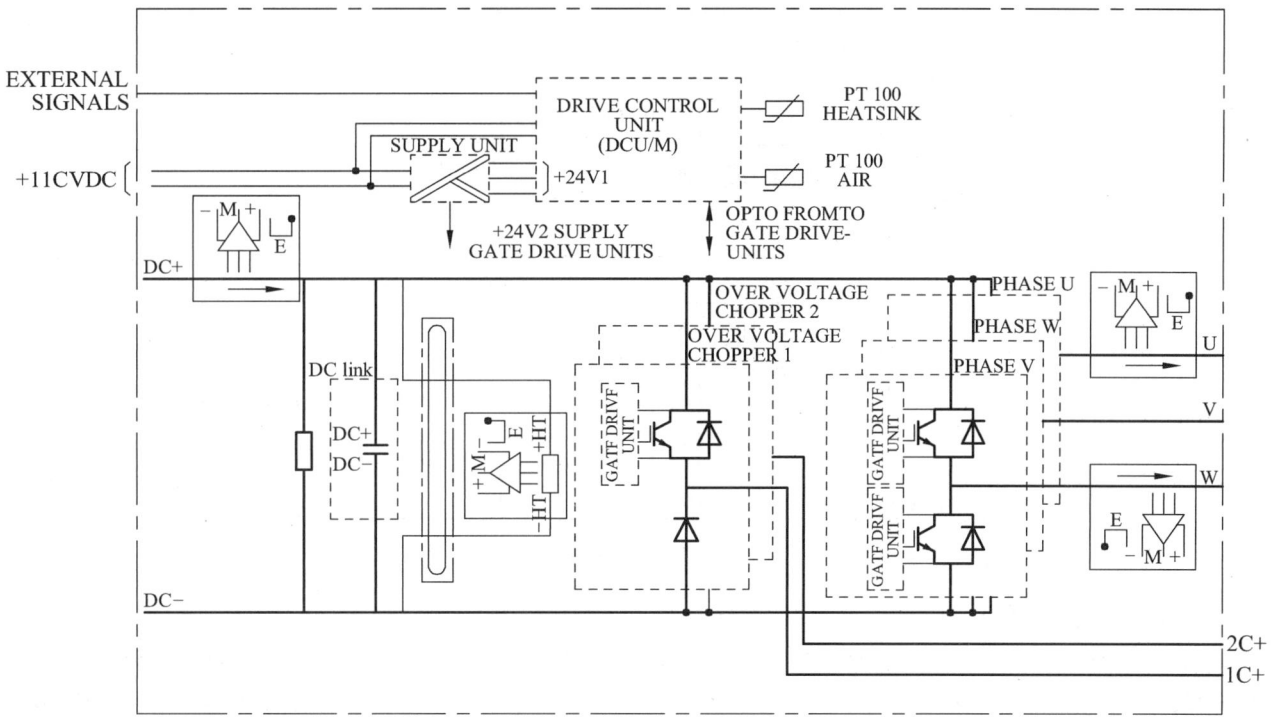

图 8.9　牵引变流器控制电路图

1. DC link 滤波

（1）直流环节电容器（DC link 电容）。直流环节电容器是一个能量缓冲器，可实现电容过滤并使直流环节电压稳定，它具有足够容量，从而保持直流环节中的电压纹波在允许范围内且能够实现精确的变流器控制。

（2）放电电阻。放电电阻与直流环节电容并联，电阻之间相互串联。

（3）无电区。利用列车的动能，在过无电区的时候可以通过直流环节电容维持电压。

当检测到无电区时，转矩参考立即被轻微制动代替。制动模式，三相变流器能量反向，反馈到直流环节电容。当检测到电压后，施加原先的转矩。通过这种方式，变流器不需要过断电区重新激活。

另外，由于变流器箱在无电区的时候仍可供电，所以辅助系统电压不会下降。

2. 变流器功能

（1）功能概述。

牵引变流器的主要任务是通过把直流环节电压转化为三相变压变频的交流电以控制电机的速度和转矩，由 DCU 控制。电制动期间，能量反向，把三相电压转换为 DC 电压。3 个（U，V 和 W）相桥臂如图 8.10 所示。

（2）IGBT 模块。

每个相桥臂有两个 IGBT 模块。模块内有一个带有反并联续流二极管的 IGBT。IGBT 由 GDU 开启和关闭，向栅极引出线发出电压信号。在牵引变流器中，IGBT 的开关使得相输出电压（U、V 和 W）在 DC+电压和 DC−电压之间交替。这引起了一个受控的交流相间电压。续流二极管在关断的时候提供电流的可选路径，避免由于过压引起的 IGBT 故障。

一个开关过程中,相电流将改变方向从 IGBT 模块高端至低端,反之亦然。

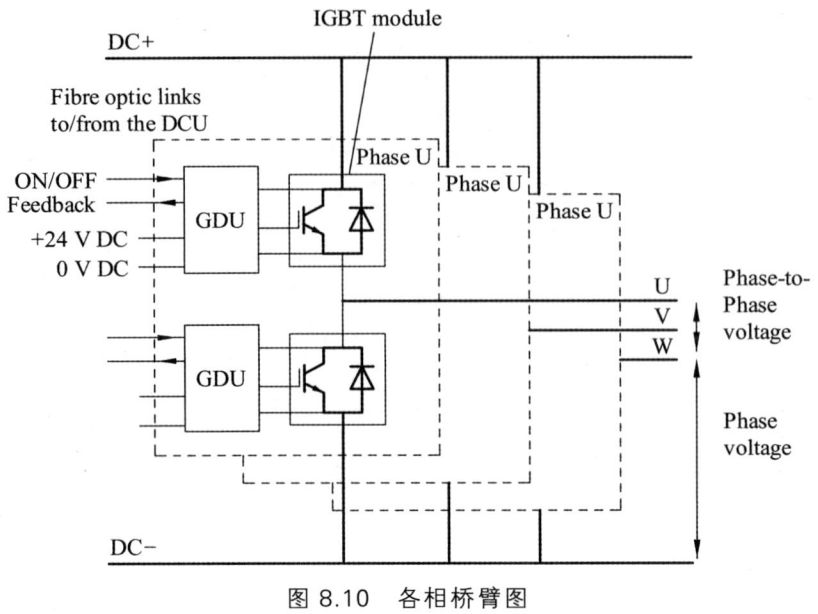

图 8.10 各相桥臂图

(3) 门极驱动单元。

每个相桥臂有两个 GDU,分别用于一个 IGBT 模块。GDU 通过 DCU 的命令控制 IGBT 的开通和关断。GDU 也可以检测到相短路,并通过光缆把信息发送至 DCU。GDU 电源为 +24 V,如果 GDU 检测到 +24 V 丢失,变流器将立即封锁。来自 DCU 的开通关断命令通过光缆发送,光缆流电隔离高压系统和控制系统,如图 8.11 所示。

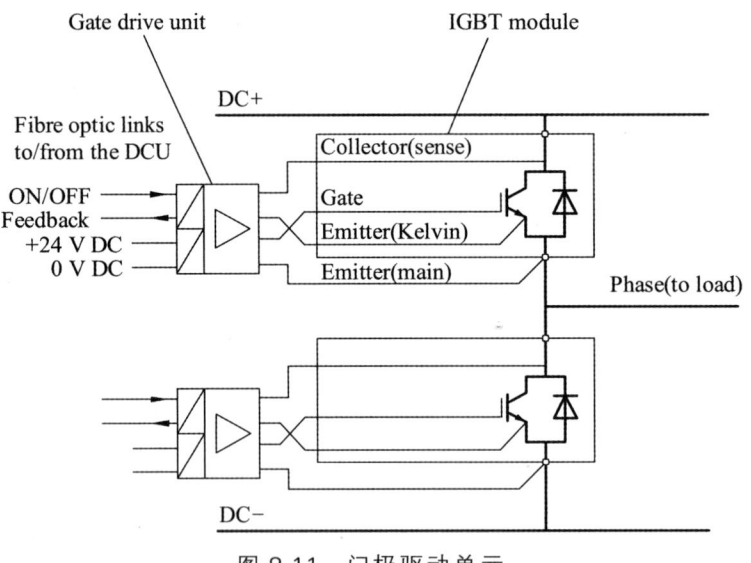

图 8.11 门极驱动单元

(4) 换相。

上桥臂 IGBT 开通时,下桥臂关断,相间电压输出等于直流环节电压(DC+),如图 8.12 所示。

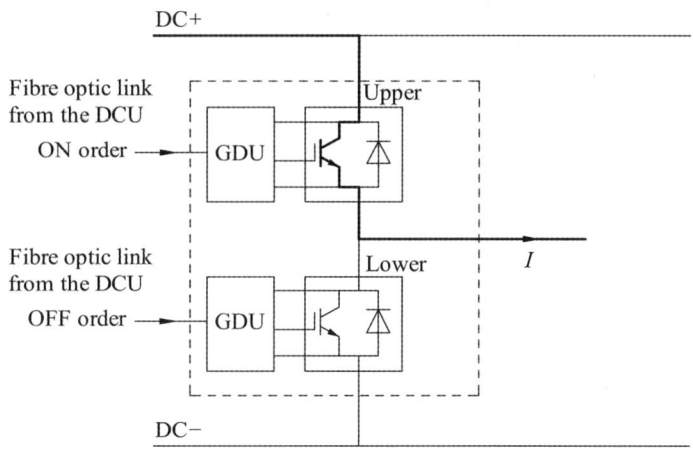

图 8.12 相桥臂导电模式（正相电流）

当相桥臂输出低时，关断命令发送至上 IGBT，开通命令发送到下 IGBT。相电流流经下 IGBT 到续流二极管，如图 8.13 所示。

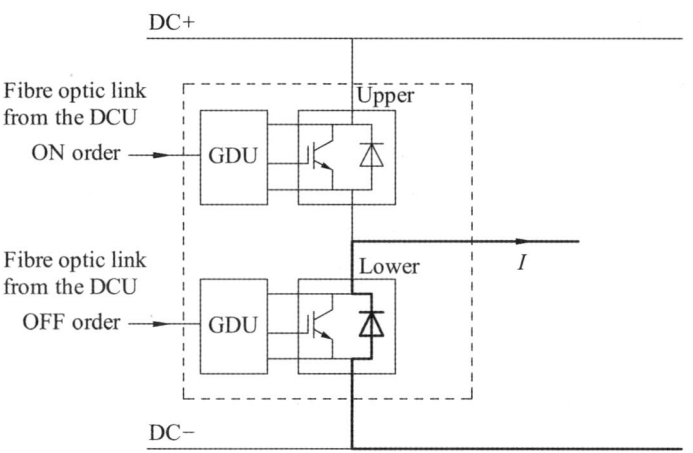

图 8.13 相桥臂导电模式（正相电流）

由于牵引变流器把直流环节电压转化为对称的三相交流电，IGBT 也支持负的相电流。每次换相时，车速高于列车基速时（一般低于基速），电流改变方向，从二极管到下 IGBT 换相，再到 DC−，如图 8.14 所示。

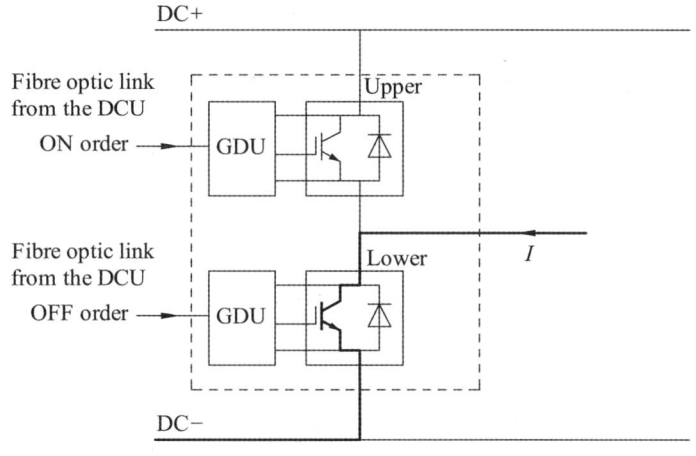

图 8.14 相桥臂导电模式（负相电流）

当相电流为负时，换相电流反向。电流从下 IGBT 到上 IGBT 的续流二极管，再到负载（续流降或是强迫降）。来自负方向的电流反向被驱动到正极方向。通信循环根据相同的传输顺序重复，如图 8.15 所示。

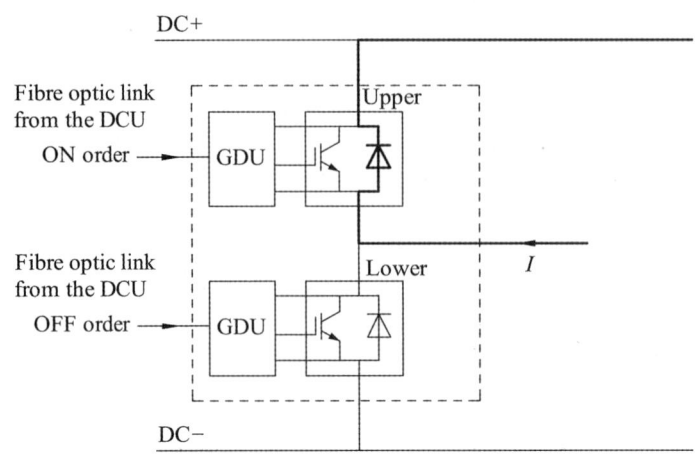

图 8.15　相桥臂导电模式（负相电流）

（5）调制模式。

电机由输入功率的电压和频率控制。可变电压和频率利用 PWM（脉宽调制）而产生。MCM 中使用的 PWM 方法被称为空间矢量调制（SVM）。PWM 利用变流器中的 IGBT 开和关，将直流环节电压转换成三相交流电压，实现了有效的电机控制，并且相关的高压开关频率将电机纹波的损耗维持在很低的水平。

IGBT 的开关频率反映 PWM 产生理想的电机电流的能力。频率越高，电机电流中的纹波就越低，电机损耗就越少。电机定子频率决定了车辆的速度，在正常 PWM（小于额定频率）中，电机电压频率比不变。当定子频率超过额定频率时，电机电压仍然不变，如图 8.16 所示。

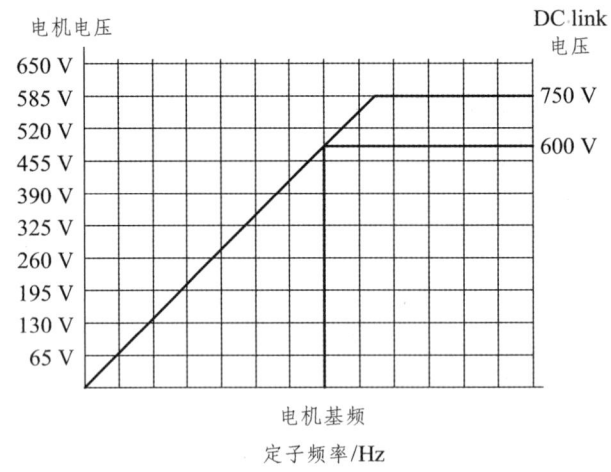

图 8.16　电机电压和定子频率的关系

3. 过压保护

MCM 中有两个组合的制动/过压斩波器，如图 8.17 所示。

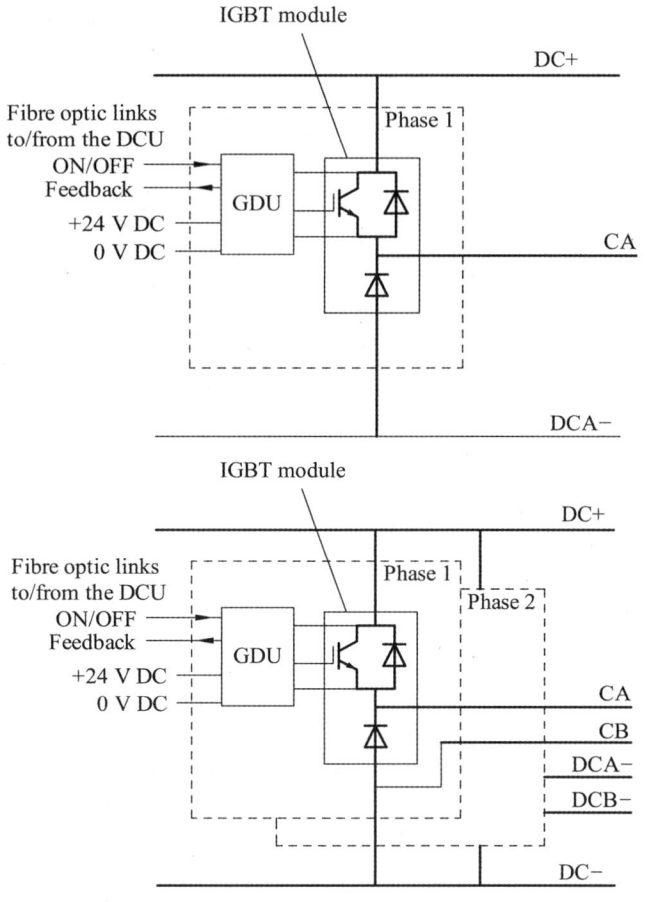

图 8.17 制动/过压斩波器

过压斩波器是为避免变流器模块电压瞬变，由内部控制系统对系统进行监督和控制。制动斩波器防止变流器过压。OVP 在驱动和制动模式时都可以激活，电制动时失效。当通过直流滤波电容器的电压超过可调整的数值时，两个相桥臂立即激活。当过压保护激活时，能量消耗在制动电阻上，并且直流环节电压开始下降。当电压低于可调整数值时，过压保护停止，两个斩波相并行一起激活。

4. 电气数据

变流器模块：

标称输入电压：DC 1 500 V；

最大输入电压：DC 2 000 V；

最小输入电压：DC 1 000 V；

三相输出电压：AC 0 ~ 1 400 V；

输出频率：0 ~ 120 Hz；

输出相电流：持续 490 A；

输出相电流：最大 965 A；

跳闸等级：DC 2 000 V；

蓄电池电压：DC 110 V。

5. 制动电阻

哈尔滨地铁太平桥车辆段地铁车辆使用的是强迫风冷制动电阻，由入风罩、出风防护罩、一个电机和叶轮以及主箱体内两个低阻值电阻组成。整机由安装吊架吊挂车底架下,结构如图8.18所示。

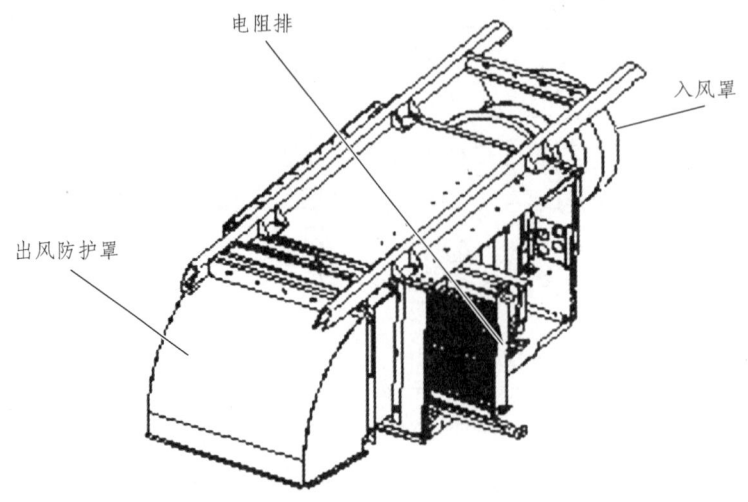

图 8.18　强迫风冷制动电阻结构图

6. 故障排除清单（见表8.2）

表 8.2　故障检测

序号	故　障	可能的原因	检修方法
1	电流故障	制动电阻过热导致一个或多个电阻元件故障（断路）	更换受损电阻排。检查清除杂物（特别是堵塞了通风通道的异物），检查风机的性能
2	电流故障	电阻排连接可能出现故障	更换受损电阻排，检查其他连接是否有过热迹象。维修时，清洗受损连接处，然后更换紧固件和矫正扭矩到正确值
3	电流泄漏（轻微接地故障或者间歇性接地故障）	可能一个或多个绝缘子损坏	通过鉴别已经严重污染的区域，或者检查绝缘子的裂缝及损坏来确定故障区域。彻底清洗或更换损坏的绝缘子。通过检查绝缘电阻来验证是否适当
4	电阻元件短路	电阻由于堵塞或部分通风孔阻塞而过热，电阻过载、超过设计额定值使风压损失或风机失效	检查、清洗和移除碎片，确保负载不超过额定值；检查风机状态，确保风机自由旋转；确认叶片角度正确；检查风机是否在电源供给时自由旋转
5	内部电阻片拉弧	内部电阻片绝缘子裂痕、过热（电阻元件变形）或污染	更换受损的电阻排。如果污染，那么只要清洗就可以了。如果电阻元件严重变形，那么必须更换电阻排
6	电阻片或连接处对地拉弧	导电碎片或受损绝缘子污染，外框结构受损导致电气间隙严重变小	清除污染源。更换受损绝缘子，矫正受损外框结构，如有需要，进行更换

8.1.5　牵引电机

牵引电机在牵引模式中将电能转化为机械能，在制动模式中将机械能转化为电能。牵引电机弹性组装在转向架构架上，并从变流器获得电流。电机转矩通过一个齿形联轴器和一个齿轮箱传递给轮轴。

1. 电机结构和主要部件

哈尔滨地铁太平桥车辆段地铁车辆使用的牵引电机是三相异步笼式敞开、自然通风型电机，如图8.19所示。

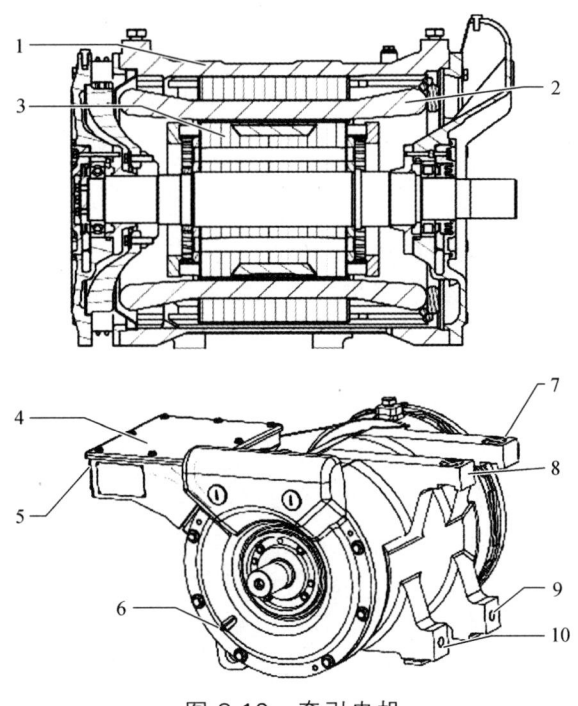

图 8.19 牵引电机

1—定子机座；2—定子绕组；3—转子叠片；4—接线盒；5—电力电缆 Pt100；6—润滑喷嘴；
7，8—上附件；9，10—下附件

2. 基本工作原理

转子绕组通常被称为鼠笼式绕组。转子叠片组合件在靠近转子圆周的位置有槽。绕组包括一组均匀排列在转子槽内的铜条，并且其每一端与导电环连接。从轴端观察，如果电源电压的相序是 U、V、W（见图 8.20）并且按照字母 U、V、W 的顺序连接到电机端子上，那么电机的旋转方向是顺时针（根据 IEC 34-8）。如果两相换接，那么旋转方向将变成反向。

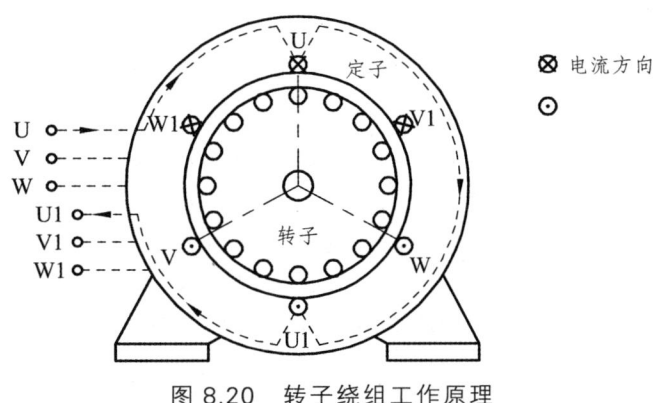

图 8.20 转子绕组工作原理

如果对称三相电压连接到电机端子，那么定子绕组将产生一个行波正弦分布的磁动势。磁动势产生相应的磁通行波。磁通将由定子、转子和定子与转子之间的空隙组成的磁路闭合。行波磁通的速度与电压的速度一样。这种沿定子周围的旋转速度被称为同步转速。旋转磁通（行波）在转子铜条中感应产生了电压，它与磁通速度和转子速度之间的速度差值成比例。转子电压的频率由下列等式计算出，并称之为差频。

同步转速：$n_2 = \dfrac{120f}{2p}$

差频：$f_s = f \cdot \left(\dfrac{n_1 - n_2}{n_1} \right)$

式中　f——电源电压的频率；

　　　p——异步电机的极对（极数除以 2）；

　　　n_2——转子转速。

转子铜条通过导电环连接。电压将在转子绕组中产生电流。然后，转子电流和定子磁通在转子上产生机械转矩。如果转子旋转速度低于同步速度，电机处于传动模式。如果转子旋转速度高于同步速度，电机处于制动模式。

8.2　牵引控制方式

牵引系统就是通过司机（或信号系统）给出的指令，综合考虑列车的状态信息、牵引系统自身反馈的信息等，通过牵引系统控制单元的计算，最终得出功率部件的开关指令。简单地讲，就是通过各个环节的计算最终算出逆变器单元应该如何开通功率部件，以便把 1 500 V 直流电压源逆变输出为满足要求的三相电压供电机使用，通过牵引电机驱动列车。这个复杂的计算过程需要建立相应的数学模型来完成。数学模型建立得越精确，越能营造舒适的乘车环境和实现更精确的停车精度。人们追求完美牵引控制方式的过程中出现了不同的控制理论，包括矢量控制和直接转矩控制等。

异步牵引电动机控制方法经历了：转差-电流控制方法，基于异步电动机的稳态数学模型，其动态性能远不能与直流调速相媲美；磁场定向控制方法，基于直流调速的控制思想，主要对异步电机进行矢量解耦，实现磁链、转矩独立调节，达到与直流调速系统同样的动态响应，同时也带来了新的难题，即转子参数及变化规律难以测定；最新的直接转矩控制方法，基于定子磁场定向，数学模型简单，定子参数及变化规律易于测定，有更优良的动态响应。

直接转矩控制技术是利用空间矢量、定子磁场定向的分析方法，直接在定子坐标系下分析异步电动机的数学模型，计算与控制异步电动机的磁链和转矩，采用离散的两点式调节器（Band-Band 控制），把转矩检测值与转矩给定值进行比较，使转矩波动限制在一定的容差范围内，容差的大小由频率调节器来控制，并产生 PWM 脉宽调制信号，直接对逆变器的开关状态进行控制，以获得高动态性能的转矩输出。它的控制效果不取决于异步电动机的数学模型是否简化，而是取决于转矩的实际状况。它不需要将交流电动机与直流电动机作比较、等效、转化，也不需要模仿直流电动机的控制。由于它省掉了矢量变换方式的坐标变换与计算及为解耦而简化异步电动机数学模型，没有同行的 PWM 脉宽调制信号发生器，所以它的控制结构简单、控制信号处理的物理概念明确、系统的转矩响应迅速且无超调，是一种具有高静、动态性能的交流调速控制方式。与矢量控制不同，直接转矩控制不采用解耦的方式，从而在算法上不存在旋转坐标变换，简单地通过检测电机定子电压和电流，借助顺势空间矢量理论计算电机的磁链和转矩，并根据检测值、给定值比较所得差值，即可实现磁链和转矩的直接控制。

8.3　牵引系统原理

列车通过受流装置从接触网取得 1 500 V 直流电流，经主隔离开关（正常工作位下），一路通过 HSCB 给 MCM 列车牵引系统进行供电，另一路通过环形馈线为 ACM 进行供电，如图 8.21 所示。其中一路给 MCM 供电时，高速断路器闭合后，电流通过滤波电抗器，减少谐波电流后，为防止过大电流冲击，保护滤波电容器受损，充电回路中，首先闭合充电接触器，充电电阻吸收部分电能，使电容电压达到系统要求设定的电压值后，充电接触器分离，分离接触器闭合，并通过 MCM 将直流电逆变为电压与频率可调节的三相交流电为牵引电机供电，如图 8.22 所示。

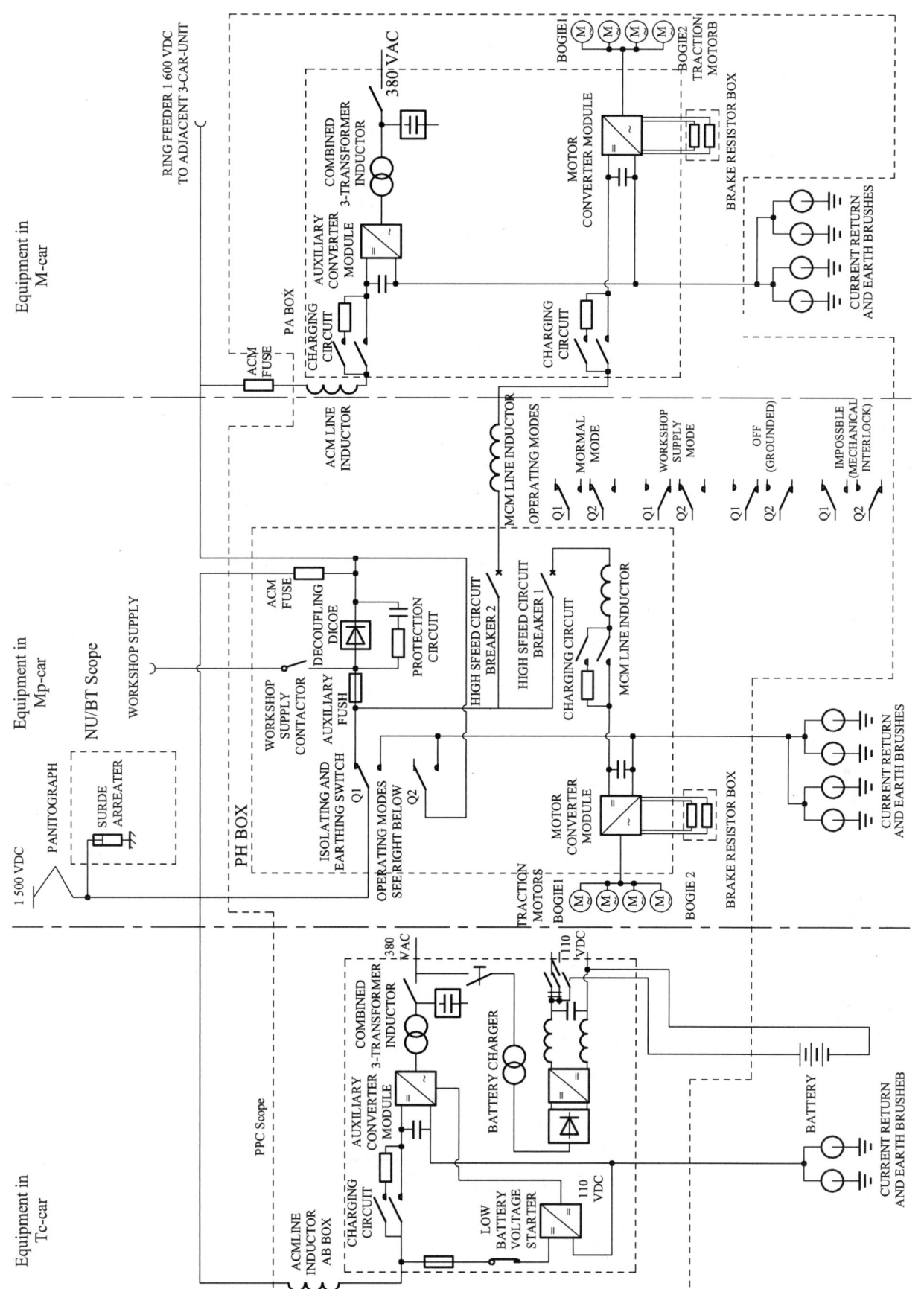

图 8.21 牵引系统电路图

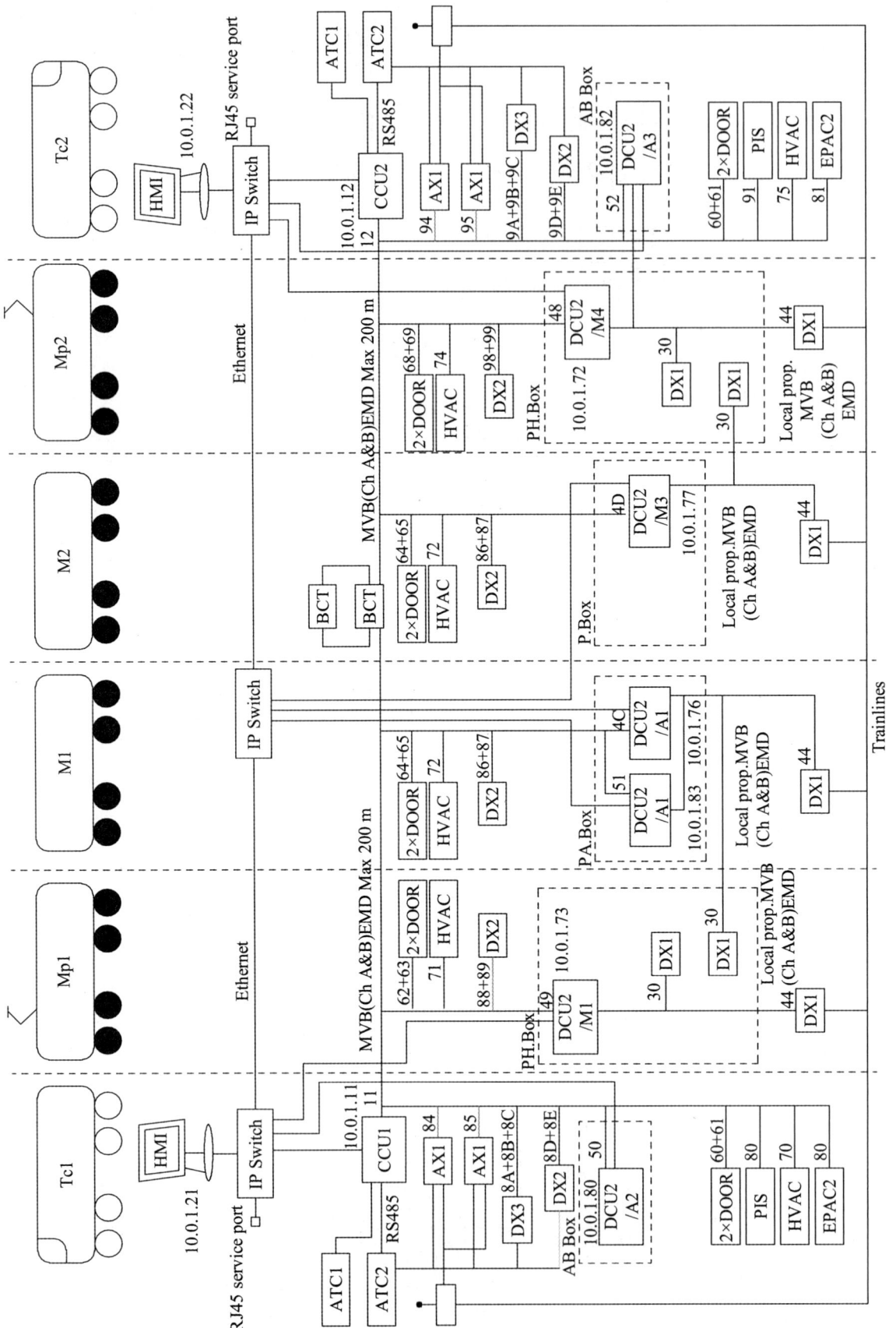

图 8.22 牵引系统原理模块图

接触网通过受电弓给直流线路供电。

1 500 V 直流通过高压设备和线路滤波器给 MCM 供电。

MCM 转直流为变频变压交流电源，用于驱动牵引电机。

牵引电机将电能转为机械能，驱动车轮运转。

8.4 牵引系统的检修维护

在各级修程中，对牵引系统各部件进行定期维护及检查，内容详见表 8.3。

表 8.3 牵引系统检修

项目	内　容	方法	工具材料劳保用品	技术要求	检修周期
牵引电机线缆	（1）检查外观。 （2）检查紧固件	目测检查	手电筒、白拼布	（1）外观良好。 （2）安装牢固，线缆接头（7 个）划线清晰，无错位	每天
牵引箱体（AB、PH、PA、P 箱）	（1）检查外观。 （2）检查箱盖锁闭情况。 （3）检查紧固件	目测检查	手电筒、白拼布	（1）外观良好，无损坏、无变形、无变色。 （2）箱盖须锁闭紧固（四角锁 3 个），锁闭位置正确，盖板与箱体之间无缝隙。 （3）安装牢固，安装螺栓 M10（8 个）划线清晰，无错位；紧固螺栓 M6（下盖板 24 个）划线清晰，无错位	每天
	（1）检查箱体外观。 （2）检查紧固件。 （3）检查外部连接线缆。 （4）检查盖板及安装螺栓。 （5）检查箱体内部环境	操作检查	白拼布、手电筒	（1）箱体无损坏，焊接处无裂纹。 （2）箱体螺栓连接，确保螺母使用正确扭矩旋紧，无裂缝或金属疲劳。 （3）箱体所有外部电缆连接，确保所有套管和连接器状态良好，电缆无磨损迹象。 （4）检查所有盖板，确保所有安全螺栓都在其位置，并使用正确力矩旋紧。 （5）检查箱体内有无异常现象，有无异味，有无晶须，有无灰尘积垢	每月
制动电阻	（1）检查外观。 （2）检查紧固件。 （3）检查出风口	目测检查	白拼布、手电筒	（1）无损坏、变色现象，线缆连接良好。 （2）安装牢固，安装螺栓 M12（8 个），紧固螺栓划线清晰，无错位。 （3）有无异物，有异物则进行清理	每天
	清洗叶轮的轮毂和叶片及电机外表面	清洁操作	工业吸尘器、白拼布、毛刷	（1）对制动电阻风机格栅进行拆卸，拆卸 6 个 M6 螺栓（此螺栓可正常拆卸，拆卸后无须进行更换），清洁安装后做好防松标记。 （2）格栅拆卸后，对风机叶轮表面、叶毂位置表面进行清洁，清洁后要求以手擦拭，手上无污染。建议不要用压缩空气，防止灰尘进入电阻排内，保证电阻片内清洁。 （3）检查导管、法兰和密封有无损坏，如损坏，进行更换。叶轮的轮毂和叶片、电机外表面无明显积灰。达到清洁等级Ⅳ级	每年
	测量电阻	测量检查	高精度兆欧表	测量步骤详见《制动电阻测量作业指导书》，查看阻值是否在范围内 [整体阻值范围在 $2.448\times(1\pm5\%)$ Ω]，并记录	每年

续表

项目	内　容	方法	工具材料劳保用品	技术要求	检修周期
避雷器	检查并清洁避雷器	目测检查、清洁操作	无	检查并用清水清洁避雷器，外观无裂纹和缺损	每月
	检查并清洁避雷器、高压电缆、接地电缆	外观检查、清洁操作	白拼布、酒精	外观表面单个缺陷面积应不超过 5 mm^2；用一块布蘸用酒精仔细清洗复合外套的伞裙；检测高压电缆及接地电缆外观无裂纹和缺损，螺栓紧固	每年
	测试直流 1 mA 参考电压及 0.75 倍直流 1 mA 参考电压下泄漏电流	测量检查	ZVA-4 型直流参数测试仪	测试避雷器直流 1 mA 参考电压及 0.75 倍直流 1 mA 参考电压下泄漏电流在参考范围（直流 U1 mA 参考电压值：（2.6～3.2）kV；0.75U1 mA 下漏电流值≤0），否则更换避雷器	每年
箱体	箱体防尘滤网	更换箱体防尘滤网	防尘滤网	（1）使用 10 mm 棘轮扳手松动两个 M8 固定螺栓。 （2）换下旧的滤网，并用白拼布将滤网安装架擦拭干净。 （3）移开止挡，换上新的滤网，并合上过滤器箱。 （4）将过滤器箱按反顺序逐步安装，恢复。 （5）更换完成后，确认防尘滤网安装牢靠	每月
齿轮箱	（1）检查外观。 （2）检查注油口与放油口状态。 （3）检查齿轮箱的润滑油状态。 （4）检查感温标贴状态。 （5）检查铭牌	目测检查	手电筒	（1）外观良好，无裂纹。 （2）注油口与放油口无漏油。 （3）确认齿轮箱的润滑油位在规定油面以上。 （4）无异常发热，感温标贴无变色。 （5）铭牌固定良好	每天
	（1）检查温度。 （2）检查外观并清洁。 （3）检查紧固件。 （4）检查齿轮箱油	目测检查、操作检查、清洁操作	手电筒、白拼布、乐泰 7063	（1）目测感温标贴无变色，确认齿轮箱无异常发热。如变色，及时分析原因，并更换感温标贴。 （2）检查齿轮箱外观无锈蚀、损坏现象，无不正常泄漏。损坏部件更换，挂伤、剥落部位进行修补；使用抹布对齿轮箱外壳和注油孔进行清洁，如有必要，使用乐泰 7063 或同等功效产品进行清洁。干净、无油污、无灰尘，满足Ⅳ级清洁度要求。 （3）齿轮箱上的所有螺栓（102 个）连接外观完好，防松标记无松动（齿轮箱铭牌紧固），如有松动，按规定扭矩拧紧，并作防松标记（白色线）。 （4）车辆停车 20 min 后检查油位，油位介于槽口的上刻线与下刻线之间；如油位低于最小量，则向齿轮箱注入油，补充至适当油位。油色正常，无发白乳化或发黑现象；如有异常，必须查找原因并纠正	每月

续表

项目	内　容	方法	工具材料劳保用品	技术要求	检修周期
齿轮箱	（1）检查放油孔磁性螺堵。 （2）更换齿轮箱油	操作检查、更换操作	夹钳（剪钢丝用）、集油容器、Mobil Synthetic Gear Oil 75W-90润滑油	（1）将放油磁性螺堵（1个，G3/4）旋出后，取下密封圈，进行检查。螺堵面糊状油泥，属正常；若发现金属异物，需进行分析，确定下一步方案。螺堵螺纹损坏应更换，同时更换密封垫片。 （2）换油具体步骤详见《齿轮箱换油工艺》	第一次1年，之后为2年1次
联轴节	（1）检查外观。 （2）检查紧固件。 （3）有无泄漏	目测检查	手电筒、白拼布	（1）外观良好。 （2）连接紧固M10（可视9个），划线清晰，无错位。 （3）无润滑油脂渗漏	每天
	检查外观	目测检查	手电筒、白拼布	检查外部无损坏（无冲击点、无腐蚀），检查无润滑油泄漏	每月
牵引电机	（1）检查外观。 （2）检查注油堵。 （3）检查感温标贴状态。 （4）检查牵引电机与安装座状态。 （5）检查紧固件。 （6）检查出风口	目测检查	手电筒、白拼布	（1）外观良好，无裂纹。 （2）注油堵无丢失。 （3）无异常发热，感温标贴无变色。 （4）牵引电机与构架安装牢固，安装座无异常损伤及裂纹。 （5）安装螺栓M24（可视2个），划线清晰，无错位。 （6）有无异物，如有异物应进行清理	每天
	（1）检查温度。 （2）检查外观并清洁。 （3）检查紧固件及接线。 （4）检查出风口	目测检查、操作检查	手电筒、白拼布	（1）目测感温标贴无变色，确认牵引电机无异常发热。如变色，及时分析原因，并更换感温标贴。 （2）电机及接线外观完好，无裂纹，牵引电机与构架安装牢固，安装座无异常损伤及裂纹，注油堵无丢失。 （3）电机螺栓紧固M24（4个），划线清晰，无错位，电机接线划线清晰，无错位。 （4）出风口无异物，如有则清理异物	每月
	牵引电机轴承的润滑	更换操作	白拼布、Shell Retinax LX2润滑油	打开牵引电机注油嘴帽。将注油枪嘴扣进牵引电机注油嘴，向注油孔分别打入45 g牵引电机油。将注油嘴帽擦拭干净并合上。要求排油口和注油口周围清洁等级达到Ⅳ级（左右两个注油孔都需要注入）	每年
MCM电抗器	（1）检查外观。 （2）检查紧固件	目测检查	手电筒、白拼布	（1）外观良好，无损坏、无变形、无变色。 （2）安装螺栓M16（4个），划线清晰，无错位	每天

续表

项目	内　容	方法	工具材料劳保用品	技术要求	检修周期
车间电源	检查外观	操作检查	白拼布、手电筒	车间电源盖须锁闭紧固，无损坏	每天
	清洁车间电源插座；检查外观及连接线缆	清洁操作	压缩空气气枪、斜口钳、白拼布、毛刷、KONTAKT 60喷雾	（1）用斜口钳剪开扎带，打开车间电源锁，打开车间电源盖板。清洁盖板内部与外部，用毛刷清洁接触针及接触块，用白拼布清洁车间电源插座表面，达到清洁等级Ⅲ级。 （2）检查外观是否损坏、掉漆；检查连接螺钉（4个M80）是否紧固；用干布除去污垢时，检查可见的损坏，如果损坏，须更换。如果对车间电源进行更换，连接紧固件也需进行更换。检查连接电缆未损坏、无裂缝或变色的零件	每年
	检查灭弧罩外观并清洁	清洁操作	压缩空气枪、酒精	（1）用工具拆下灭弧罩部分。灭弧罩表面无烧灼、无积垢、无裂纹、无损坏，内部管道畅通。 （2）灭弧罩清洁，达到清洁等级Ⅳ级	每年
	检查功能	操作检查	1500 V直流电源柜	用直流电源柜连接车间电源，检查车间电源能正常供电	每年
受电弓	（1）检查紧固件。 （2）检查气路连接。 （3）检查电气连接	目测检查、耳听检查	白拼布、手电筒	（1）螺栓紧固，防松线清晰，无错位。 （2）管接头处划线清晰，无错位，无漏气声音。 （3）电气连接处划线清晰，无错位	每月
	检查软连线外观	目测检查	白拼布、手电筒	要求断股不超过10%（两股），在运动过程中不受拉力	每月
	（1）检查碳滑条外观。 （2）测量碳滑条	检测操作、测量检查	白拼布、手电筒、游标卡尺	（1）外观良好，无断裂。 （2）碳滑条检查标准： 碳滑板及托架厚度大于22 mm。 同一直线上两根碳滑条厚度差不超过5 mm。 有长度大于100 mm、纵向深度大于当前碳滑板40%的崩边，需更换。 测量完成后填写《受电弓数据记录单》	每月
	检查受电弓静态压力	操作检查、测量检查	拉力计	受电弓在升弓高度80～2 400 mm内的静态接触压力为（120±10）N，若超出范围，可通过调节受电弓控制板的精密减压阀。测量完成后填写《受电弓数据记录单》	每月
	检查钢丝绳外观	目测检查	锂基润滑脂	查看钢丝绳表面是否良好，有无断股。 查看钢丝绳是否缺油，如缺油，涂抹锂基润滑脂。涂抹锂基脂时，表面需要覆盖一层均匀的油脂层，达到钢丝涂抹部分无裸露	每月
	检查液压阻尼器外观	目测检查	无	无漏油现象	每月
	清洁受电弓绝缘子	清洁操作	无纺布、酒精	清洁后绝缘子露出本色，达到Ⅳ级清洁度	每月
	检查轴承功能	检测操作	白拼布、手电筒	转动灵活、安装良好	每月

续表

项目	内　容	方法	工具材料劳保用品	技术要求	检修周期
受电弓	测试升降弓时间	测量检查	秒表	升弓：在受电弓离开最低位置到接触接触网的时间≤8 s； 降弓：在受电弓离开接触网到落到落弓位置时间≤7 s。 将测量结果填写在《受电弓数据记录单》中	每月
受电弓	检查、润滑钢丝绳	目测检查、润滑操作	38件套、锂基润滑脂	目测检查钢丝绳无断股，涂抹锂基润滑脂	每年
受电弓	气囊保压实验	操作检查、测量检查	无	接触网无电时进行作业，挂好接地线，110 V升弓后，截断受电弓底架进气塞门，保证10 min内受电弓不会降下。测量完成后填写《受电弓数据记录单》	每6个月
P箱、PA箱	清洁箱体，检查外观	清洁操作、目测检查	工业真空吸尘器、毛刷、白拼布、酒精、水桶	（1）用清洁工具将箱体外表面进行彻底清洁，达到清洁等级Ⅳ级。 （2）检查内部电器元件无水或其他污染，确保箱体内部无任何泄漏迹象。 （3）盖板密封良好，无任何老化问题	每年
P箱、PA箱	检查排水过滤器	目测检查	白拼布、手电筒	检查变流器箱底板上的两个排水滤网外观正常	每年
P箱、PA箱	检查充电、分离接触器模块	目测检查	通用工具	检查模块内部接线、铜排、触点无损伤。接线状态良好，接线处无松脱、断股情况，模块表面无损坏	每年
P箱、PA箱	清洁中间部分及外部风扇	操作检查、清洁操作	手电筒、吹风机、移动电源线缆盘、扭力扳手10 N·m、套筒10 mm	操作过程详见《牵引箱体中间部分清灰工艺》，达到清洁等级Ⅳ级	每年
P箱、PA箱	清洁箱内散热器	清洁操作	压缩空气气枪、毛刷	用毛刷对散热器表面进行清洁。用压缩空气对散热器缝隙内的灰尘进行吹扫，达到清洁等级Ⅳ级。	每年
PH箱	清洁箱体，检查外观	清洁操作、目测检查	工业真空吸尘器、毛刷、酒精、水桶	（1）用清洁工具将箱体外表面进行彻底清洁，达到清洁等级Ⅳ级。 （2）检查内部电器元件无水或其他污染，确保箱体内部无任何泄漏迹象。 （3）盖板密封良好，无任何老化问题	每年
PH箱	检查排水过滤器	目测检查	白拼布、手电筒	检查变流器箱底板上的两个排水滤网外观正常	每年
PH箱	检查充电、分离接触器模块	目测检查	通用工具	检查模块内部接线、铜排、触点无损伤。接线状态良好，接线处无松脱、断股情况，模块表面无损坏	每年

续表

项目	内容	方法	工具材料劳保用品	技术要求	检修周期
PH箱	清洁中间部分及外部风扇	操作检查、清洁操作	吹风机、移动电源线缆盘、扭力扳手10 N·m、套筒10 mm	操作过程详见《牵引箱体中间部分清灰工艺》，达到清洁等级Ⅳ级	每年
	清洁箱内散热器	清洁操作	压缩空气气枪、毛刷	用毛刷对散热器表面进行清洁。用压缩空气对散热器缝隙内的灰尘进行吹扫，达到清洁等级Ⅳ级	每年
	检查高速断路器	操作检查	开关箱3EST000210-2791	具体步骤详见《高速断路器检查工艺》	每年
	对主触点动作距离进行检查	测量检查	数显游标卡尺	用数显游标卡尺测量主触点动作距离；主触点动作距离 $C=(0.9\pm0.1)$ mm	每年

8.5 牵引系统作业指导书

《QY-001齿轮箱润滑油更换作业指导书》
《QY-003检查高速断路器作业指导书》
《QY-004牵引箱体滤网更换作业指导书》
《QY-006制动电阻测量作业指导书》
《QY-007车下箱体模块拆卸作业指导书》
《QY-008DCU主板更换作业指导书》
《QY-010牵引电机轴承注油工艺》
《SDG-001调整升、降弓作业指导书》
《SDG-002调整受电弓静态压力与气囊保压实验作业指导书》
《SDG-003受电弓检查碳滑条外观、更换及紧固作业指导书》
《SDG-004检查电器连接件作业指导书》
《SDG-005检查受电弓外观及清洁作业指导书》

 章节自测

一、填空题

1. M车上的DC 1500 V高压是从（　　）车传过来的。
2. 列车高压系统可以通过（　　）、（　　）工作方式进行受流。
3. 当列车接到紧急制动信号时，将切断逆变器供电，停止输出（　　）。
4. MCM能将直流电压转换为三相变频变压（　　）。

5. 全列电客车共（　　　）个 MCM 单元。
6. 电气牵引系统为（　　　）控制的交流传动系统，采用（　　　）受流。
7. 充电电路的作用是对输入 MCM 模块的直流电进行（　　　），防止 MCM 启动时受瞬时大电流的冲击。
8. 每个充电电路包含一个（　　　）、一个充电接触器和一个分离接触器。
9. 牵引变流器模块通过降低（　　　）或增加制动来控制系统检测到的线路干扰或者受电弓弹跳。
10. 1 个 PH 箱中有（　　　）个高速断路器。
11. 当半组车中检测到网压中断或者受电弓弹跳后，辅助逆变器可以通过直流母线从（　　　）得到网压。
12. 1 节 M 车包括（　　　）个牵引电机和（　　　）个齿轮箱。
13. 电动机的主要作用是利用电能转化为（　　　）。
14. 哈尔滨地铁的牵引电机是专为地铁车辆设计的三相鼠笼式（　　　）。
15. MCM 是指（　　　）单元。

二、选择题

1. 车辆使用的电压等级分别为高压（　　　）V，中压（　　　）V，低压（　　　）V。
   A. DC 2 500、DC 400、DC 110　　　　B. AC 1 500、DC 380、DC 110
   C. DC 1 500、AC 380、DC 110　　　　D. AC 2 500、DC 400、DC 110
2. MCM 是指（　　　）。
   A. 输入输出模块　　　　　　　　　　B. 电机变流器模块
   C. 辅助变流器模块　　　　　　　　　D. 司机显示器
3. Mp 车是指（　　　）。
   A. 带受电弓的动车　　　　　　　　　B. 动车
   C. 拖车　　　　　　　　　　　　　　D. 带空压机的动车
4. VVVF 的含义是（　　　）。
   A. 变压变频　　　　　　　　　　　　B. 恒压变频
   C. 恒压恒频　　　　　　　　　　　　D. 变压恒频
5. MCM 中的充电接触器至少每（　　　）个月或操作 5 万次进行一次检查。
   A. 3　　　　B. 4　　　　C. 5　　　　D. 6
6. 每台 VVVF 逆变器给一辆动车上的（　　　）台牵引电机供电。
   A. 2　　　　B. 3　　　　C. 4　　　　D. 5
7. 哈尔滨地铁 1 号线车辆目前主要采用的调速方式是（　　　）。
   A. 交流电机电阻调速　　　　　　　　B. 直流电机调速
   C. 直流电机电阻调速　　　　　　　　D. 交流电机调速
8. 下列不是电动机构成的是（　　　）。
   A. 定子　　　　B. 负载　　　　C. 转子　　　　D. 轴承
9. 牵引电动机采用（　　　）的冷却方式。
   A. 自然风冷　　　　　　　　　　　　B. 闭路循环气体冷却
   C. 液冷　　　　　　　　　　　　　　D. 表面和内部冷却
10. 牵引电机电气跟牵引变流器相连，机械上通过（　　　）连接到齿轮箱上。
    A. 联轴节　　　　B. 轴箱　　　　C. 连接线　　　　D. 拉杆
11. MCM 的主要功能是为（　　　）提供三相交流电源。
    A. 牵引电机　　　　B. 辅助负载　　　　C. 制动系统　　　　D. 客室照明

12. 每个 PH 箱内都含（　　）个高速断路器，给车上牵引功率电路提供过流和短路保护。
   A. 1　　　　　　B. 2　　　　　　C. 3　　　　　　D. 4

13. 符号 $\binom{M}{3\sim}$ 表示（　　）。
   A. 三相鼠笼感应电机　　　　　　B. 断路器
   C. 继电器　　　　　　　　　　　D. 蓄电池

14. VVVF 逆变器采用（　　）的冷却方式进行冷却。
   A. 自然风冷　　　　　　　　　　B. 强迫风冷
   C. 液冷　　　　　　　　　　　　D. 表面和内部冷却

三、判断题

1. 当线路电流过大或电流变化率过快时，高速断路器迅速断开，保护 MCM 模块。（　　）
2. OVC 是指过电压控制。（　　）
3. 所有车上电气设备、牵引系统、三相辅助系统、蓄电池的电源输入源头都来自接触网。
   （　　）
4. MCM 滤波电抗器可以增加线路电压中的瞬变和谐波，并且能稳定直流线路的电压。
   （　　）
5. 当受电弓升起或备用模式激活，HSCB 关闭。（　　）
6. DC 1 500 V 高压是由受电弓传到 M 车上的。（　　）
7. 高速断路器的作用为保护 ACM 模块。（　　）
8. 电阻制动装置采用强迫通风冷却方式进行冷却。（　　）
9. 电制动产生的电能全都传递给电网。（　　）
10. VVVF 逆变器使用 AC 380 V 三相交流风机来冷却。（　　）

四、简答题

1. 标出图 8.23 中标号的牵引电机组成的名称。

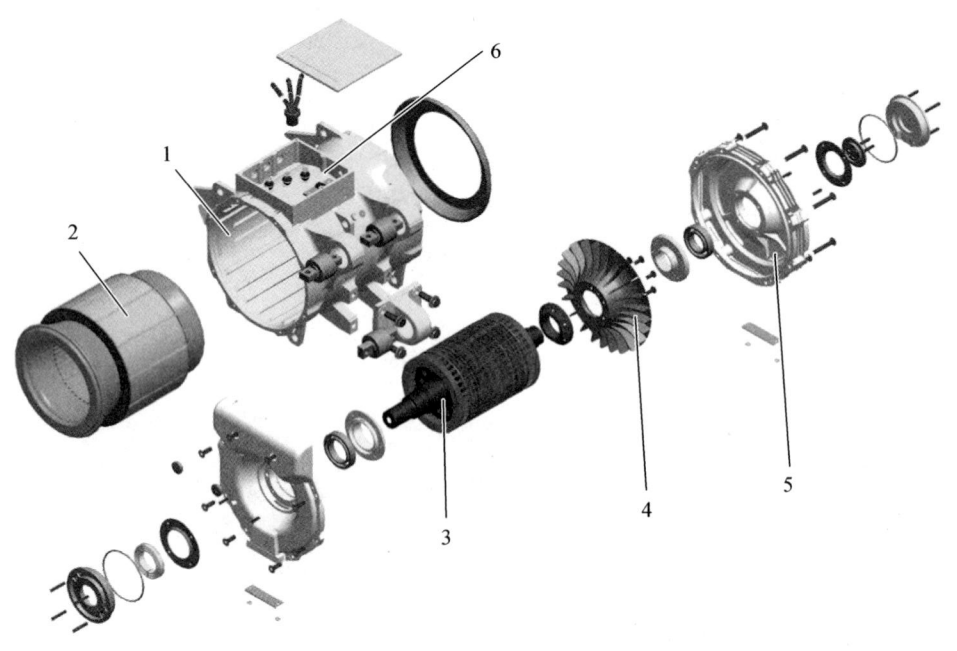

图 8.23　牵引电机组成

2. 简述高速断路器、MCM 滤波电抗器、充电电路的作用。
3. Mp 包含哪些设备？M 车包含哪些设备？M1 与 M2 牵引系统有哪些区别？
4. 简述 MCM 线路电抗器的作用。
5. 简述牵引系统的拖动原理。

9 辅助系统

地铁车辆均以直流电网供电,电网电压主要有 750 V 和 1 500 V 两种。辅助电源系统以辅助逆变器(ACM)、充电机等为核心组成部件。辅助电源系统是车辆牵引控制系统的重要组成部分。ACM 为车辆客室空调机组及通风装置、空压机、电加热器、交流照明等交流负载提供三相或单相交流电源。

充电机为车载各系统控制电路、直流照明、电动车门、车载信号与通信设备提供直流电源,并给蓄电池组充电。哈尔滨地铁接触网电压为 DC 1 500 V,辅助逆变器由绝缘栅双极型晶体管(IGBT)模块组成为列车辅助系统供电,其冷却方式采用强迫风冷。

9.1 辅助系统

列车辅助系统主要由辅助变流器、充电机、蓄电池组等组成。

9.1.1 辅助变流器

哈尔滨地铁辅助变流器模块型号为 Mitrac CM-I 1500 AMA,由直流环节电容、三相逆变器、1 个过压保护 IGBT、2 个过压保护电阻、1 个驱动控制单元 DCU/A、1 个供电单元、IGBT 门极驱动、2 个电流传感器、1 个中间直流环节的电压传感器和放电电阻组成,如图 9.1 所示。

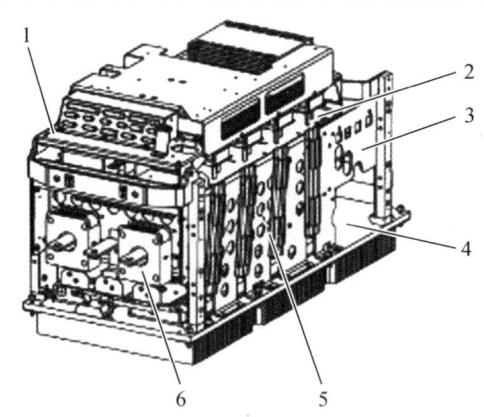

图 9.1 辅助变流器模块
1—DCU 组件;2—GDU 组件;3—电流传感器,直流端子组件;4—电源部分;
5—直流链路电容器;6—电流传感器,三相端子组件

ACM 基于三相 IGBT 技术,每一相并行连接在直流环节上,每相 IGBT 通过开通或者关断的状态把直流电压转换成三相交流电,用于列车的辅助系统如蓄电池充电机、空调、空压机等供电。门极驱动单元(GDU)控制 IGBT 的开通和关断并与驱动控制单元通信,状态通过 GDU 上的两个 LED 指示灯显示。DCU 监控温度传感器、电流和电压传感器以控制变流器模块。当直流环节电压超出定义的最大值时,DCU 也可以开通过压斩波器(OVP)。

1. IGBT 模块

每个相桥臂有两个 IGBT 模块。模块内有一个带有反并联续流二极管的 IGBT。IGBT 由 GDU 控制开启和关闭，向栅极引出线发出电压信号。

IGBT 的开关使得相输出电压在 DC+电压和 DC−电压之间交替，如图 9.2 所示，形成了一个受控的交流相间电压。续流二极管在关断时提供电流的可选路径，避免由于过压引起的 IGBT 故障。

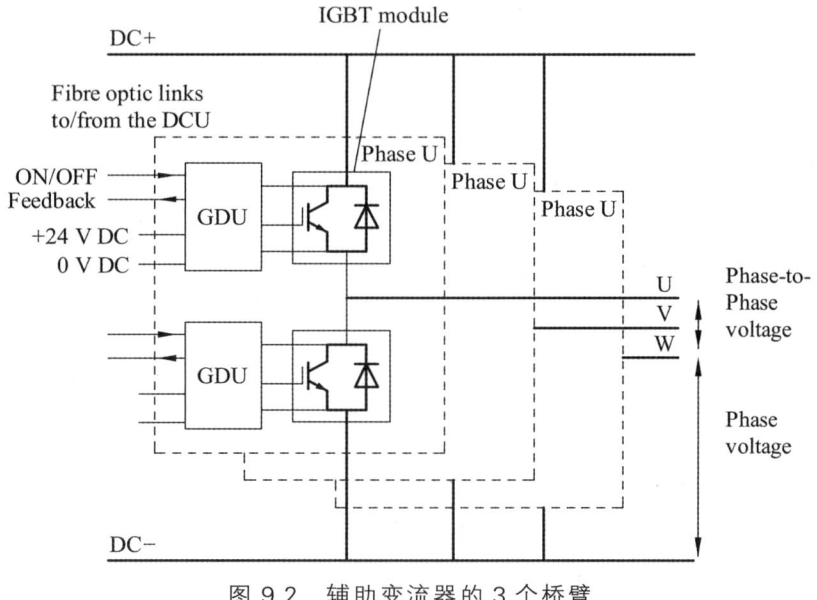

图 9.2　辅助变流器的 3 个桥臂

2. 门极驱动单元

每个相桥臂有两个 GDU，分别用来控制一个 IGBT 模块。来自 DCU 的开通关断命令通过光缆发送至 GDU。GDU 按照 DCU 的命令控制 IGBT 的开通和关断。GDU 也可以检测到相短路，并通过光缆把信息发送至 DCU。GDU 工作电源为+24 V，如果 GDU 检测到+24 V 丢失，变流器将立即封锁，如图 9.3 所示。

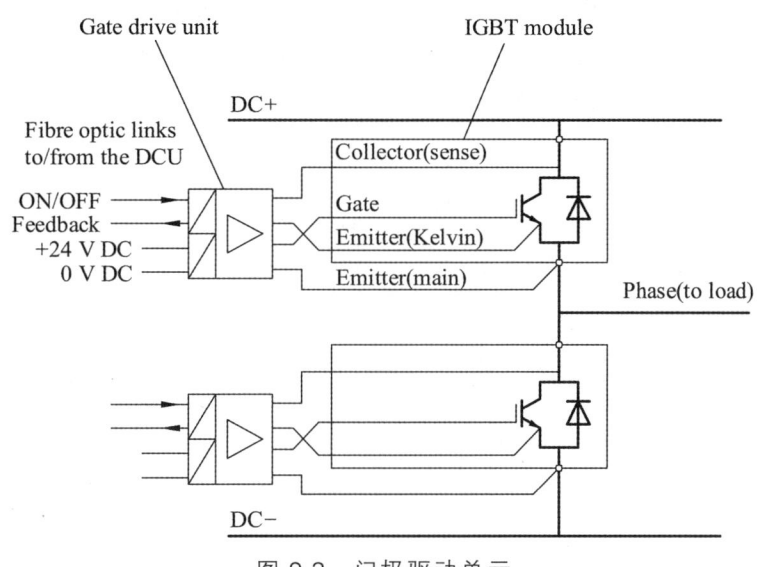

图 9.3　门极驱动单元

3. 换 相

上桥臂 IGBT 开通时，下桥臂关断，相间电压输出等于直流环节电压（DC+），如图 9.4 所示。

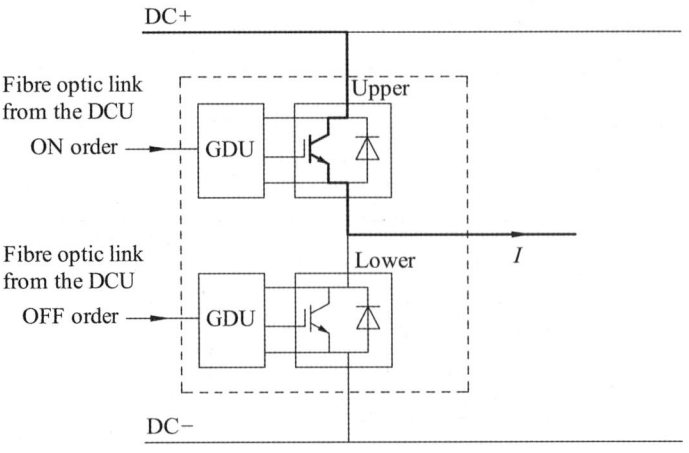

图 9.4　相桥臂导电模式（正相电流）

当相桥臂输出低时，关断命令发送至上 IGBT，开通命令发送到下 IGBT。相电流流经下 IGBT 的续流二极管，相间输出电压为 0 V（DC−），如图 9.5 所示。

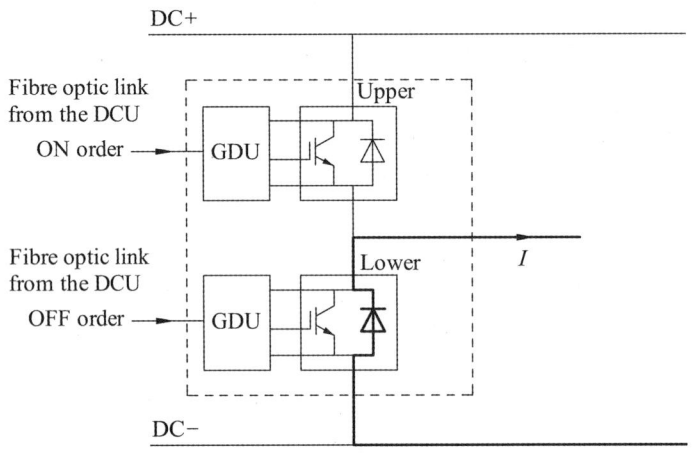

图 9.5　相桥臂导电模式（正相电流）

每次换相时高于列车基速时（一般低于基速），电流改变方向，从二极管到下 IGBT 换相，再到 DC−（电流反向且定义现在的电流为负），如图 9.6 所示。

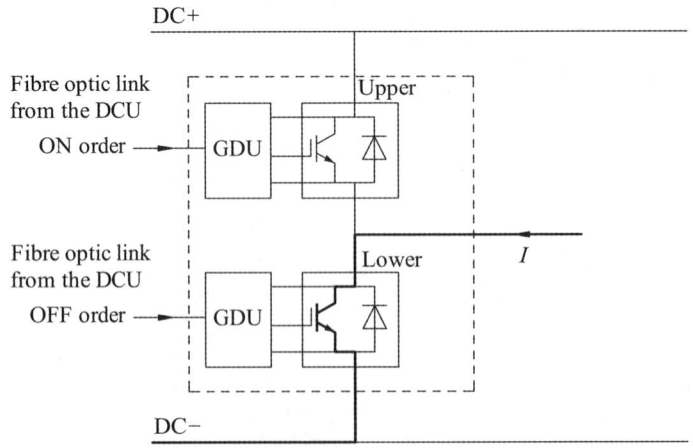

图 9.6　相桥臂导电模式（负相电流）

当相电流为负时，换相电流反向。电流从下 IGBT 到上 IGBT 的续流二极管，再到负载，如图 9.7 所示。

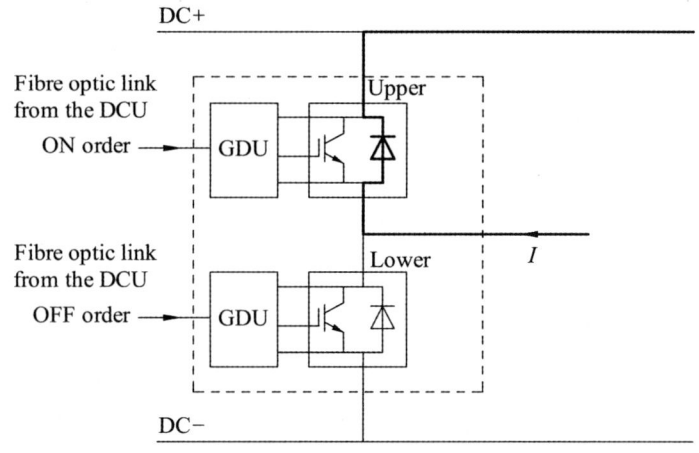

图 9.7　相桥臂导电模式（负相电流）

4. 技术参数

（1）电气数据（见表 9.1）。

表 9.1　电气数据

变流器模块	数值
标称输入电压	DC 1 500 V
最大输入电压	DC 2 000 V
最小输入电压	DC 1 000 V
三相输出电压	AC 380 V
输出频率	50 Hz
输出相电流，最大，持续，基频	400 A
跳闸等级	DC 2 000 V
蓄电池电压	DC 110 V

（2）机械数据（见表 9.2）。

表 9.2　机械数据

尺寸和质量	数　值
长	401 mm
高	438.5 mm
深	947.5 mm
质量	102 kg

（3）外壳。

变流器模块防护等级为 IP00，即无任何防护。在大部分情况下，模块安装在符合 EN60529 的 IP55 或 IP65 箱内，也就是说：

- 从外部接触不到外壳内的有电部件；
- 能够引起故障的灰尘数量避免进入外壳内；
- 任一方向的水不会引起部件损坏。

（4）DC link 电容。

电容为非磁不锈钢，质量为 26 kg，电容值为 2.7 mF，额定直流电压为 1 900 V，额定电流为 190 A。

（5）IGBT 相。

U_CEM：3 300 V；

I_NOM：800 A。

（6）环境。

最大工作温度：+ 50 ℃；

最小工作温度：- 25 ℃。

5．维护活动

（1）外部检查与清洁。

① 检查将模块固定至逆变器箱的螺栓。使用扭矩扳手，保证螺栓以正确的标准扭矩紧固。

② 检查主要连接点螺栓紧固性，使用扭矩扳手，确认螺栓仍然保持规定的扭矩。

③ 检查所有汇流排是否褪色。可使用抛光布和无绒纸清洁褪色的汇流排。若接触表面有刮痕或其他表面有损坏，应更换汇流排。

④ 使用真空吸尘器清洁模块外部。若仍有灰尘，应使用压缩空气，但要避免将灰尘吹入模块中。

⑤ 断开主端子，根据以下步骤清洁外部汇流排：

a. 使用抛光布抛光接触表面；

b. 使用异丙醇清洁表面；

c. 使用凡士林润滑接触表面。

⑥ 关闭逆变器箱盖。

（2）内部检查与清洁。

① 目视检查所有电缆连接。查看是否有电缆松动，检查绝缘与安装。

② 目视检查电气组件。检查褪色组件、受损线路板和膨胀电容器。

③ 检查散热器喷嘴周围是否有泄漏。

④ 使用真空吸尘器为 DCU、电源和 GDU 清洁。

⑤ 使用抛光布和无绒布清洁褪色汇流排。若接触表面有刮痕或其他表面有损坏，应更换汇流排。

⑥ 根据例行测试说明对模块进行功能测试。

⑦ 关闭 DCU 安装板。

9.1.2　蓄电池充电机

蓄电池充电机（BCM）的主要功能是为设备和电池充电提供一个过滤的 DC 电压。如果电源丢失，BCM 只能支持必要的系统。

电气上，系统包括以下主要子系统：被动六脉冲整流桥、带蓄电池滤波的升压斩波器和分布式输出电路；所有系统由 DCU/A 控制和监督。

机械上，系统包括以下部件：紧急蓄电池启动装置（LBVS）、门极驱动单元（GDU）、带熔断器的断路器、蓄电池电抗器、电解电容以及二极管。

蓄电池充电机由三相电源供电。电压通过六脉冲整流桥整流，受控于 IGBT 升压斩波和蓄电池滤波器。升压斩波提供一个过滤的 DC 电压，用于设备供电和电池充电。根据电池温度，DC 电压可以通过升压斩波调节，受限于最大的充电电流。如果 DCU 故障，不能控制升压斩波，充电机将作为被动整流，提供降级的 DC 电压。充电机通过光缆和测量电缆连接到 ACM 上。

1．主电路

图 9.8 为蓄电池充电机模块的主电路和元件。

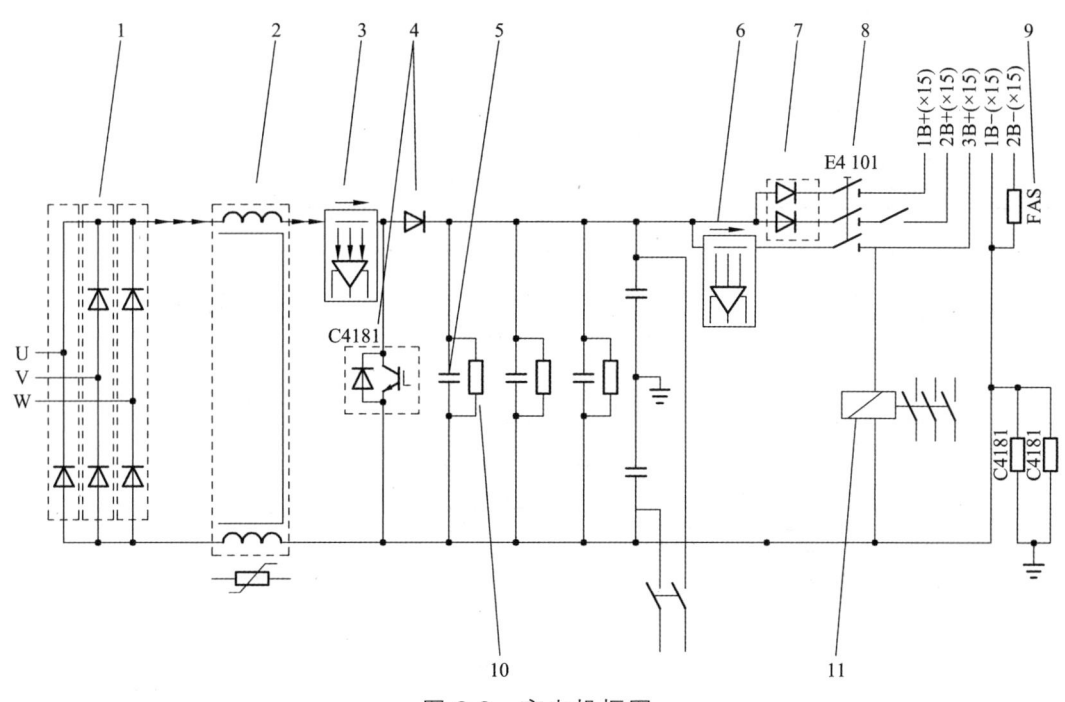

图 9.8 充电机框图

1—二极管模块（3×）；2—升压斩波电抗器；3—斩波电流传感器；4—升压斩波器（IGBT 和二极管）；
5—电池滤波电容（3×）；6—电池电流传感器；7—退耦二极管；8—带熔断器断路器；
9—蓄电池熔断器（负）；10—放电电阻（3×）；11—电压继电器

2. 温度传感器

温度传感器用于监控散热片温度，测量信号由 ACM 中的 DCU 处理。温度传感器安装在散热片上，监控散热片温度。传感器位于升压斩波 IGBT 和整流二极管中间（此处预估为温度最高）。当温度超出一定值时，充电机的输出电压降低，列车上其他充电机接替高优先级负载，温度高的充电机将会降温。

3. 紧急蓄电池启动

LVBS 由一个 DC/DC 转换器组成，转换器把来自受电弓的电压转换为 DC 110 V。当蓄电池耗尽时，DC/DC 为蓄电池充电，激活 ACM 控制计算机、充电电路和 AB 箱的辅助负载接触器。

LVBS 位于充电机模块的顶部，便于接触，易于维护，如图 9.9 所示。

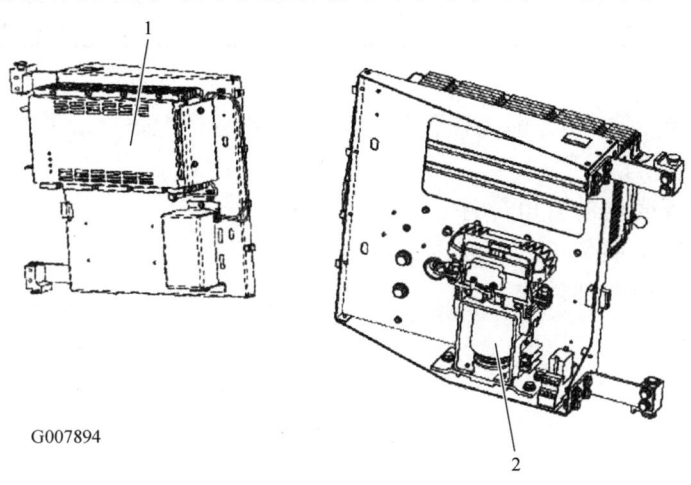

图 9.9 紧急蓄电池启动

1—紧急蓄电池启动；2—LBVS 断开接触器

4. 主要技术参数

（1）电气数据（见表9.3）。

表9.3 电气数据

充电机模块	数 值
类型	升压斩波
标称输入电压	AC 78 V
IGBT	1 700 V/ 1 200 A
整流二极管	1 600 V/ 350 A
被动工作充电电压（无升压）	DC 100 V
蓄电池充电电压范围	DC 108.5～128.4 V
持续输出功率	25 kW
过载能力	20%，3 min
带熔断器的断路器（蓄电池+/低优先级负载/高优先级负载）	200 A/ 160 A/ 160 A
欠压继电器	90 V ON/ 84 V OFF
紧急蓄电池	数 值
输出电压	DC 1 500 V（700～1 900 V）
输出电压	DC 110 V（1±15%）
持续输出功率	280 W
输出电流，峰值	100 ms，7 A
LBVS熔断器保护等级	2 A

（2）机械数据（见表9.4）。

表9.4 机械数据

尺寸和质量	数 值
长	933 mm
高	513 mm
深	402 mm
质量	122 kg

（3）外壳。

变流器模块防护等级为IP00，即无任何防护。在大部分情况下，模块安装在符合EN60529的IP55或IP65箱内，也就是说：

- 从外部接触不到外壳内的有电部件；
- 引起故障的灰尘数量避免进入外壳内；
- 任一方向的水不会引起部件损坏。

（4）IGBT相。

U_{CEM}：1 700 V；

I_{NOM}：1 200 A。

（5）环境。

最大工作温度：+50 ℃；

最小工作温度：−25 ℃。

9.1.3 蓄电池

哈尔滨地铁电客车采用 93.6 V 直流电池组，由 78 只单体串联构成。标称容量为 180 Ah，哈尔滨地铁项目的电解液密度是 1.236 kg/L。在 20 ℃，以 5 h 放电率 36 A 放电至终止电压为 1 V。蓄电池为列车的启动及紧急状况（无高压电源）时列车的直流负载提供电源。

1. 充电模式

为最大限度地提供蓄电池寿命和充电状态，减少维护次数，规定需要温度补偿的两种充电方式。温度补偿充电时，温度补偿系数为 −3 mV/℃/单体，20 ℃ 为标准温度。使用两种充电电压：均充电 1.6 V/单体、浮充电 1.5 V/单体。电压控制时，需要考虑两种因素，即温度和充电电流。

均充电：放过电的蓄电池最初需要用最大充电电流 54 A 充电，直至达到均充电压（20 ℃ 时，1.6 V/单体，124.8 V/蓄电池组）。之后，会以恒压继续充电，同时降低电流。当电流降到 9 A 时，充电电压会转换到浮充电方式。

浮充电：以浮充电电压对蓄电池组进行充电（20 ℃ 时，1.5 V/单体，117 V/蓄电池组），进一步降低电流。

在浮充电过程中（由于蓄电池放电），充电电流超过 9 A 时，充电机转换到均充电模式。

充电电压与温度的变化关系如图 9.10 所示。

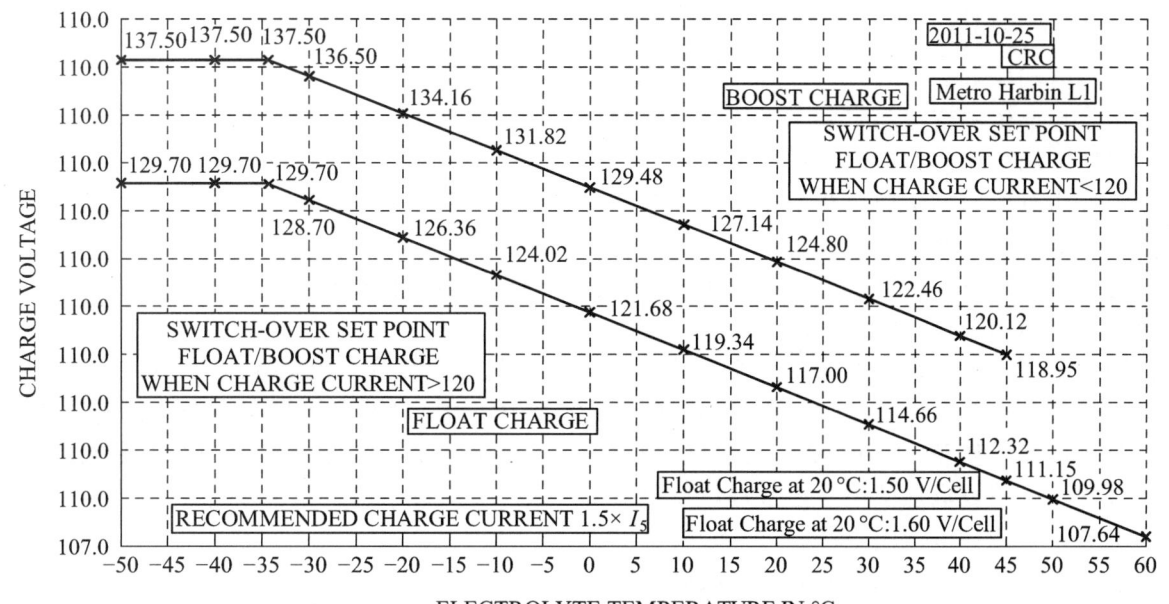

图 9.10 充电电压与温度的变化关系

2. 安装说明

蓄电池由 78 只 FNC180MR2（镍镉）单体构成，满足 IEC EN 60623 要求。蓄电池内部由铜镀镍的连接片连接，按照连接图纸，用指定的力矩扳手，按力矩 20 N·m 连接，如图 9.11 所示。

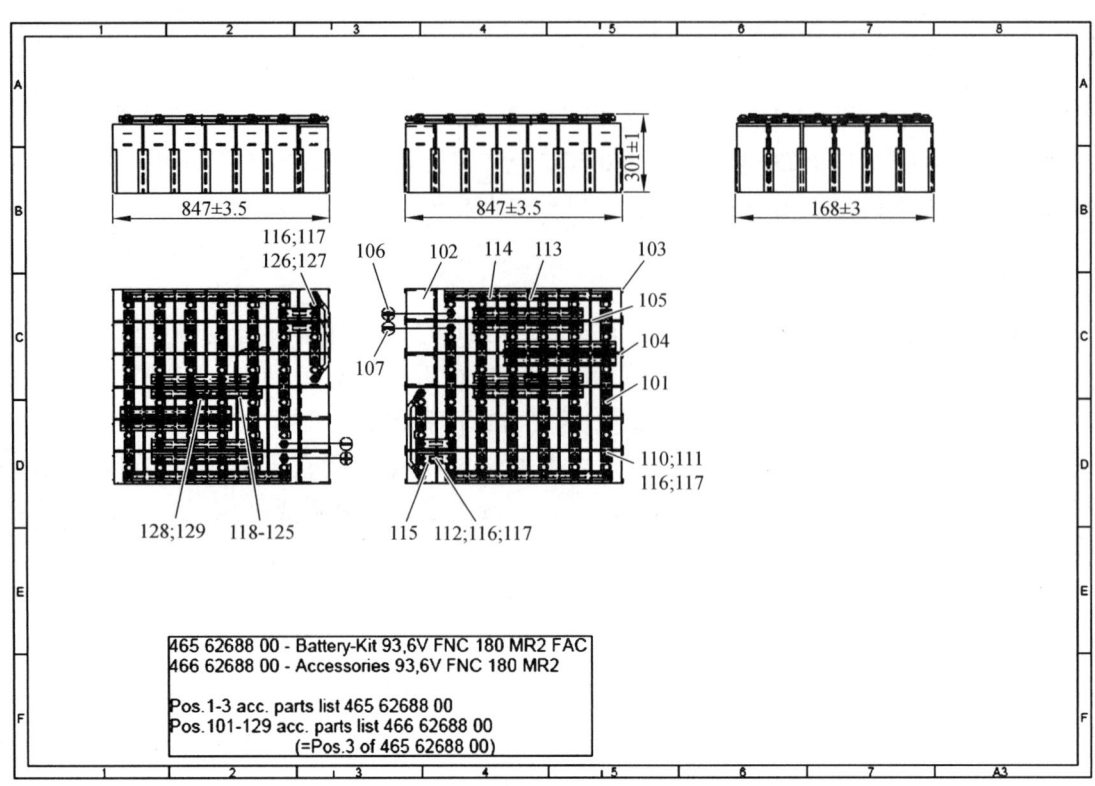

图 9.11 总装图

3. 预防性维护

(1) 清洁和保养。

保持电池单体的清洁和干燥,因为灰尘和湿气可能会导致漏电流。保持螺丝、连接片和电缆线鼻子的清洁。用干净的布将因维护工作溅上的液体彻底去除。插头保持干净(插头或电池单体上不能有电解液污点)。确保通风孔未被堵塞,温度传感器及接线连接可靠且固定良好。

(2) 电解液液位测量与补充。

过充电时,电解液中的水会电解成 H_2 和 O_2,这会导致电解液液位降低。水分解的体积取决于每天的充电时间和温度。

在铁路车辆上使用的电池单体经常是不透明的阻燃的聚丙烯管(PP-V0),电解液不能目测。即使使用的是半透明聚丙烯(PP)外壳,由于安装条件的限制,没有办法目测每个单体电池的液位。这种情况下,可以使用 HOPPECKE 提供的玻璃管来检测液位。如果电解液液位低于最高和最低刻度中间位置时,需要添加蒸馏水至最高液位刻度。

(3) 测量单体和电池组电压。

测量的电压值可以用来探测和识别故障,需要区别表 9.5 中的电压值。

表 9.5 测量电压值

电 压	测量对象	测量的电压
开路电压[①]	单体	≤1.3 V~1.35 V[③](取决于电荷的状态)
	电池组	稳态单体电压×串联在一起的单体的数量
充电电压[②]	单体	>1.35 V
	电池组	单体充电电压×串联在一起的单体的数量

注:① 电池不带任何负载,也不在充电。
② 在给电池充电。
③ 1.3~1.35 V:在 20 ℃充满电没有缺陷的电池单体的稳态电压。单个电池的电压与整组电池平均值不能超过 ±50 mV。

（4）测量绝缘电阻。

车辆上电池绝缘电阻是对导电值的测量，它与湿度和车架脏污程度有关。理想情况下，如果没有脏污，电池组的绝缘电阻将是无穷大。

当调试新电池时，绝缘电阻值必须>1 MΩ。随着运营时间的推移（由于电池系统中溢出的气溶胶、冷凝水和灰尘），电池系统的绝缘电阻将逐渐降低。根据 DIN EN 50272 第三部分的要求，电池系统的绝缘电阻值不应低于额定电压每伏 50 Ω 的要求。测量时必须把电池组与车载网断开，以免损坏与电池连接的其他部件。如果测出的电阻值低于最低值，需要清洁电池组。

4. 容量测试及恢复性充电

定期检查电池容量，用于及时识别其是否出现性能减退以及是否逼近其使用寿命。如果容量测试后发现电池性能丢失，那么进行一次或多次恢复性操作，这样可以提升其性能。如果无法实现，则电池可能达到其使用寿命。

恢复性充电可以增强或减少电池容量丢失。恢复性充电是指在电池第一次放电之后紧接着再进行恒流充电。如果容量没有达到要求，那么重复恢复性充电，直至容量测试得出的结果没有任何提升。最终结果达不到要求，则替换电池。具体参照《蓄电池充放电作业指导书》。

5. 故障排查

（1）水分过度消耗。

用水量产生消耗，一方面是蒸发的结果；另一方面，在充电时，水分解成氧气（O_2）和氢气（H_2）。如果液面下降过快，可按照以下步骤进行检查：

① 检查车辆上的充电电压和蓄电池温度。充电电压过高会增加水的流失，过低会减弱电池的充电状态。

② 在充电时，测量单个单体的电压。如果单体电压偏差大于 ± 50 mV，则将电池组取出，并做恢复性充电。单体的电压偏差相当大时，会导致单体耗水过快。

③ 如果进行恢复性充电时，电池容量下降，应通知 HOPPECKE 启动其他措施。

（2）电池电压分散。

在测量各个单体的过程中，发现单体电压的差值大于平均值 25 mV，可按照表 9.6 进行检查。

表 9.6　电池电压分散原因

原　因	措　施
不同的单体温度	检查通风
单体电池电解液密度的差异	调整电解液密度
单体电池电解液液位的差异	按照补液要求添加蒸馏水
不同单体内部极板短路	检查单体电压，替换短路单体
不同的充电状态	恢复性充电

（3）容量不足（见表 9.7）。

表 9.7　容量不足

原　因	措　施
充电过程太短	恢复性充电
电解液位太低	添加蒸馏水
极柱松动或者被氧化	检查所有连接件，若损坏，应更换连接片

（4）绝缘故障。

如果出现绝缘不良、漏电等现象，会降低可用的电池容量，并且会导致单体电池电压不均匀。定期清洁可以避免漏电。

9.2 辅助系统原理

网压由受电弓从接触网受电给列车供电。通过 ACM 熔断器和线路滤波器将 1 500 V 直流电压输送给 ACM。ACM 将直流电压转变成三相 50 Hz 交流电压，再传输给三相变压器。三相变压器将输入电压转变成 3×380 V，50 Hz 的电压供给列车三相总线。

辅助系统包括充电回路、中间直流环节、辅助变流器模块、过压保护、DCU/A 驱动控制单元、GDU 门极驱动单元、三相滤波器、辅助变压器和网侧继电器，如图 9.12 所示。

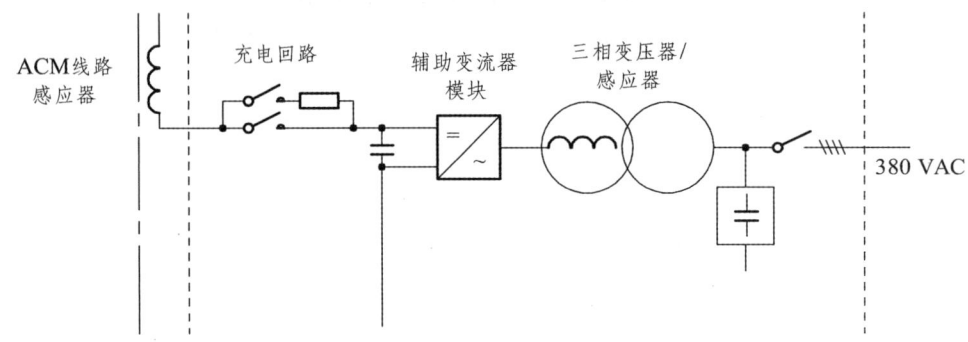

图 9.12 辅助供电电路

9.2.1 充电回路

辅助系统与 DC 电源之间通过 ACM 熔断器和充电电路来控制它们之间的连接与分断如图 9.13 所示。每个充电电路包含：一个充电电阻、一个充电接触器和一个分离接触器。当 DCU/A 接收到激活命令时开始充电，15 min 内允许充电 3 次。

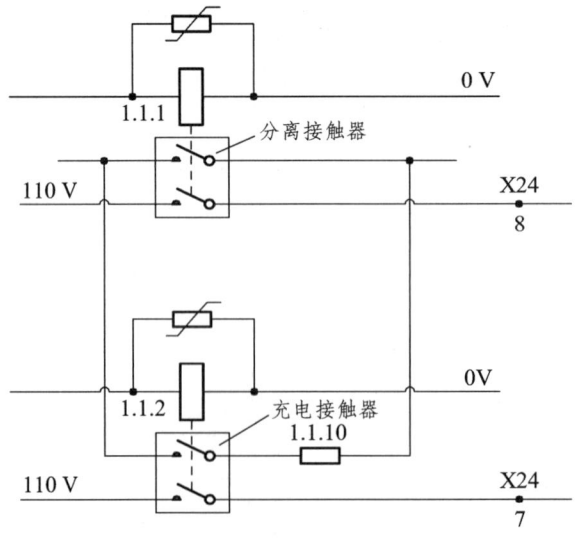

图 9.13 充电电路

9.2.2 直流环节

辅助系统直流环节包含：线路滤波电容（每个变流器一个）和线路滤波电抗器（每个变流器一个），主要起稳定直流电压和对地电压、能量缓冲以及电压源的作用，如图9.14所示。

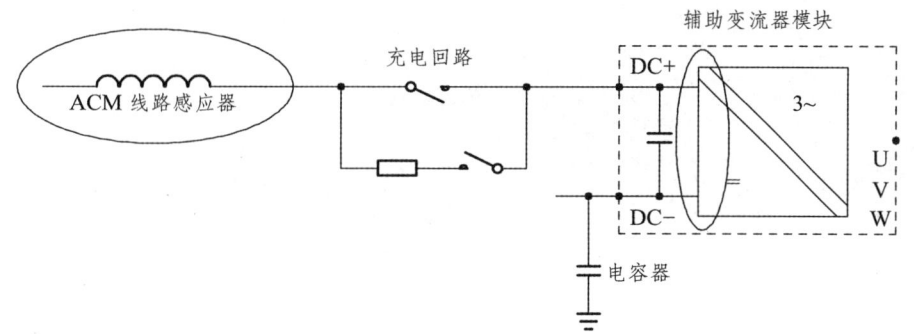

图 9.14 辅助系统直流环节

9.2.3 辅助变流器模块（ACM）

ACM 将直流电转变成三相交流电，ACM 输出电压经由三相滤波器滤波，然后变换成合适的电压给辅助负载供电，如图9.15所示。

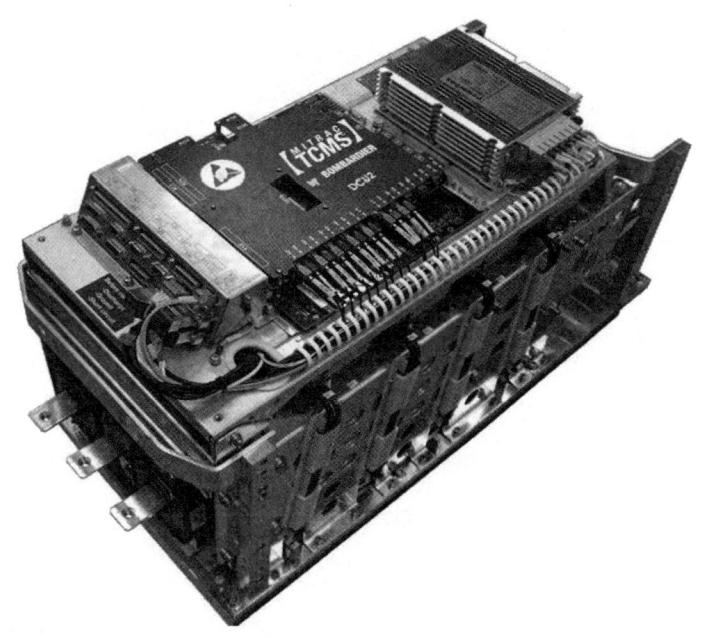

图 9.15 辅助变流器模块

9.2.4 驱动控制单元（DCU/A）

每个 ACM 有 1 个 DCU/A。它们与车辆控制单元 VCU 和输入输出单元一起对辅助系统进行控制，同时也是车辆控制和通信的一部分，如图9.16所示。

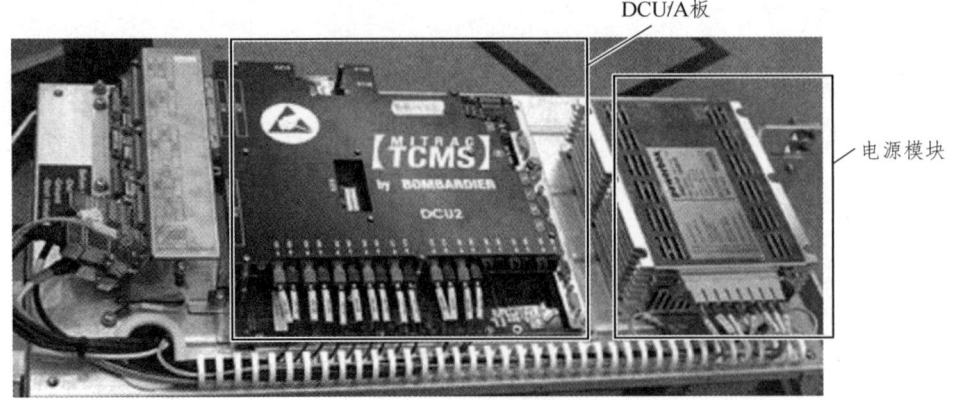

图 9.16 ACM 模块

9.2.5 过压保护

过压保护是防止 ACM 瞬态电压过高,在牵引制动模式及电制动被禁止时都可以激活。如图 9.17 所示,如果 DC 环节电压持续上升大于过压等级,指示 DC 环节过压且发出保护关断指令。当正常运行期间 DC 环节电压小于欠电压等级,指示 DC 环节欠电压且发出保护封锁指令。

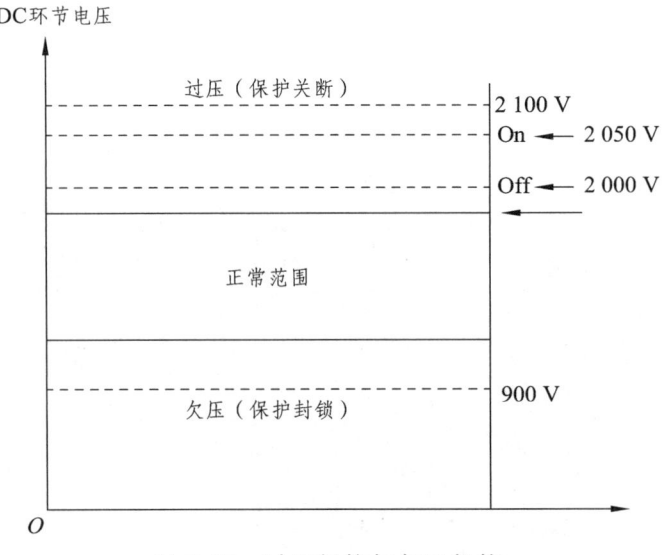

图 9.17 过压保护与欠压保护

9.3 辅助系统的检修维护

在各级修程中,对辅助系统各部件进行定期维护及检查,内容详见表 9.8。

表 9.8 辅助系统定期维护内容

项目	内 容	方法	工具材料劳保用品	技术要求	检修周期
蓄电池电压和温度	列车上电，检查蓄电池电压。记录HMI屏蓄电池温度	操作检查		检查蓄电池电压在85 V以上，记录HMI屏上蓄电池温度	每日
蓄电池箱	（1）检查外观。（2）检查箱盖锁闭情况	目测检查	手电筒	（1）外观良好，无损坏、无变形、无变色。（2）箱盖须锁闭紧固（四角锁4个），锁闭位置正确，盖板与箱体之间无缝隙；两侧侧盖板（2个四角锁）锁闭到位	每日
蓄电池箱	（1）检查蓄电池箱体外观。（2）检查内部及外部配线、电气连接。（3）检查小车止挡功能良好	目测检查、操作	白拼布、手电筒	（1）箱体无损坏，焊接处无裂纹；（2）内外部电器连接防松标记清晰，无松动；松动的应重新拧紧，并重新打标记。（3）小车锁闭良好，不松动，止挡不松动	每月
蓄电池箱	检测蓄电池闸刀	目测检查	手电筒	检查蓄电池闸刀位置正确稳固	1年
蓄电池箱	检查通风口通畅。排水孔无堵塞。检查蓄电池箱体密封情况，视情况更换密封条	操作检查	无	通风孔通畅、清洁干净。排水通畅、不堵塞。密封条完整不松动，密封性能良好	1年
蓄电池单体	（1）检查外观并清洁。（2）检查单体连接状态。（3）检查液面高度	目测检查、清洁操作、操作检查	白拼布、橡胶手套、安全眼镜、漏斗	（1）目测检查单体无腐蚀、无漏液，外壳无变形或破裂，必须保持干净和干燥，螺丝、连接片、线鼻子也需要保持干净，各紧固螺栓M8（78个）划线清晰。用干燥的白拼布清洁单体。清洁度为Ⅳ级。（2）蓄电池单体电缆无松动，连接片紧固无松动，划线清晰，正负极连接正确，温度传感器安装良好，蓄电池绝缘套外观良好。（3）按照《蓄电池单体液面测量作业指导书》对蓄电池单体液面进行测量并记录，当电解液液位低于最低和最高标记的中间位置以下，应添加蒸馏水至最高液位线	每月
蓄电池单体	（1）绝缘电阻测试。（2）测量电压	测量检查	绝缘电阻测试仪、万用表	（1）绝缘电阻>1 MΩ。具体测试步骤详见《蓄电池绝缘电阻测量作业指导书》。（2）单体电压与平均电压之差在±25 mV之间；蓄电池单体标准电压大于1.29 V；总蓄电池电压不小于100.62 V	1年
AB箱	清洁箱体，检查外观	清洁操作、目测检查	工业真空吸尘器、毛刷、白拼布、酒精、水桶	（1）用清洁工具将箱体外表面进行彻底清洁，达到清洁等级Ⅳ级。（2）检查内部电器元件无水或其他污染，确保箱体内部无任何泄漏迹象。（3）盖板密封良好，无任何老化问题	1年
AB箱	检查排水过滤器	目测检查	白拼布、手电筒	检查变流器箱底板上的两个排水滤网外观正常	1年
AB箱	检查充电、分离接触器模块	目测检查	38件套	检查模块内部接线、铜排、触点无损伤。接线状态良好，接线处无松脱、断股情况，模块表面无损坏	1年

续表

项目	内 容	方法	工具材料劳保用品	技术要求	检修周期
AB箱	检查三相电容	目测检查	白拼布	检查三相电容外观是否有变化膨胀，螺栓紧固，无松动；使用白拼布清洁电容器外表面，达到Ⅳ级清洁度	1年
	清洁中间部分及外部风扇	操作检查、清洁操作	手电筒、吹风机、移动电源线缆盘、扭力扳手10 N·m、套筒10 mm	操作过程详见《牵引箱体中间部分清灰作业指导书》，达到清洁等级Ⅳ级	1年
	清洁箱内散热器	清洁操作	带灯的检查镜、压缩空气气枪、毛刷	用毛刷对散热器表面进行清洁。用压缩空气对散热器缝隙内的灰尘进行吹扫，达到清洁等级Ⅳ级	1年
ACM电抗器	（1）检查外观。（2）检查紧固件	目测检查	手电筒、白拼布	（1）外观良好，无损坏、无变形、无变色。（2）安装螺栓M12（内2个）划线清晰，无错位	每天
辅助熔断器箱	（1）检查外观。（2）检查箱盖锁闭情况。（3）检查紧固件	目测检查	手电筒、白拼布	（1）外观良好，无变色。（2）箱盖须锁闭紧固（四角锁2个），锁闭位置正确，盖板与箱体之间无缝隙。（3）安装螺栓M12（4个）划线清晰，无错位	每天

9.4 辅助系统作业指导书

《QY-002 分离接触器触点测量作业指导书》
《QY-005 牵引箱体中间部分清灰作业指导书》
《QY-009 零压启动器更换作业指导书》
《QY-012 蓄电池闸刀操作作业指导书》
《QY-013 充电接触器作业指导书》

 章节自测

一、填空题

1. ACM 是指（　　　　）单元。
2. 所有的辅助逆变器采用（　　　　）供电。
3. 充电电路包括一个分离接触器、一个充电接触器和一个（　　　　）。
4. 辅助逆变器将电网的（　　　　）变换为（　　　　）电源。
5. LBVS 是指蓄电池（　　　　）单元。
6. 零压启动装置在车下（　　　　）箱内。
7. 辅助逆变器分配在列车的（　　　　）车和（　　　　）车上。
8. 全列电客车共（　　　　）个 ACM 单元。
9. 辅助逆变器三相输出滤波单元由（　　　　）和（　　　　）组成。
10. 哈尔滨项目的蓄电池标称容量为（　　　　），电解液密度为（　　　　）kg/L。

二、选择题

1. 辅助逆变器三相输出滤波单元由（　　）组成。
   A. 三相电感　　　B. 三相电容　　　C. 前两项都是　　　D. 前两项都不是
2. 全列车共（　　）个 BCM 熔断器。
   A. 1　　　B. 2　　　C. 3　　　D. 4
3. 牵引和辅助系统由（　　）种逆变器箱组成。
   A. 2　　　B. 3　　　C. 4　　　D. 5
4. 全列车共（　　）个 ACM 单元。
   A. 1　　　B. 2　　　C. 3　　　D. 4
5. 下列哪个系统不属于车辆的电气部分？（　　）
   A. 电力牵引系统　　　　　　B. 辅助供电系统
   C. 转向架　　　　　　　　　D. 列车控制系统
6. 下列表示整流器的符号为（　　）。
7. ACM 是指（　　）。
   A. 输入输出　　　　　　　　B. 电机变流器模块
   C. 辅助变流器模块　　　　　D. 司机显示器
8. 下面的电器元件中不属于中间环节为（　　）。
   A. 导线　　　B. 开关　　　C. 继电器　　　D. 电热器
9. 下面的符号中表示二极管的是（　　）。
10. 过压保护是（　　）。
    A. OVP　　　B. OVC　　　C. OPP　　　D. OPC

三、判断题

1. MCM 和 ACM 可以从 DDU 上切除。（　　）
2. 所有辅助逆变器采用并网供电。（　　）
3. 当半组车中检测到网压中断或者受电弓弹跳后，辅助逆变器可以通过直流母线从另外一个受电弓得到网压。（　　）
4. M2 车与 M1 车相比，缺少 ACM 及 ACM 电抗器，其他设备相同。（　　）
5. BCM 可以为列车蓄电池进行充电。（　　）
6. 辅助逆变器在列车的 Mp 车上。（　　）
7. 符号 表示逆变器。（　　）
8. 全车共有 4 个 ACM 线路电抗器。（　　）
9. 零压启动装置在车下 PA 箱内。（　　）
10. 车辆断电后就可对牵引箱体进行检查。（　　）

四、简答题

1. 车下 AB 箱包含哪些元件？
2. 根据辅助系统主电路图（见图 9.18），简述列车辅助供电基本工作原理。

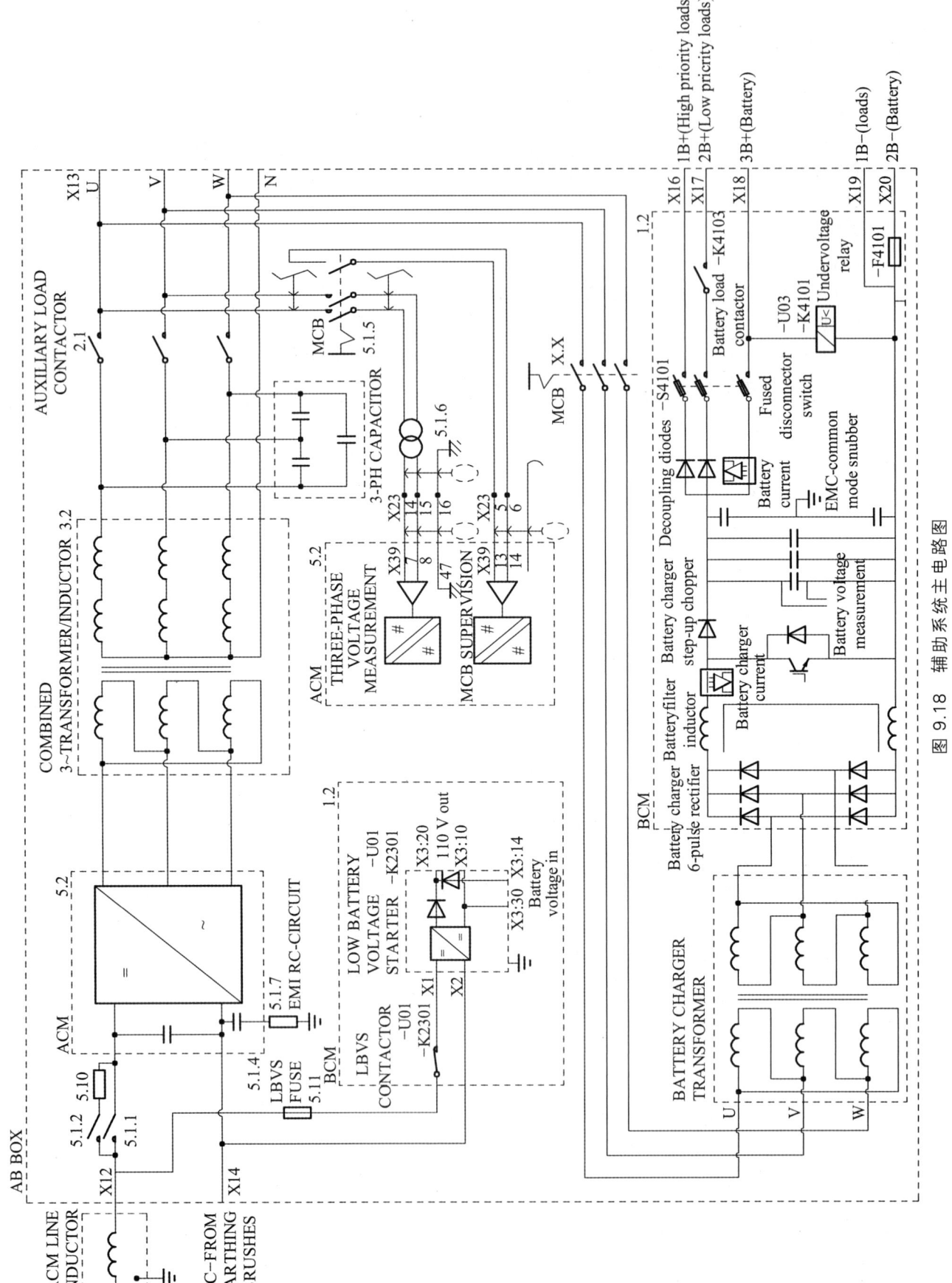

图 9.18 辅助系统主电路图

3. 在牵引/辅助/蓄电池界面中，图9.19中序号各代表什么？

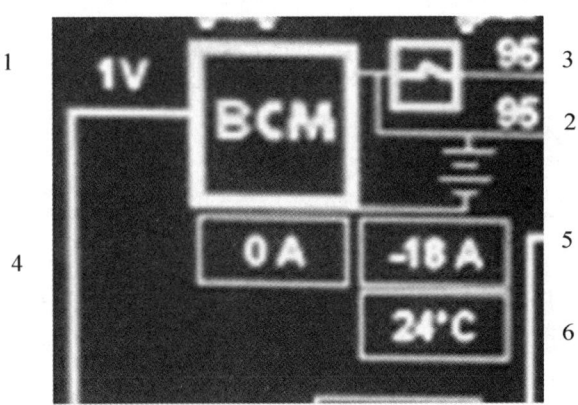

图 9.19　牵引/辅助蓄电池界面

4. 简述辅助系统的主要组成。
5. BCM 系统包含哪些元件？

10 网络控制系统

车辆控制和管理系统（The Train Control and Management System，TCMS）主要承担分配、处理车辆数据，收集车辆信息和相关数据，控制车辆关键任务和非关键任务，监控整列车辆状态，对车辆状态进行诊断和管理，支持车辆级别的数据网络传输功能。TCMS 采用分布式计算机系统设计，列车总线通过 MVB（多功能车辆总线）电缆实现车辆各通信设备间的传输、通信及控制，传输数据类型分为过程数据、消息数据、监视数据。

10.1 车辆控制与管理系统（TCMS）缩写词

（1）AX—Analogue input and output unit：模拟量输入和输出单元；

（2）BA—MVB Bus Administrator：MVB 总线管理；

（3）CCU—Central Control Unit：中央控制单元；

（4）DCU/M—Drive Control Unit for MCM：MCM 驱动控制单元；

（5）DCU/A—Drive Control Unit for ACM：ACM 驱动控制单元；

（6）DDU—Drivers display unit：司机显示器；

（7）DX—Digital input/output unit：数字量输入输出单元；

（8）HMI—Human Machine Interface：人机界面（与 DDU 同义）；

（9）I/O—Input/Output：输入/输出；

（10）MCM—Motor Converter Module：电机变流器模块；

（11）ACM—Auxiliary Converter Module：辅助变流器模块；

（12）MVB—Multifunctional Vehicle Bus：多功能车辆总线；

（13）ODBS—Onboard Database System：数据库系统；

（14）TCMS—Train Control and Management System：车辆控制和管理系统；

（15）TDS—Train Diagnostic System：车辆诊断系统。

10.2 TCMS 网络拓扑

TCMS 网络拓扑图如图 10.1 所示。

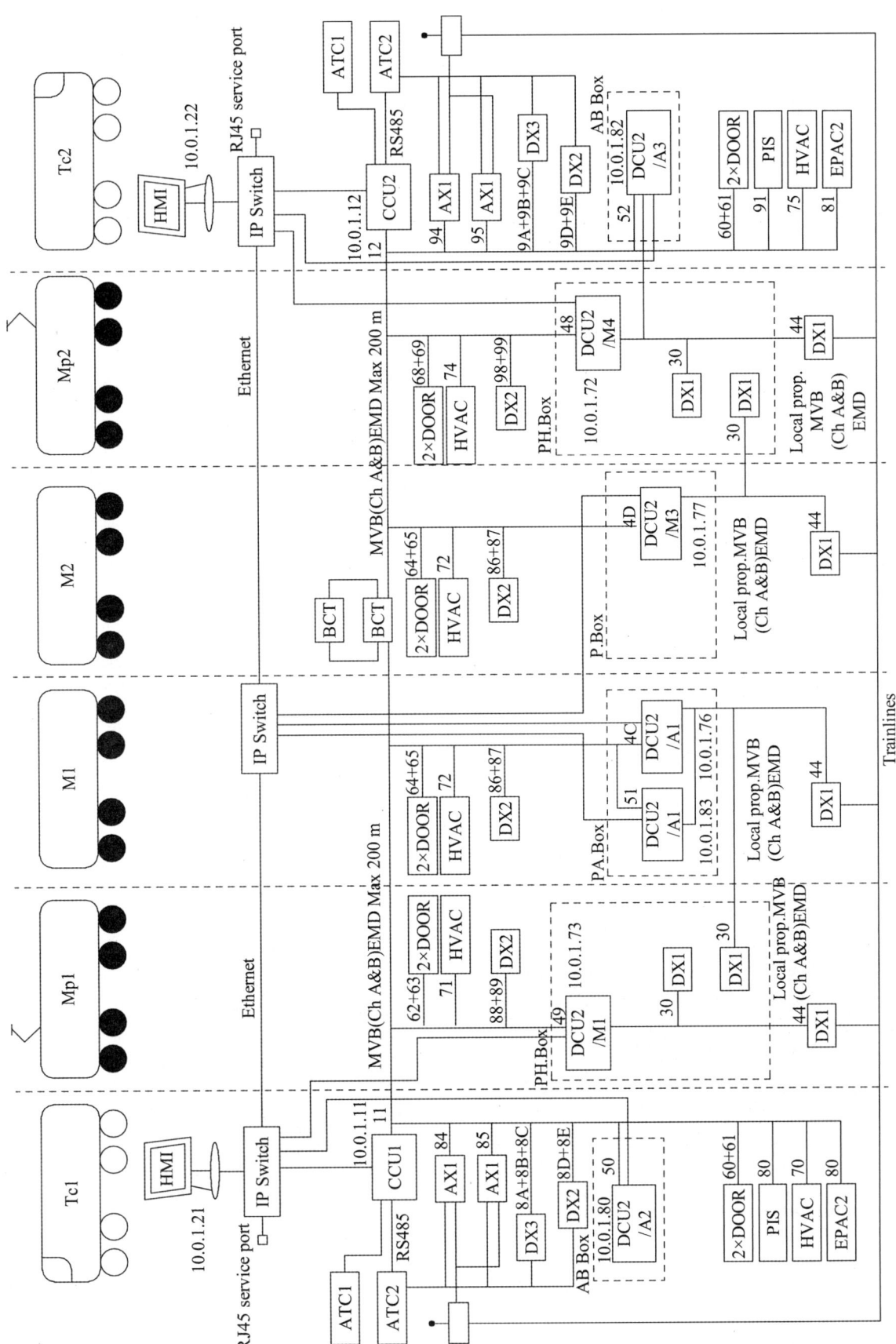

图 10.1 TCMS 网络拓扑图

10.3 TCMS 网络地址

Ethernet Communication with DDU 和 DDU 的以太网通信
- HMI Tc1 IP address: 10.0.1.21
- HMI Tc2 IP address: 10.0.1.22

Ethernet Communication with CCU 和 CCU 的以太网通信
- CCU 1 IP Address: 10.0.1.11
- CCU 2 IP Address: 10.0.1.12

Ethernet Communication with MCM and ACM 和 MCM/ACM 的以太网通信
- MCM1 IP Address: 10.0.1.73
- MCM2 IP Address: 10.0.1.76
- MCM3 IP Address: 10.0.1.77
- MCM4 IP Address: 10.0.1.72
- MCM1 IP Address: 10.0.1.81
- MCM2 IP Address: 10.0.1.80
- MCM3 IP Address: 10.0.1.82

10.4 TCMS 硬件

列车网络系统硬件主要由以下部件组成：

10.4.1 VCU 设备

VCU 设备外形如图 10.2 所示。

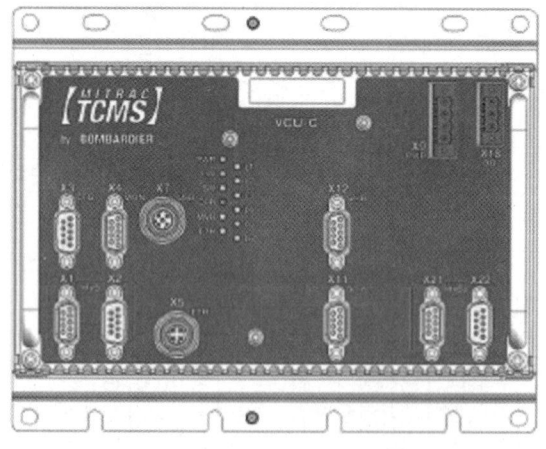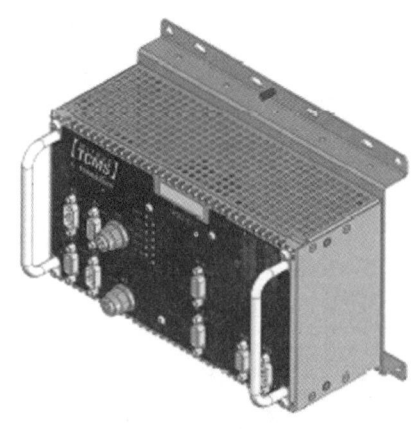

图 10.2 VCU 设备

环境数据：

支持在以下方式通信：多功能车辆总线、串口通信（RS485 and RS232）、以太网（10/100 Mb/s）。

内部供电：可在 24~110 V 直流电源下运作；

处理器：400 MHz MCU（Freescale MPC5200）；
随机存储器：128 Mb RAM；
静态随机存储器：4 Mb SRAM；
闪存：32 Mb Flash Memory；
温度范围：-40～+70 ℃。

10.4.2　Mobad 设备（内部包括记忆备份蓄电池）

Mobad 设备外形如图 10.3 所示。

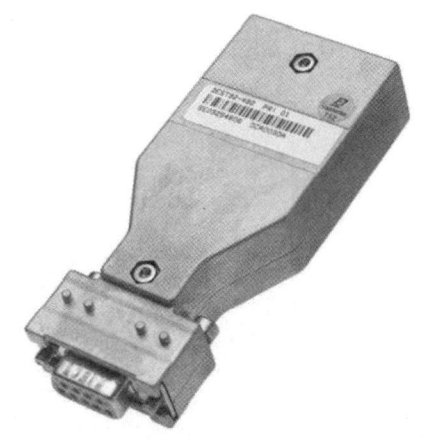

图 10.3　Mobad 设备

主要功能如下：
提供 MVB 地址；
提供 IP 地址；
提供 MVB 配置；
提供车辆号。

10.4.3　HMI410 设备

HMI410 设备外形如图 10.4 所示。

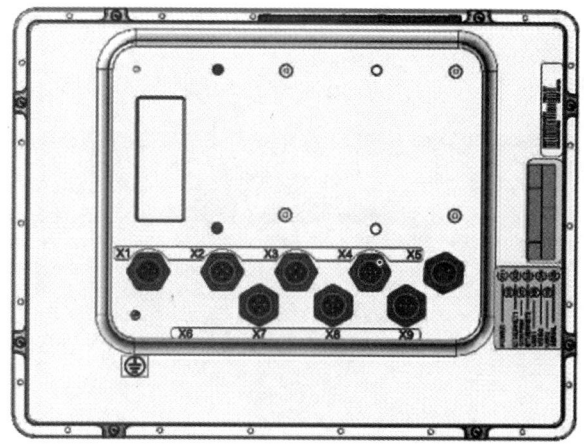

图 10.4　HMI410 设备

设备参数：
操作系统：Linux；
显示屏尺寸：10 英寸；
触摸屏；
处理器：Intel Atom；
功耗：30 W（最大）；
温度范围：-40～+70 ℃（上电温度<-25 ℃ 内部加热）；
密封等级：IP65；
外壳：铝。

10.4.4　IP-CS 设备

IP-CS 设备外形如图 10.5 所示。

图 10.5　IP-CS 设备

设备参数：
以太网端口：M12；
工作电压：24～110 V；
提供计算机下载软件接口；
具有工作状态 LED 灯显示。

10.4.5　数字量输入/输出单元设备

数字量输入/输出单元设备外形如图 10.6 所示。

图 10.6　数字量输入/输出单元设备

设备参数：

每个模块包括 12 个输入和 6 个输出；

通过 MVB 连接到 CCU；

MVB 地址在控制模块上使用旋转式旋钮进行配置；

LED 灯显示输入输出状态；

输入自检。

10.4.6　AX 模拟量输入输出单元设备

AX 模拟量输入输出单元设备外形如图 10.7 所示。

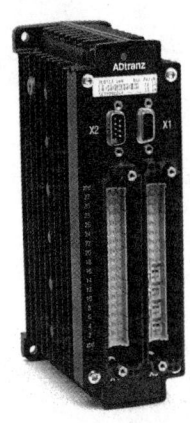

图 10.7　AX 模拟量输入输出单元设备

设备参数：

4 个模拟量输入；

0～1 V 或 0～10 V 输入电压测量或 0～20 mA 电流测量；

2 个模拟量输出；

输出配置电压或者电流；

通过 MVB 连接到 CCU；

MVB 地址通过连接器的跳线进行配置。

10.4.7　BCT 中继器设备

BCT 中继器设备外形如图 10.8 所示。

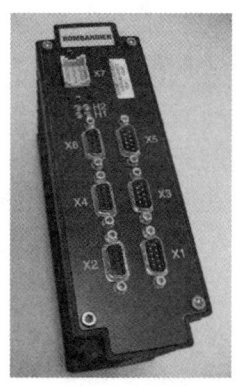

图 10.8　BCT 中继器设备

设备参数：

用于 MVB 总线段大于 200 m 或者大于 32 个单位的信号放大冗余连接。

10.4.8 MVB 终端设备

MVB 终端设备外形如图 10.9 所示。

图 10.9 MVB 终端设备

10.5 网络通信协议

列车通信网络即多功能车辆总线（MVB），是一种主要用于（但也并非专用于）对有互操作性和互换性要求的互连设备之间的串行数据通信总线。

10.5.1 物理层

ESD：电气短距离介质是依照 RS-485 标准的差分传输导线对，在无须电气隔离的情况下，在 20 m 的传输距离内最大可支持 32 个设备，若使用电气隔离，则传输距离可更远。

EMD：由屏蔽双绞线组成的电气中距离介质。在 200 m 的传输距离内最大可支持 32 个设备，允许使用变压器作电气隔离。

OGF：光纤介质。通过星耦器汇出，传输距离可达 2 km，主要用于较为苛刻的环境（如机车上）。

10.5.2 设备分类（见表 10.1）

表 10.1 设备分类

性　能	说　明	分　类
设备状态	设备被轮询时能够发送出其设备状态	1，2，3，4，5
过程数据	设备被轮询时能够发送和接收过程数据	1，2，3，4，5
消息数据	设备被轮询时能够发送和接收消息数据。此性能说明设备能够执行实时协议，并且在设备当中有一个网络管理代理者	2，3，4，5
用户可编程	用户程序可下载至此设备中。此性能说明设备具有消息数据性能	3，4，5
总线管理器	设备能够成为总线。此性能说明设备具有消息数据、过程数据和设备状态性能，并能够读取其他设备状态	4，5
TCN 网关	设备能够访问至少一条另外的总线（MVB 或其他）。此性能表明设备具有设备状态、过程数据和消息数据性能，并且只要至少有两条总线同时遵守实时协议时就存在路由器	5

（1）0类设备。

0类设备无须具备表中的任何性能。

（2）1类设备。

1类设备具有设备状态性能和过程数据性能。

（3）2类设备。

2类设备具有设备状态性能、过程数据性能和消息数据性能。

（4）3类设备。

3类设备具有设备状态性能、过程数据性能、消息数据性能和用户可编程性能。

（5）4类设备。

4类设备具有设备状态性能、过程数据性能、消息数据性能和总线管理性能。

（6）5类设备。

5类设备具有设备状态性能、过程数据性能、消息数据性能和TCN网关性能。

10.5.3 收发器接口

收发器接口（见图10.10）应包括如下信号：

（1）TxS：发送器信号。

此信号控制介质的电平：介质处于低电平（LOW）时为"0"，介质处于高电平（HIGH）时为"1"。

（2）TxE：发送器使能信号。

此信号为1时发送器有效。光纤传输无须此信号。它的定时对每种介质都有定义。

（3）RxS：接收器信号。

此信号表征介质的状态。当传输线为低电平时，此信号为0；当传输线为高电平时，此信号为1；对于未定义的电平信号，接收器认为要么是高电平要么是低电平。当没有一个发送器处于活跃状态时，就不存在所定义的电平，尽管此时有些介质定义了空闲状态电平（通常为低电平）。

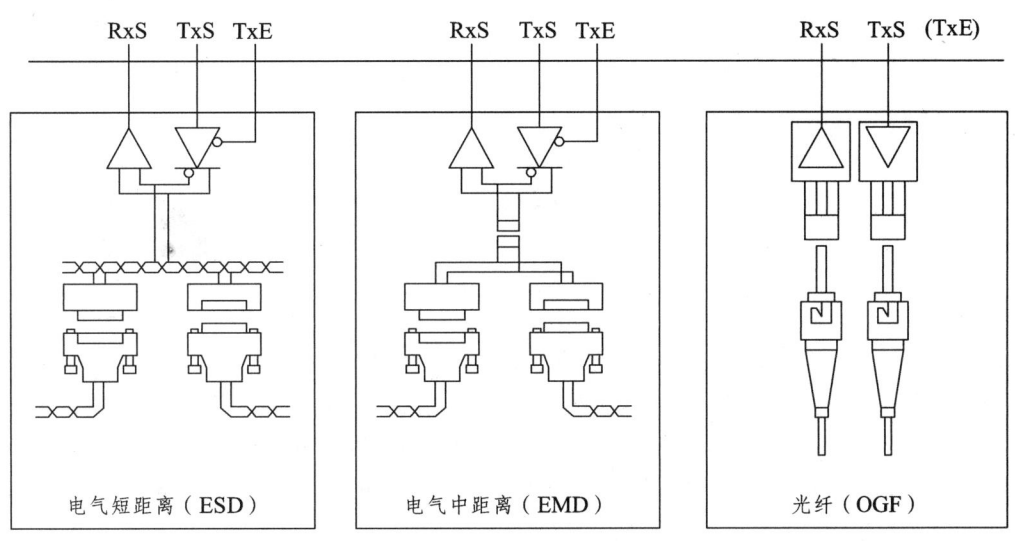

图 10.10　收发器接口

10.5.4 帧和报文

1. 主帧格式（见图10.11）

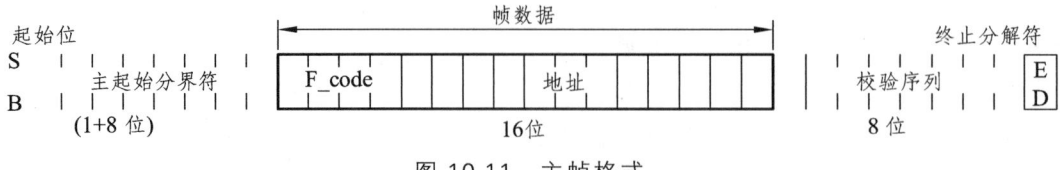

图 10.11 主帧格式

（1）以主起始分界符开始；
（2）其后为16位帧数据；
（3）接着为8位校验序列。

2. 从帧格式（见图10.12）

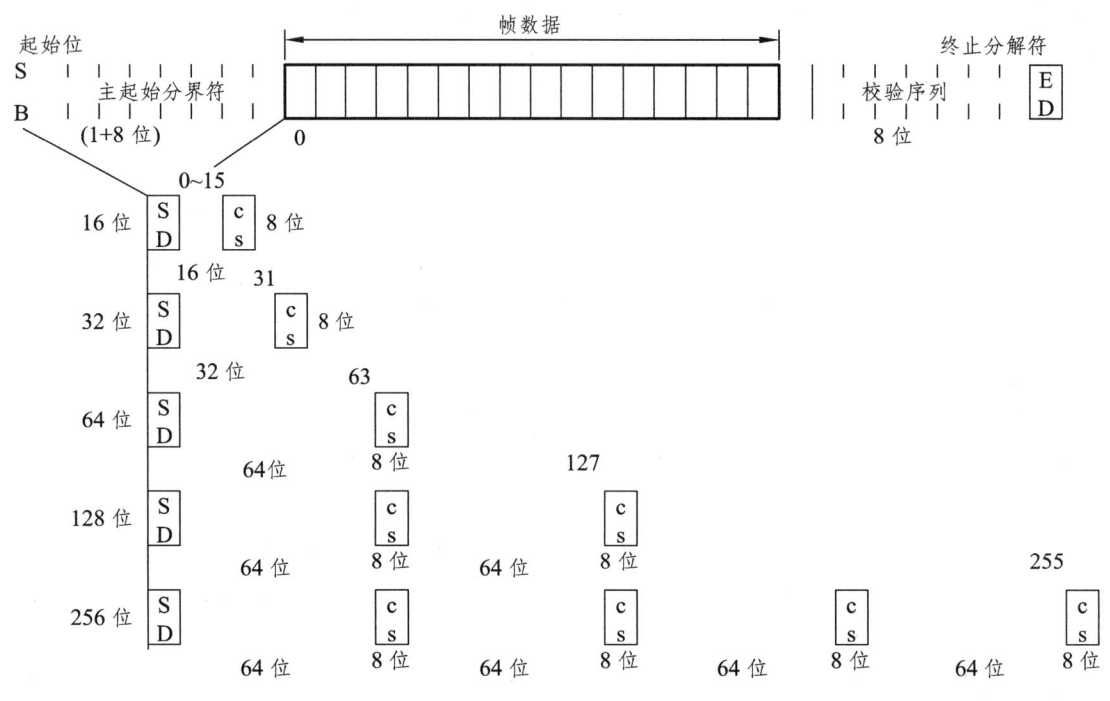

图 10.12 从帧格式

（1）以从起始分界符开始；
（2）接着为16、32、64、128或256位帧数据；
（3）在每64个数据位后包含一个8位的校验序列，或当帧数据只有16、32位时将一个8位的校验序列附加其后。

3. 校验序列

帧数据应用一个或更多的8位校验序列来保护。

数据的内容应处理成64位的代码字（对小一些的数据用16或32位），不包括起始分界符和终止分界符。这个代码字和随后的校验序列应作为最高有效的数据位首先发送。校验序列按被其保护的16、32或64位数据的循环冗余校验（CRC）计算。校验序列的运算公式应符合IEC 60870-5 format class FT2中的规定。校验序列应按如下公式计算：

$$G(x) = x7 + x6 + x5 + x2 + 1$$

7 位余数的结果应用一个偶校验位扩展。所有 8 位数据取反发送。如：
16 位信息 0111 1110 1100 0011
乘以 $x7$ 0111 1110 1100 0011 000 0000
除以 $x7+x6+x5+x2+1$ 1110 0101
余数为 001 0001
余数用偶校验位扩展 001 00010
发送的 8 位取反校验序列 CS=1101 1101

10.6 列车诊断系统及工具

车辆诊断系统（Train Diagnostic System，TDS）的目的为增加车辆可靠性，减少维护成本。其功能为事件监测和指示、数据存储、概括和显示车辆状态、旁路故障系统、收集条件数据（如运行时间）、支持维护人员使用。

10.6.1 TDS 系统的运作方式

TDS 系统的主要作用是检测和显示事件，显示当前车辆状态和主要部件的状态，显示事件和条件数据从 TCMS 传输到地面计算机中，其运作方式如下：

各系统通过 MVB 将数据传输并存储到 CCU 中。
CCU 通过 Ethernet 网将事件传输到 DDU 中。
DDU 将事件显示给司机查看。
CCU 中的数据可通过软件下载到计算机中进行查看并存储。

10.6.2 DDU 显示事件分类

DDU 显示事件可分为 5 个等级：
（1）等级 1 的事件需要司机做正确的操作处理故障（见图 10.13）。

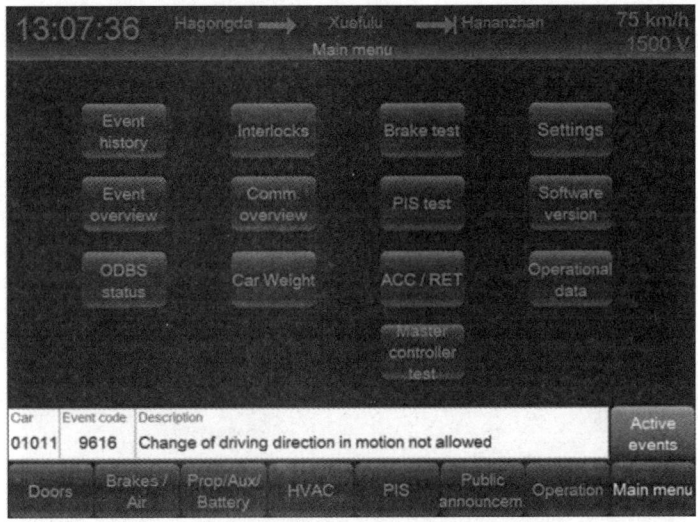

图 10.13 等级 1 的事件

（2）等级3的事件需要司机立即注意和操作处理故障且事件激活没有确认时蜂鸣器发出声响（见图10.14）。

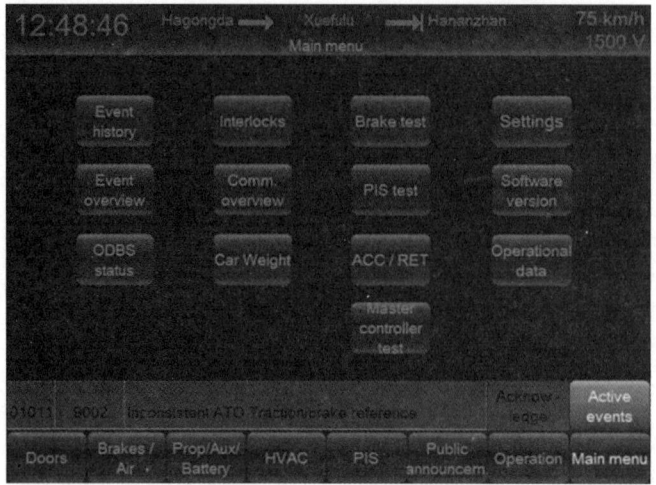

图 10.14　等级 3 的事件

（3）等级4的事件需要司机注意和处理，但不需要立即处理且只给维护者显示（见图10.15）。

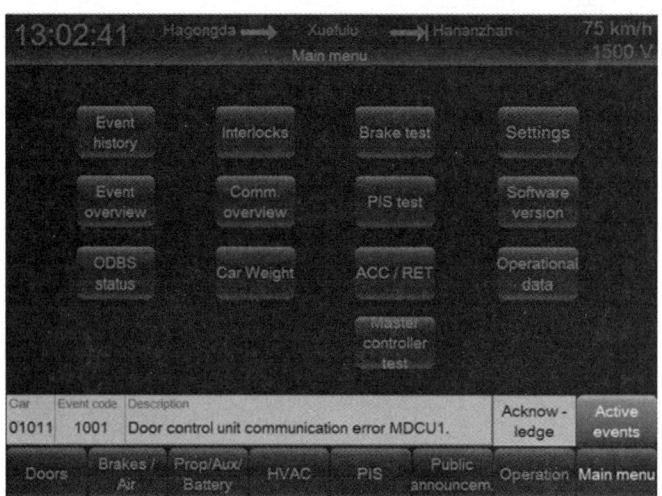

图 10.15　等级 4 的事件

（4）等级5&7的事件需要维护人员处理故障且仅在事件清单中显示（见图10.16）。

图 10.16　等级 5&7 的事件

10.6.3 TDS 系统维护软件

操作/条件数据显示在菜单中；当事件存储在事件数据库，那么一些环境数据也一起被存储。条件数据显示事件发生时车辆的状态。环境数据可以记录优先等级，帮助跟踪故障，记录典型的环境数据如速度、前进/后退、牵引力/制动力、操作状态等；操作/条件数据可通过软件下载到计算机中，供维护人员调查故障。

常见的 TDS 系统维护软件为 MTVD、DCUTerm、TDSUploader、MAVIS、Data Recorder、MAPP-Tool。

10.7 维护修程

10.7.1 TCMS 日常检查（见表 10.2）

表 10.2 TCMS 日常检查内容

项目	内　容	方法	技术要求	检修周期
TCMS系统	（1）检查 TCMS 监测界面，确认系统界面转换正常。 （2）在牵引/辅助/蓄电池界面查看 ACM、BCM、MCM 状态，并记录蓄电池温度。 （3）乘客信息系统、公共广播界面及运行界面能正常切换	操作检查	（1）TCMS 监测界面转换正常。 （2）牵引/辅助/蓄电池界面 ACM、BCM、MCM 状态正常，并记录蓄电池温度。 （3）乘客信息系统、公共广播界面及运行界面能正常切换	每天

10.7.2 TCMS 均衡修检查（见表 10.3）

表 10.3 TCMS 均衡修检查内容

项目	内　容	方法	技术要求	检修周期
TCMS系统	（1）检查 TCMS 监测界面，确认系统界面转换正常。 （2）在牵引/辅助/蓄电池界面查看 ACM、BCM、MCM 状态，并记录蓄电池温度。 （3）乘客信息系统、公共广播界面及运行界面能正常切换。 （4）在主菜单中维护界面查看历史事件，如有异常，则进行记录并处理	操作检查	（1）TCMS 监测界面转换正常。 （2）牵引/辅助/蓄电池界面 ACM、BCM、MCM 状态正常，并记录蓄电池温度。 （3）乘客信息系统、公共广播界面及运行界面能正常切换。 （4）在主菜单中维护界面查看历史事件，如有异常，则进行记录并处理	每天

10.8 TCMS 作业指导书

《QY-011HMI 屏更换作业指导书》
《QY-014 司控器更换作业指导书》
《QY-015 列车数据下载作业指导书》

 章节自测

一、填空题

1. 牵引系统中的 TCMS 系统是指（　　）系统。
2. TCMS 系统的主要任务是车辆控制、（　　）、车辆诊断和车辆管理、数据网络管理和其他支持功能。
3. 车辆控制和监控系统可以集成车辆（　　）。
4. CCU 1 的以太网地址为（　　）。
5. AX 是指（　　）单元。
6. VCU 可在（　　）电源下运作。
7. 列车诊断系统的目的为（　　），减少维护成本。
8. TDS 系统的主要作用是（　　），显示当前车辆状态和主要部件的状态，显示事件和条件数据从 TCMS 传输到地面计算机中。
9. （　　）的事件需要司机立即注意和操作处理故障且事件激活没有确认时蜂鸣器发出声响。
10. 可以下载 ED 事件的软件为（　　）。

二、选择题

1. 若列车在运行中，MVB 总线通信突然丢失，无其他异常情况，可切换到（　　），牵引至下一站。
   A. 限速模式　　　　B. ATO 模式　　　　C. 洗车模式　　　　D. 备用模式
2. 车辆有（　　）种数据通信。
   A. 4　　　　B. 5　　　　C. 6　　　　D. 7
3. 当车辆惰行时，AX 单元模拟输入为（　　）。
   A. 0～2.5 V　　　　B. 2.5～3.2 V　　　　C. 3.2～7.9 V　　　　D. 7.9～9 V
4. 列车诊断系统共分为（　　）种事件。
   A. 2　　　　B. 3　　　　C. 4　　　　D. 5
5. MVB 是指下列哪类通信？（　　）
   A. 以太网　　　　B. 通信<->CCU　　　　C. 串线通信，维护用　　　　D. 多功能车辆总线
6. CCU 通过（　　）将事件传输到 DDU 中。
   A. ECHELON　　　　B. Ethernet 网　　　　C. 串线通信，维护用　　　　D. 多功能车辆总线
7. DDU 上的事件可分为（　　）个等级。
   A. 3　　　　B. 4　　　　C. 5　　　　D. 6
8. 等级（　　）的事件需要维护人员处理故障且只在事件清单中显示。
   A. 1　　　　B. 3　　　　C. 4　　　　D. 5 & 7
9. HMI 显示屏尺寸为（　　）寸。
   A. 3　　　　B. 5　　　　C. 10　　　　D. 15
10. 数字量输入/输出单元设备每个模块包括（　　）个输入和（　　）个输出。
    A. 3、6　　　　B. 6、3　　　　C. 12、6　　　　D. 6、12

三、判断题

1. AX 单元模拟输入为 9～10 V 时会报出司控器故障。（　　）
2. 紧急制动将会引起牵引封锁。（　　）
3. A 类红色事件激活蜂鸣器不会发出声音。（　　）
4. 在激活的司机室内两个 AX 单元故障就需要设置备用。（　　）
5. AX 单元是指数字量输入输出单元。（　　）
6. BCT 中继器用于 MVB 总线段大于 200 m 或大于 32 个单位的信号放大。（　　）
7. 速度、前进/后退、牵引力/制动力、操作状态均为环境数据。（　　）
8. CCU 中的数据无法通过软件下载到计算机中。（　　）
9. AX 模拟量输入输出单元有 4 个模拟量输入。（　　）
10. IP-CS 设备属于 TCMS 系统设备。（　　）

四、简答题

1. 车辆网络包含哪几种数据通信方式？
2. 列车 TCMS 系统主要有哪些部件？
3. 简述车辆 HMI 互锁界面中牵引封锁的决定条件。
4. 简述车辆 HMI 互锁界面中准备牵引的决定条件。
5. 在互锁界面上，准备牵引的条件都有哪些？
6. 牵引系统 TCMS 硬件都包括哪些？
7. 发生哪些条件时，需要设置备用？
8. TCMS 系统与哪些系统有关？
9. 简述主控制手柄的位置和功能。

11 广 播

哈尔滨地铁 1 号线车辆编组类型为 6 辆编组,列车广播系统(PA 系统)采用分散式控制,在各车厢分别设置一套控制设备。列车广播具有司机室对讲、司机对乘客广播、列车自动广播、司机与乘客对讲、OCC 对客室车厢广播等功能,实现地铁列车运营信息广播与指示,使地铁乘客及时了解列车的运行情况、预到站、到站信息等,方便旅客换乘其他线路,减少旅客下错站的可能性。在发生灾害或其他紧急情况下,可进行紧急广播,以指挥旅客疏散,指挥调度工作人员抢险救灾,减少意外造成的损失。

11.1 广播控制单元

广播控制单元是系统的核心设备,由电源、TMS 接口单元、中央控制器、数字信息处理器、音频处理器、录音模块、重联模块和一些接口设备构成,如图 11.1 所示。其功能包括广播系统的通信控制、音频处理、音源选择、列车连挂以及与车辆线和广播控制盒的接口。广播控制单元还可完成系统内部故障的检测及系统的自诊断。

广播控制单元在默认情况下,钥匙被打开一端的司机室语音控制单元为激活端(即主台),另一端为非激活端(即副台)。无论广播中央控制盒如何倒机,操作端始终保持不变。

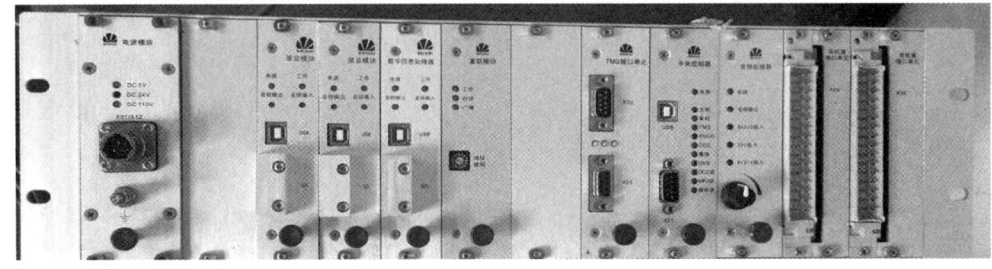

图 11.1 广播控制单元

11.1.1 技术参数

电源电压:DC 110 V,波动范围为 77 ~ 137.5 V。
电源消耗功率:
广播信道 < 300 W;
对讲信道: < 30 W;
频率响应:300 ~ 6 000 Hz;
失真率: < 3%;
信噪比(S/N): ≥ 60 dB;
带宽:100 ~ 16 000 Hz;
波特率:9 600 b/s;

单机模块工作输入电压：DC 24 V。

11.1.2 电源模块

广播电源模块用于广播设备供电。电源模块内部均采用高可靠性工业级隔离电源模块，保证在恶劣电磁环境下的可靠运行，如图 11.2 所示。

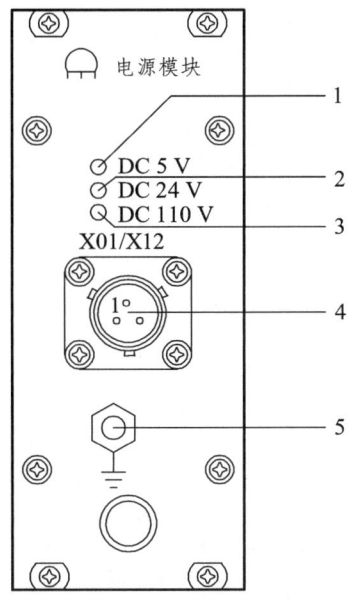

图 11.2　电源模块

1—DC 5 V（输出）电源指示灯；2—DC 24 V（输出）电源指示灯；3—DC 110 V（输入）电源指示灯；
4—车辆供电输入连接器（3 芯航空连接器）；5—接地柱

11.1.3 重联模块

系统具有重联救援功能，即当两列车重联救援时，可以实现激活端司机室对两列车全部客室的广播；同时司机室与司机室可以进行对讲。图 11.3 为重联模块。

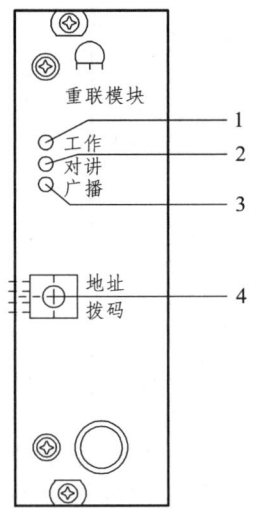

图 11.3　重联模块

1—电源指示灯，供电正常即点亮；2—重联对讲指示灯，当有重联对讲发生时点亮；3—重联广播指示灯，当有重联广播时点亮；
4—机柜地址拨码，用于机柜地址的设置（1 车司机室机柜为 0，6 车司机室机柜为 1）

11.1.4 录音模块

广播控制单元内设 2 个录音模块,分别用于广播、对讲/报警的录音,如图 11.4 所示。

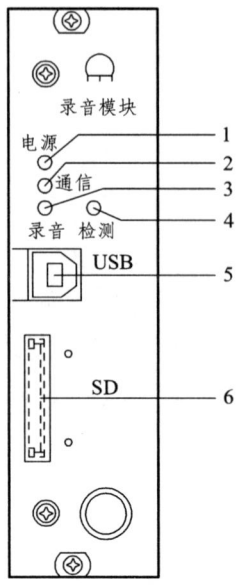

图 11.4 录音模块

1—电源指示灯,供电正常即点亮;2—通信指示灯,模块与中央控制器有通信时闪烁;3—录音指示灯,当系统录音时此灯常亮,停止录音时,此灯灭;4—系统初始化和 SD 卡检测指示灯;系统初始化时,此灯亮;初始化结束时,检测到 SD 卡后,此灯灭;若没有 SD 卡,此灯常亮;若无 SD 卡,则断电后再插入 SD 卡,然后再上电;若 SD 卡内音源文件较多,第一次上电,则此灯亮的时候会稍长;5—USB 口,设备维护端口,用于程序更新和参数设置;6—SD 卡,录音文件存储卡

11.1.5 数字信息处理器

数字信息处理器模块支持多种音频文件的播放,包括 mp3、wav 等,通常推荐的格式为 mp3 格式。具有高压缩性的 mp3 格式可以用小容量的 SD 卡存储更多的广播内容。图 11.5 为数字信息处理器。

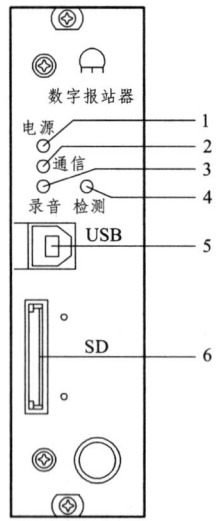

图 11.5 数字信息处理器

1—电源指示灯,供电正常即点亮;2—通信指示灯,模块与中央控制器有通信时闪烁;3—放音指示灯;当系统播放语音时此灯常亮;停止播放语音时,此灯灭;4—系统初始化和 SD 卡检测指示灯;系统初始化时,此灯亮;初始化结束时,检测到 SD 卡后,此灯灭;若是没有 SD 卡,此灯常亮;若无 SD 卡,则断电后再插入 SD 卡,然后再上电; 若 SD 卡内音源文件较多,第一次上电,则此灯亮的时间会稍长;5—USB 口,设备维护端口,用于程序更新和参数设置;6—SD 卡,报站音频文件存储卡

11.1.6 TMCS 接口单元

该模块的主要功能是将 TCMS 传来的数据转发给乘客信息系统的中央控制器进行处理，并上传乘客信息系统的故障信息至 TCMS 系统，即完成 MVB 协议到 RS485 协议的转换。图 11.6 为 TMCS 接口单元。

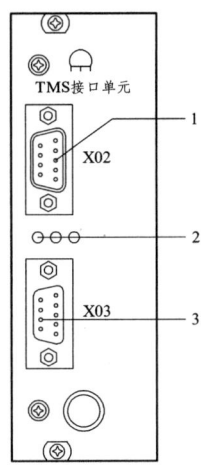

图 11.6 TMCS 接口单元
1—X02 接口；2—指示灯；3—X03 接口

11.1.7 中央控制器

中央控制器负责整个系统的通信、管理、调配和故障信息的搜集存储，并作为设备间系统控制总线的通信管理，负责系统多路音频信号的输入输出选择，能够集中控制列车广播、无线电广播、数字式语音广播、乘客报警、对讲与信息传输等功能。

中央控制器采用主备工作模式：一旦主中央控制器（在激活端司机室的中央控制器）发生故障，主备列车广播控制器将自动进行转换，备中央控制器（另一端司机室的中央控制器）将代替主中央控制器进行列车广播系统的控制。图 11.7 为中内控制器。

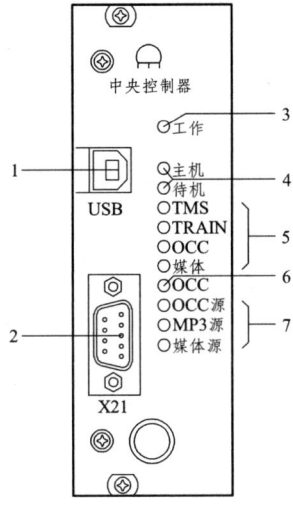

图 11.7 中央控制器
1—USB 端口，用于系统参数设置和软件更新；2—RS232 接口，用于与 PIDS 系统的通信；3—电源指示灯，供电正常则指示灯点亮；4—主/备指示灯组，指示当前中央控制器为主机还是备机；5—通信指示灯组，从上到下依次指示 TCMS 通信、列车线通信、OCC 控制和与 PIDS 的通信；6—USB 指示灯，当 USB 端口连接时，该指示灯点亮；7—信源指示灯组，从上到下依次为 OCC 源、MP3 源和媒体源，哪个灯点亮表示当前广播为哪个源发起的广播

11.1.8 音频处理器

音频处理器用于整车的信源选择和音频处理。当该设备所在机柜为主设备时，信源选择处理器根据中央控制器的指令和各路信源的优先级控制相应的信源输出到列车广播音频线上，同时在输入和输出端分别对音频信号进行放大、去噪等优化处理。图 11.8 为音频处理器。

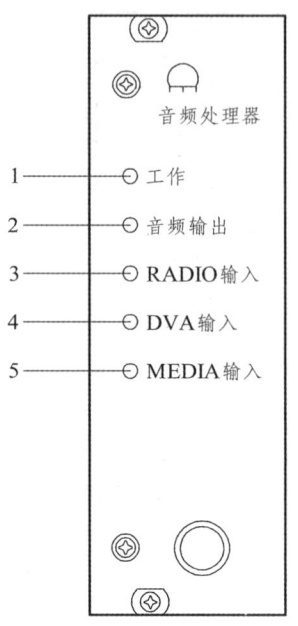

图 11.8　音频处理器

1—电源指示灯，供电正常则指示灯点亮；2—音频输出指示灯，当有音频输出时，该指示灯闪烁；3—RADIO 输入指示灯，当 OCC 广播时，该指示灯闪烁；4—DVA 输入指示灯，当数字报站时，该指示灯闪烁；5—MEDIA 输入指示灯，当有媒体伴音输入时，该指示灯闪烁

11.1.9 司机室接口单元

司机室接口单元用于机柜与列车总线的连接，同时也是广播设备与列车其他系统的接口之一，实现了广播设备的供电、广播系统与列车线的连接、广播控制盒与广播系统的连接等功能。图 11.9 为司机室接口单元。

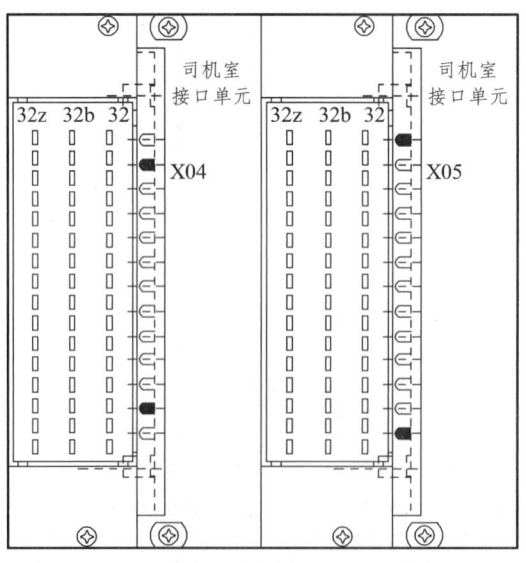

图 11.9　司机室接口单元

11.2 客室广播控制单元

客室广播控制单元是客室的核心设备,由电源、噪声检测处理单元、功率放大器、本地控制单元、对讲控制器和一些接口设备构成,如图 11.10 所示。其功能包括广播系统的客室通信控制、音频处理等,并完成系统内部客室故障的检测及系统的自诊断。

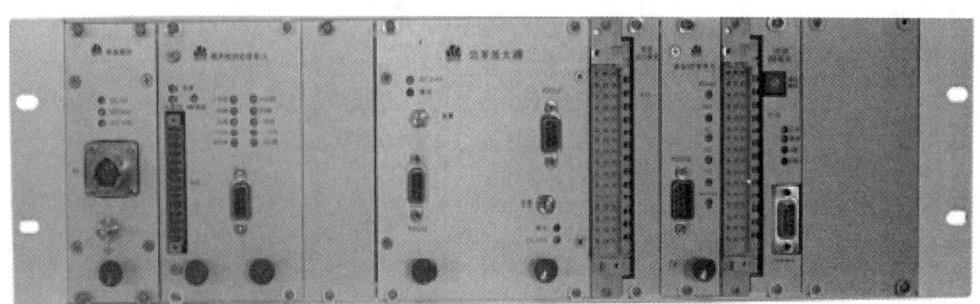

图 11.10 客室广播控制单元

11.2.1 技术参数

工作电压:DC110 V(77~121 V);
频率响应:300~6 000 Hz;
失真率:<3%;
信噪比(S/N):≥60 dB;
波特率:9 600 b/s。

11.2.2 功率放大器

功率放大器用于对广播的音频信号进行放大,驱动扬声器发出声音;内置两个完全相同的功放模块,分别连接两路扬声器,当一路出现故障时,另一路能够继续工作,提高系统的冗余度;具有过流、过压、过温等多种保护电路,能够自动调整功放的工作状态,保持广播信号不会间断,适合长期连续运行。图 11.11 为功率放大器。

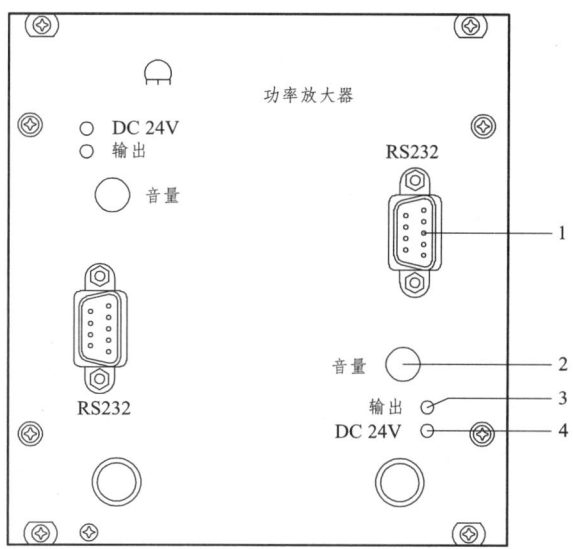

图 11.11 功率放大器

1—维护端口,用于设备的参数设置和程序更新;2—音量调节电位器,可调节单个功放的音量输出;3—音频输出指示灯,当有音频输出时,该指示灯闪烁;4—电源指示灯,当设备供电正常时,指示灯点亮

11.2.3 本地控制单元

本地控制单元是客室广播设备的核心,接收广播中央控制器的指令并控制客室其他设备的工作,如图 11.12 所示。

本地控制单元实现多任务的调度、分配,提高了系统信息处理的速度。同时,作为客室的通信网关,将车辆通信与列车总线隔离,并完成通信转换,从而保证当客室通信故障后,不会影响列车总线的通信状态。

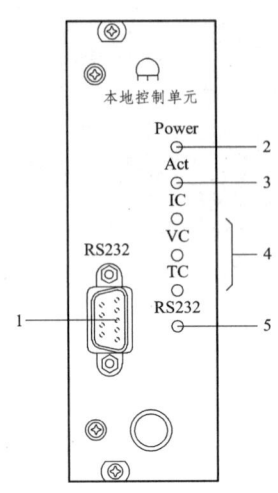

图 11.12 本地控制单元

1—维护端口,用于设备的参数设置和程序更新;2—电源指示灯,当设备供电正常时,指示灯点亮;3—CPU 工作指示灯,当该指示灯闪烁时表示 CPU 正常工作,无论熄灭还是常亮均为异常;4—通信指示灯组,从上到下依次指示客室广播控制单元内部、车辆线和列车线的通信状态,闪烁表示通信正常;5—RS232 通信指示灯

11.2.4 对讲控制器

对讲控制器在客室广播控制单元内,每个客室一个。本模块用于乘客紧急通话装置与对讲总线的连接控制,安装在对讲控制器面板上,连接器外挂两个紧急报警器。在紧急状态下,完成司机与乘客之间的对讲。图 11.13 为对讲控制器。

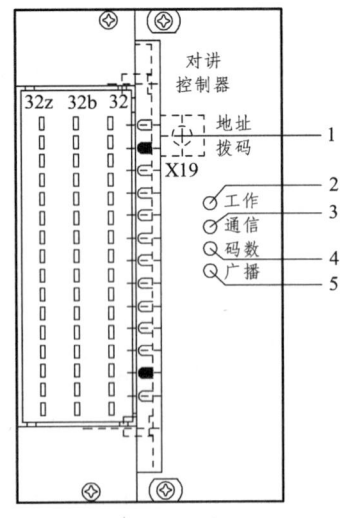

图 11.13 对讲控制器

1—地址拨码,用于客室机柜地址的设置;2—电源指示灯,当设备供电正常时,指示灯点亮;3—通信指示灯,指示与本地控制单元的通信状态,通信时,该指示灯闪烁;4—报警器 1 状态指示灯;5—报警器 2 状态指示灯

报警器状态指示灯说明：当检测到有报警时，报警指示灯闪烁；接收到应答报警指令后，报警指示灯常亮；接收到挂断报警指令后，报警指示灯熄灭。

11.2.5 客室接口单元

客室广播控制单元的接口设备，用于列车线和车辆线与机柜的连接，信号输入等，如图 11.14 所示。客室接口单元采用 HARTING 连接器，具有防插错设计。

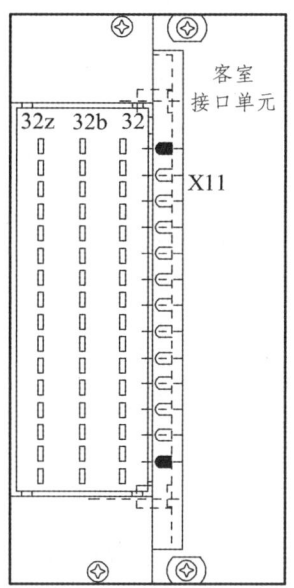

图 11.14 客室接口单元

11.3 司机室语音控制单元

司机室语音控制单元如图 11.15 所示。

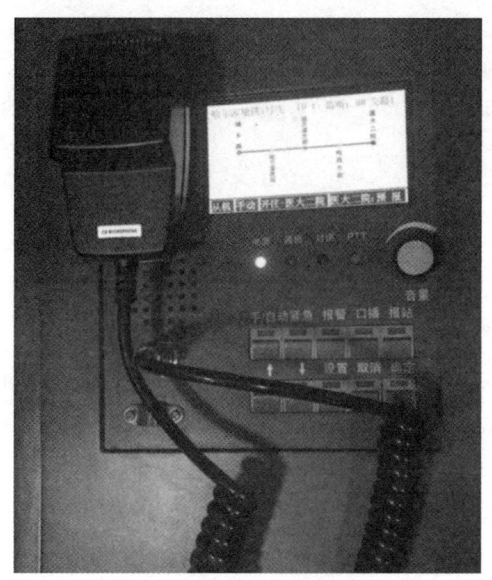

图 11.15 司机室语音控制单元

指示灯说明：

电源：表示控制盒有无电源输入；

通信：当广播控制盒进行通信时，指示灯闪烁；

对讲：指示对讲通信情况，有对讲信号则灯亮（报警时指示灯不亮）；

PTT：司机按下话筒上的 PTT 按键，指示灯亮。

司机室语音控制单元是广播系统与外界交互的人机界面。它具有系统电源指示、设备主备状态显示、OCC 控制指示和重联信息指示等显示功能。

技术参数：

工作电压：DC 110 V（波动范围为 77 V ~ 137.5 V）；

对讲总线输入/输出音频电平：100 V；

广播总线输入/输出音频电平：100 V；

频率响应：100 ~ 12 000 kHz，≤ ±1 dB；

音频输入/输出方式：平衡；

失真率：≤2%（100 ~ 12 000 kHz）；

信噪比（S/N）≥60 dB。

11.4　司机室/客室扬声器

在列车的每个客室内部装有 8 个扬声器，其中带司机室的客室装有 6 个扬声器，用于向旅客广播相关信息。扬声器自带变压器，可平面嵌装于车厢内，在 80 km/h 车速下，隧道区段时声音清晰，如图 11.16 所示。

图 11.16　司机室/客室扬声器

技术参数：

扬声器形式：锥形直线放射式；

输入 80 ~ 1 250 Hz，额定功率为 3 W 的音频信号，在 1.2 m 处轴向自由场声压为 93 dB，相当于 0.000 2 达因/cm^2。

从 70 Hz 到 20 kHz 的频率响应：≤ -7 dB，1 kHz；

从 100 Hz 到 10 kHz 的频率响应：±1dB；

在 1 000 Hz 时，总的谐波畸变：≤0.5%，输出功率为 3 W 时；

变压器效率：≥85%，输出功率为 3 W 时。

11.5 终点站显示器

每个司机室端头安装有一个终点站显示器,采用 LED 方式指示行车的终点站,如图 11.17 所示。

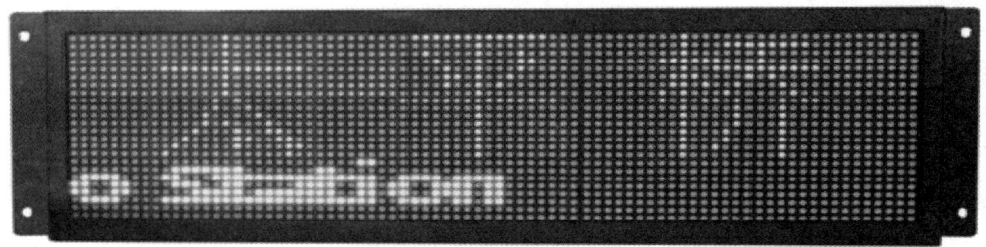

图 11.17 终点站显示器

技术参数如下:
LED 发光点直径:ϕ5 mm;
像素点间距:7.62 mm;
像素组成:24 行 × 80 列;
显示色彩:双色高亮,一行中文(红色),一行英文(黄色),显示颜色可用 PTU 修改;
画面刷新频率:60 帧/s;
可视距离:30 m;
水平有效视角:> ± 60°;
扫描方式:1/16 扫描;
通信接口:RS 485 接口;
波特率:9 600 b/s;
通信距离:>300 m;
接地:结构单点接地;
工作温度:- 20 ~ +50 °C;
储存温度:- 45 ~ +50 °C;
供电电源:DC 110 V(允许波动范围为 77 ~ 121 V);
功耗:小于 30 W。

11.6 动态地图

动态地图采用点阵方式,当行车线路确认后,行车区间的 LED 灯全部点亮,如图 11.18 所示。默认情况下,开过的车站为绿色,未到达的车站为红色,前方停车站为绿色。

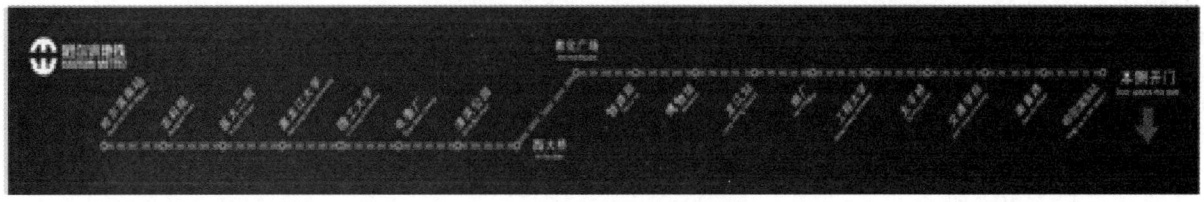

图 11.18 动态地图

技术参数如下:

像素组成：7行×96列；
显示色彩：双基色；
点间距：12 mm；
亮度：1.0 kcd/m²；
可视距离：30 m；
通信接口：RS485接口；
波特率：9 600 b/s；
供电电源：DC 110 V（允许波动范围为77~135 V）；
额定输出功率：<30 W；
质量：<7 kg。

11.7 紧急报警器

紧急报警器用于车厢内出现紧急情况时乘客向司机室报警，并通过报警器上的麦克风和扬声器与司机室进行半双弓对讲通话，通话结束由主机司机取消报警状态或者到客室的报警器处复位、取消报警如图11.19所示。

图 11.19　紧急报警器

技术参数如下：
额定输出功率：3 W；
音频输出：0~+6 dBm；
频率响应：200~10 000 kHz，±7 dB；
谐波失真：<3%；
信噪比：≥50 dB；
电源消耗功率：<10 W；
输入电压：+24 V（DC）。

11.8 噪声检测器

噪声检测器安装在客室车厢内,每个客室两个,如图 11.20 所示。两个噪声检测探头分别连接到客室广播单元噪声检测处理单元面板连接器上。客室内环境噪声变化时,将噪声转换成电信号传送给噪声检测单元。

图 11.20 噪声检测器

技术参数如下:

工作电压:DC24 V;

输出电平:当噪声的声压级为 90 dB 时,噪感头输出 0 dB(775 mV)的模拟信号;

频率响应:100 ~ 15 000 Hz,≤ ± 0.5 dB;

音频输出方式:平衡;

失真率:1 000 Hz,≤0.1%;

信噪比(S/N):≥70 dB。

11.9 广播系统故障检测

广播系统故障检测如表 11.1 所示。

表 11.1 广播系统故障检测

序号	故障	可能的原因	检修方法
1	系统不能正常启动	司机室控制单元的电源模块的电源插头是否接插好	将插头接插牢固
		空开是否跳闸	将空开合上
		电源模块的指示灯是否显示正常	使用万用表检查系统内部的电源模块是否正常输出
2	系统不能确认主机	司机室钥匙是否处于"ON"位置	旋转司机室钥匙置于"ON"位置
		主机的矩形连接器上的插座是否接插好	将司机室控制单元接口板上的矩形连接器插牢

续表

序号	故障	可能的原因	检修方法
3	司机对讲、紧急报警不能正常工作	司机室语音控制单元上的手持话筒连线是否完好	如果断开，请更换话筒
		客室控制单元机柜内的对讲控制器上的灯显示是否正常	如果对讲控制器上的"L1~L4"灯一直长亮，应重新启动系统。如果还没能解决问题，应更换对讲控制器模块
		报警器能否正常报警	检查报警器后面板上的插座是否插好，将插座接插牢固。若已接插牢固，应重新更换电路板
4	广播报站无声	数字报站器的"工作"灯是否点亮	更换数字报站器
		中央控制器的"MPS源"灯是否点亮	更换中央控制器
		音频处理器的"音频输出"灯是否点亮	更换音频处理器
5	客室广播无声	是否全车广播无声	检查司机室广播控制单元（包括中央控制器和音频处理器）
		是否单节车广播无声	检查或更换客室功率放大器
6	司机室终点站LED无显示	LED屏电源是否接入	接入LED屏电源
		是否下载显示内容	下载显示内容
		检查起始站、终点站是否设置正确	重新设置起点站和终点站

11.9.1 广播系统日检（见表11.2）

表11.2 广播系统日检

项目	内容	方法	工具材料	技术要求
广播	（1）检查列车报站功能。 （2）检查紧急广播功能。 （3）检查口播功能。 （4）检查紧急对讲功能	操作检查 耳听检查	无	监听各功能正常。紧急对讲由客室检修员按照分工进行检查，司机室检修员进行确认
	（1）检查司机对客室广播功能。 （2）检查紧急广播功能。 （3）检查列车报站功能。 （4）检查口播功能	耳听检查	无	广播声音清晰，报站正常
	（1）检查LCD及动态地图外观。 （2）检查LCD及动态地图功能	目测检查	无	（1）外观良好。 （2）LCD画面正常，动态地图显示正常
	（1）检查乘客紧急报警按钮外观。 （2）检查乘客紧急报警按钮功能	操作检查		（1）外观良好。 （2）按下客室紧急报警按钮，可以与司机室对讲

11.9.2 广播系统均衡修（见表11.3）

表11.3 广播系统均衡修

项目	内 容	方法	工具材料	技术要求
广播	（1）检查列车报站功能。 （2）检查紧急广播功能。 （3）检查口播功能。 （4）检查紧急对讲功能	操作检查、耳听检查	无	各监听功能正常。紧急对讲由客室检修员按照分工进行检查，司机室检修员进行确认
	（1）检查司机对客室广播功能。 （2）检查紧急广播功能。 （3）检查列车报站功能。 （4）检查口播功能	耳听检查	无	广播声音清晰，报站正常
	（1）检查LCD及动态地图外观。 （2）检查LCD及动态地图功能	目测检查	无	（1）外观良好。 （2）LCD画面正常，动态地图显示正常
	（1）检查乘客紧急报警按钮外观。 （2）检查乘客紧急报警按钮功能	操作检查	无	（1）外观良好。 （2）按下客室紧急报警按钮，可以与司机室对讲
	司机室、客室广播控制单元	检查外观	无	司机室、客室广播控制单元外观正常，无损坏。检查安装螺栓划线是否在正常位，指示灯正常。注意拨码开关状态
	广播控制盒及手麦	检查外观	无	广播控制盒及手麦外观正常，无损坏
	终点站显示器	检查外观及显示	无	终点站显示器外观正常，无损坏。使用HMI屏设置终点站，正常显示终点站名
	动态地图	检查外观、检查功能	无	（1）外观及接线正常，无锈蚀。 （2）显示灯正常显示，流水显示完好
	乘客紧急报警按钮	检查外观、检查功能	无	（1）外观良好。 （2）按下客室紧急报警按钮，可以与司机室对讲
	广播控制盒、广播主机、客室广播主机、动态地图、扬声器、噪声监测器	清洁广播控制盒、广播主机、客室广播主机、动态地图、扬声器、噪声监测器	无	用白拼布清洁广播主机、客室广播主机、动态地图、扬声器、噪声监测器的外面板。用软毛刷清除连接广播主机、客室广播主机、动态地图、扬声器、噪声监测器插头上的灰尘。随时清除机柜、设备或附件上的水或其他液体，达到Ⅳ级清洁度
	动态地图	清洁动态地图	无	打开侧顶板，拆下动态地图，用白拼布轻轻擦拭表面。清洁后达到Ⅲ级清洁度

检查程序如下：

（1）手动报站。

① 给广播系统上电，打开司机钥匙。查看本端广播控制盒是否为主机。

② 设置起点站和终点站，并按下"确认"按键。

③ 按下"报站"按键，检查扬声器是否有输出。

④ 待"报站"键灯熄灭，按若干次"↓"按键，然后再次按下"报站"按键，检查扬声器是否有输出。

（2）人工广播。

① 按下"口播"按键，摘下话筒。

② 按下话筒"PTT"按键，对着话筒讲话，检查扬声器是否有输出。

（3）司机对讲。

① 给广播系统上电，打开司机钥匙。查看本端广播控制盒是否为主机，同时确认对端广播控制盒为从机。

② 主端检修人员摘机，同时按下话筒上的"PTT"按键。

③ 主端检修人员对话筒讲话，同时确认对端司机室扬声器是否有输出。

④ 重复上面的操作，让备机呼叫主机，检查主司机室扬声器是否有输出。

（4）乘客报警。

① 检修人员按下第一客室的1号报警器的"呼叫"按钮。

② 主司机室检修人员检查主端广播控制盒是否有声光报警，同时在广播控制盒的LCD屏上显示1车1报警器报警。

③ 主端检修人员按下广播控制盒的"报警"按键，声光报警停止，同时"报警"键灯常亮，此时两边检修人员可以进行通话。

④ 使用上述方法，依次检查车内各个报警器的工作情况。

（5）干布擦拭设备。

① 确保系统电源断开。

② 用软布擦拭设备表面。

③ 用软刷清扫机柜的风扇。

（6）设备污渍处理。

① 将软布浸泡在专用洗涤剂中，拧去软布的水分，使软布微湿。

② 对机箱外设备的污渍进行反复擦拭。

③ 用清水冲洗软布，并拧干。

④ 再次擦拭污渍处，并确保洗涤剂泡沫已清洗干净。

（7）广播控制单元检查。

① 检查各个模块和机柜的固定螺栓是否松脱。

② 系统上电，检查司机室控制单元的各个模块电源灯是否点亮。

③ 频繁上电、断电，查看机柜各个模块的指示灯是否异常。

（8）客室广播控制单元检查。

① 检查各个模块和机柜的固定螺栓是否松脱。

② 系统上电，检查司机室控制单元的各个模块电源灯是否点亮。

③ 频繁上电、断电，查看机柜各个模块的指示灯是否异常。

（9）司机室语音控制单元广播检查。

① 系统上电，检查"工作"灯是否点亮。

② 检查广播控制盒的各项功能是否正常，具体见系统使用说明书。

③ 频繁上电、断电，查看广播控制盒是否工作正常。

（10）扬声器检查。

① 系统上电。

② 播放任意循环音频，检查各个扬声器是否有输出。

（11）报警器检查。

① 系统上电。

② 依次使用各个报警器进行报警，检查能否正常接通、挂断。

（12）动态地图检查。

① 系统上电。

② 查看各个动态地图上电是否正常亮起。

③ 查看各个动态地图流水是否完好。

11.10　广播系统作业指导书

《客室动态地图更换作业指导书》

《广播控制盒的话筒，按键板更换作业指导书》

《客室 PIS 设备检查作业指导书》

《紧急报警器更换作业指导书》

《客室扬声器更换作业指导书》

章节自测

一、选择题

1.（　　）用于存储和播放预录的广播内容。

　　A. 数字报站器　　　　B. 录音模块　　　　C. TMS 接口单元　　　　D. 中央控制器

2. 司机室广播控制单元不包括以下哪个部件？（　　）

　　A. 电源　　　　B. 中央控制器　　　　C. 音频处理器　　　　D. 噪检模块

3. 以下不是客室广播控制单元所包括部件的是（　　）。

　　A. 电源模块　　　　B. 噪声检测处理单元　　　　C. 功率放大器　　　　D. 中央控制器

4. 司机室和客室广播控制单元的核心部件各是什么？（　　）。

　　A. 中央控制器、本地控制单元　　　　B. 本地控制单元、中央控制器

　　C. 功率放大器、音频处理器　　　　D. 音频处理器、功率放大器

5. 噪声检测器安装在客室车厢内，每个客室（　　）个。

　　A. 1　　　　B. 2　　　　C. 3　　　　D. 4

二、判断题

1. 中央控制器是客室广播设备的核心，接收广播本地控制单元的指令并控制客室其他设备的工作。（　　）

2. 当系统播放语音时，数字报站器的放音指示灯常亮。停止播放语音时，此灯灭。（　　）

3. 中央控制器采用主备工作模式，一旦主中央控制器（在激活端司机室的中央控制器）发生故障，主备列车广播控制器将自动进行转换，备中央控制器（另一端司机室的中央控制器）将代替主

中央控制器进行列车广播系统的控制。（   ）

4. 默认情况下，司机室钥匙被打开一端的司机室语音控制单元为激活端（即主台），另一端为非激活端（即副台）。随着广播中央控制盒的倒机，操作端也会随之改变。（   ）

5. 每车设置两个乘客紧急报警器，紧急情况下乘客可以和司机进行全双工的对讲。（   ）

6. 在门紧急解锁时，紧急报警器自动与司机建立呼叫通话。（   ）

7. 动态地图采用点阵方式，开过的车站为绿色，未到达的车站为红色，前方停车站为绿色。（   ）

8. 司机室广播主机的中央控制器模块，只能够集中控制列车广播、无线电广播、数字式语音广播、对讲与信息传输等功能。（   ）

9. 哈尔滨地铁 1 号线一、二期车辆可以通过司机室广播控制盒进行广播音量调节。（   ）

10. 每车设置两个乘客紧急报警器，紧急情况下乘客可以和司机进行半双工的对讲。（   ）

三、简答题

1. 广播控制单元（广播主机）有哪些部件组成？
2. 列车广播系统具备哪些基本功能？
3. 简述电客车日检作业司机室功能检查中对 PIS 系统的检查项目。
4. 简述日检作业中对客室功能的检查项目。
5. 请详细描述广播主机的主备冗余关系。

12 视频监控系统

现代城市轨道交通系统的运营管理越来越注重对乘客服务质量的提高，乘客信息系统（Passenger Information System，PIS）就是依托多媒体网络技术，以计算机技术为核心，以车站和车载显示终端为媒介向乘客提供信息服务的系统。

哈尔滨市地铁 1 号线视频监控系统包括车载视频监控系统（CCTV）、信息显示系统（PIDS）两个子系统，实现视频监控、媒体播放的功能。系统电源为 DC 110 V（77～135 V）。整个系统设备清单如表 12.1 所示。

表 12.1 乘客信息系统设备清单

序号	设备名称	安装位置						数量/列	备注
		Tc	Mp	M	M	Mp	Tc		
1	媒体服务器	√					√	2	视频监控系统服务器
2	12.1 LCD 触摸屏	√					√	2	图像显示、操作控制
3	司机室交换机	√					√	2	连接数字电视接收机、车载无线控制器、媒体播放服务器等设备
4	媒体网关	√	√	√	√	√	√	6	视频图像编码处理
5	司机室摄像机	√					√	2	司机室视频图像采集
6	客室摄像机	√	√	√	√	√	√	12	客室视频图像采集
7	解码分屏器	√	√	√	√	√	√	6	数字视频信号解码、分配、传输
8	17 英寸 LCD 显示器	√	√	√	√	√	√	44	终端显示器

12.1 设备概述

12.1.1 媒体服务器

媒体服务器采用工业级计算机，实现实时视频显示、音视频录像存储以及 LCD 媒体播放控制、管理等功能。

每列车有两台媒体服务器，它们安装在 Tc1 和 Tc2 车内。在列车运营过程中，Tc1 车媒体服务器被自动设置为主控，另一台被自动设置为副控。被设置为主控的设备将接管所有操作，而副控处于备用状态。

注：哈尔滨地铁 1 号线三期车辆媒体服务器已不具备主机控制功能。

媒体服务器如图 12.1 所示。

图 12.1 媒体服务器

设备指示灯简介：

（1）: 媒体服务器硬盘指示灯；

（2）: 媒体服务器电源指示灯；

（3）ACT1、2：媒体播放编码板工作指示灯。

12.1.2 LCD 触摸屏

司机室触摸屏是系统的核心显示、控制设备，它可完成系统所需的实时视频显示、控制操作及设备管理等功能（哈尔滨地铁 1 号线一、二期 LCD 触摸屏只具备显示功能，不具备控制功能）。

LCD 触摸屏如图 12.2 所示。

图 12.2 LCD 触摸屏

12.1.3 司机室交换机

在列车两端司机室，设置两台工业以太网三层交换机，用于将车载 CCTV 系统网络、车载 PIDS 网络、无线 AP（车地无线网络）和地面控制中心系统连接，并通过三层交换技术实现各个网络之间的隔离，避免各个网络直接相互影响。

司机室交换机布置图如图 12.3 所示。

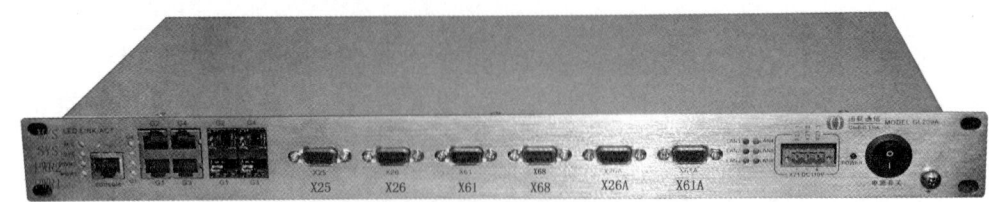

图 12.3 司机室交换机

设备指示灯简介：

（1）POWER（红色）：交换机 X21、DC 110 V 电源指示灯；

（2）LAN1～LAN6（黄色）：分别对应 X61A、X26A、X68、X61、X26、X25 网络连接指示灯；

（3）M/S：环网主站指示灯（备用）；

（4）SYS：系统运行指示灯；

（5）PWR2（PWR1）：交换机 DC 12 V 工作电源指示灯；

（6）G1～G4：光电复用接口网络连接指示灯。

12.1.4 媒体网关

媒体网关是 CCTV 系统中完成视频数据采集、紧急图像记录和网络传输的设备，该设备基于嵌入式系统设计，由视频压缩处理模块、输入/输出接口模块、DC 110 V 电源变换和百兆交换机模块组成，具有很强的处理能力和较好的可扩展性。

媒体网关提供最多 4 路模拟视频信号输入。为提高设备集成度，减少车内设备数量，媒体网关同时提供 DC 12 V、2 A 的直流电源输出，可直接向彩色半球摄像机供电。

媒体网关内部集成一个 800 M 工业交换机模块，对外提供 12 个接口：1 个 DC 110 V 电源输入接口，1 个 DC±12 V 电源输出，4 个 TNC 端子（连接摄像头），3 个 DB9 插座（连接媒体网关、媒体服务器以及客室间媒体网关之间相连接），1 个报警及音频输入接口，2 个 RJ45 插座（供 PTU 连接使用）。

媒体网关采用标准 MPEG-4 编解码算法，可支持最多 4 路 352×288 图像分辨率 12 帧/s 的实时速度处理视频数据。

媒体网关的功能特点如下：

数据采集：媒体网关是 CCTV 系统中完成视频数据采集、网络数据传输的设备，由视频压缩模块、网络交换模块、电源变换模块等组成，具有很强的处理能力和较好的可扩展性。

编码算法：采用标准 MPEG-4 编解码算法，可支持最多 4 路 352×288 图像分辨率下 12 帧/s 的实时速度处理视频数据。

采用数字 TS 流信号传输，可以保证信号在每个车厢的一致性。

注：哈尔滨地铁 1 号线三期车辆已将客室媒体网关与解码分屏器合并成一套设备。

媒体网关如图 12.4 所示。

图 12.4 媒体网关

设备指示灯简介：

（1）POWER：媒体网关电源指示灯；

（2）ACT：媒体网关内部视频编码板与交换机网络连接指示灯；

（3）ERROR：错误指示灯；

（4）LAN1：编码板与交换机连接指示灯；

（5）LAN2、3、4：分别为X62、X63、X63A网络连接指示灯；

（6）LAN5、6：PTU1、2网络连接指示灯（仅供厂家内部以及工程人员备用）；

（7）LAN7、8：保留备用。

12.1.5　司机室摄像机

司机室摄像机采用360°全角监视摄像机，在低于8 Lx的照度时，自动开启红外辅助照明，图像转为黑白图像。司机室全景摄像机GL330，采用铝合金外壳、PC外罩。

注：哈尔滨地铁1号线三期司机室摄像机为2台IP摄像机，记录司机室监视画面，能完全、清晰、无畸变、实时监视司机的所有驾驶和操作按钮、旋钮、开关、触屏动作，摄像机满足操控司机室并自动适应司机室内的各种光线环境。

司机室摄像机如图12.5所示。

图12.5　司机室摄像机

12.1.6　客室摄像机

摄像机在系统中作为监控图像转为视频数据前端设备，摄像机的选择对系统性能影响非常大。摄像机主要参数为CCD点阵参数和镜头焦距选择。

摄像机的CCD为摄像机感光器件，现在CCD感光元件面积尺寸一般为1/3 in或1/4 in。理论上面积越大，在相同像素状态下，信噪比越高。CCD点阵数量越多，图像分辨率越高。摄像机镜头规格应根据具体环境计算选择，客室选用6 mm镜头。客室半球摄像机GL-423W/TA为铝合金外壳、PC外罩。

图12.6　客室摄像机

客室摄像机如图12.6所示。

12.1.7　解码分屏器

通过以太网接收编码后的TS数据码流，解码后分配给LCD显示屏进行显示。MPD304内包含有DC110 V电源模块、解码器模块、视频分配模块、动态地图信息分配模块、视频播放器模块、交换机模块等，以功能模块的方式组合在一起，此设计使得设备高度集成化、安装布线简单化。

分屏器设备对外有14个接口以及两排由发光二极管组成的状态指示灯。1个DC 110 V电源输入接口；2个PTU接口；8个VGA接口，连接客室17英寸LCD显示屏；3个DB9插座，以供分屏器与媒体服务器之间以及分屏器与分屏器之间连接。

分屏器将解码后的 VGA 信号分成 8 路并通过 VGA 接口输送到客室 17 英寸 LCD 显示屏上播放。在通信上采用数字 TS 流信号传输，信号可以保证每个车厢保持一致。分屏器到 LCD 显示屏采用平衡信号传输，视频信号采用一根网络电缆（4 对线）就可以连接。

注：哈尔滨地铁 1 号线三期车辆已将客室媒体网关与解码分屏器合并成一套设备。

解码分屏器如图 12.7 所示。

图 12.7　解码分屏器

设备指示灯简介：

（1）POWER：媒体网关电源指示灯；
（2）ACT：媒体网关视频编码板与媒体服务网络连接指示灯；
（3）ERROR：错误指示灯；
（4）LAN1：解码板与交换机连接指示灯；
（5）LAN2、3、4：分别为 X65、X66、X66A 网络连接指示灯；
（6）LAN5、6：PTU1、2 网络连接指示灯（仅供厂家内部以及工程人员备用）；
（7）LAN7、8：保留备用。

12.1.8　17 英寸 LCD 显示器

Tc 车装有 6 个 17 英寸 LCD 显示器，M 车装有 8 个 17 英寸 LCD 显示器，显示器外壳采用防破坏设计。LCD 分屏器把 VGA 信号通过电缆传送到 LCD 显示屏上。

显示器表面安装 AR 减反射钢化玻璃，既可以保护液晶屏，又可以防止外界光线反射，使乘客能看到更清晰的显示画面，如图 12.8 所示。

注：哈尔滨地铁 1 号线三期 LCD 显示器为 19 英寸。

图 12.8　LCD 显示器

12.2 系统概述

12.2.1 CCTV 系统

车载视频监控系统（CCTV）是集实时图像、文字、声音、控制、报警于一体，充分利用丰富的网络资源，通过网络平台将各车厢现场画面进行统一管理、统一运用的综合监控系统平台解决方案。CCTV 系统是建立在数字 IP 技术基础之上的体系结构，可以利用车内有限的基础设施承载数字化的视频信息。

12.2.2 PIDS 系统

信息显示系统（PIDS）通过 WLAN 无线网络，将控制中心发送的直播视频通过车载无线单元设备接收下载后，经视频播放控制器处理并沿着车载数据传输网络传至车辆客室 LCD 显示屏显示播放。一旦无线传输单元出现故障，系统能够播放预制信息，如 DVD、VCD、各种多媒体视频文件等。

12.3 检修及维护

12.3.1 预防性维护

维护任务如表 12.2~12.4 所示。

表 12.2 维护任务

周期代码	列车行驶里程/km	周期时间	维护任务	所需人员
I1	—	每个月	检查 CCTV 主机	1
I1	—	每个月	检查 CF 卡	1
I1	—	每个月	检查硬盘	1
I1	—	每个月	检查 LCD 触摸屏	1
I1	—	每个月	检查司机室交换机	1
I1	—	每个月	检查媒体网关	1
I1	—	每个月	检查司机室摄像机	1
I1	—	每个月	检查客室摄像机	1
I1	—	每个月	检查 17 英寸 LCD 显示器	1
I2	100 000	每年	清洁司机室摄像机	1
I2	100 000	每年	清洁客室摄像机	1
I2	100 000	每年	清洁 12.1 英寸 LCD 触摸屏	1
I2	100 000	每年	清洁 17 英寸 LCD 显示器	1
I2	100 000	每年	清洁司机室交换机	1
I2	100 000	每年	清洁解码分屏器	1
I2	100 000	每年	清洁媒体网关	1
I2	100 000	每年	清洁 CCTV 主机	1
I3	400 000	每 3 年	更换硬盘	1

12 视频监控系统

表 12.3 维护周期 I1

周期代码	周期时间	维护任务	检修要求
I1	每个月	检查 CCTV 主机	（1）检查连接器是否有松动，设备是否有异样，如 CCTV 主机开机是否正常，系统软件运行是否正常等。 （2）打开机柜门检查设备是否有异样，如温度过高、有异样烧焦的气味等。 （3）检查螺丝是否松动
I1	每个月	检查 CF 卡	检查 CCTV 主机开机是否正常
I1	每个月	检查硬盘	检查能否记录和存储视频录像文件等
I1	每个月	检查 LCD 触摸屏	（1）检查连接器是否有松动，设备是否有异样，如检查是否能够正常显示监控画面和进行相应的触摸操作等。 （2）检查螺丝是否松动
I1	每个月	检查司机室交换机	（1）检查连接器是否有松动，设备是否有异样，检查客室、司机室音频/视频信号是否正常。 （2）检查螺丝是否松动
I1	每个月	检查媒体网关	（1）检查连接器是否有松动，设备是否有异样，在 LCD 触摸屏上检查相应车厢监控画面正常。 （2）检查螺丝是否松动
I1	每个月	检查司机室摄像机	（1）检查连接器是否有松动，设备是否有异样，检查是否能看到司机室视频图像等。 （2）检查螺丝是否松动
I1	每个月	检查客室摄像机	（1）检查连接器是否有松动，设备是否有异样，检查是否能看到客室视频图像等。 （2）检查螺丝是否松动
I1	每个月	检查 17 英寸 LCD 显示器	（1）检查连接器是否有松动，设备是否有异样，检查是否能播放音频/视频信号等。 （2）检查螺丝是否松动

表 12.4 维护周期 I2

周期代码	列车行驶里程/km	周期时间	维护任务	检修要求
I2	100 000	每年	清洁司机室摄像机	（1）用软布清洁摄像机的外罩及摄像机镜头。 （2）随时清除机柜、设备或附件上的水或其他液体
I2	100 000	每年	清洁客室摄像机	（1）用软布清洁摄像机的外罩。 （2）随时清除机柜、设备或附件上的水或其他液体。
I2	100 000	每年	清洁 LCD 触摸屏	（1）用软布清洁触摸屏。 （2）用软毛刷清除连接触摸屏插头上的灰尘。 （3）随时清除机柜、设备或附件上的水或其他液体
I2	100 000	每年	清洁 17 英寸 LCD 显示器	（1）用软布清洁 17 英寸 LCD 显示器的外面玻璃。 （2）用软毛刷清除连接 17 英寸 LCD 显示器插头上的灰尘。 （3）随时清除机柜、设备或附件上的水或其他液体

续表

周期代码	列车行驶里程/km	周期时间	维护任务	检修要求
I2	100 000	每年	清洁司机室交换机	（1）用软布清洁司机室交换机的外面板。 （2）用软毛刷清除连接司机室交换机插头上的灰尘。 （3）随时清除机柜、设备或附件上的水或其他液体
I2	100 000	每年	清洁解码分屏器	（1）用软布清洁解码分屏器的外面板。 （2）用软毛刷清除连接解码分屏器插头上的灰尘。 （3）随时清除机柜、设备或附件上的水或其他液体
I2	100 000	每年	清洁媒体网关	（1）用软布清洁媒体网关的外面板。 （2）用软毛刷清除连接媒体网关插头上的灰尘。 （3）随时清除机柜、设备或附件上的水或其他液体
I2	100 000	每年	清洁CCTV主机	（1）用软布清洁CCTV主机的外面板。 （2）用软毛刷清除连接CCTV主机插头上的灰尘。 （3）随时清除机柜、设备或附件上的水或其他液体

注意：① 清洁时不用拆下设备。
② 不要使用任何腐蚀性、粗糙材料或绵纸清洁设备。设备有灰尘时，应用微湿的软布轻轻擦拭设备的表面。

12.3.2　CCTV系统故障与处理方法

CCTV系统车内可以维修更换的单元有：媒体服务器、司机室交换机、司机室触摸屏、摄像机、媒体网关五部分及系统连接电缆和接头。

下面介绍每个单元可能出现的故障及处理方法（见图12.9及表12.5～12.9）。

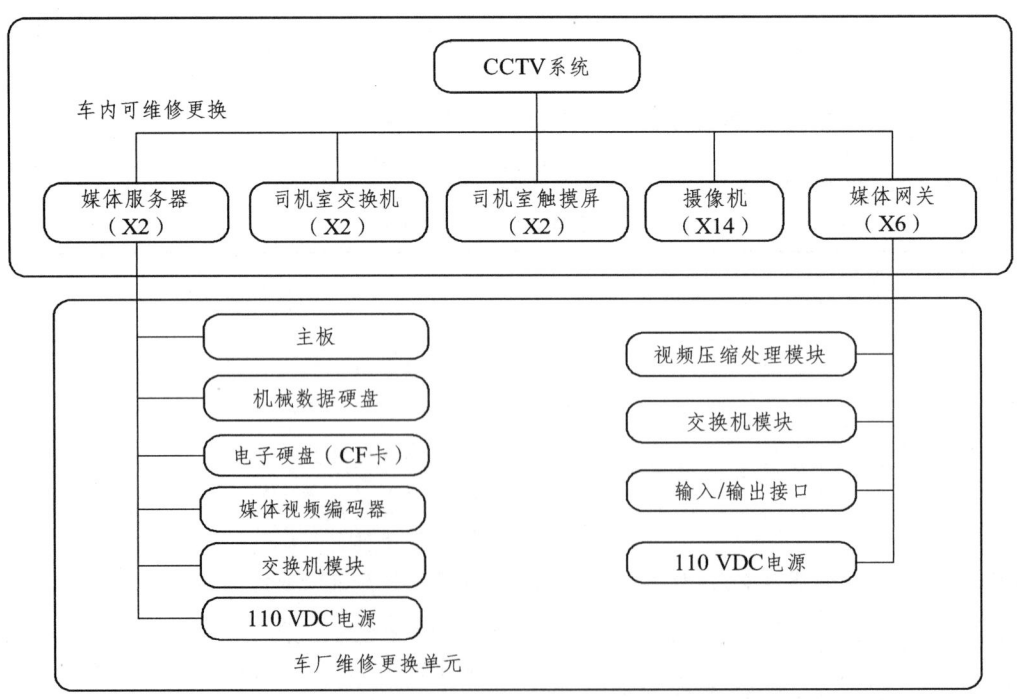

图12.9　CCTV系统故障与处理方法

表 12.5 媒体服务器故障及处理方法

项 目	故障现象	处理方法
主板	不能启动或开机	（1）检查输入电源。 （2）更换媒体服务器
机械电子硬盘	不能读写数据	（1）格式化电子硬盘。 （2）更换电子硬盘
电子盘（CF卡）	不能读写数据 系统不能启动 系统启动时报告硬盘错误 系统不启动	（1）重装系统。 （2）更换媒体服务器
媒体视频编码器	音/视频码流无输出或不正常	（1）检查输入电源。 （2）检查音频/视频连接。 （3）检查网络连接。 （4）更换媒体服务器
交换机模块	网络连接不正常	（1）检查输入电源。 （2）更换交换机模块
DC110 V 电源	按主机启动键开机后电源指示灯不亮	（1）检查 110 V 电源输入。 （2）更换媒体服务器

表 12.6 司机室交换机故障及处理方法

项 目	故障现象	处理方法
网络接口	系统连接无法建立，主机报警	（1）检查司机室交换机电源是否打开。 （2）检查网络连接是否完好。 （3）更换司机室交换机
DC110 V 电源	工作指示灯不亮	（1）检查司机室交换机电源开关是否打开。 （2）检查供电电源。 （3）更换交换机电源模块

表 12.7 LCD 触摸屏故障及处理方法

项 目	故障现象	处理方法
触摸屏	触摸功能失灵	（1）检查触摸屏 COM 连接。 （2）更新触摸屏驱动程序。 （3）更换显示器
触摸屏	无显示	（1）检查触摸屏 12 V 电源。 （2）检查 VGA 连接。 （3）调节控制面板。 （4）更换显示器
触摸屏	图像显示不正常	（1）调节控制面板。 （2）检查 VGA 连接。 （3）更换显示器

表 12.8 摄像机故障及处理方法

项　目	故障现象	处理方法
摄像机	显示器图像报警	（1）检查摄像机电源，显示器摄像机图标红色报警。 （2）检查摄像机视频电缆连接，显示器图像栏红色报警。 （3）更换摄像机

表 12.9 媒体网关故障及处理方法

项　目	故障现象	处理方法
网络接口	系统连接无法建立，主机报警	（1）检查媒体网关电源是否打开。 （2）检查网络连接是否完好。 （3）更换媒体网关
视频信号压缩	主机视频丢失报警	（1）检查摄像机供电电源。 （2）检查摄像机连接是否完好。 （3）检查摄像机是否损坏。 （4）更换媒体网关
DC110 V 电源	工作指示灯不亮	（1）检查媒体网关电源开关是否打开。 （2）检查供电电源。 （3）更换网关电源模块

12.3.3 信息显示系统故障及处理方法

信息显示系统车内可以维修更换的单元有：媒体服务器（与 CCTV 系统共用）、分屏器、17 英寸 LCD 显示器。

下面介绍每个单元可能出现的故障及处理方法（见图 12.10、表 12.10 和表 12.11）。

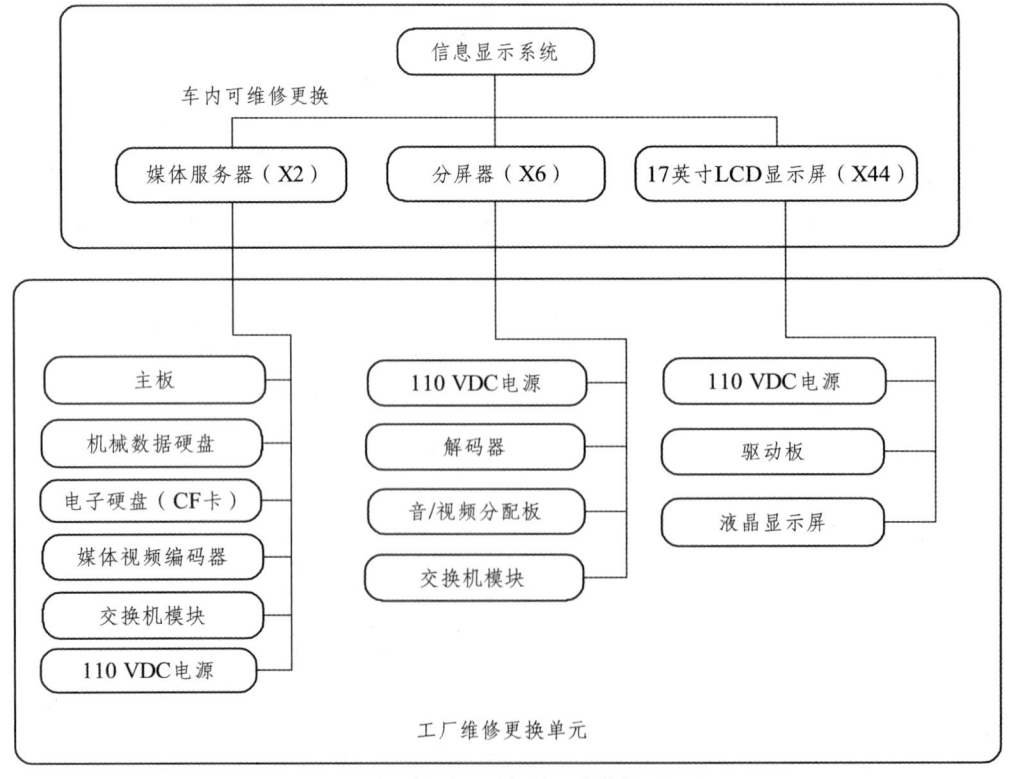

图 12.10 信息显示系统故障与处理方法

表 12.10 解码分屏器故障及处理方法

项 目	故障现象	处理方法
分屏器	音/视频无信号输出或异常	（1）检查分配器输入电源。 （2）检查 VGA 信号输入是否正常。 （3）检查音频/视频输出是否正常。 （4）检查传输线连接是否良好。 （5）更换分屏器

表 12.11 LCD 显示器故障处理、故障及处理方法

项 目	故障现象	处理方法
LCD 显示器	无图像	（1）检查 LCD 显示器电源。 （2）检查线缆连接是否良好。 （3）更换 LCD 显示屏
	图像显示不正常	（1）检查线缆连接是否良好。 （2）更换 LCD 显示器

 章节自测

一、填空题

1. 视频监控系统包括（　　　）、（　　　）两个子系统，实现视频监控、媒体播放的功能。
2. 媒体服务器采用工业级计算机，实现实时（　　　）、音视频录像存储以及 LCD 媒体播放控制、管理等功能。
3. 每列车有两台媒体服务器，它们安装在 A1 和 A2 车内。在列车运营过程中，其中一台媒体服务器被自动设置为主控，另一台被自动设置为（　　　）。被设置为（　　　）的设备将接管所有操作，而（　　　）处于备用状态。
4. （　　　）是系统的核心显示/控制设备，它可完成系统所需的实时视频显示、控制操作及设备管理等功能。
5. 媒体网关是 CCTV 系统中完成视频数据采集、（　　　）和网络传输的设备。
6. 媒体网关提供最多 4 路模拟视频信号输入。为提高设备集成度，减少车内设备数量，媒体网关同时提供（　　　）、2 A 的直流电源输出，可直接向彩色半球摄像机供电。
7. 在列车两端司机室，设置两台工业以太网三层交换机，用于将车载 CCTV 系统网络、车载 PIDS 网络、无线 AP（　　　）和地面控制中心系统连接。
8. 司机室触摸屏是系统的核心显示、控制设备，它可完成系统所需的（　　　）、（　　　）及设备管理等功能。
9. 分屏器设备对外有 14 个接口以及两排由发光二极管组成的状态指示灯。1 个 DC 110 V 电源输入接口；2 个 PTU 接口；8 个 VGA 接口，连接客室（　　　）。

10. 信息显示系统车内可以维修更换的单元有：媒体服务器（　　　）、17英寸LCD显示器。

二、选择题

1. 一列车有（　　　）个媒体服务器。

　　A. 1　　　　　　B. 2　　　　　　C. 4　　　　　　D. 6

2. （　　　）是系统的核心显示、控制设备，它可完成系统所需的实时视频显示、控制操作及设备管理等功能。

　　A. 媒体服务器　　B. 司机室触摸屏　　C. LCD显示器　　D. 司机室摄像机

3. TC车装有（　　　）个17英寸LCD显示器，M车装有（　　　）个17英寸LCD显示器，显示器外壳采用防破坏设计。

　　A. 8，8　　　　　B. 8，6　　　　　C. 6，6　　　　　D. 6，8

4. CCTV主机每（　　　）检查一次。

　　A. 1个月　　　　B. 1年　　　　　C. 3年　　　　　D. 5年

5. 信息显示系统车内可以维修更换的单元有：媒体服务器（与CCTV系统共用）、（　　　）、17英寸LCD显示器。

　　A. 司机室触摸屏　　B. 分屏器　　C. 司机室交换机　　D. 媒体网关

6. 列车PIS系统由（　　　）电源供电。

　　A. DC 110 V　　　B. AC 220 V　　　C. AC 380 V　　　D. DC 1 500 V

7. 噪声检测器安装在客室车厢内，每个客室（　　　）个。

　　A. 1　　　　　　B. 2　　　　　　C. 3　　　　　　D. 4

8. MVB是指下列哪类通信？（　　　）

　　A. 以太网　　　　　　　　　　　　B. 通信<-> CCU

　　C. 串线通信，维护用　　　　　　　D. 多功能车辆总线

9. 司机室终点站LED无显示，以下哪种检查方法是错误的？（　　　）

　　A. 主机的矩形连接器上的插座是否接插好。

　　B. LED屏电源是否接入。

　　C. 是否下载显示内容。

　　D. 检查起始站、终点站是否设置正确。

10. 媒体视频编码器、音/视频码流无输出或不正常。故障及处理方法不正确的是（　　　）。

　　A. 检查输入电源　　B. 检查音频/视频连接　　C. 检查网络连接　　D. 检查解码板

三、判断题

1. 摄像机在系统中作为监控图像转为视频数据前端设备。（　　　）

2. TC车装有8个17英寸LCD显示器，M车装有6个17英寸LCD显示器，显示器外壳采用防破坏设计。（　　　）

3. CCTV系统车内可以维修更换的单元有：LCD触摸屏、司机室交换机、司机室触摸屏、摄像机、媒体网关五部分及系统连接电缆、接头。（　　　）

4. 每列车有两台媒体服务器，它们安装在Tc1和Tc2车内。在列车运营过程中，Tc1车媒体服务器被自动设置为主控，接管所有操作。（　　　）

5. 司机室交换机每半年维修一次。（　　　）

四、简答题

1. 简述乘客信息系统的设备组成以及各设备的数量与功能。
2. 简述 CCTV 系统硬盘故障的形成原因。
3. 简述 CCTV 系统可维修的单元组成。

13 工器具的使用

13.1 机械式游标卡尺

13.1.1 使用范围

游标卡尺是精密的长度测量仪器,常见的机械游标卡尺如图 13.1 所示。它的量程为 0～110 mm,分度值为 0.1 mm。游标卡尺由内测量爪、外测量爪、紧固螺钉、微调装置、主尺、游标尺、深度尺组成。0～200 mm 以下规格的卡尺具有测量外径、内径、深度、台阶 4 种功能。

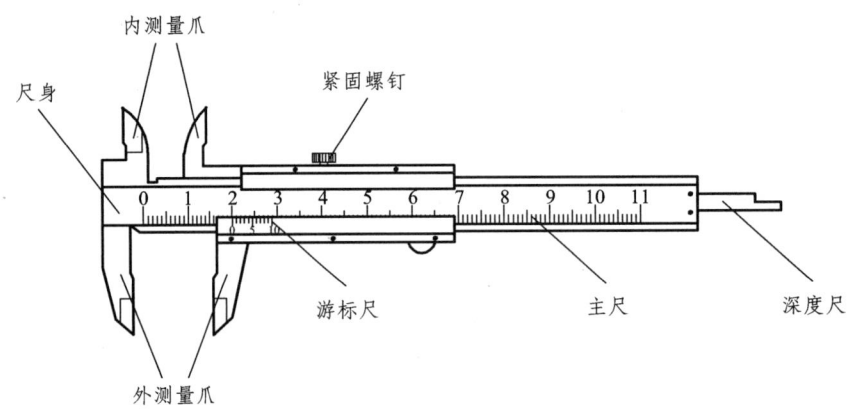

图 13.1 机械式游标卡尺

13.1.2 结构和功能

主尺:带有刻度的尺子;
内测量爪:用于测量槽的宽度和管的内径;
外测量爪:用于测量零件的厚度和管的外径;
紧固螺栓:用紧固螺栓可以将游标卡尺固定在主尺的任一位置;
游标卡尺:配合主尺测量,可以精确到 0.1 mm;
深度尺:与游标尺连在一起,可以测槽和筒的深度。

13.1.3 操作方法

1. 游标卡尺的零位校准

(1)使用前,松开尺框上紧固螺钉,将尺框平稳拉开,用布将测量面、导向面擦干净。
(2)检查"零"位:轻推尺框,使卡尺两个量爪测量面合并,观察游标"零"刻线与尺身"零"刻线应对齐,游标尾刻线与尺身相应刻线应对齐。否则,应送计量室或有关部门调整。

2. 游标卡尺的测量方法

（1）将被测物擦干净，使用时轻拿轻放。

（2）松开游标卡尺的紧固螺钉，校准零位，向后移动外测量爪，使两个外测量爪之间距离略大于被测物体。

（3）一只手拿住游标卡尺的尺架，将待测物置于两个外测量爪之间，另一手向前推动活动外测量尺，至活动外测量尺与被测物接触为止。

（4）读数。

注意：① 测量内孔尺寸时，量爪应在孔的直径方向上测量。

② 测量深度尺寸时，应使深度尺杆与被测工件底面相垂直。

3. 游标卡尺的读数

游标卡尺的读数主要分为以下几步（见图13.2）：

（1）看清楚游标卡尺的分度。10分度的精度是0.1 mm，20分度的精度是0.05 mm，50分度的精度是0.02 mm。

（2）为了避免出错，要用mm而不是cm作单位。

（3）看游标卡尺的零刻度线与主尺的哪条刻度线对准，或比它稍微偏右一点，以此读出毫米的整数值。

（4）再看与主尺刻度线重合的那条游标刻度线的数值n，则小数部分是$n \times$精度，两者相加就是测量值。

（5）游标卡尺不需要估读。

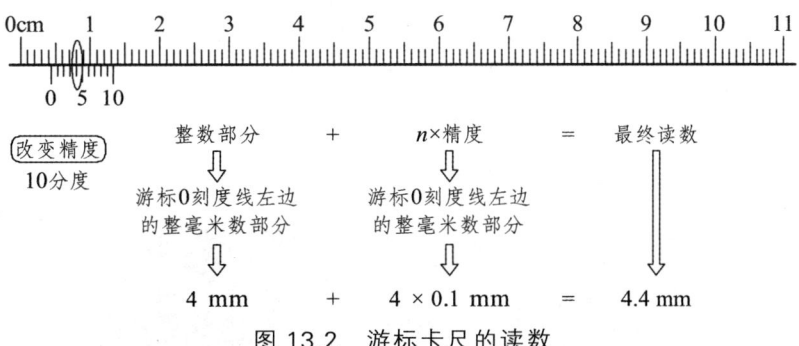

图13.2 游标卡尺的读数

13.2 车钩中心高度测量尺

13.2.1 使用范围

（1）适用于哈尔滨地铁电客车车钩中心高度测量。

（2）测量范围：650~950 mm。

（3）测量误差：±0.1 mm。

13.2.2 结构和功能

GF206-KH车钩中心高度测量尺是适用于哈尔滨地铁车钩高度测量的测量工具，尺身采用不锈钢型材，具有强度高、质量轻的特点，如图13.3所示。检修过程中，测量车钩中心高度快捷、方便、可靠。

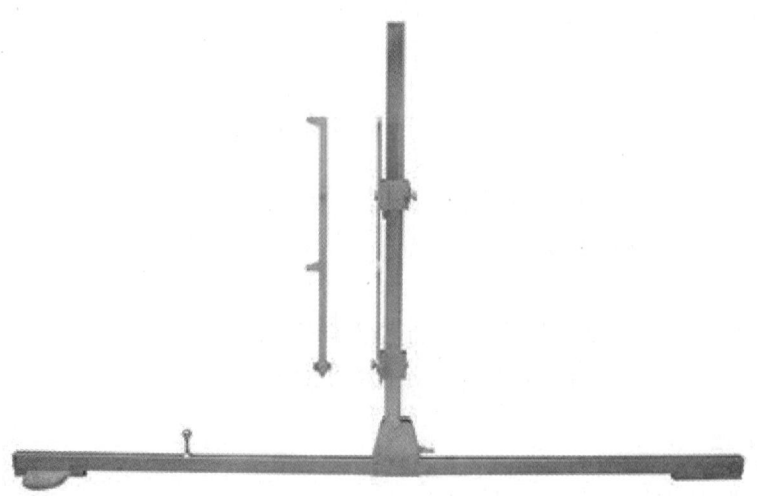

图 13.3　车钩中心高度测量尺

13.2.3　操作方法

1. 操作步骤

（1）将车钩中心高度测量尺水平放置在轨道上，并与轨道保持垂直。
（2）打开垂尺，直至限位块复位锁定垂尺。
（3）移动钩舌测板至正好卡住钩舌的上下边缘，推动划针，所指位置即为钩舌中心位置。
（4）锁紧游框顶丝，通过副尺直接可以读出车钩中心高度值。
（5）测量完毕后，压下限位块，合上垂尺，使磁铁柱嵌入磁座中。

2. 实例（见图 13.4～13.8）

（1）将车钩中心高度测量尺水平放置在轨道上，并与轨道保持垂直。

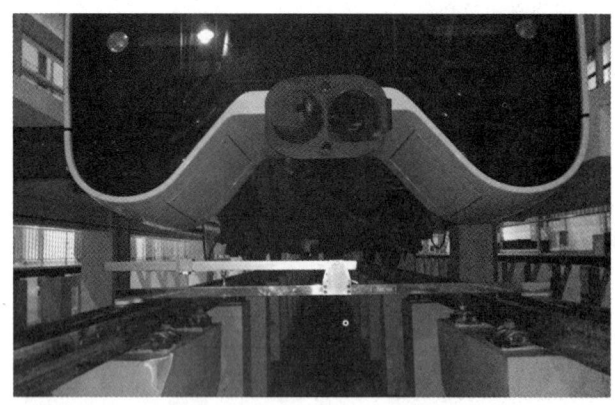

图 13.4　放置在轨道上

（2）打开垂尺，直至限位块复位锁定垂尺。
（3）移动钩舌测板至正好卡住钩舌的上下边缘，推动划针，所指位置即为钩舌中心位置。
（4）锁紧游框顶丝，通过副尺直接可以读出车钩中心高度值。
（5）测量完毕后，压下限位块，合上垂尺，使磁铁柱嵌入磁座中。

图 13.5 打开垂尺

图 13.6 推动划针

图 13.7 锁紧游框顶丝

图 13.8 读数

13.3 第四种检查器

13.3.1 使用范围

LLJ-4D 型铁道车辆车轮第四种检查器适用于测量各种型号车辆车轮。

13.3.2 结构和功能

LLJ-4D 型铁道车辆车轮第四种检查器，是测量车辆轮缘、踏面相关尺寸及缺陷的一种专用检测量具。该种检查器以车轮踏面滚动圆（即距车轮内侧面 70 mm 处的基线）为测量基准，符合铁路部门的有关规定及国际上通用的测量方法。即轮缘厚度的测点与车轮踏面滚动圆的距离始终保持恒定，不会因踏面的磨耗而改变。

LLJ-4D 型铁道车辆车轮第四种检查器适用于测量各种型号车辆车轮踏面圆周磨耗、轮缘厚度、**轮缘轮高度**、**轮辋厚度**、**轮辋宽度**、轮缘垂直磨耗、踏面擦伤深度和长度、踏面剥离深度和长度、**车轮碾宽**等。

第四种检查器主要由尺身、轮缘高度及踏面磨耗测尺、轮缘厚度测尺、垂直磨耗尺、轮辋宽度测尺、碾宽测量尺、碾宽测量刻线、定位角铁、定位销、踏面磨耗及轮缘高度测尺锁紧螺钉、轮辋宽度测尺锁紧螺钉、轮缘高度测尺锁紧螺钉、轮辋宽度测尺尺框、轮辋厚度测尺组成，如图13.9所示。

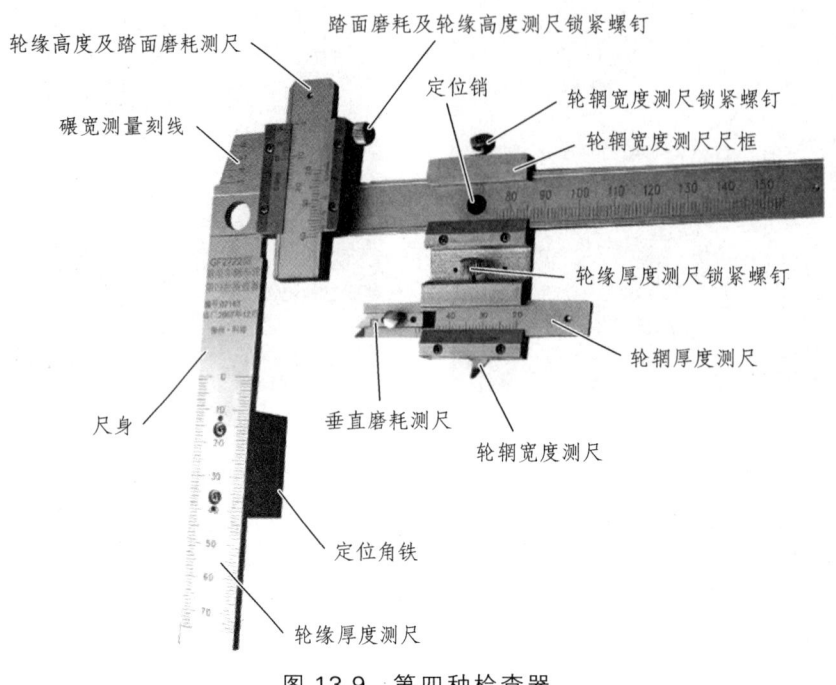

图 13.9 第四种检查器

13.3.3 操作方法

1. 踏面轮缘磨耗及轮缘高度测量（见图 13.10）

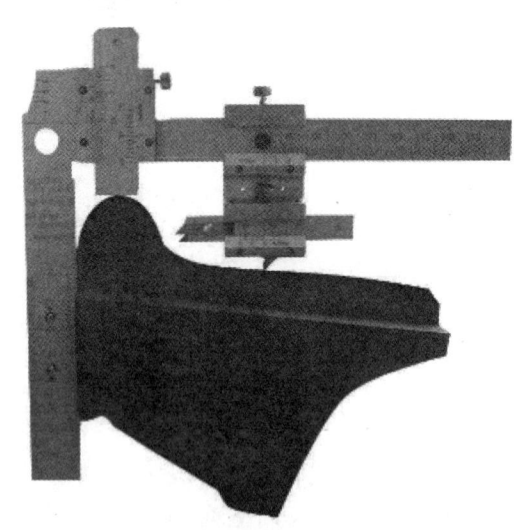

图 13.10 踏面轮缘磨耗及轮缘高度测量

（1）移动轮辋宽度测尺尺框，使定位销落入销孔内，然后锁紧其锁紧螺钉。

（2）将定位角铁与车轮内侧密贴，并使轮辋宽度测头与车轮踏面接触。

（3）推动踏面磨耗测尺，使其测量面与车轮轮缘接触，以左边游标读取踏面磨耗值，从右边游标读取高度值。测量范围：圆周磨耗为 0~10 mm，轮缘高度为 22~35 mm。

2. 轮缘厚度及垂直磨耗测量（见图 13.11）

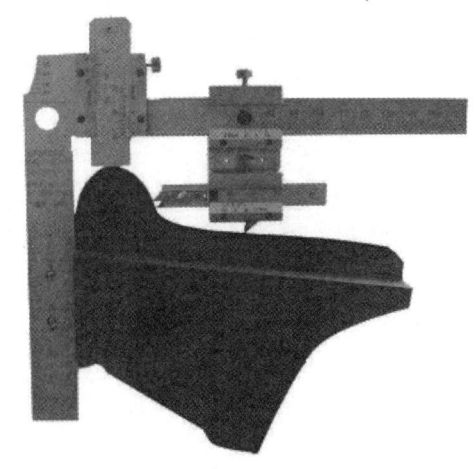

图 13.11 轮缘厚度及垂直磨耗测量

（1）同测量踏面圆周磨耗及轮缘高度的步骤（1）和（2）。

（2）推动轮缘厚度测尺，使其测量头与轮缘接触，从游标中读出轮缘厚度值。轮缘厚度测量范围：20～34 mm。

（3）推动垂直磨耗测量尺，使其测量头与轮缘接触，如果刻线超出轮缘厚度测尺双刻线，则说明轮缘已有垂直磨耗，如果双刻线全部超出轮缘厚度双刻线，则磨耗到限。

3. 轮辋厚度测量

同踏面圆周磨耗及轮缘高度测量步骤（1）和（2），读取轮辋厚度测尺刻度中与轮辋内侧边缘对齐的数值，该数值记为轮辋厚度。测量范围：0～75 mm。

4. 轮辋宽度测量（见图 13.12）

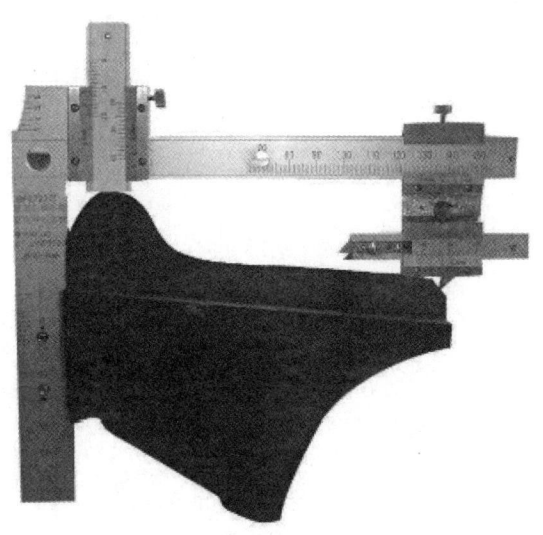

图 13.12 轮辋宽度测量

（1）同踏面轮缘磨耗及轮缘高度测量步骤（1）和（2）。

（2）推动轮辋宽度测尺尺框，使其测量头与车轮外侧面贴靠，从游标中读取轮辋宽度值。如果踏面有碾宽，应减去碾宽值。测量范围：70～150 mm。

5. 踏面擦伤深度测量

（1）同踏面轮缘磨耗及轮缘高度测量步骤（2）。

（2）移动轮辋宽度测尺尺框，使其测头落入擦伤最深处，测量此处轮缘高度，记作 h_1。

（3）测量同一圆周，未擦伤处，轮缘高度值记作 h_2，擦伤深度为 $h_1 - h_2$。测量范围：20～38 mm。

6. 踏面擦伤长度测量

用检查器的轮辋厚度测尺的外刻线，沿车轮圆周方向测量擦伤部位的长度。测量范围：0～75 mm。

7. 踏面剥离深度测量

测量方法同踏面擦伤深度测量。

8. 踏面剥离长度测量

测量方法同踏面擦伤长度测量。

9. 车轮碾宽测量（见图13.13）

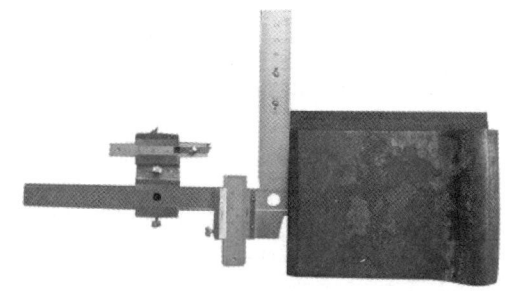

图 13.13　车轮碾宽测量

将尺身垂直外边贴近轮辋外侧面，用碾宽测量刻线测量碾宽，读取碾宽最宽处所对准的刻线数值，即为车轮碾宽值。测量范围：3～6 mm。

13.4　力矩式皮带扳手

力矩式皮带扳手如图13.14所示。

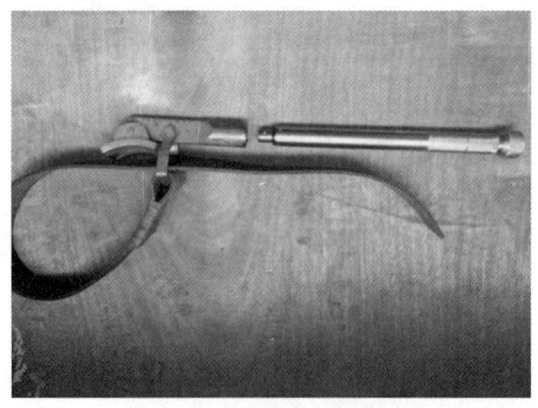

图 13.14　力矩式皮带扳手

13.4.1 使用范围

力矩式皮带扳手适用于有力矩要求的管道安装、更换油滤等。

13.4.2 结构和功能

扭矩扳手通用的单位制是牛顿·米，符号是 N·m。适用于力矩式皮带扳手的力矩扳手产品型号为"准达"NB-50G，扭矩值范围为 0～50 N·m，通过旋转调整轮设置扭矩值，顺时针增加，逆时针减小，主标尺每小格代表 5 N·m，副标尺每小格代表 0.5 N·m。

调整孔仅供校验人员专用，操作者不得擅自调整。

13.4.3 操作方法

1. 设定扭矩值（见图 13.15）

（1）逆时针方向旋转锁紧手柄，松开调整轮。
（2）转动调整轮，使主标尺与副标尺（调整轮刻度）值相加之和等于所需要设定的扭矩值。
（3）扭矩值设定后，顺时针方向旋紧锁紧手柄，扭矩值设定工作完成。

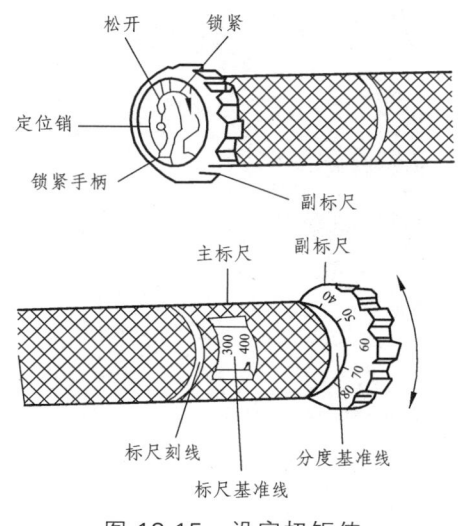

图 13.15　设定扭矩值

2. 力矩式皮带扳手的安装

按压定位销，将带有皮带的扳手头通过定位销与力矩扳手连接。

3. 力矩式皮带扳手的操作

（1）拧工件时，用皮带包住工件，沿工件径向切线方向旋转扳手手柄，施力方向与扳手上箭头方向保持一致。
（2）当听到"咔嗒"声或感到扳手有卸力感时，即已达到所设定的扭矩值。
（3）取下皮带，拆卸力矩式皮带扳手，如长时间不使用，将扭矩值调至零位。

4. 操作范例

以安装油过滤器为例进行操作（见图 13.16～13.19）：
（1）逆时针方向旋转锁紧手柄，松开调整轮。

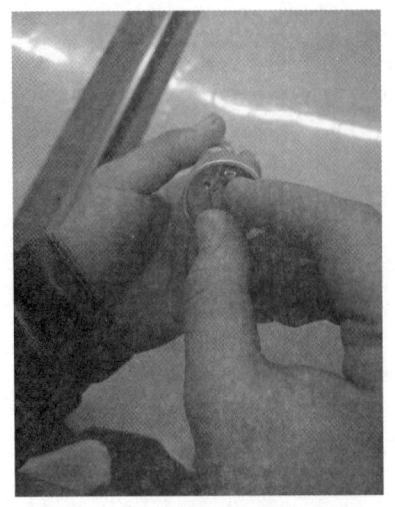

图 13.16 松开调整轮操作

(2)顺时针旋转调整轮,将力矩设置为(40±4)N·m。

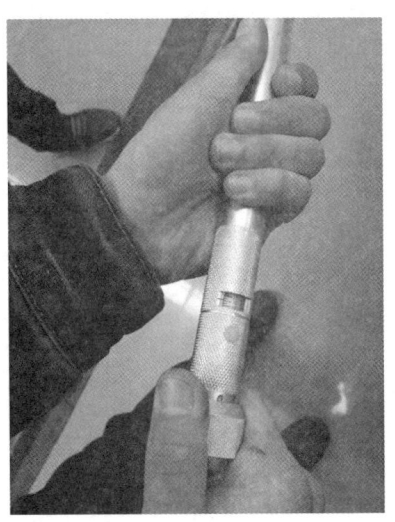

图 13.17 力矩设置操作

(3)顺时针方向旋转锁紧手柄,松开调整轮。
(4)安装力矩式皮带扳手。

图 13.18 力矩式皮带扳手的安装

（5）顺时针安装油过滤器，听到"咔嗒"声即完成安装，取下力矩式皮带扳手。

图 13.19　安装油过滤器

13.5　轮对内距尺

轮对内距尺如图 13.20 所示。

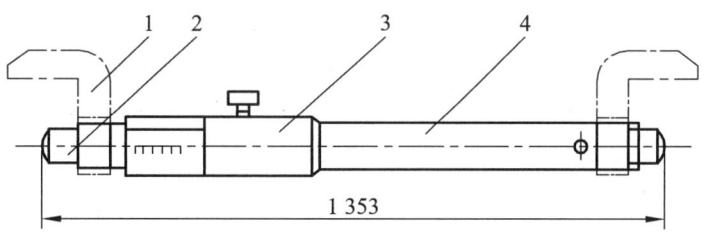

图 13.20　轮对内距尺
1—限位钩；2—活动测杆；3—示值标套；4—尺身

13.5.1　使用范围

轮对内距尺是测量铁路机车车辆轮对内侧距离的专用量具，分为标尺式和数显式两种。标尺式轮对内距尺测量范围为 1 345～1 356 mm。数显式轮对内距尺测量范围：米轨为 914～939 mm；宽轨为 1 343～1 368 mm。内距尺示值误差小于 0.15 mm，分度值不大于 0.1 mm。

13.5.2　结构和功能

轮对内距尺具有测量机车车辆轮对内侧距离的功能。

13.5.3　操作方法

1. 轮对内距尺操作使用方法

（1）刻线一体式轮对内距尺操作使用方法（见图 13.21）。

① 将内距尺锁紧螺钉松开,使活动测杆处于自由状态。

② 两手握住内距尺,将其放置于两车轮内侧,使两限位钩落在两车轮轮缘最高部位。在圆周方向移动内距尺活动测头端,找到最小的读数,即为轮对内距。

图 13.21　刻线一体式轮对内距尺

(2)数显一体式轮对内距尺操作使用方法(见图 13.22)。

① 校准零位:松开紧锁螺钉(这时活动测头在弹簧作用下伸至最长位置),打开电源开关 INC(即使之处于 ON 的位置),使用预置数功能。将显示数字预置到"置 0 数"("置 0 数"刻线在尺身上)。

② 测量操作:同刻线式轮对内距尺。

图 13.22　数显一体式轮对内距尺

(3)组合式轮对内距尺操作使用方法(见图 13.23)。

① 先将拆成两节放置箱内的内距尺通过螺纹连接为一体。

② 测量操作:同数显一体式轮对内距尺。

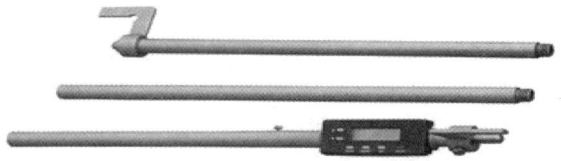

图 13.23　数显组合式轮对内距尺

2. 内距尺操作实例(见图 13.24~13.26)

① 将内距尺锁紧螺钉松开,使活动测杆处于自由状态。

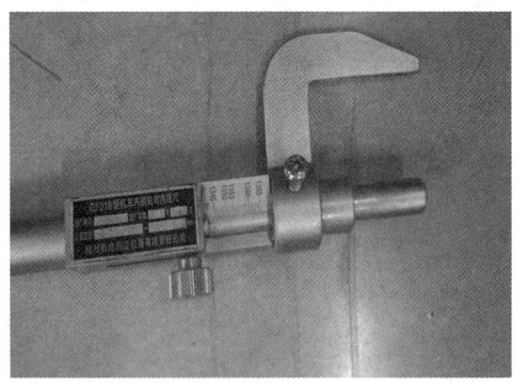

图 13.24　内距尺锁紧螺钉

③ 将定位钩放在车轮轮缘上,将轮对内距尺的固定测头和活动测头靠在被测车内侧,摆动轮对内距尺活动侧寻找读数拐点,即读数最小值。当读数为最小值时,该读数即为被测轮对内侧距离。

图 13.25 内距尺使用方法

（3）锁紧定位螺钉，读取数据。本示例中，内距尺刻线读数为 1 353 mm。

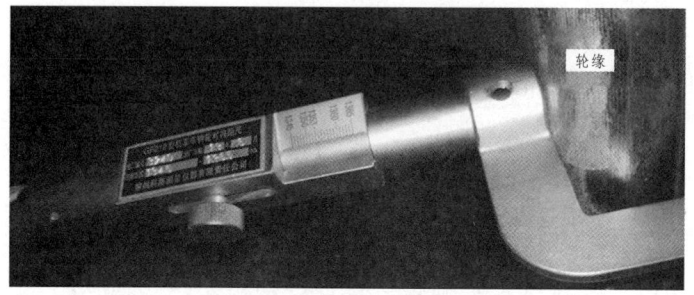

图 13.26 车辆轮对内侧距离的读取

13.6 轮径测量仪

轮径测量仪如图 13.27 所示。

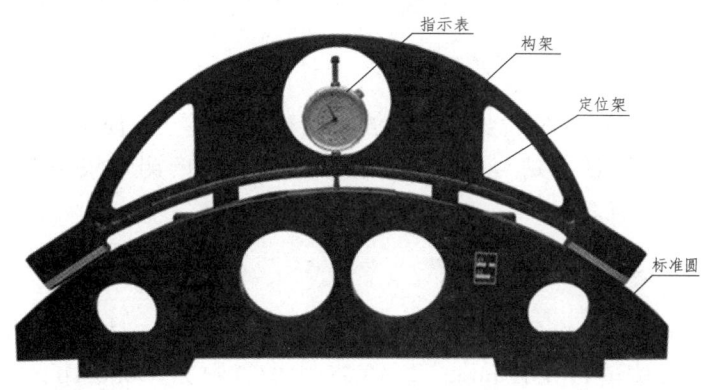

图 13.27 轮径测量仪

13.6.1 使用范围

GF922-L-860 型轮径测量仪适用于测量轮径值在 760~860 mm 之间的不落轮的轮径。

13.6.2 结构和功能

1. 轮径测量仪

用于机车车辆不落轮轮径测量的 GF922 系列轮径测量仪由构架、测量块、测头、锁紧螺钉、指示表、定位架组成。

2. 标准圆

用于校对机车车辆轮箍外径测量仪"零位"的标准圆是一段圆弧，结构如图 13.28 所示。

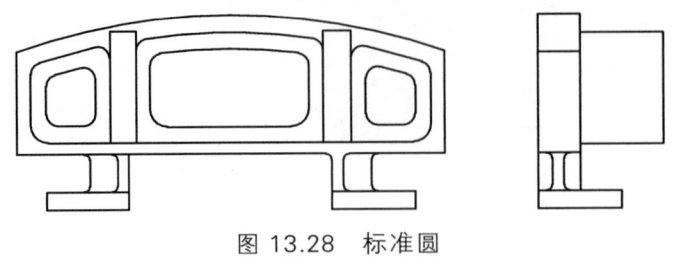

图 13.28 标准圆

3. 机械指示表

机械指示表用来对测量的轮径值进行读数。

13.6.3 操作方法

1. 在标准圆上校对"零位"

根据 JJG1081.2—2013《铁路机车车辆轮径量具检定规程第 2 部分：轮径测量器》中的规定示值为 $-0.5 \sim 0$ mm，所以校对时应比标准圆小 0.3 mm。

机械指示表读数方式"零位"校对方法如下：

（1）拧紧指示表测头和测量仪测头，以免校对"零位"或作测量时，测头松动而带来测量误差；

（2）在测量仪上装上指示表；

（3）将测量仪放置在标准圆上，保证两测量块均与标准圆弧面接触良好，定位架与标准圆定位端面密贴，然后通过上下移动指示表，将指示表读数调到比标准圆直径值小 0.3 mm。

2. 测量轮径

测量时，两手握住测量仪两端的构架部位，放置在被测车轮上，使定位架与车轮内侧面靠紧（因为有磁性，只要一接触就能保证密贴），两手轻轻压一压，至两测量块均与车轮踏面接触到位，这时即可从指示表中读出直径值。

3. 指示表的读数方法

机械指示表表盘：指示表中短指针指示的是 10 mm 以上的数，长指针指示的是 10 mm 以下的数，分度值为 0.1 mm，可估读到 0.01 mm。图 13.29 中的读数为 1 053.10 mm。

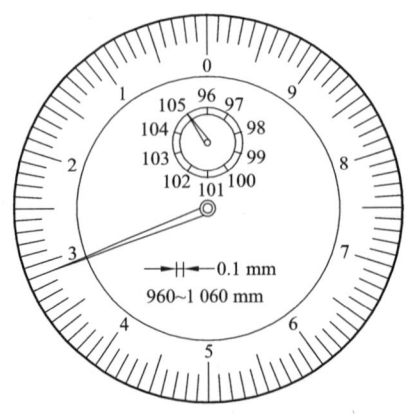

图 13.29 机械指示表表盘

4. 操作实例

测量哈尔滨地铁 1 号线车辆轮径：

（1）取出轮径测量仪并安装好机械指示表。

（2）将测量仪放置在标准圆上，保证两测量块均与标准圆弧面接触良好，定位架与标准圆定位端面密贴，然后通过上下移动指示表，将指示表读数调到比标准圆直径 840 mm 值小 0.3 mm，如图 13.30 所示。

图 13.30　车辆轮径测量方法

（3）测量时，两手握住已经调整好的测量仪两端的构架部位，放置在被测车轮上，使定位架与车轮内侧面靠紧（因为有磁性，只要一接触就能保证密贴），两手轻轻压一压，至两测量块均与车轮踏面接触到位，这时即可从指示表中读出直径值，如图 13.31 所示。

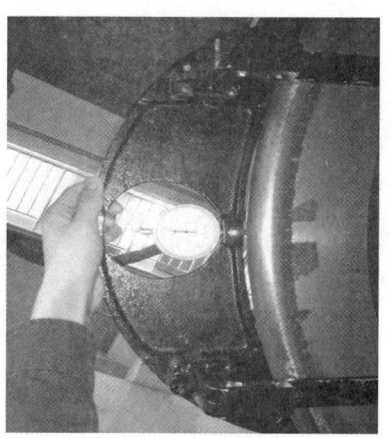

图 13.31　车辆轮径值的讯取

13.7　扭力扳手

扭力扳手如图 13.32 所示。

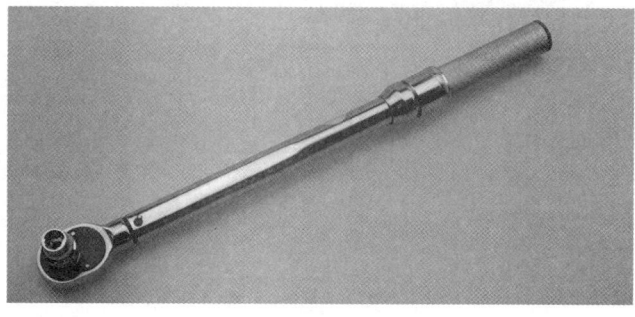

图 13.32　扭力扳手

13.7.1 使用范围

根据日常使用和库存整理,型号分为 SE-01-005、SE-01-025、SE-01-050、SE-01-100、SE-01-200、SE-01-340 等。以 SE-01-050 为例,"050"表示此扭力扳手的适用范围为 0~50 N·m。

13.7.2 结构和功能

扭力扳手为旋紧螺栓或螺帽达到一定扭力值的工具。

13.7.3 操作方法

根据工件所需扭矩值要求,确认调节机构处于锁定状态才可开始使用,并确定预设扭矩值,选择合适的套筒尺寸(见表 13.1)。

表 13.1 公制外六角螺栓和气动工具内六角套筒对边尺寸对照表

M3	M4	M5	M6	M8	M10	M12	M14	M16	M18	M20	M22	M24
5.5	7	8	10	13	16	18	21	24	27	30	34	36

1. 设定到所需扭矩值

(1)沿手柄方向拉下锁定环(见图 13.33)。

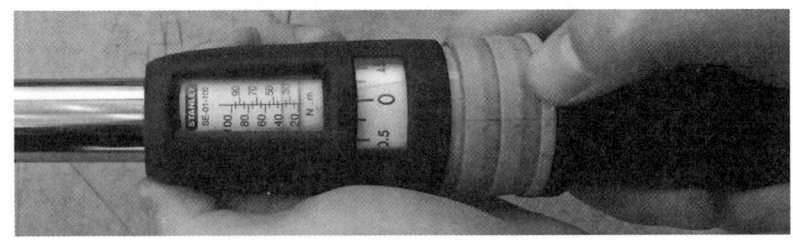

图 13.33 拉下锁定环

(2)旋转手柄至所需扭矩值,主尺(直尺)的每个格被副尺(环尺)均分,如图 13.34 所示。须沿扭矩增加的方向设定扭矩值。

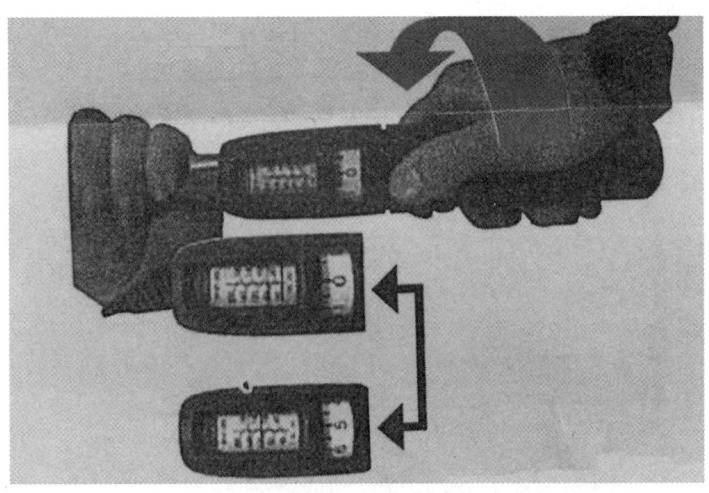

图 13.34 设定扭矩值

（3）松开锁定环，将标尺锁紧（见图13.35）。

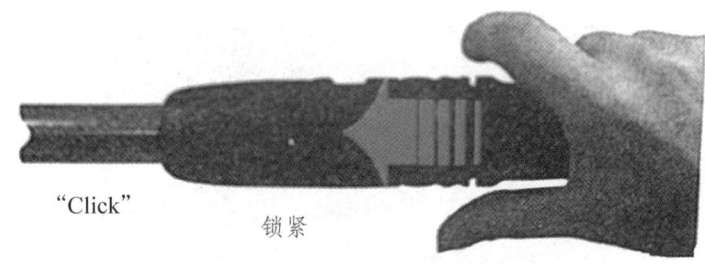

图 13.35　锁紧标尺

2. 操作范例

以空压机补油操作为例（见图13.36～13.39）。

（1）将力矩扳手锁定环拉下，向右旋动手柄调整力矩至100 N·m，松开锁定环。

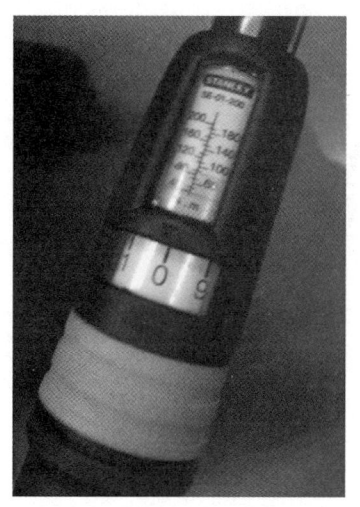 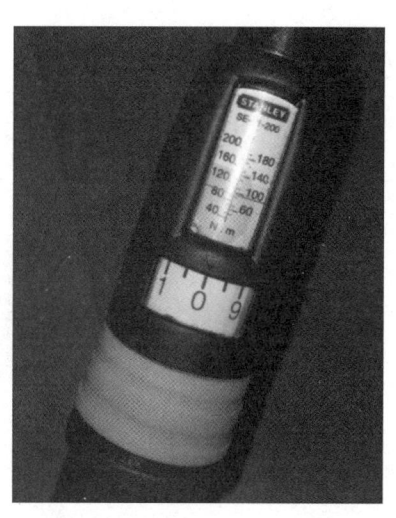

图 13.36　拉下力矩扳手锁定环　　图 13.37　松开锁定环

（2）安装30 mm的套筒。

图 13.38　安装套筒

（3）左手托住或扶着扭力扳手的转动顶端，右手握住手柄水平用力，听到"咔哒"一声响立即停止操作，取下扭力扳手。

图 13.39　取下扭力扳手

13.8　皮带张力仪

皮带张力仪如图 13.40 所示。

图 13.40　皮带张力仪

13.8.1　使用范围

VSM-1 非接触式皮带张力仪可广泛用于同步带、多楔带、三角带、广角带。哈尔滨地铁 1 号线客室车门使用的皮带为同步带。

13.8.2　结构和功能

VSM-1 非接触式张力仪具有测量灵活的传感器臂，可以检测任意方向、角度尺带的张力；其数据测量范围为 10~500 Hz；其探头处是红色的光电子感应探头；使用的电池为 9 V 整块的电池；在其 LCD 显示器上拥有 4 个数字位来显示具体测量数值。

13.8.3 操作方法

（1）将张力仪从保护套中取出，并检查确认已安装好电池，如图 13.41 所示。

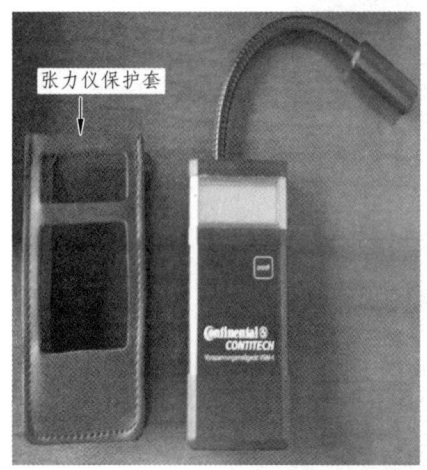

图 13.41　取出张力仪，安装好电池

（2）按下张力测试仪上的 ON/OFF 键，并确认 LCD 显示屏上出现"0000"，如图 13.42 所示。

图 13.42　打开张力测试仪

（3）将张力仪探头置于距测量尺带 1~20 mm 处，图 13.43 为测量客室车门尺带张力时，张力仪的位置。

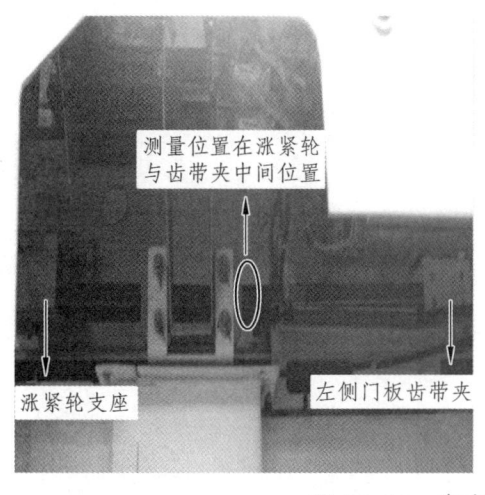

图 13.43　客室车门尺带张力测量

(4)读取皮带振动频率,如图 13.44 所示。

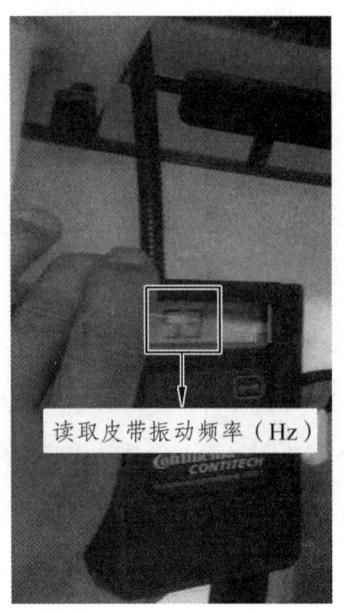

图 13.44　读取皮带振动频率

13.9　万用表

万用表如图 13.45 所示。

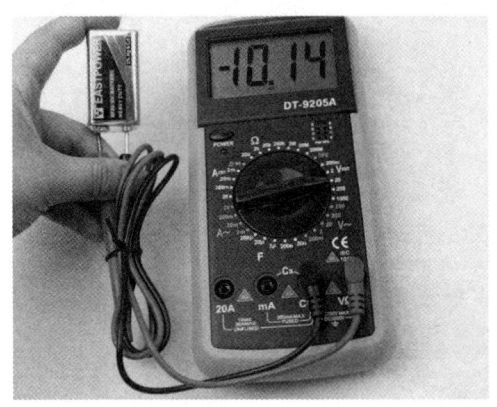

图 13.45　万用表

13.9.1　使用范围

本产品适用范围如下:
交流电压和直流电压从 0.1 mV 到 1 000 V;
电阻从 0.1 Ω 到 50 MΩ;
电容从 1 nF 到 9 999 μF;
交流电流和直流电流量程从 3.00 mA 到 10 A;
频率的频率值从 2 Hz 到 99.99 Hz;
温度从 −40 ℃ 到 +752 ℃。

13.9.2 结构和功能

1. 接线端插孔功能介绍（见表 13.2）

表 13.2 接线端插孔功能

插孔	功能说明
400 mA	交流电和直流电毫安测量（最高可测量 400 mA）和频率测量的输入端子
10 A	交流电和直流电电流测量（最高可测量 10 A）和频率测量的输入端子
V	输入插孔，用于测量电压、电阻、电容、二极管、通断性、频率以及温度（仅限 179 型）
COM	公共插孔，供所有测量使用

2. 按钮功能介绍（见表 13.3）

表 13.3 按钮功能

按钮名称	功能介绍
Hold	按 Hold 按钮在显示屏上显示：在保持模式（Display Hold）和自动保持（Auto Hold）之间转换。 保持模式（Display Hold）：显示屏冻结当前读数。 自动保持（Auto Hold）：显示屏保持当前读数直到检测到新的稳定读数，仪表将发出蜂鸣声并显示新的读数
MINMAX	按 MINMAX 按钮，启用 MIN MAX AVG，显示最大、最小、平均或当前读数。 如果想恢复正常操作，应按 MINMAX 按钮 1 s 或转换旋钮开关
RANGE	按 RANGE 按钮选择范围：在自动量程（Auto Range）和手动量程（Manual Range）之间转换。 自动量程（Auto Range）：万用表默认的量程。 手动量程（Manual Range）：开机后自己根据需要选择的量程。 还可用于测量温度时华氏温度（F）和摄氏温度（℃）的转换。 如果想恢复正常操作，应按 RANGE 按钮 1 s 或转换旋钮开关
黄色按钮	通过按动黄色按钮，可选择旋钮开关位置测量功能的转换
背光灯	显示背光灯按钮，按下可来回切换背光灯的开关模式，无人操作下 2 min 后自动熄灭

3. 旋转开关功能（见表 13.4）

表 13.4 旋转开关功能

开关名称	开关功能说明
蜂鸣/二极管挡	蜂鸣器在小于 25 Ω 时打开，在大于 250 Ω 时关闭。 二极管挡测试：高于 2.4 V 时显示（OL）过载
电阻/电容	欧姆从 0.1 Ω 到 50 MΩ； 法拉从 1 nF 到 9 999 μF
交流电压/频率挡	从 30.0 mV 到 1 000 V 的交流电压； 从 2 Hz 到 99.99 Hz 的频率值
直流电压/频率挡	从 1 mV 到 1 000 V 的直流电压； 从 2 Hz 到 99.99 Hz 的频率值

续表

开关名称	开关功能说明
毫伏直流电压/温度挡	DCmV（直流毫伏）：0.1 mV 至 600 mV； 温度：−40 ℃ 到 +400 ℃； 　　　−40 ℃ 到 +752 ℃
毫安交直流/频率挡	交流电 mA 量程：3.00 mA 至 400 mA； 直流电 mA 量程：0.01 mA 至 400 mA； ACmA（交流毫安）频率：2 Hz 至 30 Hz
交直流/频率挡	交流电 A 量程：0.3 A 至 10 A； 直流电 mA 量程：0.001 A 至 10 A； >10 A 闪红光；>20 A 显示"OL"表示过载； ACA（交流安培）频率：2 Hz 至 30 kHz

13.9.3　操作方法

1. 蜂鸣挡

转动旋转功能开关到蜂鸣挡，将黑表笔连接至 COM 端子插孔，将红表笔连接至 V 端子插孔，红表笔表针与黑表笔表针连接发出蜂鸣声音，表明万用表功能正常，用红黑表笔连接需要被测量物体（导线）两端，在电阻较低时蜂鸣器发出连续响声，则导线没有断，如果显示屏上显示 OL，则是导线已经断开。

2. 电阻挡

转动旋转功能开关到电阻挡，将黑表笔连接至 COM 端子插孔，将红表笔连接至 V 端子插孔，用红黑表笔连接需要被测量物体两端，观察显示屏上电阻的读数，如图 13.46 所示。

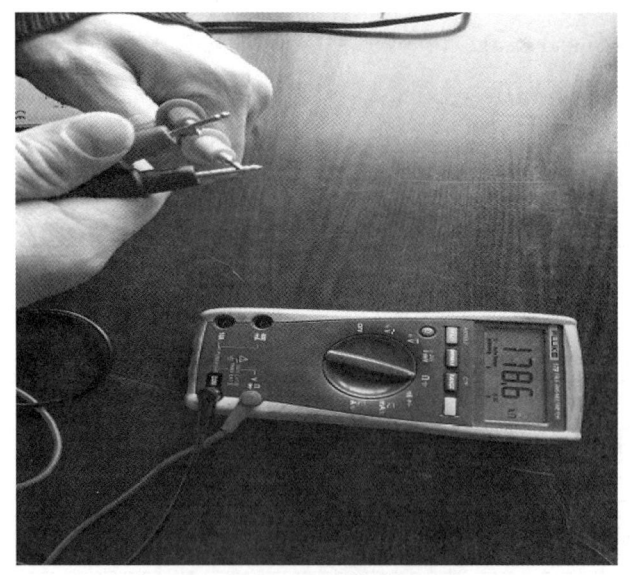

图 13.46　电阻挡的使用

3. 二极管挡

转动旋转功能开关到二极管挡，将黑表笔连接至 COM 端子插孔，将红表笔连接至 V 端子插孔，黑表笔先接二极管阴极，红表笔接二极管阳极，观察显示屏上的读数。如果测试线的极性和二极管的极性相反，则显示屏显示 OL，以此可以区分二极管的阳极和阴极。

在测量前先用蜂鸣挡检测万用表功能是否正常和红黑表笔两根导线内部是否断开。

转动旋转功能开关到蜂鸣挡，将黑表笔连接至 COM 端子插孔，将红表笔连接至 V 端子插孔。红表笔表针与黑表笔表针连接发出蜂鸣声音，则万用表功能正常，可以进行万用表其他功能测量。

4. 电压挡

转动旋转功能开关到 AC/DC 电压挡，将黑表笔连接至 COM 端子插孔，将红表笔连接至 V 端子插孔，黑表笔先接地，红表笔接被测电路测试点测量电压，观察显示屏上的读数。

5. 电流挡

切断电源，断开电路，将万用表红黑表笔串接到电路中，转动旋转功能开关到合适的电流挡，打开电源，接通电路，观察显示屏上的读数。

13.10 相序表

相序表如图 13.47 所示。

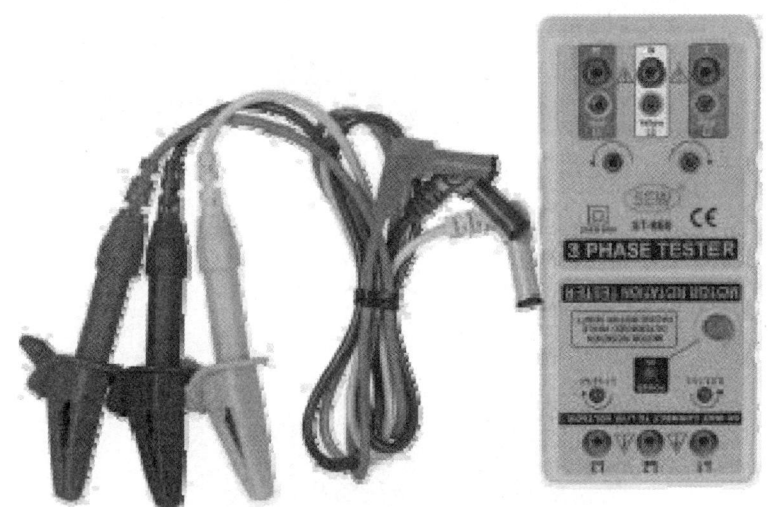

图 13.47 相序表示意图

13.10.1 使用范围

本产品适用范围：使用时电压处于 200 V 至 600 V 的范围。不要超出相序表的连续操作时间限制：220 V 时 60 min，600 V 时 4 min。

13.10.2 结构和功能

（1）相位检测指示灯：3 个橙色 LED（在测试时如果不缺相，对应橙色指示灯亮起）。
（2）相位连续检测指示灯：绿色为正确相位，红色为颠倒相位。
（3）测试导线：红色对应 L1，黄色对应 L2，绿色对应 L3。
（4）插针：使测试导线方便使用。

13.10.3 操作方法

把 3 个相位导线依次接到需要检测的三相线上,相序表上对应的 3 个相位检测指示灯(橙色指示灯)将会亮起。

1. 缺相指示

相序表面板上的 L1、L2、L3 三个黄色发光指示灯分别对应相序表上对应的三相来电(见图 13.48)。当被测相位缺相时,对应的指示灯不亮。

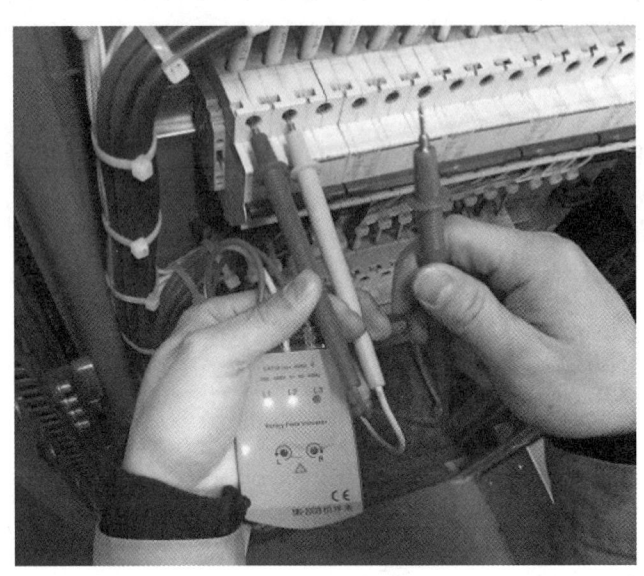

图 13.48　缺相指示

2. 正确相序指示

相序表上的相位连续检测指示灯 R(绿色)如顺时针亮起,同时相序表发出短蜂鸣声,说明所测相线为正确相序(见图 13.49)。

图 13.49　正确相序指示

3. 错误相序指示

如果相序表上的相位连续检测指示灯 L（红色）逆时针亮起，同时相序表发出长蜂鸣声，说明所测相线为不正确相序（见图 13.50）。

图 13.50　错误相序指示

14 车辆典型故障

14.1 辅助系统示例

14.1.1 故障现象

2017年3月23日06:28司机报在哈南换端时报0115车1车ACM显灰不工作,司机进行主复位但未恢复。

14.1.2 故障数据

1. 查看ED数据

2017年3月22日13:50报出事件"主ACM启动失败"(见图14.1)。

17922	2017-03-22 13:42:56	2017-03-22 14:34:21	00:51:24	ATP切除模式激活
17925	2017-03-22 13:50:03	2017-03-22 14:34:21	00:44:17	主ACM启动失败
17926	2017-03-22 14:25:07	2017-03-22 14:34:21	00:09:13	司机室激活
17927	2017-03-22 14:25:07	2017-03-22 14:34:21	00:09:13	门处于手动模式

图14.1 ED数据

2. 查看DR数据

2017年3月22日13:50 M1车及Tc2车ACM正常启动,但Tc1车ACM未成功启动且之后的状态一直为4(低压放电状态),如图14.2所示。

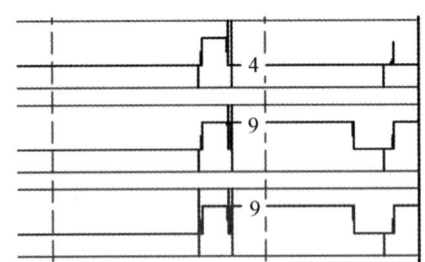

图14.2 DR数据

3. 查看牵引逻辑图

当CCU检测到ACM没有正常启动,就会报出事件"E5015"主ACM启动失败,在HMI屏上ACM显红,如图14.3所示。

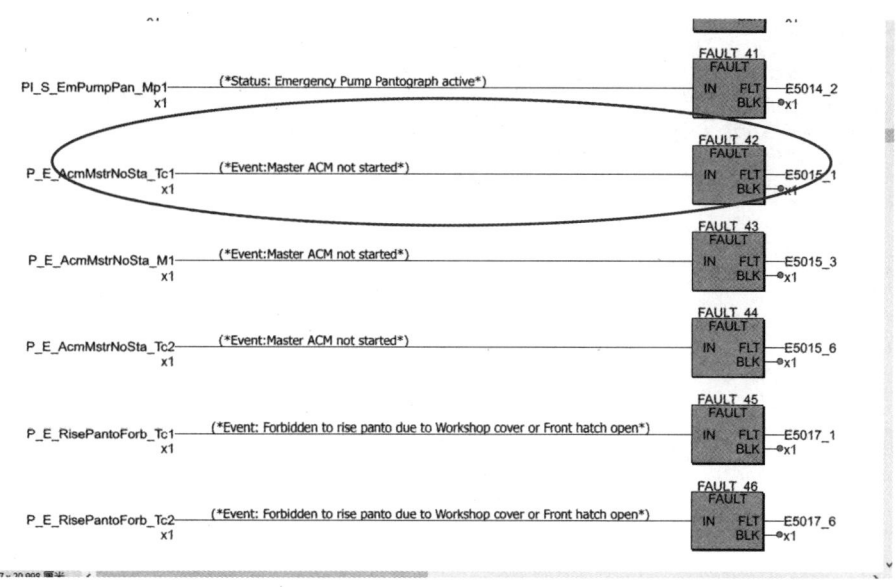

图 14.3 牵引逻辑图

14.1.3 故障原因分析

可能造成此故障的原因为 ACM 电源未连接、ACM 故障、I/O 单元故障、DCU/A 故障、ACM 三相变压器故障。现场通过排查及测量，发现为 ACM 三相变压器故障导致。

ACM 三相变压器测量数据如下：

利用直流电阻测试仪测量 Tc1 车 ACM 变压器 U、V、W 三相分别对于 N 相的电阻，测量结果分别为 7.050 mΩ、251.5 mΩ、7.075 mΩ，如图 14.4 所示。

图 14.4 ACM 变压器 U、V、W 三相分别对于 N 相的电阻值

测量结果显示 VN 相之间的电阻明显高于其他两相；利用万用表（见图 14.5）测量 U、V、W 三相的对地电阻，分别为 55.24 Ω、55.15 Ω、55.16 Ω（见图 14.6），正常值应为无穷大，初步分析为变压器内部击穿绝缘性下降，随后进行 ACM 变压器的更换。

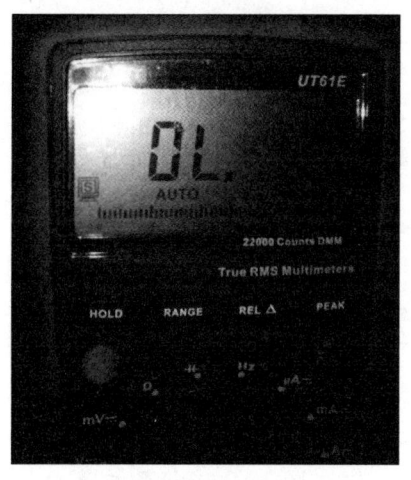

图 14.5 万用表测量显示

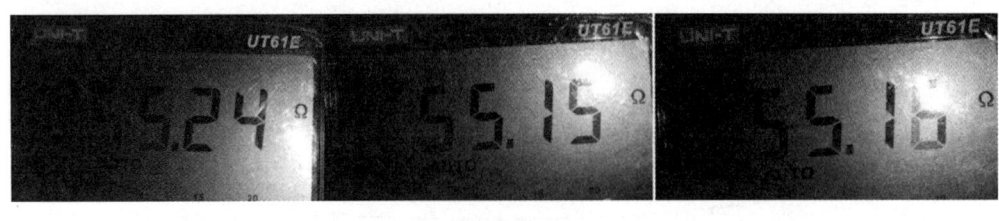

U 相　　　　V 相　　　　W 相

图 14.6　万用表测量 U、V、W 三相的对地电阻值

14.1.4　故障解决措施

ACM 三相变压器故障在 2016 年发生两起，2017 年发生两起。经与变压器厂家沟通，将故障三相变压器进行分解，并对现场运行环境进行检查，发现为运行环境较差导致 ACM 三相变压器温度过高，进而发生故障。现已调整修程，改善设备运行环境。

14.2　TCMS 系统示例

14.2.1　故障现象

2013 年 8 月 29 日 15:07 司机误触紧急按钮，因而车辆发生紧急制动，受电弓降下，所有 ACM 和 MCM 停止工作，随后司机解除紧急按钮，重新升起受电弓，闭合高速开关，MCM 正常，但是 3 个 ACM 均启动失败。

14.2.2　故障数据分析

1. 查看 ED 数据

事发时多次报出“主 ACM 启动失败”故障（见图 14.7）。

Code 1	Start Time	End Time	Event Descr	Priority	Location ID	Vehicle Name	Event Counter	Pro Ver
7045	2013-08-29 15:11:58	2013-08-29 15:12:02	Brake supply pressure in bogie 1 is low	7	2	HB1_01011	4	2.0.
7046	2013-08-29 15:11:58	2013-08-29 15:12:02	Brake supply pressure in bogie 2 is low	7	2	HB1_01011	5	2.0.
7045	2013-08-29 15:12:02	2013-08-29 15:12:04	Brake supply pressure in bogie 1 is low	7	1	HB1_01011	4	2.0.
7056	2013-08-29 15:12:16	2013-08-29 15:12:18	Compressor does not start on order	4	6	HB1_01011	2	2.0.
7050	2013-08-29 15:12:16	2013-08-29 15:12:18	Secondary compressor does not start on order	5	1	HB1_01011	1	2.0.
5015	2013-08-29 15:12:20	2013-08-29 15:13:27	Master ACM fail to start	4	1	HB1_01011	2	2.0.
7046	2013-08-29 15:12:20	2013-08-29 15:12:22	Brake supply pressure in bogie 2 is low	7	2	HB1_01011	6	2.0.
7052	2013-08-29 15:12:21	2013-08-29 15:12:23	Emergency brake plausible error	5	1	HB1_01011	111	2.0.
7045	2013-08-29 15:12:21	2013-08-29 15:12:26	Brake supply pressure in bogie 1 is low	7	1	HB1_01011	5	2.0.
7046	2013-08-29 15:12:21	2013-08-29 15:12:24	Brake supply pressure in bogie 2 is low	7	1	HB1_01011	2	2.0.
7045	2013-08-29 15:12:21	2013-08-29 15:12:28	Brake supply pressure in bogie 1 is low	7	2	HB1_01011	5	2.0.
7046	2013-08-29 15:12:25	2013-08-29 15:12:29	Brake supply pressure in bogie 2 is low	7	2	HB1_01011	7	2.0.
5015	2013-08-29 15:12:26	2013-08-29 15:13:27	Master ACM fail to start	4	3	HB1_01011	2	2.0.
7045	2013-08-29 15:12:27	2013-08-29 15:12:29	Brake supply pressure in bogie 1 is low	7	1	HB1_01011	6	2.0.
5015	2013-08-29 15:12:33	2013-08-29 15:13:27	Master ACM fail to start	4	6	HB1_01011	1	2.0.
7056	2013-08-29 15:12:43	2013-08-29 15:13:31	Compressor does not start on order	4	6	HB1_01011	3	2.0.
7050	2013-08-29 15:12:43	2013-08-29 15:15:36	Secondary compressor does not start on order	5	1	HB1_01011	2	2.0.
7058	2013-08-29 15:12:43	2013-08-29 15:15:36	Compressor faulty, Master reset needed	5	6	HB1_01011	1	2.0.
7046	2013-08-29 15:12:59	2013-08-29 15:13:01	Brake supply pressure in bogie 2 is low	7	4	HB1_01011	10	2.0.

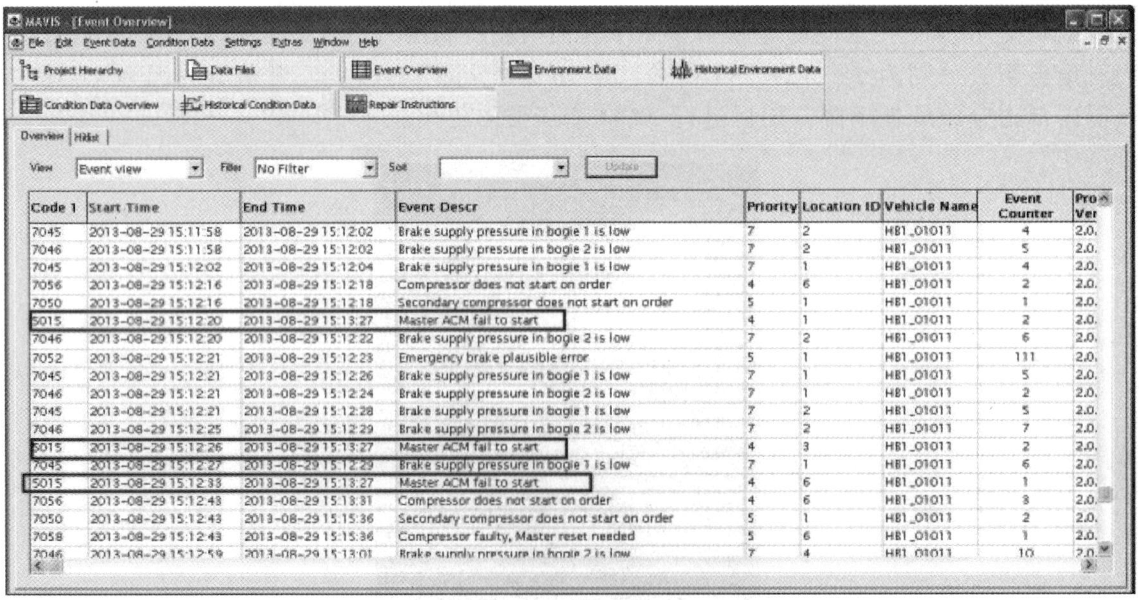

图 14.7　ED 数据

2. 查看 DR 数据

从上述 ED 数据中可以看出全列 3 个 ACM 均报出主 ACM 启动故障，其他系统均无异常记录。

ACM 的状态值在处于"8"后，直接进入状态"12"，如图 14.8 所示。而 ACM 从状态"8"到状态"9"（9 是正常工作状态）是根据输出电压频率是否达到额定值来判定的。

如果 ACM 被电流限幅，ACM 输出的电压频率就一直无法达到额定值，就会保持在状态"8"。TCMS 软件里判定 ACM 是否运行，是根据 ACM 是否达到状态 9 来制定的，如果 ACM 一直在状态 8，TCMS 就会认为 ACM 没有正常工作，超过启动时间之后就会尝试启动另外一台 ACM。而整车都处于电流限幅的状态，造成 3 个 ACM 都无法启动。

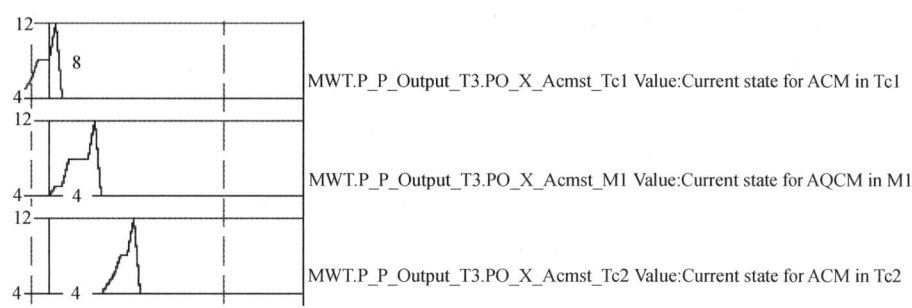

图 14.8 DR 数据

4—DC-link discharged 低压放电状态；8—Start operation 预备开始工作；
9—Converter in operation 正常工作状态；12—Discharged DC-link 放电状态

3. 查看牵引逻辑图

图 14.9 为触发 ACM 电流限幅的功能块。

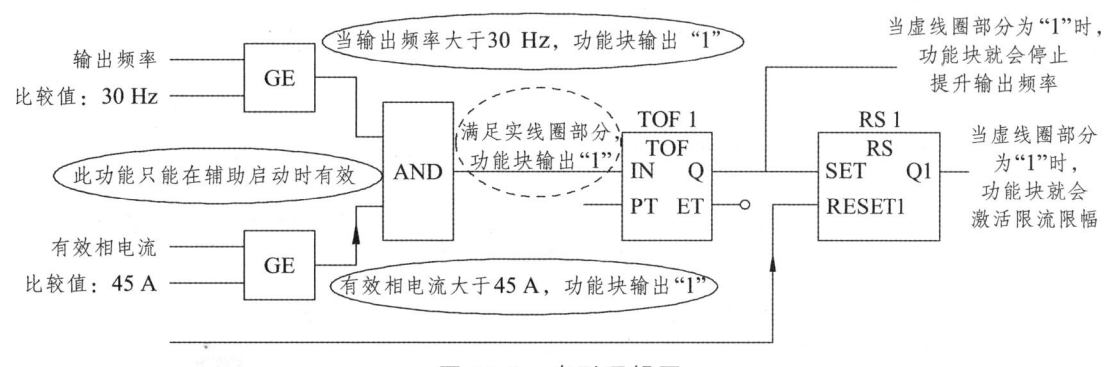

图 14.9 牵引逻辑图

当输出的电压频率大于 30 Hz 时，就会检测激活的相电流，如果大于 45 A，ACM 就被电流限幅。当电流限幅时，会停止增长输出的电压频率。图 14.10 为软件功能块。

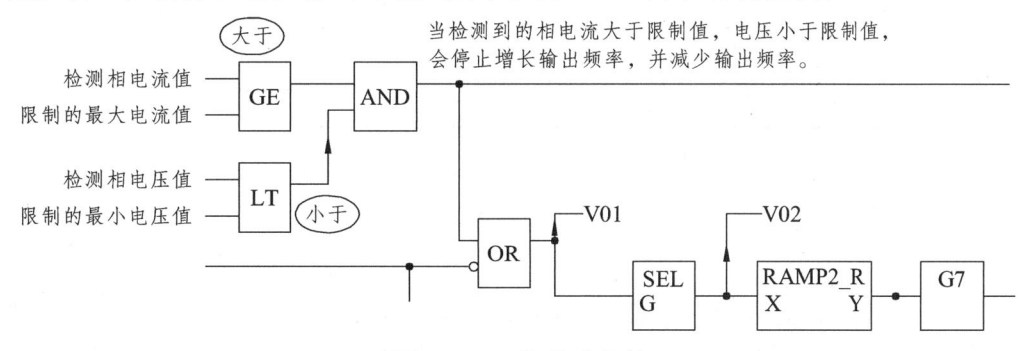

图 14.10 软件功能块

当输出的电压频率达不到额定值 50 Hz 时，ACM 就不会进入正常工作状态"9"，即启动失败。

4. 正常状态下的信号记录说明

当输出的电压频率大于 30 Hz 后，检测激活的相电流，未发现电流大于 45 A，输出电压频率达到 50 Hz 后，进入正常工作状态"9"（见图 14.11）。

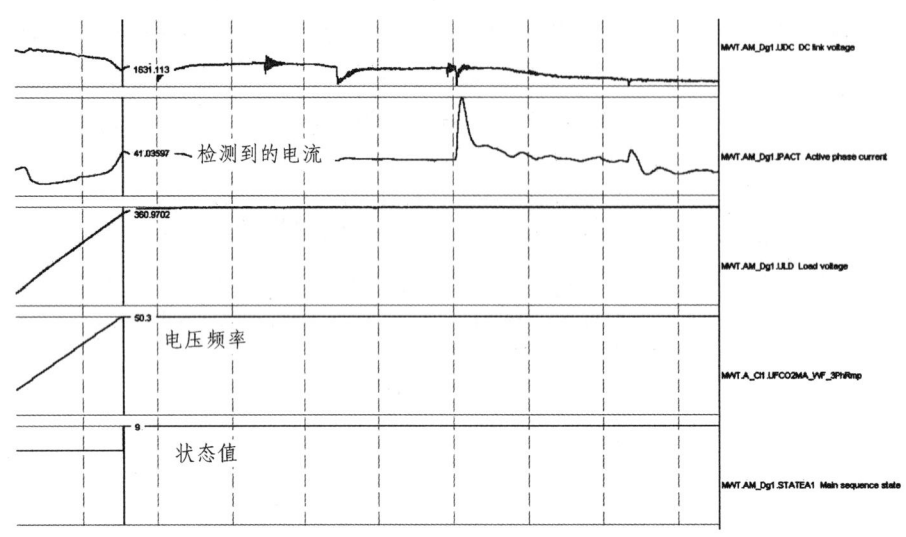

图 14.11　正常状态下的信号记录说明

5. 带有负载情况下的信号说明

当输出的电压频率大于 30 Hz 后，检测激活的相电流，发现电流大于 45 A，这时状态保持为"8"，电流限幅被激活，并且圈出部分的输出频率可以看出停止增长，无法达到 50 Hz，最终导致在规定时间内 ACM 未启动，如图 14.12 所示。

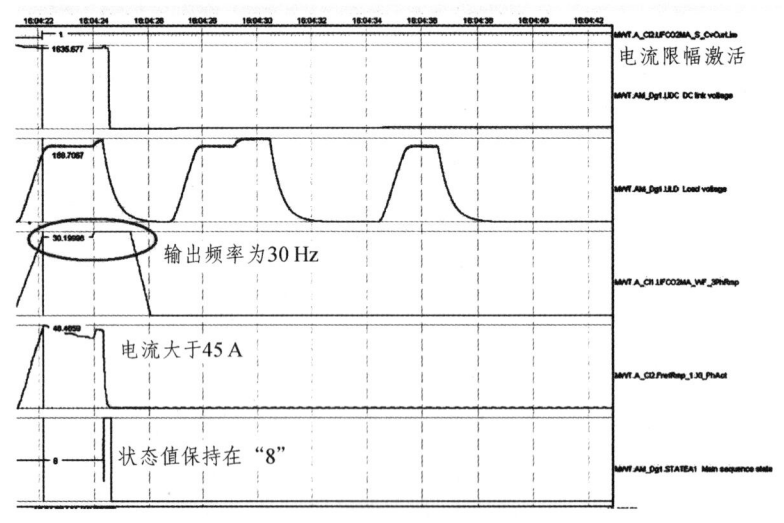

图 14.12　带有负载情况下的信号说明

14.2.3　故障结论

当列车带大量负载时，升起受电弓启动 ACM，确实会引起 3 个 ACM 无法启动，并报出"主 ACM 启动失败"。所以，在列车启动 ACM 前，司机需有序断开负载后再升起受电弓，ACM 启动后再顺序投入车辆负载,这样能更好地保护列车设备。在列车降弓时,也需有序断开负载后再降下受电弓。

14.3 车门系统示例 1

14.3.1 故障现象

HMI 屏显示主门控器 1 通信故障,互锁界面 MDCU6 显红。

14.3.2 故障数据

ED 数据报出多起主门控器 1 通信故障(见图 14.13)。

09454	2016-08-04 13:06:38	2016-08-04 13:58:58	00:52:19	主门控器1通讯故障	0AF2		P6E2	HB1_D_Env
09466	2016-08-04 13:59:15	2016-08-04 13:59:18	00:00:03	主门控器1通讯故障	0AF2		P6E2	HB1_D_Env
09467	2016-08-04 13:59:22	2016-08-04 13:59:25	00:00:03	主门控器1通讯故障	0AF2		P6E2	HB1_D_Env
09468	2016-08-04 13:59:31	2016-08-04 14:25:35	00:26:03	主门控器1通讯故障	0AF2		P6E2	HB1_D_Env
09470	2016-08-04 14:25:43	2016-08-04 14:35:05	00:09:21	主门控器1通讯故障	0AF2		P6E2	HB1_D_Env
09476	2016-08-04 14:35:10	2016-08-04 15:14:53	00:39:42	主门控器1通讯故障	0AF2		P6E2	HB1_D_Env
09484	2016-08-04 15:15:08	2016-08-04 15:15:37	00:00:29	主门控器1通讯故障	0AF2		P6E2	HB1_D_Env
09485	2016-08-04 15:16:08	2016-08-04 15:16:11	00:00:03	主门控器1通讯故障	0AF2		P6E2	HB1_D_Env

图 14.13 故障数据

查看该门门控器数据,故障代码记录共 2 条,都为 t(上电复位,t 后面为报出该事件的时间)。

```
t160804053819P0000V000I00.01D11T0000A0E0K1L1S11N0000000000000
t160804215534P0000V000I00.00D11T0000A0E0K0L1S11N0000000000000
```

14.3.3 故障分析

就该故障现象分析原因,初步分析原因可能为以下几点:① 门控器通信连接线插虚接或松脱;② 门控器通信插针缩针;③ 门控器内部通信元件故障。

首先排查门控器通信线插,并无虚接和松脱现象;检查门控器插针无缩针现象;检查门控器通信指示灯发现异常闪烁(左一指示灯为区分主备,左二指示灯为与 TCMS 之间 MVB 通信交互,右一指示灯为内网通信。查看时发现 MVB 通信指示灯常亮)。

14.3.4 故障结论

该故障主门控器 1 通信故障导致。

14.4 车门系统示例 2

14.4.1 故障现象

HMI 当前事件显示 0103 车 3 车 1 号门电机过流。

14.4.2 故障分析及处理

1. 数据分析

HMI 屏历史数据显示 0103 车 3 节 1 门电机过流（见图 14.14）。查看以下数据：

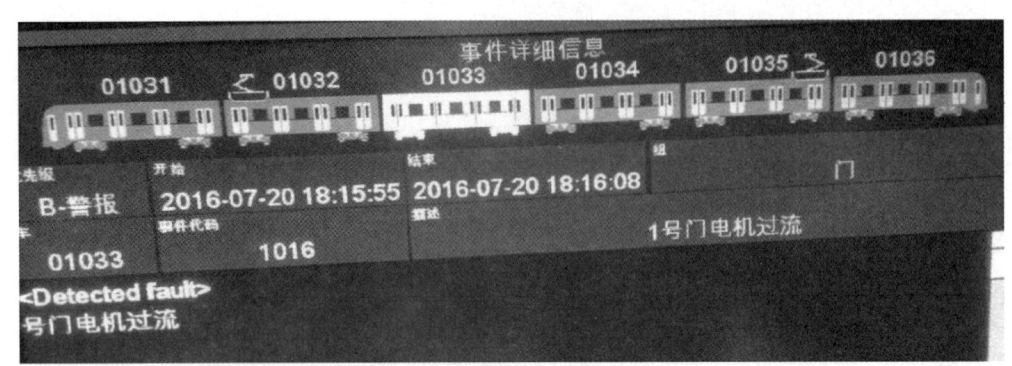

图 14.14 故障数据

```
t000000000000P0000V000I00.31D11T0000A0E0K1L1S11N0000000000000
i160720035553P0000V000I00.23D11T0027A0E0K1L1S11N0000000000000
J160720181555P0430V012I03.48D01T0306A0E0K0L1S00N0000000001000
```

J 是电机过流，紧跟其后是时间；P 是编码器，紧跟其后是编码器值；V 是电压，紧跟其后是电压值；I 是电流，紧跟其后是电流值；D01 表示开门；A0 表示无隔离；E0 表示无紧急解锁；K0 表示有零速；L1 表示锁钩已经放下；从门控器故障记录得知，编码器值为 430，门未完全打开，单扇门差 100 mm 左右才完全开到位。

2. 故障分析

门控器收到有效开门指令，驱动电机往开门方向运动，此过程中，门控器实时检测电机编码器的值，但编码器值大于 540 时，门处于完全打开，停止电机转动。故障记录显示电机编码器值为 430（正常门开到位脉冲为 550 左右），尚未达到门完全打开的编码器值。分析此故障有两个可能原因：① 开门碰到障碍物，导致电机堵转电流升高；② 门实际上已经完全开到位，但由于编码器故障、编码器线虚接或门控器检测编码器的输入故障，导致门控器检测到的编码器值不准确，使得门控器误认为门未开到位，继续驱动电机往开门方向发力，产生过流。回库后查看导轨与门板，未发现卡滞现象；查看编码器时发现插座不牢靠。

14.4.3 故障结论

初步认为编码器连接线插松动，编码器给门控器传输编码异常，报出此故障。

14.5 牵引系统示例

14.5.1 故障现象

0111 车 3 车 MCM 多次报出 MCM 显红故障，后瞬间恢复。

14.5.2 故障数据

1. 查看 ED 数据

ED 中报出电机过热，随后报出 MCM 故障（见图 14.15）。

| 60433 | 2016-11-22 09:06:27 | 2016-11-22 09:08:29 | 00:02:02 | MCM故障 | 3B65 | | P62E5 | HB1_Common |
| 60434 | 2016-11-22 09:06:20 | 2016-11-22 09:08:27 | 00:02:06 | 电机过热 (M45) | 1CB3 | | MOTSMM_B... | MM_DIAG3_2 |

图 14.15　ED 数据

2. 查看 DR 数据

M1 车 MCM 状态由 9（变流器正在运行）转变为 21（软封锁），如图 14.16 所示。

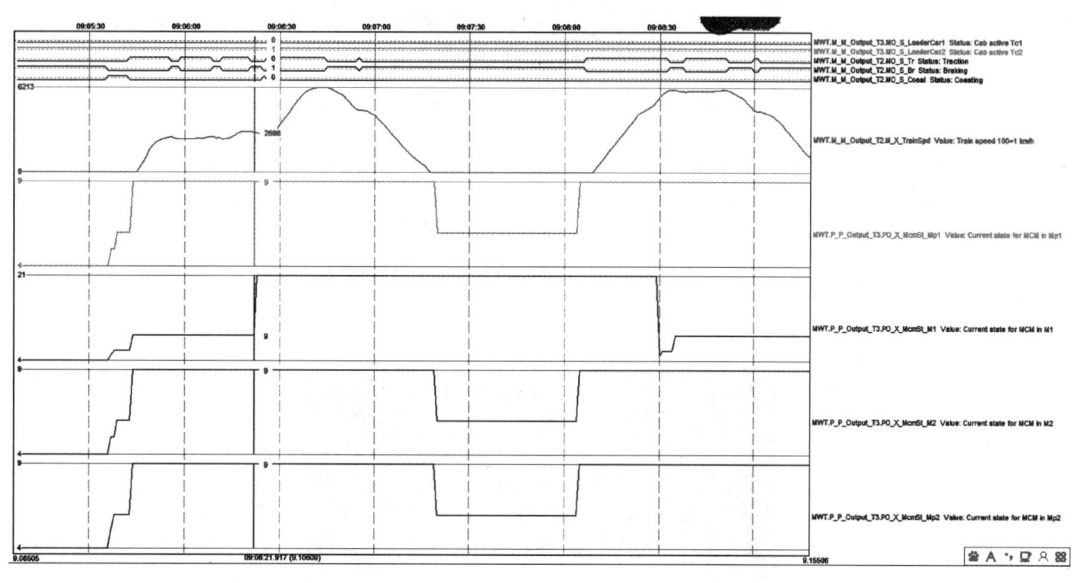

图 14.16　DR 数据

14.5.3 故障分析

同车电机之间温度差值大于 30 ℃ 会报出电机过热。可能导致电机过热的故障原因如下：
（1）电机风口有异物堵塞；
（2）电机温度过高；
（3）电机接线松动；
（4）温度传感器故障；
（5）传感器和 DCU/M 间的电缆故障；
（6）DCU/M 故障。

14.5.4 故障处理

（1）检查电机风口无异物堵塞。
（2）用点温计测量电机温度正常。
（3）检查电机接线无松动。
（4）查看温度传感器接线正常，没有虚接。
（5）现车辆数据无电机温度记录，刷新软件后可实时监测电机温度，并继续跟踪。

（6）对温度传感器电阻进行测量，阻值为 117.5 Ω（见图 14.17）；并对 3 轴温度传感器电阻进行测量，阻值为 118 Ω，温度传感器无故障。

图 14.17　温度传感器电阻值

（7）分析可能是牵引电机温度传感器与 DCU/M 间接线出现问题，原因是 PA 箱体旁的 X6 到 DCU/M 间的接线存在问题。

① 将 3 轴与 4 轴电机温度传感器与 DCU/M 之间的接线互换（见图 14.18）。

继续跟踪观察，若没有报出故障，则为原温度传感器故障；若 4 轴报出故障，则为 DCU/M 故障；若 3 轴报出故障，则为电机与 PA 箱体的 X6 之间存在故障。

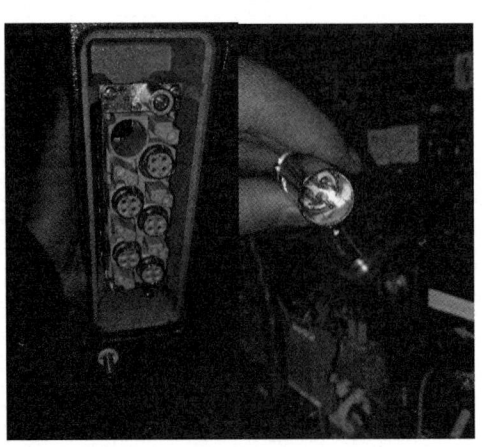

图 14.18　接线互换

② 根据之前的故障处理分析，3 轴再次报出故障，则确定为电机接线箱与 PA 箱体旁的 X6 之间存在问题（见图 14.19）。

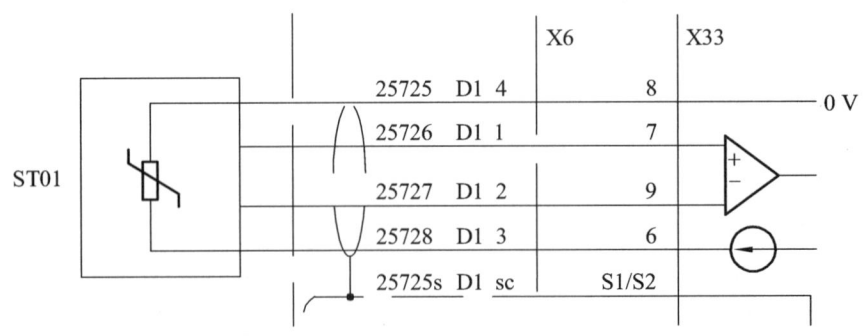

图 14.19　确定问题接线

③ 在外部接线，将 PA 箱体旁的 X6 与 3 车 3 轴牵引电机接线箱之间的连线旁路（见图 14.20），继续跟踪观察。

图 14.20　连线电路

④ 3 车 3 轴仍然报出故障，因此确认为电机接线箱到车体连接头处的接线故障。

14.5.5　解决方法

更换电机接线箱到车体连接头处的故障线，并加强对电机接线箱和车体连接头处的紧固检查。

14.6　贯通道系统示例

14.6.1　故障现象

2017 年 6 月 21 日 17:02，司机值乘 1402 次 0112 车运行至上行医大二院站，安检人员告知司机 0112 车 2 车 3 车贯通道连接处有异响。2017 年 08 月 22 日 15:15 行调通知 0119 车 4 节和 5 节之间贯通道顶部缝隙过大。

14.6.2　原因分析

贯通道是列车上灵活可动的部分，可以让相邻的两个车厢相对运动并提供乘客一个安全舒适的通道。顶板安装座用来支撑单棚板和双棚板，贯通道有 4 个不同的顶板安装座，均用螺钉固定在车厢接口处。由于哈尔滨地铁 1 号线一、二期（0101～0117 列 17 辆电客车）贯通道顶板结构与 3 号线一期（0118～0121 列 4 辆电客车）贯通道顶板结构不同，故分别进行分析：

1. 0112 车 2～3 节贯通道

安装座用于连接车厢和贯通道顶板，安装座固定螺栓松动导致异响。

2. 0119 车 4～5 节贯通道

（1）检修人员上车查看发现方形钢与安装座的定位销缺少外面的塑料套，导致方形钢与安装座之间振动加剧。

（2）安装座的固定螺栓未打螺纹紧固胶，车辆运行时产生的振动使安装座的固定螺栓松动，导致顶板缝隙较大。

14.6.3 处理方法

1. 0112 车 2~3 节贯通道

重新涂打螺纹紧固胶并安装后恢复。

图 14.21 为哈尔滨地铁 1 号线一、二期电客车顶板安装座连接示意图，顶板安装座螺栓位于图中圆圈位置铸铁内。

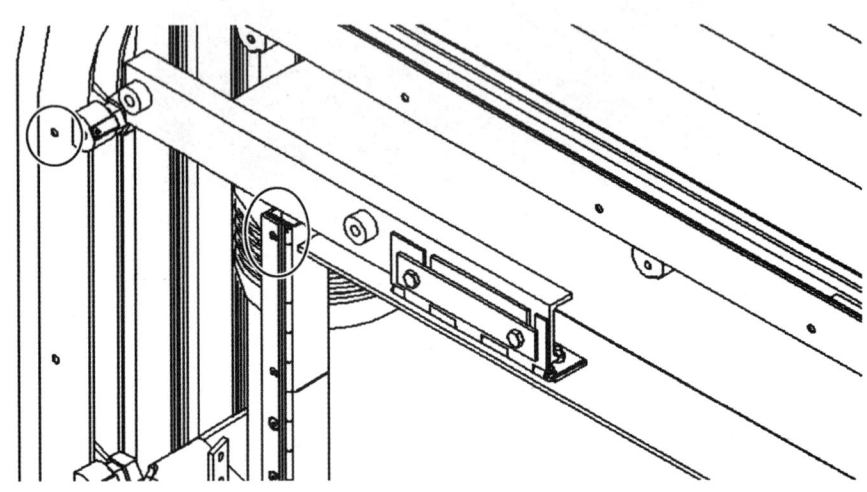

图 14.21　哈尔滨地铁 1 号线一、二期电客车顶板安装座连接示意图

2. 0119 车 4~5 节贯通道

（1）重新打螺纹紧固胶并安装。

（2）安装带塑料套的定位销。

图 14.22 为哈尔滨地铁 3 号线一期电客车顶板安装座连接示意图，顶板安装座螺栓位于图中圆圈位置铸孔内。安装销位于形钢与安装座连接处，如图 14.22 所示。

图 14.22　哈尔滨地铁 3 号线一期电客车顶板安装座连接示意图

14.7 广播系统示例

14.7.1 故障现象

2016年10月27日9:52司机值乘1208次0105车1车运行至理工大学上行站台时,发现广播报站错误,手动报站仍然错误。司机口播报站后报行调,申请复位空开,和兴路上行复位空开后,出站预报正常,但到站信息错误,司机口播到站广播,随后改用手动报站运行至铁路局上行,列车恢复逻辑报站,运行至终点站无晚点。

14.7.2 故障数据分析

逻辑报站解读如图14.23所示。

14 11 04 18 38 20					06 06	14 16	66
时间信息,年月日时分秒					当前站、下一站	协议数据信息	模式、车辆信息记录

模式类型	状态标志					车辆状态
逻辑	门关好	开门	30km	0km	io_trigger:	
6	0	1	1	0	6	车门全关,车辆静止
6	0	1	1	1	7	车门全关,车辆启动,时速超过5km
6	0	1	0	1	5	车门全关,车辆时速超过30km
6	0	1	1	1	7	车门全关,车辆时速低于30km
6	0	1	1	0	6	车门全关,车辆静止
6	1	0	1	0	A	车辆静止,开门按钮按下,车门打开
6	1	0	1	0	E	车辆静止,开门按钮抬起,车门打开
6	0	1	1	0	6	车门全关,车辆静止
6	0	0	1	0	2	开关门信号同时有效
6					1	
6	0	0	0	0	0	所有信号同时有效
6					3	
	注:0有效,1无效					
手动						
4					4	广播控制盒操作手动预报站
4					3	广播控制盒操作手动报站
4					1	广播控制盒操作手动调整站号

图14.23 逻辑报站解读

//逻辑数据左边数字6为逻辑数据,4为手动数据。
//67代表车门全关,车启动,车速超过5 km/h,报预报站。
//65代表车门全关,车辆速度超过30 km/h。
//67代表车门全关,车辆速度低于30 km/h,报到站信息。
//66代表车辆静止,车停。
//6A代表车辆静止,开门按钮按下,车门打开。
//6E代表车辆静止,开门按钮抬起,车门打开。
//66代表车门全关,车辆静止。

对故障车辆行车数据分析如下:

站点　　　　　　　　　　　　　　　逻辑数据

2016-10-27 09:40:13　7E 00 EA 00 11 89 10 05 11 61 08 C8 16 10 27 09 40 13 01 02 1C 24 4E 15 7E
2016-10-27 09:40:13　7E 00 EA 00 11 89 10 05 11 61 08 C9 16 10 27 09 40 13 01 02 1C 24 4E 16 7E
2016-10-27 09:40:13　7E 00 EA 00 11 89 10 05 11 61 08 CA 16 10 27 09 40 13 12 11 1C 24 41 2A 7E
2016-10-27 09:40:14　7E 00 EA 00 11 89 10 05 11 61 08 CB 16 10 27 09 40 14 12 11 1C 24 6E 59 7E

//车辆此时应该是哈南始发,但是1 s的时间广播自动切换成手动模式,并且切换上下行,变为哈东为始发站后转为逻辑模式。

2016-10-27 09:40:14　　7E 00 EA 00 11 89 10 05 11 61 08 CC 16 10 27 09 40 14 12 11 1C 24 6E 5A 7E
2016-10-27 09:46:01　　7E 00 EA 00 11 89 10 05 11 61 08 D1 16 10 27 09 46 01 11 11 1C 26 66 4B 7E
2016-10-27 09:52:03　　7E 00 EA 00 11 89 10 05 11 61 08 EB 16 10 27 09 52 03 0E 0E 1C 26 6A 71 7E
2016-10-27 09:52:03　　7E 00 EA 00 11 89 10 05 11 61 08 EC 16 10 27 09 52 03 0E 0E 1C 26 6E 76 7E
//广播数据显示已经到达工程大学站，实际情况是已到达理工大学站。
2016-10-27 09:52:13　　7E 00 EA 00 11 89 10 05 11 61 08 ED 16 10 27 09 52 13 0E 0E 1C 26 4E 67 7E
2016-10-27 09:52:13　　7E 00 EA 00 11 89 10 05 11 61 08 EE 16 10 27 09 52 13 0E 0E 1C 26 4E 68 7E
2016-10-27 09:52:38　　7E 00 EA 00 11 89 10 05 11 61 08 EF 16 10 27 09 52 38 0E 0E 1C 26 6E AE 7E
//此时司机发现问题并取消逻辑报站，改为手动模式操作。手动操作后转为逻辑模式，但是数据显示站点并未切换到理工大学，站点依然是工程大学站。
2016-10-27 09:52:38　　7E 00 EA 00 11 89 10 05 11 61 08 F0 16 10 27 09 52 38 0E 0E 1C 26 6E AF 7E
2016-10-27 09:52:53　　7E 00 EA 00 11 89 10 05 11 61 08 F1 16 10 27 09 52 53 0E 0E 1C 24 66 C1 7E
//车门全关，车辆静止。
2016-10-27 09:52:59　　7E 00 EA 00 11 89 10 05 11 61 08 F2 16 10 27 09 52 59 0E 0D 1D 25 67 CA 7E
//车门全关，车启动，车速超过 5 km/h。
2016-10-27 09:53:05　　7E 00 EA 00 11 89 10 05 11 61 08 F3 16 10 27 09 53 05 0E 0D 1C 25 47 57 7E
2016-10-27 09:53:05　　7E 00 EA 00 11 89 10 05 11 61 08 F4 16 10 27 09 53 05 0E 0D 1C 25 47 58 7E
0000-00-00 00:00:00　　7E 00 EA 00 11 89 10 05 11 61 08 F5 00 00 00 00 00 00 01 02 04 10 FF 1E 7E
//在行车过程中，司机发现报站并未恢复后由逻辑模式转为手动模式，并在停车后重启广播。
2016-10-27 09:56:51　　7E 00 EA 00 11 89 10 05 11 61 08 F8 16 10 27 09 56 51 01 02 14 14 0F 42 7E
2016-10-27 09:56:51　　7E 00 EA 00 11 89 10 05 11 61 08 F9 16 10 27 09 56 51 01 02 14 14 4E 82 7E
//司机在 9 点 53 分 05 秒到 9 点 56 分 51 秒一直都是用手动报站播报广播（此时应在和兴路站）。
2016-10-27 09:57:12　　7E 00 EA 00 11 89 10 05 11 61 08 FC 16 10 27 09 57 12 01 02 1C 14 6E 6F 7E
//司机重启广播控制盒后，数据显示上下行已切换正确。但是司机并未从新设置站点后就按下逻辑模式按钮，导致广播播报桦树街预报站。
2016-10-27 09:57:29　　7E 00 EA 00 11 89 10 05 11 61 08 FE 16 10 27 09 57 29 01 02 1C 14 66 80 7E
//车门全关，车辆静止。
2016-10-27 09:57:35　　7E 00 EA 00 11 89 10 05 11 61 08 FF 16 10 27 09 57 35 01 02 1D 16 67 91 7E
//车门全关，车启动，车速超过 5 km/h。
2016-10-27 09:57:41　　7E 00 EA 00 11 89 10 05 11 61 09 00 16 10 27 09 57 41 01 02 1C 16 65 9C 7E
//车门全关，车速超过 30 km/h。
2016-10-27 09:58:35　　7E 00 EA 00 11 89 10 05 11 61 09 01 16 10 27 09 58 35 01 02 1C 16 45 72 7E
2016-10-27 10:00:37　　7E 00 EA 00 11 89 10 05 11 61 09 08 16 10 27 10 00 37 09 09 1E 15 43 38 7E
2016-10-27 10:00:55　　7E 00 EA 00 11 89 10 05 11 61 09 09 16 10 27 10 00 55 09 09 1C 15 6E 80 7E
//司机在行车状态时发现广播报站再次不正确后切换手动模式，进行站点设置。设置完后数据显示为哈工大到站，之后后续广播数据正常。

14.7.3　故障结论

通过数据查看广播数据出现了上下行和手动、逻辑的异常切换，查看视频当时司机无动作，控制盒没有重启现象。后续几次司机操作上存在问题，初步分析为司机室接口板存在异常，导致中央控制器收到的行车数据异常、广播控制盒收到的钥匙信号存在异常，从而进一步产生了数据中记录的现象。后续几次数据发现司机在操作上存在问题，导致并未播报正确站点。

14.8 CCTV 系统示例 1

14.8.1 故障现象

2015 年 10 月 20 日 9:32 司机在哈南接 1008 次 0106 车 2、3、4、5、6 车客室 LCD 黑屏。交班司机在哈南站报行调重新分合客室 LCD 空开，空开恢复后，客室 LCD 依旧黑屏，接班司机报行调，行调命令正常运行，稍后有厂家人员上车处理，列车运行至桦树街上行站台时，行调发布待令：司机以 ATP 模式限速 40 km/h 运行至哈东下行转热备车。之后行调又发布调令取消限速，以 ATP 模式凭推荐速度运行至哈东，列车运行至哈东下行后转为热备车。

14.8.2 故障分析

（1）如果接线或连接出现故障，现象为单节蓝屏，不会导致后续全部蓝屏现象。例如 3 车接线断开，Tc1 和 Tc2 车播放控制器会同时给列车发送数据，Tc1 车给 1、2 车发送数据，Tc2 车会给 6、5、4 车发送数据，只有 3 车无法接收数据，会出现单车蓝屏故障，所以排除接线和连接问题。

（2）出现 0106 车故障现象的原因：2 车分屏器内网络模块设备异常导致出现了网络风暴，导致 2、3、4、5、6 车客室 LCD 黑屏。此故障为偶发故障，预防性更换解码分屏器内网络模块。

14.9 CCTV 系统示例 2

14.9.1 故障现象

2015 年 9 月 22 日 7:48 司机在哈东上行站台接 0305 次 0104 车 1 车，接车后司机发现 0104 车 1 端司机室 CCTV 中 1 车和 6 车 A、B、C 界面无显示，其他车显示正常。接车司机询问交班司机 6 端司机室 CCTV 有无异常，交班司机回复 6 端司机室 CCTV 显示正常，接车司机将现象报行调，重启空开后恢复正常，列车正点发车，未晚点。

14.9.2 故障分析

关于 CCTV 监控屏 1A、1B、1C、6A、6B、6C 黑屏，监控屏画面无显示原理为 CCTV 主机将摄像头采集的视频进行保存后显示，但保存时遇到磁盘不可逆坏道，无法进行视频画面存储，所以显示画面为黑屏。将 0104 车 CCTV 主机重启后，存储画面已越过不可逆坏道，所以重启后恢复正常。

15 车辆救援介绍

随着地铁和城市轨道交通的不断发展,在隧道和高架桥发生事故后如何快速救援恢复运营成为一个迫切需要解决的问题,为解决这个难题,人们设计出一种顶复作业法。顶复法是指用千斤顶和辅助机具从脱轨车辆下部顶起脱轨车辆,使其转向架轮对的轮缘超过轨面,然后平行移动,使之到达线路上方后落下复轨。

顶复法和液压起复机具是美国人 ABLE 在 1925 年发明并申请专利的。目前世界各国使用的起复机具和顶复法都是根据他的发明演化或派生出来的,基本原理并没有改变。顶复法主要解决三类救援起复问题:

(1)起复脱轨和颠覆的机车车辆;
(2)将破损不能走行的机车车辆推翻至限界之外,尽早开通线路;
(3)在事故现场快速架车,以更换或替代破损的走行部件。

目前,哈尔滨地铁与国内各大城市地铁都在使用德国 LUKAS 救援设备。

15.1 液压基础知识

1. 压 力

单位面积所受的力称为压力或压强,一般单位用帕(Pa)或兆帕(MPa)表示。在我国液压系统中,压力分为五级(JB 824—66),每级的范围见表 15.1。

表 15.1 各级压力范围

压力分级	低压	中压	中高压	高压	超高压
压力范围	0~2.5 MPa	2.5~8 MPa	8~16 MPa	16~32 MPa	>32 MPa

液压起复设备中常用超高压作为千斤顶的推拉工作压力,用低压、中压作为操纵系统的压力。

2. 流 量

单位时间内液体流过的体积称为流量,一般单位符号用 L/min 表示。

3. 功 率

单位时间内所做的功称为功率。在液压系统中,流量与压力的乘积即为功率,单位常用千瓦(kW)表示。

4. 泄 漏

单位时间内所漏油的体积称为泄漏,一般单位符号用 L/min 表示。泄漏分内泄漏和外泄漏两种。

前者指元件高压腔漏到低压腔的液体，后者指从系统内部漏到系统外面的液体。

15.2 液压传动工作原理

救援起复机具采用的是用油液作为传递能量的工作介质。在密闭的工作条件下，当原动机（内燃机或电动机）带动油泵旋转后，油泵的容积发生变化，把机械能转换为压力能，使油液具有一定的压力。这种油液经过油管，通过液压阀进行控制和调节后进入油缸或油马达，又把压力能转换成机械能来传递动力。这种装置的传动形式称为容积式液压传动。其工作原理是根据巴斯卡原理而来的。

1. 帕斯卡原理

一个充满液体的球形容器，如果在该容器面积为 A 的柱塞上作用一个外力 P，在忽略液体重力的情况下，球形容器内各点（如点 1、2、…）的压力完全相同，其值为 P/A。这种现象是由法国科学家帕斯卡发现的，故称为帕斯卡原理。它可叙述为：一压力加于密封容器的一部分，则压力以完全一样的大小向容器中所有各点传递。

2. 液压传递原理

图 15.1 是水压机的原理图。活塞 1 的面积为 A_1，活塞 2 的面积为 A_2，两容器在底部连通。如在活塞 1 上作用一外力 P_1，则由 P_1 形成的压力为 P_1/A_1，按帕斯卡原理，在活塞 2 的底面上也作用有压力，这样作用于活塞 2 的液压力 $P_2 = A_2 \times P_1/A_1$。如果 $A_2/A_1 = n$，则活塞 2 输出的力 $P_2 = n \times P_1$，当 N 较大时，给活塞 1 上作用一个很小的力，活塞 2 就可获得很大的力。

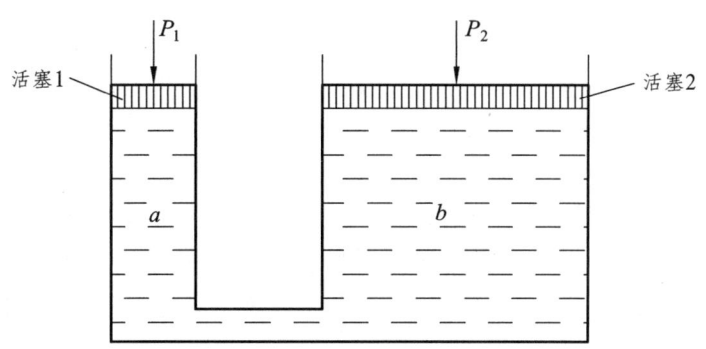

图 15.1　水压机原理图

15.3 液压泵

液压泵亦称油泵，是液压系统的"心脏"，像人的心脏一样，油泵担负着将油液输送到系统中各机构的任务。油泵把由它的输入轴所传递的机械能转换为压力能，通过液压油将其传递到各执行机构，使之再变成机械能而做有用功。油泵传递液流，其工作原理是泵为传递液流，在其进油口一侧建立一个低压区，亦称部分真空区。因为低压区的空气压力远小于油箱液面上的大气压。所以油箱内的油液被源源不断地压入油泵的低压区，然后通过油泵转换再输送到出油管路。油液开始并不传递压力，压力是泵液流受阻做功而产生的。因此，压力是液流做功的量度。

用于液压起复设备的油泵是容积式柱塞泵。其特点是在传递流量时能承受很高的压力，而且在油泵转速不变情况下，通过变量机构的调节，可以使泵产生不同的流量。

在起复作业中，为了提高工作效率，减少辅助作业时间，要求在千斤顶（油缸）空载工作（前进和返回）时，油泵应该大流量供油，但当千斤顶（油缸）前进至接触到工作物，使油压增高时，为保证安全，油泵应立即转入小流量供油，采用变量柱塞泵可以满足这个要求。

油泵调节流量的方式一般有手动、电动、液动、随动和压力补偿变量等几种形式。在液压起复设备中，常常采用压力补偿变量方式调节油泵流量。

15.4 千斤顶（油缸）

千斤顶（油缸）分单作用和双作用两种。在液压起复设备中，大多采用双作用分离式千斤顶。"双作用"是指在两个方向上提供动力；"分离式"是指油泵部分与千斤顶（油缸）是分离的，通过油管连接进行作业。因此，这种千斤顶（油缸）能用于空间狭小和要求远程作业的起复工作。这种千斤顶（油缸）的另一个特点是，使用方位的限制少，在垂直、横卧、倒放等方位都能工作，再配上各种附件后，能完成起复作业中的举升、横移、侧扶等多种空间动作。

受千斤顶（油缸）结构特点制约，它只能沿其轴线承受负荷。否则，当负荷偏离千斤顶（油缸）轴线作用时，将在活塞杆上产生侧向负荷。这样就会加速各接触面密封圈的磨损，严重时有可能使活塞杆弯曲，造成千斤顶（油缸）报废。但其中的爪式千斤顶，在某些情况下使用时，最好在两端安装铰座，其作用就是为了减少侧向力对活塞杆的影响。

在起复作业中，为了适应机车车辆下部空间狭小的特点，还应配备伸缩套筒式千斤顶（又称多级式油缸）。其特点是结构高度较小，工作行程较大。

15.5 液压阀

液压阀又称控制阀，按其控制的对象来分，有三类液压阀。

1. 方向控制阀

在液压起复设备中，使用最多的液压阀是方向控制阀（换向阀）。换向阀是实现油路的换向、顺序动作及卸荷的阀门。有多种形式的换向阀，如电磁换向阀、液动换向阀、机动换向阀、手动换向阀、多路换向阀等。液压起复机具中一般使用手动换向阀进行控制。图15.2是一种手动换向阀的结构原理图。

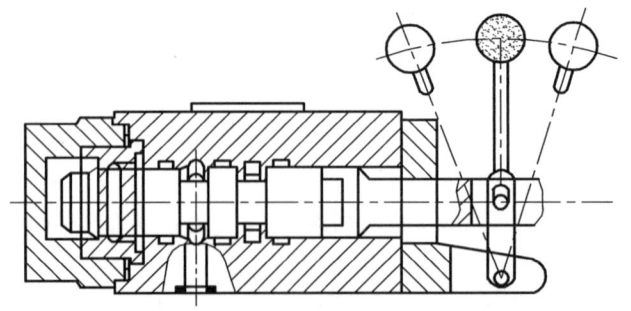

图 15.2　手动换向阀结构原理图

如图15.2所示，阀体内装有与手柄相连的滑阀，滑阀上面开有沟槽。当操纵者移动手柄时，滑阀上的沟槽便对准阀的进、出口，使油液流向执行机构。当反向移动手柄时，滑阀可以关闭液流，让油液流向执行机构的其他孔口。为了便于控制滑阀的运动，换向阀中常常装有机械定位装置。当操纵者松开手柄时，在弹簧作用下滑阀自动回到中间位置。使用时，可以通过控制手柄的位置（滑阀的开口大小）来调节千斤顶的动作，松开手柄，千斤顶可以在负载下停在任意位置。

在选用换向阀时，须考虑阀芯机能。所谓阀芯机能，是指换向阀的阀芯在中间位置时的通路形式。不同的阀芯机能有不同的通路形式，以满足不同的工作要求。在起复机具使用的高压、超高压系列换向阀中，有O、H、Y、K、M、X、P、J 8种阀芯机能。

2. 压力控制阀

在液压起复设备中，为了保证安全，必须使系统压力保持在预先规定的限度之间。系统中使用的溢流阀就是一种防止过载的压力控制阀，可以精确地控制系统中的压力。图15.3（a）是一种溢流阀的原理图，图15.3（b）是溢流阀作为安全阀防止系统过载的原理图。这是一种平衡活塞式溢流阀，设进油压力为 P_2，通过阻尼孔后压力为 P_1，P_2 的作用面积为 A，主阀弹簧力为 F；当系统中压力 P_2 低于弹簧d的调定压力时，即 P_1 小于弹簧d的压力，导阀b未打开，此时 $P_1 = P_2$，$A \times P_1 + F > A \times P_2$，阀不溢流。当系统中压力 $P_2 > P_1$，也即 P_1 大于或等于弹簧d的压力时，导阀b打开；压力油通过主阀轴向的阻尼孔流回油箱。由于阻尼孔的作用，此时 $P_1 < P_2$，$A \times P_1 + F < A \times P_2$，主阀向上提起，油液从溢流口流回油箱。调整弹簧d的压力，即可调整溢流阀的溢流压力。

如图15.3（b）所示，溢流阀用于防止系统过载时，此阀是常闭的。当阀前压力不超过某一预调的极限时，此阀关闭不溢流。当阀前压力超过此极限时，阀立即打开，油液即流回油箱或流到低压回路，因而可防止液压系统过载。通常安全阀所控制的过载压力比系统的工作压力高8%~10%。

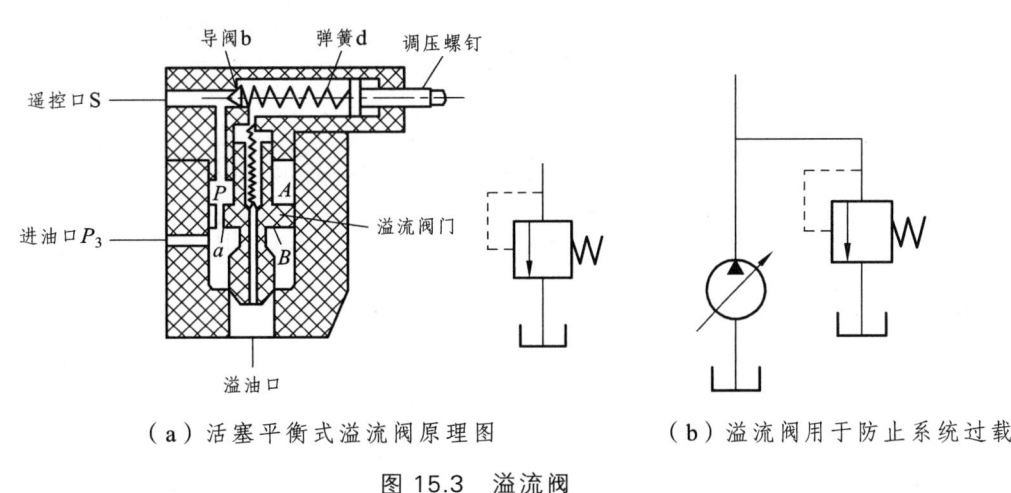

（a）活塞平衡式溢流阀原理图　　（b）溢流阀用于防止系统过载

图15.3　溢流阀

3. 流量控制阀

液压系统的流量控制阀是根据阀门开启的大小对流过阀门的液体进行控制的，从而调节执行机构的运动速度。

在液压起复设备中，控制两个或数个千斤顶同步工作的分流阀就是一种流量控制阀。分流阀有等量式和比例式两种。前者是指阀两出口的流量相等，且等于入口流量的一半；后者是指阀两出口的流量保持一定的比例。

扶正机具使用的分流阀属于可调式分流集流阀，其特点是集等量式、比例式分流集流阀的功能于一身，通过手轮调节可以等量或比例分流集流。这种阀在额定流量下可以无级调节，油液正向流动时，阀起分流作用；反向流动时，阀起集流作用。因此这种阀可以一阀多用，能够代替多种不同流量的普通分流集流阀。接入系统后，这种阀可以控制两个不同负荷的千斤顶同步运行或按任意选定的速比运行。

15.6 液压管路

液压管路包括油管和接头两部分。油管有硬管和软管之分。在液压起复设备中，为了方便搬运和灵活操作，除液压站使用一些硬管外，全部采用软管连接。

在液压起复设备中使用的是超高压耐油橡胶软管，它由三部分组成：内壁是传递油液的内管，其材料是挠性的，能承受高、低温而不硬化；内管加固层由螺旋钢丝编织而成；最外层是为防止化学腐蚀与损伤的包裹层。

在选择软管时，压力是最重要的因素。各种尺寸的软管都有最小的额定破裂压力，这是软管可以安全工作的最高压力。但在使用中，决不能把软管的最小破裂压力与系统工作压力相混淆。因为液压系统的实际压力会大大超过预定压力，在选择软管时必须把这种压力波动考虑在内。在液压起复设备中，为了做到万无一失，应按系统最大工作压力的 2~4 倍来选择软管的最小破裂压力，即安全系数为 2~4。

为了保证安全和减少辅助作业时间，在液压起复设备中使用的油管接头几乎都是快换自封式接头。这种接头能使操纵者在不使用工具、不使管路漏油的情况下，将软管快速连接或拆下。其结构原理如图 15.4 所示。

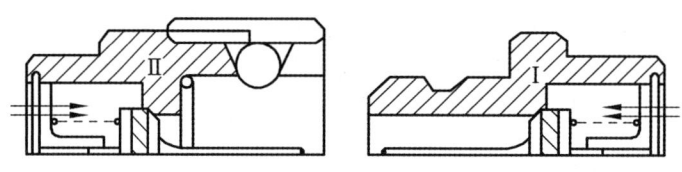

（a）分开的快速接头

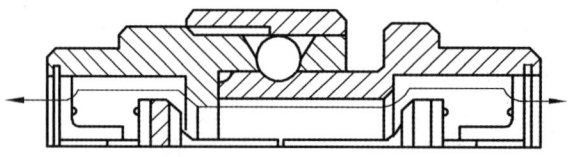

（b）接通的快速接头

图 15.4　快换自封式接头

如图 15.4（a）所示，快换自封式接头有一对凸凹连接偶件，其内腔各有一个单向阀。当接头体分开时，单向阀的弹簧推动阀芯，使阀芯上的密封圈压紧在接头体的锥形孔上，关闭两端通路，使油液不能流出。当两个接头体连接时，如图 15.4（b）所示，两个阀芯前端的顶杆相互把对方顶开，使通路打开，油液通过。两个接头体的连接，是利用在接头体 II 上的数个钢球被压落在接头体 I 的 V 形槽内实现的。工作时，钢球由外套压住不能退出，外套由弹簧圈顶住，保持在右端位置。

15.7 液压油

在液压系统中，液压油除作为传递能量的工作介质外，它还兼有润滑和冷却传动系统的作用。因此液压油的质量和品种是否符合要求，使用或保管是否得当，都直接影响整个系统的寿命和工作效率。

1. 黏　度

黏度俗称稠度，它是表示油液流动阻力的一种物理量，黏度越大，流动阻力就越大。在一定温度下，油液做功的能力取决于黏度。太稠的工作油，温度一降低就难以从油泵中输出；而过稀的工作油，一遇高温便改变其流动性质，会使系统产生泄漏等问题。

我国主要采用运动黏度为黏度的表示方法。其物理单位称为斯托克斯，由于斯托克斯的单位太大，应用不方便，往往应用厘斯托克斯来度量黏度的大小。在实际使用中厘斯托克斯常用英文符号 cSt 表示：

$$1 \text{ cSt} = \text{mm}^2/\text{s}$$

在液压油的牌号表示上，通常是以这种油在 40 ℃ 时，以厘斯托克斯（cSt）为单位的运动黏度的平均值来表示。例如 20#机械油，是指这种油在 40 ℃ 时，以厘斯托克斯为单位的运动黏度的平均值是 20 cSt。一般液压传动油以 11 ~ 50 cSt 为宜。液压油的牌号越大，表示油液的黏性越高。

理想的工作油应在各种温度下都保持稳定的黏度，温度低不变稠，温度高不变稀。这样的工作油就具有很高的黏度指数。一般液压油的黏度指数要求在 90 以上，优良的在 100 以上。

2. 救援设备液压油的选用

（1）一般要求。

① 含水量不得超过 0.025%，不含机械杂质。

② 不侵蚀机件及破坏密封装置，即油中不含酸及碱类物质。

③ 有高度的化学稳定性，在长期储存及使用过程中不变质。当系统内温度、压力和流速变化时，仍保持其原有的特性。

④ 有适宜的黏度和良好的黏温特性。在工作温度变化范围内，黏度变化为最小。

⑤ 满足防火、安全的要求，油的闪点要高。

（2）液压油的选用。

液压起复设备是行车事故抢险救援的专用设备，应该选用能够用于户外，适应四季温差变化的高级专用油作为液压起复设备的工作油。表 15.2 列出了推荐液压起复设备使用的国产高级油牌号。

表 15.2 国产高级油牌号

项 目		低温抗磨液压油		航空液压油		高级抗磨液压油	
		YC-N32	YC-N46	10 号	12 号	N32	N46
运动黏度/cSt	50 ℃	17 ~ 23	27 ~ 33	10	12	28 ~ 35	40 ~ 51
	-50 ℃			1 500	1 200	cSt40 ℃	cSt40 ℃
凝点/℃≤		-35		-70	-60	-15	
黏度指数≥		160				95	
闪点，开口/℃≥		160		92	100	180	
机械杂质/%≤		无		无	无	无	
腐蚀，铜片 100 ℃，3 h		合格		±0.15%	±0.2%	1 级	

高级液压油由于加入了各种添加剂，因此使用性能良好。现扼要说明如下：

① 航空液压油：通常染成红色，俗称红油，凝固点低，黏温性能很好，在 -40 ~ 50 ℃ 内具有要求的适当黏度，价格较贵，约为一般机械油价格的 4 倍。

② 高级抗磨液压油：在油液中添加了有效的抗磨剂，除具有与普通液压油相似的特性外，抗磨性更好，摩擦系数小，凝点低，对钢-钢摩擦副有特别好的抗磨性。

③ 低温抗磨液压油（稠化液压油）。除具有与抗磨液压油相似的特性外，在油液中还添加了降凝剂、增黏剂等，其黏度指数在 130 以上，低温流动性好，可用于 -30 ℃ 的严寒地区。

15.8 救援装置

1. 脱轨救援起复装置

（1）举升装置。

在起复作业中，举升装置的主要工作是把机车或车辆抬离地面，为横移复轨做准备。

举升装置主要是举升千斤顶在起复作业中使用的举升千斤顶，不同于一般用途的普通千斤顶，如图 15.5 所示。这种千斤顶除了具有普通千斤顶的共性外，还有自己的独特之处：

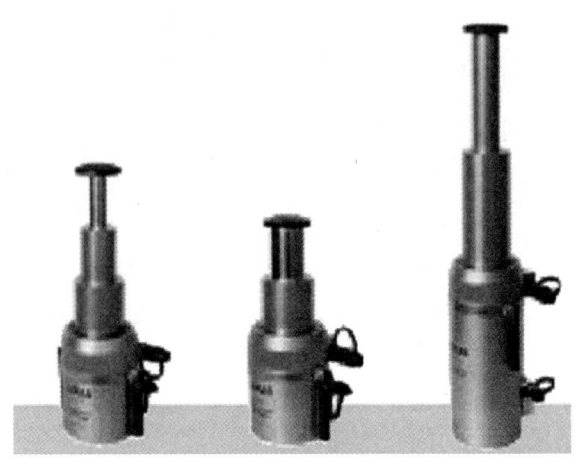

图 15.5 举升千斤顶

① 为适应起复作业的特点，举升千斤顶的缸筒必须能够承受载荷，并且它的承载能力应与千斤顶的承载能力相等。因此它的缸筒应采用特殊的结构设计，其壁厚也比普通千斤顶要大。

② 为了一机多用，千斤顶的头件（又叫顶件）与底座采用与千斤顶分离的结构。使用时，可以根据事故现场实际情况选用某种规格形状的头件和底座。

③ 采用可靠性很高的液控单向阀作为千斤顶的自锁保护装置。

各型号千斤顶均由高强铝合金或合金钢制造并且都装有液控单向阀。

为扩大千斤顶的使用范围，千斤顶配有多种规格形式的头件和底座，可以通过紧固螺钉快速装到千斤顶上。其中，堆叠式垫环垫块组就是一种，垫环垫块组与低式千斤顶或套筒式千斤顶配套，可用于步进起复法。垫环垫块均由铝合金或合金钢制成，有两种尺寸规格。垫环为"U"形，上面为圆锥形凸缘结构，下面为圆锥形止口结构。凸缘和止口的尺寸可以互相配合。垫环的两侧各开有两个安装用工艺孔，使用时，用叉形工具卡在垫环侧面的工艺孔中，把它们一块块堆叠起来。因凸缘与止口均为圆锥面，所以上垫环的止口可以紧紧地套在下垫环的凸缘中。承载后，即使受到较大的侧向力作用，垫环组也不会松动分离和滑脱。垫块为圆盘形，上面有一个定位孔，下面有一个凸台。定位孔与凸台的尺寸可以相互配合。垫块的侧面开有安装用工艺孔。像垫环一样，垫块也堆叠使用。使用时，用叉形工具卡在垫块侧面的工艺孔中，从垫环的"U"形开口处放入垫环中，上垫块的凸台嵌入下垫块的定位孔中，因它们两者间只有 0.1 mm 的间隙，因此垫块承载后，它们不会彼此错动，稳定性很好。为了增加垫块与负载之间的摩擦力，在垫环垫块的上下表面均开有防滑网纹。垫环垫块的堆叠高度一般不大于 800 mm。否则在横移时，稳定性将受到影响。

（2）横移装置。

横移装置包括横移小车、滑板、复轨桥、横移千斤顶及托架、顶轮器等机具部件。

① 横移小车与滑板。

横移小车的主要功能是直接或间接地托住已被抬离地面的机车或车辆，实现横移复轨。使用时，需要把横移小车放在复轨桥上，利用推拉式横移千斤顶推动或拉动小车横移。机车或车辆可以直接支承在横移小车上，也可以通过千斤顶支承在横移小车上。

在起复作业中，从机车车辆一端举升或落车时，机车车辆在铅垂面内转动；横移时则在水平面内转动，转动中心是脱轨机车车辆另一端车轮与接触面之间的切点，或是该端转向架的中心销。机车车辆之所以能够在这两个平面内安全转动完成复轨，是因为在横移小车与其上的千斤顶或车体的结合部采用了特殊的结构设计。横向移动机车车辆时，其车端呈弧形移动，弧形半径大小与车体长度有关，如图 15.6 所示。

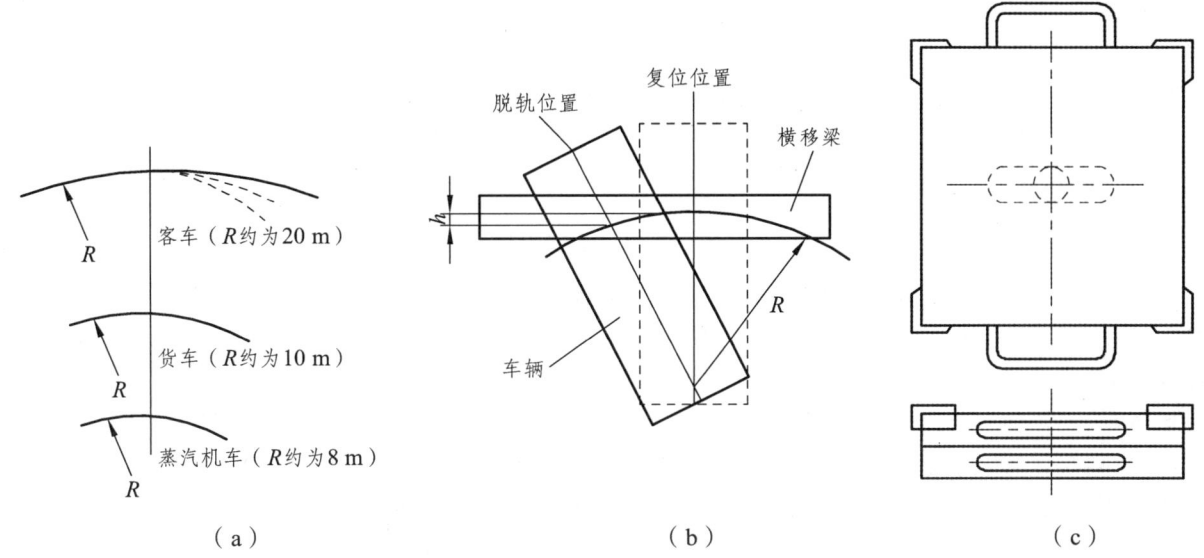

图 15.6　横向移动机车车辆时，弧形半径与车体长度的关系

在横移距离相等的情况下，车体越短，车端弧形移动时转过的弯就越急，也就是千斤顶相对横移小车错动的距离，即图 15.6（b）中的 h 值就越大。这样，将在千斤顶或车体上产生很大的偏压。弧形半径越小，横移距离越长，在千斤顶上产生的偏压就越大。偏压造成的扭力将给横移作业带来很大的危险。为解决这个问题，横移小车与其上千斤顶的接触部位必须采用如下特殊设计。

横移小车的平台为滑板结构，滑板有两个作用：一是使千斤顶上的负载平均分散在横移小车上；二是在横移作业时，自动调整千斤顶或车体的受力状态。其工作原理为：在负载作用下，千斤顶或车体紧压在滑板上。机车车辆横移时，滑板可绕自己的中心销转动，并且能在自己导板的导向孔中往复横移，从而调整了千斤顶相对于横移小车的转动和移动。这样可以保证千斤顶随车端走弧的半径变化而移动，使载荷作用线始终通过千斤顶中心，既不会发生千斤顶倾斜，亦不会产生扭力，保证了横移作业的安全。

在设计滑板上的导向孔长度时，应综合考虑各种车体长度的主型机车车辆，以便滑板有较大的适应性。

② 复轨桥。

复轨桥又称横移导轨，是起复作业中实现脱轨机车车辆横向移动的重要部件。根据复轨桥的材质，复轨桥有钢轨制造、高强钢板制造和高强铝合金制造等形式。对复轨桥的一般要求如下：

复轨桥应有足够的宽度，以适应机车车辆横移时，其端部呈弧形移动的工作状况。

复轨桥上表面沿其纵向应均匀开设若干孔洞，以作为横移作业时倒替使用横移千斤顶的定位支承点。孔洞的形状可以是矩形，也可以是圆形，视横移千斤顶托架的形状而定，孔洞的间距应小于或等于横移千斤顶的最大行程。

应备有不同长度规格的复轨桥和连接装置，必要时，这些复轨桥可以通过连接装置组合起来使用，以增加横移距离。

③ 横移千斤顶及托架。

横移千斤顶与托架配套后，可推动横移小车沿复轨桥运动。托架的作用有两个：一是作为千斤顶的定位承力元件；二是使千斤顶工作时可以保持水平。

横移千斤顶可以卧式使用，也可以立式使用，除用于横移外，还可以与顶轮器配套使用。

在横移复轨时，如果当横移千斤顶达到极限行程时，脱轨机车车辆仍然没有横移到位，则可从横移小车和托架之间将千斤顶取出来，反向给油将其活塞缩回，然后把托架从复轨桥上的定位孔中拿出，放到适当位置的另一个定位孔，装上千斤顶再次横移。经过这样几次反复动作，直到把脱线机车车辆推到线路上为止。

在线路曲线上横移复轨时，因线路外侧钢轨超高，使复轨桥在倾斜状态工作。为了保证安全，可在横移小车的前面和后面分别安装一套横移千斤顶及托架。使用时，一个千斤顶推小车，另一个千斤顶拉小车，因此可防止小车因倾斜而滑动。

2. 侧顶扶正装置

在起复作业中，侧顶扶正（简称侧扶）装置的作用是，从侧面把脱轨倾斜后车体与转向架（或轮轴）没有分离的机车车辆推举扶正，为进一步举升、横移复轨做准备。也可用侧扶装置将转向架破损无法行走的机车车辆推翻至限界之外。

侧扶装置主要由爪式千斤顶、主千斤顶、传力缆梯、铰支座、顶高片以及索具等辅助工具组成。图 15.7 是侧扶装置各机具相互作用关系示意图。扶正原理是：缆梯一端捆在脱轨倾斜的机车车辆车架或车轴上。千斤顶一端支在铰支座上，另一端支在缆梯的横档上。正向给油后，千斤顶的端部紧压在缆梯横挡上，千斤顶的作用力可分解成推、举两个分力：推力经缆梯横档垂直作用在车体表面上，对车体产生向上推的作用，举力平行车体作用在缆梯横档、侧扶装置各机具相互作用关系上，经缆梯传到车架上，对车体产生向上抬的作用。由于在扶正过程中，事故车始终有一侧轮对着地，所以在这两个分力的作用下，以着地轮对为支点，对倾斜的机车车辆产生一个向轨道方向转动的复原力矩。在扶正过程中，千斤顶的工作倾角将随着事故车的逐步扶正而变化，千斤顶前端的顶高片和后端的铰支座可以保证千斤顶无论在何种倾斜位置工作，其作用力始终通过千斤顶中心。反复倒替使用千斤顶，可逐步把机车车辆推举扶正。

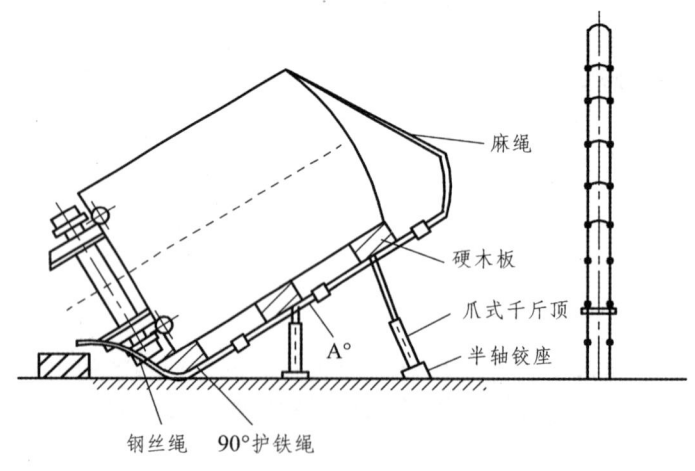

图 15.7　侧扶装置各机具相互作用关系示意图

（1）爪式千斤顶。

爪式千斤顶的"爪"是指千斤顶的缸体上装有附爪，附爪可以抬、撬物体。爪式千斤顶可以正向使用（活塞杆向上推出），也可以反向使用（活塞杆向下推出）。在反向使用时，缸体上的附爪可以插入器皿的间隙中，抬起呈 90°翻倒的机车车辆。在此种情况下，千斤顶附爪可以承受较高的侧向力，但受结构限制，附爪的承载能力小于千斤顶推力。在侧扶作业时，爪式千斤顶是一个很有用的工具，与缆梯配套使用，可以大大简化侧扶作业的复杂性。

（2）主千斤顶。

主千斤顶是扶正作业的主要机具，其行程一般达到 800 t 以上。主千斤顶的工作行程较长，所以设计这种千斤顶时应尽可能加大活塞杆的直径，以增加千斤顶的刚度。

（3）传力缆梯。

在侧扶作业中，传力缆梯的作用是取代车体作为千斤顶的承力点，这将大大减轻由侧扶作业造成的机车车辆损伤。有两种结构形式的传力缆梯，其中一种由钢丝绳、铝合金横挡及锁套和滑轮等零部件组成，横挡与钢丝绳的紧固连接是通过锁套实现的。为提供最佳推举位置，缆梯横挡有几种不同尺寸的间距，使用时可随意选择。图 15.8 右边是锁套式传力缆梯的结构示意图。图 15.8 左边是压套式传力缆梯的结构示意图；缆梯的梯身及横挡均由钢丝绳经铝压套压接制成。

图 15.8 所示的锁套式传力缆梯的锁套紧固在钢丝绳上，横挡套过钢丝绳卡在锁套上，在压紧力的作用下，配合圆锥面的锥角越小，配合面的比压就越大，因而所能传递的载荷也越大。在设计锁套时，一般取锥角为 12.5°~17°，缆梯受力后，如果把锁套向圆锥面小端方向推，则会越推越紧。在缆梯上，锁套有两个作用：一是向缆梯传递千斤顶的作用力；二是作缆梯横挡的定位元件。

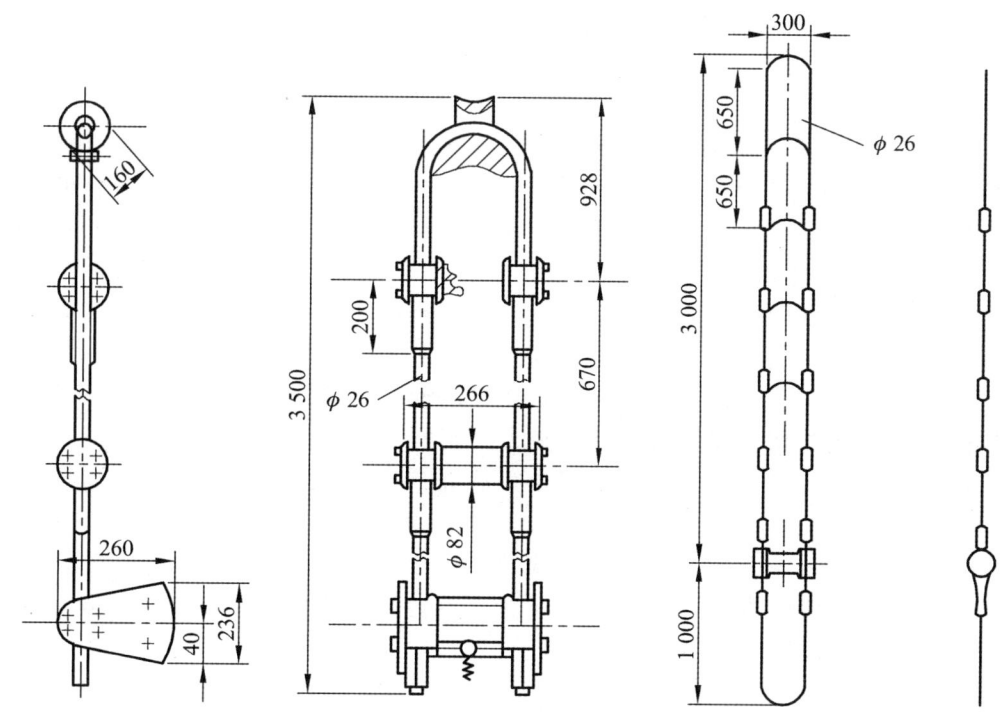

图 15.8 传力缆梯结构示意图

（4）铰支座。

在侧扶作业中，千斤顶需要在倾斜位置工作，而且随着把机车车辆逐渐扶正，千斤顶的倾斜角也要跟着变化。为了改善千斤顶的工作条件，减少侧向力对其影响，应该采用铰支座支承。铰支座的功能是，无论倾斜角怎样变化，总能保证载荷中心线（又叫力线）始终通过千斤顶轴线，并能保证千斤顶在倾斜位置工作时，其底座不会打滑。

（5）顶高片。

顶高片是扶正机具中的重要部件，是千斤顶与缆梯之间的连接件。顶高片由顶头和顶座两部分组成。顶头前部有一个弧形凹槽，其作用是握住缆梯横挡；顶头后部有一个弧形凸台，可与顶座前端的弧形凹槽配合；顶座后端装在千斤顶活塞杆上。顶头和顶座之间是浮动配合，其作用与铰支座的功能类似，可保证千斤顶在倾斜位置工作时，无论倾斜角怎样变化，总能使载荷中心线始终通过千斤顶轴线。

3. 液压牵车机

在某些起复作业中，如果利用液压牵车机牵引脱轨或颠覆的机车车辆，可以加快起复速度，简化作业的复杂性。液压牵车机由液压泵站、有节定位索（绞绳）、牵引油缸、夹轨器、定位绳以及轨距撑杆、滑轮等零部件组成，其结构示意图如图 15.9 所示。

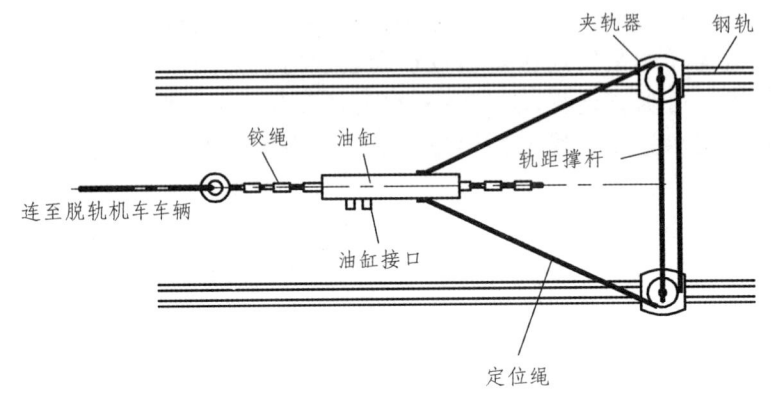

图 15.9 液压牵车机结构示意图

使用时，先把夹轨器紧固在钢轨上，调节轨距撑杆的长度，使其紧卡在两轨之间。在准备牵引的机车车辆与夹轨器之间安装牵引油缸，然后，绕夹轨器滑轮安装定位绳，绳端卡在牵引油缸定位夹中。绞绳的一端拴在机车车辆上，另一端装在油缸上。在油缸上，沿其轴线有一个通孔，绞绳由此孔中穿过，在油缸两端由锁紧器卡死。

锁紧器工作原理：油缸活塞杆推出时，其前端锁紧器在锁套后部（锥面大头）夹住绞绳。同时后端锁紧器自动放松，使绞绳能在油缸内自由通过。随着活塞杆的全部伸出，牵引力经锁紧器、锁套及绞绳传至机车或车辆，使其前进一个行程（约 450 mm）。活塞杆缩回时，后端锁紧器夹住绞绳，前端锁紧器自动松开。这样既可使活塞杆自由缩回，又可绷紧绞绳拉住机车，待活塞杆完全缩回后，即可进行下一个工作循环。这样反复倒替使用牵引油缸，可一步步地拉动机车或车辆复轨。

在绞绳上每隔大约 450 mm 有一个定位节，它与钢丝绳的结合可以采用压套结构，也可以采用锁套结构。在后者情况下，其结构原理与传力缆梯的锁套原理完全相同。

这种液压牵车机可以倾斜使用，最大倾角（牵引油缸轴线与绞绳中心线之夹角）为 15°，采用地锚后，牵车机也可以固定在地面上使用。

15.9 哈尔滨地铁救援设备简介

哈尔滨地铁可实现列车脱轨起复救援、列车轮对卡死救援、列车侧翻救援、列车弓网冲突救援、列车大部件脱落救援、列车牵引救援、内燃机车起复救援、平板车起复救援。

1. 带汽油引擎液压泵（4 冲程汽油引擎）控制台

型号：CT6/7-4DV。

主要技术参数：4 冲程汽油引擎；输出功率 3.5 kW，最大转速 3 000 r/min；低压 11.37 L/min

流量输出,高压 5.37 L/min 流量输出;可用油量 32 L;尺寸($L \times W \times H$): 565 mm × 540 mm × 665 mm;质量 50 kg, 如图 15.10 所示。

图 15.10　液压泵控制台

主要作用:用于操作顶升和精确移动,可控制 4 个双作用液压顶升油缸和 1 个横移油缸。每个油缸都有相应的控制阀控制;压力表的快速接头带有安全锁,控制台的两侧装有环形把手。其中 4 个控制阀控制顶升油缸,1 个控制阀控制横移油缸;每个控制阀都带有安全控制功能。

2. 油　　管

主要技术参数:长度 10 m(红/蓝),两端配有公母快速接头,工作压力为 70 MPa,质量为 6.4 kg,如图 15.11 所示。

主要作用:连接控制台与油缸。

图 15.11　油管

3. 回油管

主要技术参数:长度 10 m 高压油管两端配有快速接头,工作压力为 70 MPa,质量为 2.5 kg,如图 15.12 所示。

主要作用:连接横移油缸。

图 15.12　回油管

4. 450 油缸

型号：HP 25/T450 R。

主要技术参数：具有液压活塞回缩，轻金属合金，带安全保护，防止油管破裂，超压阀能量 628 kN（活塞 1）、250 kN（活塞 2）；行程 220 mm（活塞 1）、227 mm（活塞 2）；总行程为 450 mm；工作顶高度为 380 mm；质量为 23 kg，如图 15.13 所示。

主要作用：列车起复救援使用。

图 15.13　450 油缸

5. 280 油缸

型号：HP10/T280 R。

主要技术参数：具有液压活塞回缩，轻金属合金，带安全保护，防止油管破裂，超压阀能量 628 kN（活塞 1）、290 kN（活塞 2）、100 kN（活塞 3）；行程 90 mm（活塞 1）、95 mm（活塞 2）、95 mm（活塞 3）为总行程为 280 mm；回缩高度为 220 mm；质量为 14 kg，如图 15.14 所示。

主要作用：在狭小空间列车起复救援使用。

图 15.14　280 油缸

6. 横移油缸（横移千斤顶）

主要技术参数：横移/拉伸力 170/90 kN，油缸行程 320 mm，外形尺寸 668 mm×106 mm×115 mm，质量为 22 kg，如图 15.15 所示。

主要作用：对车辆进行横移。

图 15.15　横移油缸

7. 桥　板

型号：2200 型、1100 型。

主要技术参数：轻合金中空，主体结构，横截面 350 mm×140 mm；允许载荷 750 kN；支持点在全长范围内，长度 2 200 mm，质量为 81.5 kg；长度 1 100 mm，质量为 40 kg，如图 15.16 所示。桥板配有 4 个提手。

主要作用：在轨道上搭建平衡板，可实现列车平稳救援。

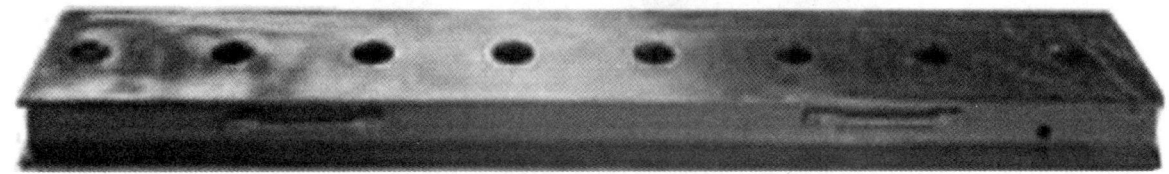

图 15.16　桥　板

8. 滚轮滑车

主要技术参数：高度 109 mm，质量约 39 kg，允许载荷 750 kN，配有两个提手，如图 15.17 所示。

主要作用：结合距离调整杆以及横移千斤顶进行配套提升作业。

图 15.17　滚轮滑车

9. 可调节距离杆

主要技术参数：调节范围 1.5～2.8 m，质量约 30 kg，如图 15.18 所示。

主要作用：连接横移小车，将两套横移设备连接在一起。

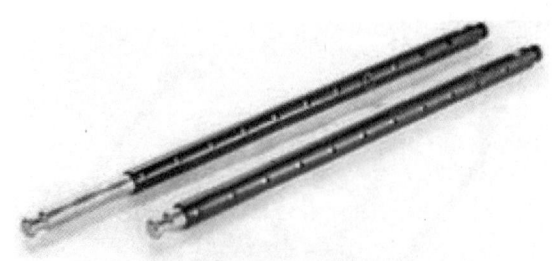

图 15.18　可调节距离杆

10. 增高垫块

主要技术参数：垛环 50 mm（4 件），活塞垫 50 mm（3 件），活塞防护装置 17 mm（1 件），叉柄 1 件；总质量约 8.4 kg，如图 15.19 所示。

主要作用：用于型号 HP 25/T 185R，HP25T/ 450R 以及 HP10/T 280R，尤其在小空间要顶升较大的高度情况下，垛块组件尤其重要，载荷物被顶升的高度可增加 150 mm。

图 15.19　增高垫块

11. 油缸底座

主要技术参数：质量为 9 kg，如图 15.20 所示。

主要作用：以增加伸缩油缸和地面的接触面积，提高伸缩油缸的使用安全性。

图 15.20　油缸底座

12. 分置式横移机构

主要技术参数：组成承载能力 20 t；横移长度 300 mm；外形尺寸 865 mm×375 mm×153 mm；质量为 75 kg，如图 15.21 所示。

主要作用：分置式横移机构应能适用于在车端部位钢轨上不能架设桥板，但可顶升车体边梁而实施复轨作业的地方。

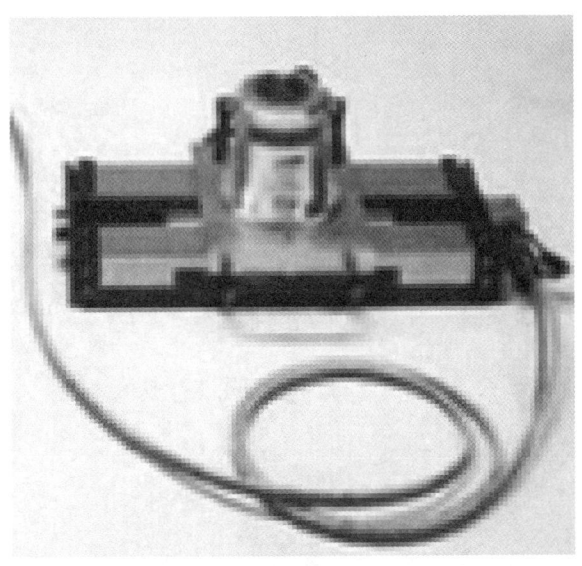

图 15.21　分置式横移机构

13. 手动泵

型号：ZPH3/8-2D。

主要技术参数：双速径向柱塞泵可自动切换油箱；容量：10.5 L，可用 8 L；配置 4/4 路阀。可用于液压回缩油缸流量：低压 18 MPa，高压 18～50 MPa；外形尺寸：890 mm×230 mm×182 mm；质量为 18.2 kg，如图 15.22 所示。

主要作用：可替换带汽油引擎液压泵（4 冲程汽油引擎）控制台使用。

图 15.22　手动泵

14. 拉伸装置

主要技术参数：牵引力 220 kN，操作压力 53 MPa，行程 460 mm，钢轨跨度 1 000～1 700 mm，总质量 194 kg，单次最长牵引 9.5 m，如图 15.23 所示。

主要作用：在无动力情况下对车辆进行牵引（能与钢轨固定连接，将故障车辆一节一节地拉伸出来）。

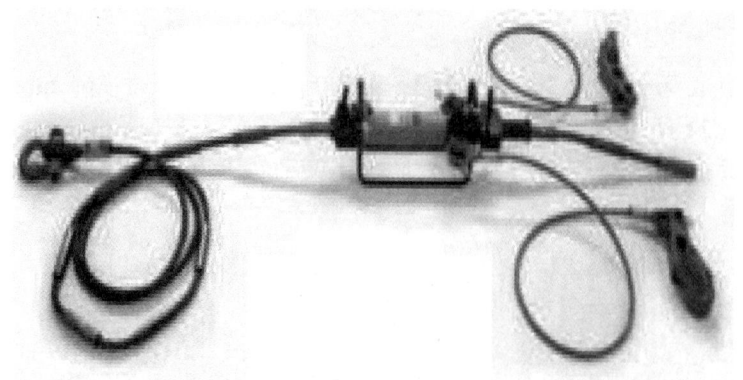

图 15.23 拉伸装置

15. 带爪油缸（爪钩式千斤顶）

主要技术参数：具有液压活塞回缩；顶升力 520 kN；行程 850 mm；本体高度 1 150 mm；自重 52 kg，如图 15.24 所示。

主要作用：当车辆发生倾翻后，使用该油缸将车辆进行扶正。

图 15.24 带爪油缸

16. 顶升带

主要技术参数：允许受载 400 kN；自重 51 kg，如图 15.25 所示。

主要作用：当车辆发生倾翻后，使用该索具对事故车辆进行捆绑。

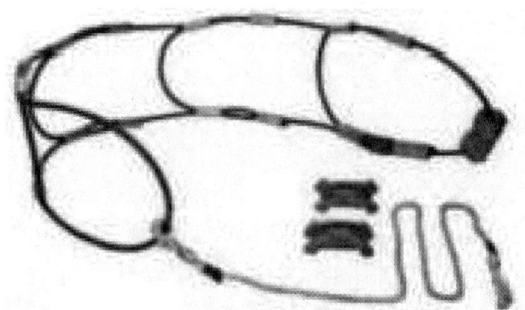

图 15.25 顶升带

17. 电动液压剪切器

主要技术参数：剪切力 390 kN，最大剪切直径 30 mm，质量 17 kg，使用锂电池供电，一次充电可连续使用 45 min，也可连接 220 V 电源长时间使用，如图 15.26 所示。

主要作用：用于在发生火灾或意外事故时强行剪开车体来营救乘客。

图 15.26　电动液压剪切器

18. 电动液压扩张器

主要技术参数：扩张力可达 230 kN，扩张距离 720 mm，质量 19.5 kg，使用锂电池供电，一次充电可连续使用 45 min，也可连接 220 V 电源长时间使用，如图 15.27 所示。

主要作用：用于在发生火灾或意外事故时强行剪开车体来营救乘客。

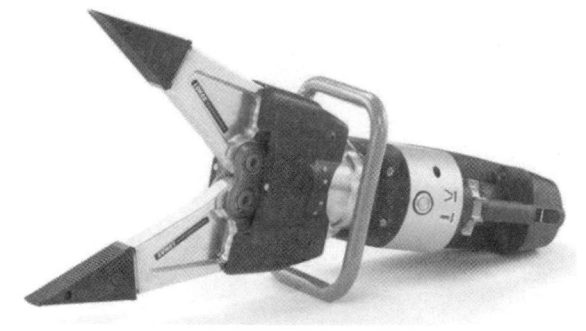

图 15.27　电动液压扩张器

19. 汽油动力割具（救援锯）

主要技术参数：快速切割锯锯片直径 310 mm，最大切割深度 101 mm，如图 15.28 所示。

主要作用：可切割金属、木材、合金材料、钢化玻璃、胶木等多种材料，具有切割速度快、无火花、无反作用力等优点。

图 15.28　汽油动力割具

20. 马刀锯

主要技术参数：使用锂电池供电可连续使用 45 min，如图 15.29 所示。

主要作用：主要用于切割钢化玻璃，进行人员救援用。

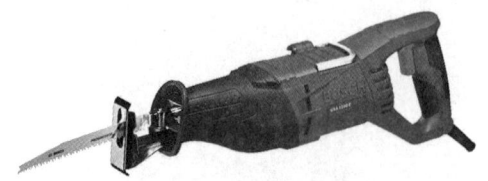

图 15.29　马刀锯

16 作业指导书

16.1 《齿轮箱润滑油更换作业指导书》

(1) 将固定放油孔磁性螺堵的不锈钢丝从中间剪开(见图 16.1)。取下锁紧螺钉上的不锈钢丝。

图 16.1 剪开不锈钢丝

(2) 用 24 mm 套筒逆时针旋转取下放油孔磁性螺堵(见图 16.2)。

图 16.2 拆卸放油孔磁性螺堵

(3) 取旧油桶放于放油孔下方。使放出的油流入事先准备好的容器中,如图 16.3 所示。放油时间约为 15 min。

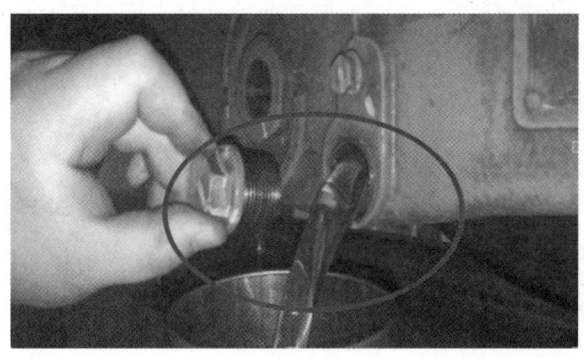

图 16.3 放 油

（4）检查放油孔磁性螺堵（见图16.4）。如螺堵上有糊状油泥，则属正常。如果发现有金属物，则必须进一步仔细检查齿轮箱，找出这些金属物产生的原因及来自哪个部位。检查拆下的密封圈，如有过量形变等影响密封性能的异常情况存在，必须更换。检查结束后使用白拼布清洁放油孔磁性螺堵。

图16.4 检查放油孔磁性螺堵

（5）用30 mm套筒逆时针旋转将注油孔打开并向齿轮箱内注油（见图16.5）。

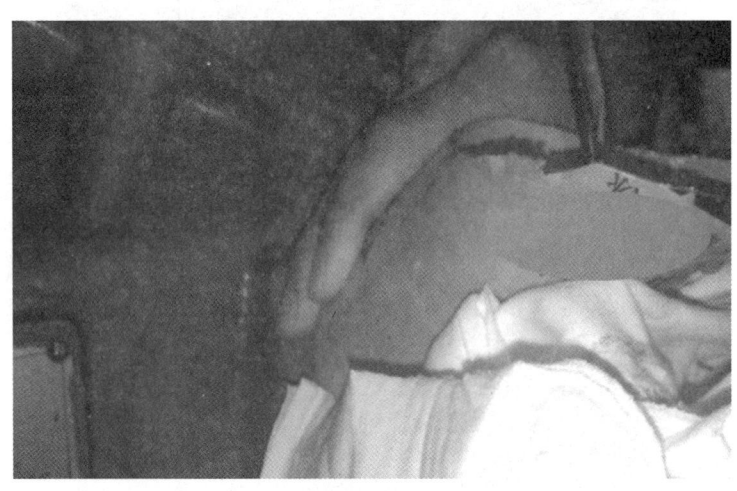

图16.5 注 油

（6）注油直到油位计所显示的油位介于槽口（槽口位于箱体上）的上刻线与下刻线之间，并尽量避免润滑油从注油螺堵孔口溢出（见图16.6）。

图16.6 油位显示

（7）将密封圈套在放油孔磁性螺堵上，施加 80 N·m 的扭矩安装到齿轮箱上，并做放松标记。用 30 mm 套筒施加 100 N·m 的扭矩安装注油孔螺堵（见图 16.7）。

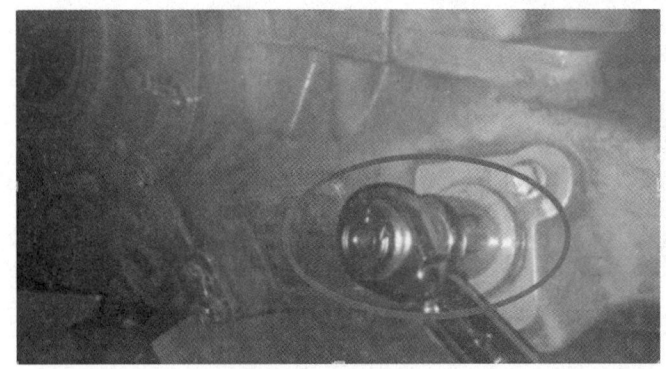

图 16.7　安装注油孔螺堵

（8）用不锈钢丝将放油孔磁性螺堵固定于锁紧螺钉上（见图 16.8）。

图 16.8　安装不锈钢丝

16.2 《空气滤清器滤芯更换作业指导书》

（1）确认列车断电后，用活口扳手松开空气滤清器下方底罩螺母，拆下底罩（见图 16.9）。

图 16.9　拆卸滤清器底罩螺母

（2）用活口扳手拆下空气滤清器滤芯固定螺母（见图16.10）。

图 16.10 拆卸滤芯固定螺母

（3）取下空气滤清器，更换上新品，并用活口扳手把滤芯螺栓固定紧（见图16.11）。

图 16.11 滤　芯

（4）安装底罩，并用活口扳手把底罩螺母紧固（见图16.12）。

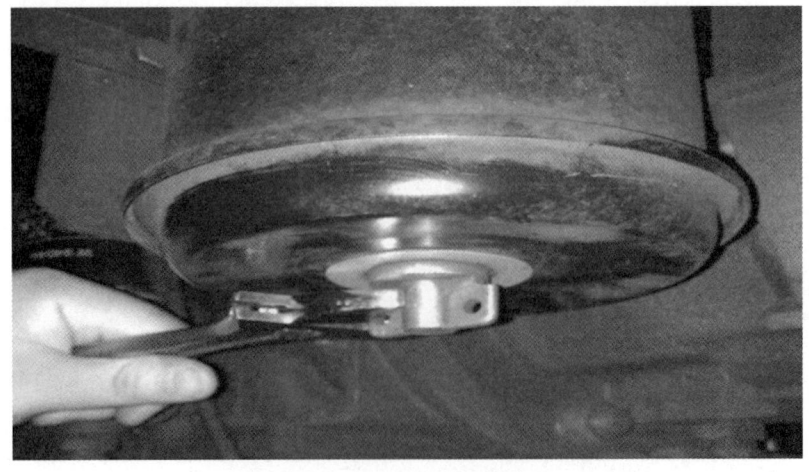

图 16.12 安装底罩

16.3 《双针压力表及指示灯更换作业指导书》

(1) 列车断电后,对更换压力表的 Tc 车进行总风隔离,并排主风缸和副风缸中空气;用 38 件套拆下双针压力表面板(见图 16.13)。

图 16.13 拆卸双针压力表面板

(2) 拔下指示灯插口,将旧的指示灯用手拔下(见图 16.14)。

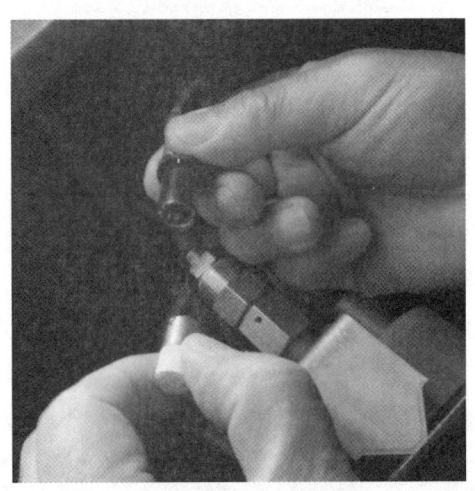

图 16.14 拔下指示灯插口

(3) 更换新的指示灯后,插上指示灯插口(见图 16.15)。

图 16.15 插上指示灯插口

（4）将双针压力表面板放回底座，使用 38 件套工具对面板进行紧固（见图 16.16）。更换完成后，总风隔离恢复，列车上电，查看 HMI 屏幕中风压与压力表中压力是否一致。

图 16.16　安装双针压力表面板

16.4 《空气滤清器滤芯更换作业指导书》

（1）打开客室 Mp1、Mp2 车受电弓控制柜，受电弓的升弓和降弓时间可通过安装在车内的受电弓控制单元中的节流阀来进行调整。

（2）调整阀 1，可对升弓时间进行调整；当升弓时间大于 8 s 时，可逆时针旋转节流阀 1 使升弓时间变短，反之亦然（见图 16.17）。

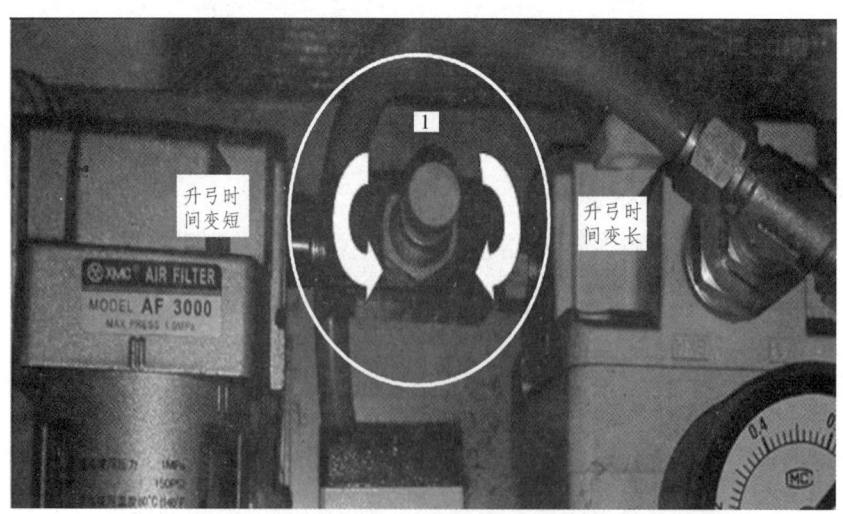

图 16.17　节流阀 1

（3）调整阀 2，可对降弓时间进行调整；可由节流阀 2 调整，逆时针旋转使快降距离变小，加长降弓时间，反之亦然（见图 16.18）。

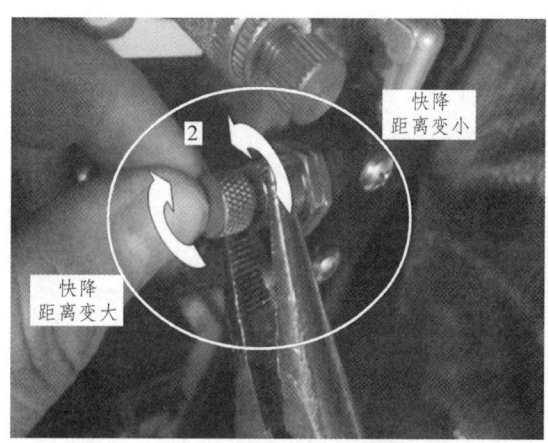

图 16.18 节流阀 2

（4）消音节流阀 3（逆时针旋转使慢降速度变大，减少降弓时间，反之亦然）控制，快降可使弓头快速离开网线防止拉弧，慢降可以防止受电弓冲击车顶，使其平稳地回到降弓位置；当降弓时间大于 8 s 时，可增大快降距离（注：快降距离过小容易产生拉弧现象，快降距离过大容易对车顶产生冲击；快降距离应根据网线高度来适当调整）或增大慢降速度，使降弓时间变短，反之亦然（见图 16.19）。

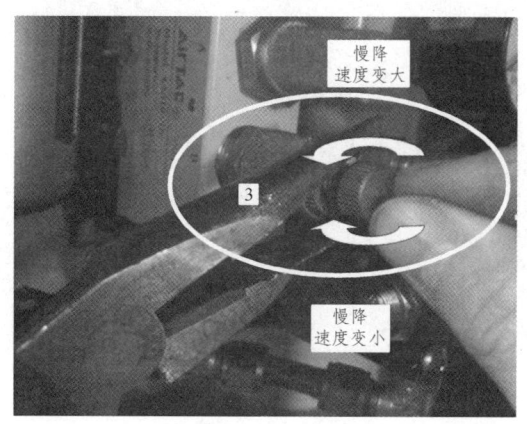

图 16.19 节流阀 3

16.5 《车钩高度测量作业指导书》

（1）将车钩中心高度测量尺水平放置在轨道上，并与轨道保持垂直（见图 16.20）。

图 16.20 车钩中心高度测量尺

（2）打开垂尺，直至限位块复位锁定垂尺（见图16.21）。

（3）移动钩舌测板至正好卡住钩舌的上下边缘，推动划针，所指位置即为钩舌中心位置。

（4）锁紧游框顶丝，通过副尺直接可以读出车钩中心高度值（见图16.22）。

（5）测量完毕后，压下限位块，合上垂尺，使磁铁柱嵌入磁座中。

图16.21 锁定垂尺

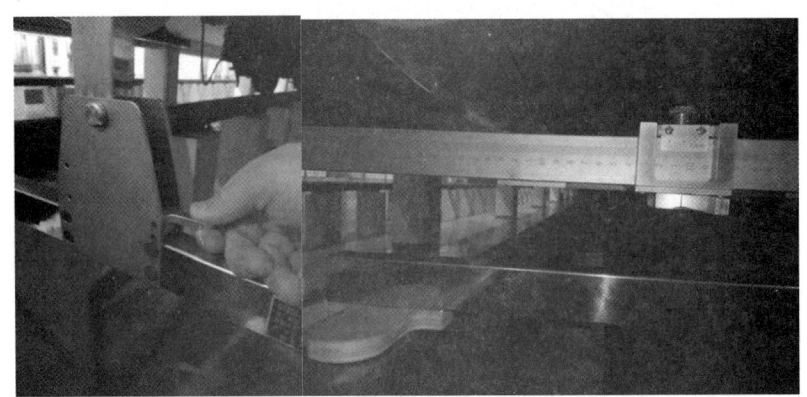

图16.22 读取车钩中心高度值

16.6 《车门V形调整作业指导书》

（1）在隔离锁下边沿位置测量客室车门门页上方尺寸（见图16.23）。

图16.23 测量客室车门门页上方尺寸

（2）在图 16.24 所示踢脚线上边沿位置测量客室车门门页下方尺寸。上、下方测量尺寸进行相减，若差值在 1～4 mm 则为合格，若不符合要求，则需要进行调整。

图 16.24　测量客室车门门页下方尺寸

（3）打开门罩板，找到车门安装螺栓（见图 16.25）。

图 16.25　打开门罩板

（4）用 13#扳手逆时针拧动此处紧固螺母，使螺栓松动（不要完全拆卸下来），如图 16.26 所示。

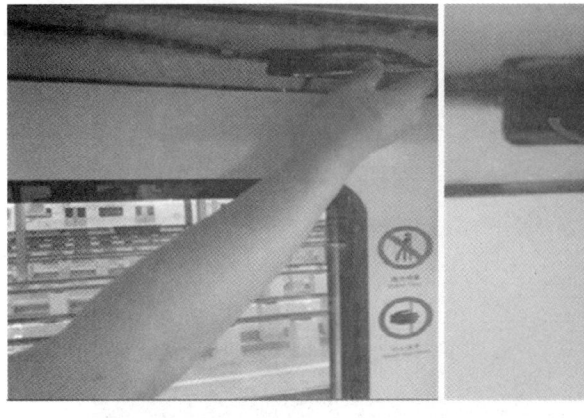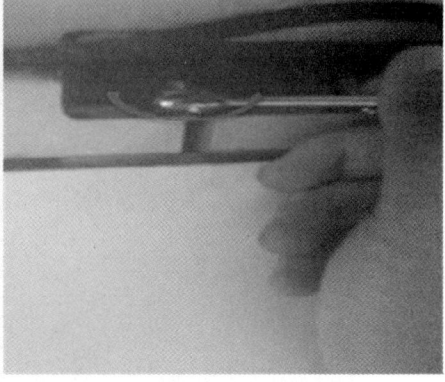

图 16.26　拧松螺母

（5）在图 16.27 所示位置增加或减少垫片来进行 V 形调整，直到符合要求。

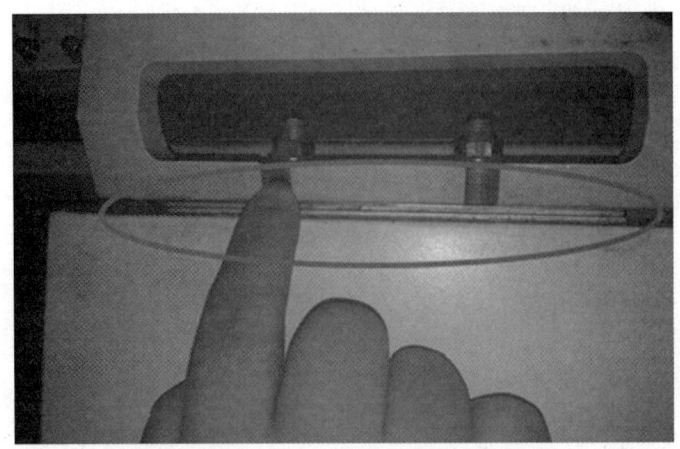

图 16.27　增减垫片位置

（6）调整后拧紧螺丝并画上防松线。

16.7 《广播控制盒、话筒更换工艺》

（1）用 38 件套 POD2 十字螺丝刀逆时针拆下司机室话筒线卡。
（2）逆时针旋转话筒与广播按键盘的连接处（见图 16.28）。

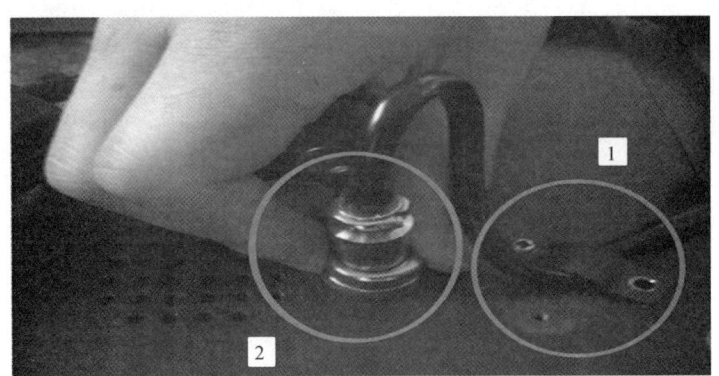

图 16.28　拆卸旧话筒

（3）取下旧话筒，更换新品。安装手麦时对准位置顺时针拧紧（见图 16.29）。

图 16.29　更换新话筒

（4）用38件套HW3内六角棘轮扳手逆时针旋转拆下广播控制盒4颗安装螺栓（见图16.30）。

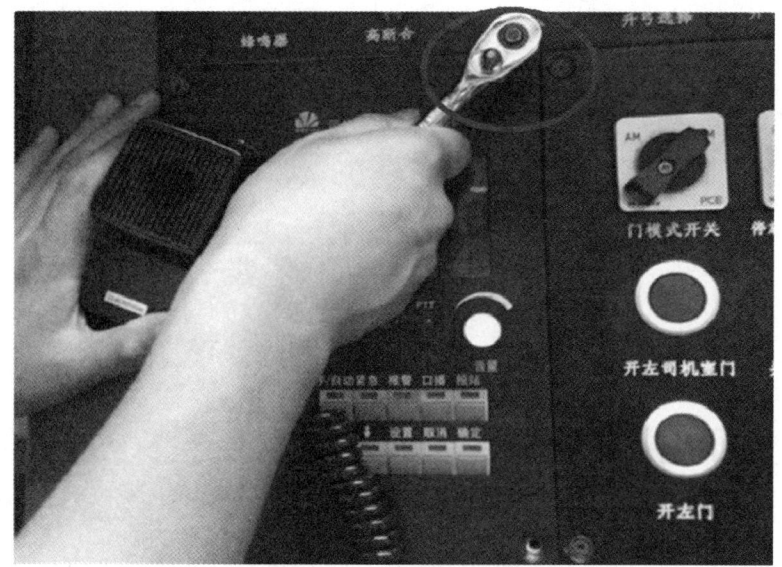

图 16.30　拆卸广播控制盒螺栓

（5）拆下安装线缆，取下接地线，更换新品（见图16.31）。更换新品后需要刷新软件。

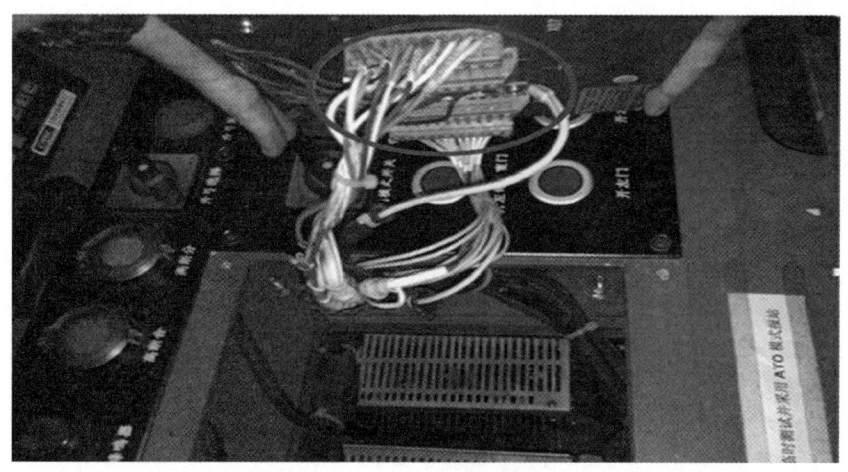

图 16.31　拆卸线缆

（6）用38件套HW3内六角棘轮扳手顺时针拧紧连接器固定螺钉，轻微用力确保连接器牢固连接在设备上。安装完毕后测试广播控制盒，查看功能。

附 录

附录一 章节自测答案

概述课后习题答案

一、填空题

1. 90 km/h，80 km/h 2. B 3. 底架　侧墙 4. 内藏门　塞拉门 5. EPAC2 6. 通风系统　采暖系统 7. 大电流 8. 制动控制系统 9. 构架 10. 弹性胶泥缓冲系统

二、选择题

1. B 2. D 3. C 4. B 5. B 6. C 7. A 8. D 9. C 10. B

三、判断题

1. × 2. × 3. × 4. √ 5. ×

四、简答题

1. 答：=Tc*Mp1*M1*M2*Mp2*Tc=

Tc 车是带有司机室的拖车；

Mp1 车是带受电弓的动车（电动升弓泵）；

Mp2 车是带受电弓的动车（电动升弓泵）；

M1、M2 车是不带受电弓的中间动车（车下设备不同）；

=：头车半自动钩缓装置；

*：半永久钩缓装置。

2. 答：

分　类	车辆和线路条件	客运能力 N/（人/h） 运营速度 v/（km/h）
A 型车辆	车长：24.4 m/22.8 m 车宽：3.0 m 定员：310 人 线路半径：≥300 m 线路坡度：≤35‰	N：4.0 万～7.5 万 v：≥35
B 型车辆	车长：19 m 车宽：2.8 m 定员：230～245 人 线路半径：≥250 m 线路坡度：≤35‰	N：3.0 万～5.0 万 v：≥35

3. 答：分别是空载、坐客载荷、定员载荷、超员载荷。

4. 答：哈尔滨地铁车辆制动方式为电空混合制动，应用制动控制单元对各种数据进行处理后发出电信号，控制制动力。制动方式为电制动与空气制动实时协调配合，电制动优先使用、空气制动延时投入的混合制动方式。

5. 答：日检：对容易出现危及行车安全的各主要部件进行外观检查，对危及行车安全的故障及时进行重点维修。

均衡修：为减少扣车时间，保证投入正线运营的车辆数，将列车一年内所涉及的总体维修、保养项目总量分摊到12个月中完成。

架修：主要目标是检测和修理大型部件，同时经架车，对车辆各部件进行解体和全面检查、修理、试验，对计量的仪器、仪表进行校验，车体要重新油漆标记，同样列车组装后需要对列车进行静、动态调试，调试正常的列车方能投入运营。

车体课后习题答案

一、填空题

1. 不带受电弓 2. 侧墙 30 3. 铝合金大断面 4. 5 mm 5. 缓冲梁 铆接 6. 防火 低毒
7. 插接 复位 8. 滑槽 扬声器 9. 纯机械 10. 钢丝绳 11. 拉出 12. B 13.门气弹簧 坡道气弹簧 14. 2 15. 一年

二、选择题

1.A 2.B 3.A 4.C 5.A 6.A 7.A 8.B 9.D 10.D 11.D 12.A 13.C 14.C 15.C

三、判断题

1.× 2.√ 3.× 4.√ 5.√ 6.× 7.√ 8.√ 9.√ 10.√ 11.√ 12.× 13.× 14.√ 15.√

四、简答题

1. 答：车顶主体结构由7块（4种）型材组焊而成，所有车型车顶具有统一的断面结构，不设置空调机组平台和受电弓平台，通过在车顶上焊接安装座来安装空调机组和受电弓；为了确保密封，车顶外侧所有焊缝均采用满焊结构。

2. 答：贯通道位于两节车体之间的连接处，适应车辆之间的灵活运动，可满足列车在运行过程中，能顺利通过最小曲线半径，同时以便乘客在车厢行走等作用。

3. 答：顶板、踏板、螺钉框、侧墙、折棚、收紧绳、橡胶型材及标准件组成。

4. 答：（1）踏板上表面平整，未出现凸凹不平。

（2）检查铰链转动灵活。不灵活时涂油脂或喷润滑油，严重的进行修理。

（3）检查踏板磨耗条，磨耗条无破损，磨耗条铆钉头无磨损。当上踏板磨耗条铆钉头与下踏板发生摩擦时，或当磨耗条大面积破损时进行更换。

5. 答：每节坡道在回收时，该节的斜拉钢丝绳应收回在扶手与踏板的空隙之中，且主钢丝绳应收回在踏板型材内侧，在回收过程中必须将坡道各钢丝绳梳理整齐，保证位置正确。

6. 答：紧急疏散门起到隔音、隔热、密封等功能，保证司机室的正常工作环境。在紧急情况下，手动打开疏散门锁机构，向外推动门扇，门扇打开，手动打开坡道锁机构，向外推动坡道，坡道打开，形成紧急疏散通道。

7. 答：目测检查逃生门外观，要求外观良好；检查逃生门状态，要求门解锁把手及坡道解锁把手在锁闭位。

8. 答：侧顶板采用铝型材加工而成，表面喷漆处理。侧顶板背面带有滑槽，电气设备如 LED、动态地图、噪检、扬声器等均固定在侧顶板背面的滑槽上，侧顶板是可开启式结构，便于上述设备的检修。

9. 答：采用钢铝混合结构，铝合金型材为大断面组合式中空挤压型材，钢模块型材采用高强度碳钢板。

10. 答：在车体的一、二位端设有间壁（电气柜），材料采用玻璃钢和铝型材骨架组合而成，厚度为 3 mm，分为左、中、右三部分组成。下部设踏脚板，用 0.8 mm 不锈钢板，表面拉丝。间壁上装有扶手，左右间壁设有检查门，整个间壁与车顶、侧墙、端墙、底架用螺栓连接。

车钩课后习题答案

一、填空题

1. 全自动车钩 半永久牵引杆 2.6 半自动车钩 3. 膨胀式压溃管 4.=Tc*Mp*M*M*Mp*Tc=
5. 330 型密接式 6. 凸凹锥 7. 弹性胶泥 8.相互咬合 9.640 800 10.1 520 720^{+10}_{0}

二、选择题

1. A 2.A 3.B 4.A 5.A 6.A 7.A 8.A 9.A 10.A

三、判断题

1.× 2.× 3.√ 4.√ 5.√ 6.× 7.√ 8.× 9.√ 10.√

四、简答题

1. 答：带压溃管半永久钩缓装置 A 和带缓冲器半永久钩缓装置 B 配对使用，带缓冲器半永久钩缓装置 C 和带压溃管半永久钩缓装置 D 配对使用，相互之间通过连接环连接。

2. 答：在日检修程中，对半自动车钩进行如下检查：

（1）检查外观：外观良好，无裂纹。（2）检查钩头：钩头无异物，连接面良好。（3）检查手动解钩功能：手动解钩功能正常（操作解钩拉环测试）。（4）检查接地电缆状态：接地电缆状态良好。（5）检查总风管状态：总风管状态良好，无漏气。（6）检查压溃管指示销状态：压溃管指示销未触发。（7）检查紧固件：过载保护螺栓 M24（4 个）划线清晰，无错位，卡环螺栓 M16（8 个）紧固良好，划线清晰，无错位。

3. 答：（1）连挂系统采用 330 型密接式车钩装置，内部由钩舌、连挂杆、复位弹簧、解钩装置等构成。车钩有待连挂位（同时也是锁定位）和全开位两种状态。

（2）自动钩缓装置的压溃装置采用膨胀式压溃管。压溃管具有较大的能量吸收能力，当列车在运行或连挂过程中发生碰撞，钩缓装置受到的纵向压载荷大于设定值时，压溃管就发生作用产生塑性变形，最大限度地吸收冲击能量，以达到保证车上人身安全和保护车辆设备的目的。

（3）缓冲系统采用弹性胶泥缓冲系统，由安装吊挂系统和弹性胶泥缓冲器两部分组成。弹性胶泥缓冲器在结构上与安装吊挂系统融为一体，承担钩缓装置的弹性缓冲、水平对中、垂直支撑等功能。

（4）过载保护装置用于列车在超速连挂或者受到强烈冲击时，使车钩脱离车体安装板向后回退，以使车体上的防爬器能够相互咬合。

4. 答：（1）将车钩中心高度测量尺水平放置在轨道上，并与轨道保持垂直。

（2）打开垂尺，直至限位块复位锁定垂尺。

（3）移动钩舌测板至正好卡住钩舌的上下边缘，推动划针，所指位置即为钩舌中心位置。

（4）锁紧游框顶丝，通过副尺直接可以读出车钩中心高度值。

（5）测量完毕后，压下限位块，合上垂尺，使磁铁柱嵌入磁座中。

5. 答：1. 风管连接器 2. 螺栓 3. 螺栓 4. 接地线 5. 橡胶支承 6. 螺栓 7. 支架 8. 接地线 9. 安装螺栓 10. 安装座 11. 连接坏 12. 压溃管

车门课后习题答案

一、填空题

1. 具备零速和使能信号　开门按钮　门控器集控输入口　2. 车速大于 5 km/h　紧急解锁处于解锁位　3. 门控器　编码器　4. 单开电动塞拉门　5. 3±0.5 s　6. 25 mm×60 mm（厚×高）7. <5 km/h　8. DC110　9. 4 个 T 形　10. 1 300+14　1 850+10

二、选择题

1. C 2. D 3. D 4. B 5. B 6. A 7. C 8. B 9. D 10. B

三、判断题

1. × 2. √ 3. √ 4. √ 5. × 6. × 7. √ 8. × 9. √ 10. ×

四、简答题

1. 答：门关到位行程开关 2 个，门锁到位行程开关 1 个，门隔离行程开关 1 个，门紧急解锁行程开关 1 个。

2. 答：客室门净开宽度：（1 300+4）mm；客室门净开高度：（1 850+10）mm；供电电压：DC110 V；开关门时间：（3±0.5）s；最小障碍物：25mm×60 mm。

3. 答：当车辆处于零速状态（车速≤5 km/h）下，无论门系统工作是否正常（门系统隔离状态除外），则紧急操作时可以通过钢丝绳实现门的机械解锁并手动开门，手动开门最大作用力为 150 N；当车辆车速大于 5 km/h 时（非零速状态下），操作内部紧急解锁装置，手动开门力大于 200 N，并且手动开门力撤离后车门系统趋向于关门。操作解锁扳手所需的最大转矩不超过 15 N·m。

4. 答：（1）门控器故障：门控器输出短路。处理方法：更换门控器。

（2）紧急解锁状态：蜂鸣器紧急解锁后正常工作。处理方法：恢复紧急解锁。

（3）线路错误：接线错误，110 V 直给蜂鸣器。处理方法：重新接好线路。

5. 答：当零速信号启动时，可通过旋转 EED 手柄或 EAD 钥匙，激活紧急解锁装置，车门被解锁，随后可手动打开门页。由于 EED 和 EAD 都可自动复位，所以只需要进行一次关门操作（关门按钮或电钥匙），即可恢复正常。

如果没有零速信号，由于此时 EDCU 会控制电机向关门方向传递力矩，即使转动 EED 手柄或 EAD 钥匙，门也无法被手动打开。

空调系统课后习题答案

一、填空题

1. 制冷　2. 2　3. 2　4. 打开　5. 全冷　6. 空气净化装置　7. 司机室　客室　8. 空调通风　采暖　9. 冷凝器　10. 绿色　黄色

二、选择题

1.B 2.D 3.A 4.B 5.C 6.C 7.D 8.B 9.A 10.A

三、判断题

1. ×　2. ×　3. ×　4. ×　5. √　6. √　7. √　8. √　9. √　10. √

四、简答题

1. 答：PLC 是可编程逻辑控制器的缩写，对整个空调机组进行自动控制，实时监测运行过程中的参数，对出现的故障自动处理，通过显示操作屏实现人机对话，响应显示操作屏输入的命令、参数，将故障信息、运行状态通过显示操作屏显示等。

2. 答：1. 冷凝器；2. 压缩机；3. 送风机；4. 蒸发器；5. 空气净化装置；6. 冷凝风机。

3. 答：① 蒸发过程；② 压缩过程；③ 冷凝过程；④ 节流过程。

4. 答：外界空气流经新风口、新风门在蒸发器处与客室回风混合。混合风经蒸发器降温除湿同时通过空气净化装置的净化后，由送风机送入客室风道，经送风格栅进入客室。客室内的空气一部分经回风格栅进入回风道，通过回风门进入空调机组与新风混合。由于客室内正压的关系，另有少部分废气经侧墙、顶板处的间隙进入车顶后，经自然排风装置排出室外。

5. 答：（1）从蒸发器出来的常温低压的制冷剂气体通过压缩机压缩后，转变成高温高压的气体进入冷凝器。

（2）高温高压的制冷剂气体经过冷凝器时，通过冷凝风机被外界空气冷却，制冷剂蒸汽放出热量后被冷凝成常温高压的液体。

（3）常温高压的制冷剂液体经过毛细管节流降压，变成低温低压的液体进入蒸发器。

（4）低温低压的制冷剂液体经过蒸发器时，吸收混合风的热量，而蒸发汽化成常温低压的气体后进入压缩机。

6. 答：排气压力保护：在制冷系统运行中，有时会出现冷凝压力过高，比如制冷剂充灌量过多，系统中不凝性气体过多，或排气管路的阀门未打开等原因，都会造成排气压力急剧上升。冷凝压力过高，使压缩机的功耗增加，甚至容易引起设备的损坏，造成事故。因此要使用压力控制器来控制排气压力，当排气压力超过给定值时，控制器使压缩机停车，起高压保护作用。

吸气压力保护：制冷装置运行中，蒸发压力也不应过低，因为随着蒸发压力的降低，蒸发温度就会降低，使制冷装置在不必要的低温下工作，并可能造成蒸发器结霜，阻碍传热，使蒸发器的吸热效果大大降低。所以必须限制压缩机的吸气压力，使其保持在一定值以上工作。另外，控制吸气压力除了保护作用外，也可使压缩机按设定的吸气压力自动启停，以控制被冷却空间的温度。

7. 答：压缩：来自蒸发器的低温低压制冷剂气体被压缩机吸入，被压缩机压缩成高温高压的制冷剂气体。

冷凝：从压缩机排出的高温高压制冷剂气体经排气管路流入冷凝器。在冷凝器中，高温高压制冷剂气体热量被空气吸走，被冷凝成中温高压的制冷剂液体。

节流：从冷凝器中流出的中温高压制冷剂经干燥过滤器除去制冷剂中的杂质和水分后流入节流装置。由于节流作用，制冷剂的温度和压力将大幅度降低，中温高压制冷剂液体将节流成低温低压的制冷剂气液混合物。

蒸发：制冷剂节流后进入蒸发器，吸收混合风中的热量不断蒸发成制冷剂过热蒸汽。同时，混合风流经蒸发器放热降温后，由送风机吸入并由送风道送入车厢，吸收室内空气中的热量和水分，从而使室内空气温度和湿度降低。从蒸发器来的被蒸发成低温低压的气态制冷剂再次流入压缩机，从而完成一个完整的制冷循环。空调机组按以上循环连续工作，从而达到给车厢降温除湿的目的。

转向架课后习题答案

一、填空题

1. 橡胶弹簧　2.（115±5）mm　3. 1　2　6　12　4. 防滑轴端　接地轴端　测速轴端　5. 1 353±2　6. 75^{+10}_{0}　7. 单侧踏面单元制动缸　8. 4　9. 高耐磨合成　10. 2　840　770

二、选择题

1.A 2.B 3.B 4.C 5.C 6.A 7.D 8.D 9.B 10.C

三、判断题

1. √　2. ×　3. ×　4. √　5. ×　6. √　7. √　8. √　9. ×　10. ×

四、简答题

1. 答：差压阀相当于二系悬挂系统的安全阀，当一个空气弹簧失压时，根据差压阀的特性，当两空气弹簧内部的压差达到限度时，就会发生动作，将两个附加空气室导通，使对面的空气弹簧也随即卸压，保证车辆的行车安全。

2. 答：车体与转向架之间由于乘客负载变化而引起高度变化，当高度变化达到一定程度的时候，高度调整杆的水平杆超过 5°，此时空气弹簧进行充、放气，进而保证车辆处于恒定的平衡高度。

3. 答：（1）首先分解高度阀水平杠杆和高度阀调整杆的连接。

（2）向下旋转水平杠杆，将风管中的高压空气通过排气口排放。

（3）拧开进风管和出风管管接头。

（4）拧下安装点的两个固定螺栓并拆开高度阀。

4. 答：（1）进行制动隔离，将列车调至架车线；（2）拆卸高度调整杆，排净需要加垫的空气弹簧中的空气；（3）拆卸构架垂向止挡座上的调整垫；（4）架车，确认车体与转向架分离足够高度，翘起空气弹簧，进行加垫；（5）加垫结束后对空气弹簧空气柱 O 型圈涂抹黄油进行保护，落车；（6）根据加垫厚度调节并恢复高度调整杆；（7）恢复制动。

5. 答：选择低横向刚度的空气弹簧，是为了改善乘坐舒适性和通过曲线的性能，能缓和车体的垂向和横向振动。

制动系统课后习题答案

一、选择题

1.A 2.C 3.B 4.B 5.A 6.C 7.B 8.D 9.C 10.B 11.D 12.B 13.C 14.A

二、填空题

1. 空气滤清器 2. 空气压缩机 空气净化处理单元 3. 螺杆 活塞 380
4. Tc 5. 电制动优先的电空混合制动 6. 油细分离器 7. 带停放 不带停放
8. 动车 Tc Tc 9. EP2002 智能阀 网关阀 10. 车重 11. WSP车辆防滑保护装置
12. 排气 手动缓解拉绳 13. 干燥 再生 14. 3月 两年 15. 半年 一年
16. 凝聚过滤器滤芯 2年 17. EVF EVS

三、判断题

1.√ 2.× 3.√ 4.× 5.√ 6.× 7.× 8.√ 9.× 10.√

四、简答题

1. 答：空气供给装置、制动控制单元、制动模块（辅助控制箱、风缸）、基础制动装置。

2. 答：空气通过空气滤清器和进气阀吸入，经过相互啮合的转子压缩后，压缩空气通过安装在空气压缩机机头的出气口压入油气筒内，压缩空气经过隔板过滤掉粗油，再经过油细分离器过滤掉雾状油气后，当压力维持阀达到 650 kPa 时，压缩空气经过后冷却器进入空气净化处理单元，而后进入车辆压缩空气系统的通道，提供整车风源。

在空气压缩机停机后，卸荷阀打开，压缩空气可以通过打开的阀门横截面流向空气过滤器，迅速将空气压缩机油气筒内的压力降到约 300 kPa。剩余的压力通过卸荷阀，全部排出至 0 kPa。

3. 答：润滑油是利用压差的原理进行循环，无油泵。

当空气压缩机运行时，在油气筒内建立起来压力，推动油通过油过滤器，然后将油传送到螺杆组的轴承、传动机构以及注油点处。所传输的油用来润滑机器，将转子的叶片在它们的端部密封分隔开，并将压缩作用所产生的热量带走。

由空气压缩机所传输的空气/油混合物经过油细分离器处理，在这一阶段除去的油被收集在油细分离器的底部，经过空气压缩机油气筒中压力产生的力的作用，油通过回油管返回到空气压缩机螺杆组。

油温升高到 87 ℃ 以上，温控阀被逐渐打开至油冷却器的通路，至 98 ℃ 时全开，此时油会全部经过油冷却器再回到机体内。

4. 答：

13.03	700～900 kPa 压力开关
13.04	600～700 kPa 压力开关
05.12	650 kPa 溢流阀
05.02	空簧截断塞门
04.09	总风截断塞门
04.07	单向阀
06.01	650 kPa 压力维持阀

续表

06.02	停放制动双向脉冲阀
06.08	停放制动截断塞门
06.05	停放制动压力开关组
13.02	测试点
06.03	测试点
06.04	测试点

5. 答：哈尔滨地铁 1 号线采用 4 动 2 拖——6 辆编组。

列车配置 Tc1-Mp1-M1-M2-Mp2-Tc2，其中 Tc 车为带司机室的拖车，采用空气制动；Mp 车和 M 车分别为带受电弓和不带受电弓的动车，采用电制动（ED）和空气制动。

法维莱制动系统中，一个 EPAC2 控制一个转向架，整车共 12 个 EPAC2，其中 Tc 车转向架 1 由 FT0025893-100 型 EPAC2 控制，并与 TCMS 通信，Tc 车转向架 2 由 FT0025894-100 型 EPAC2 控制，Mp 车由 FT0025895-100 型 EPAC2 控制，M 车由 FT0025896-100 型 EPAC2 控制。

克诺尔制动系统中，EP2002 的分布为 3 节车一个编组，一个阀控制一个转向架，共 12 个 EP2002，即 1、2、3 节为一个编组，4、5、6 节为一个编组，每节编组的两端为网关阀，其余为智能阀。

牵引系统课后习题答案

一、填空题

1. Mp　2. 接触网　车间电源　3. 牵引力　4. 交流电压　5. 4　6. VVVF　受电弓
7. 限流、限压　8. 充电电阻　9. 牵引输出　10. 2　11. 另外一个受电弓　12. 4　4
13. 机械能　14. 异步牵引电动机　15. 牵引变流器模块

二、选择题

1.C 2.B 3.A 4.A 5.D 6.C 7.D 8.B 9.A 10.A 11.A 12.B 13.A 14.A

三、判断题

1. √　2.√　3.√　4. ×　5.√　6. ×　7. ×　8.√　9. ×　10.√

四、简答题

1. 答：1 定子外壳；2 定子叠片；3 转子；4 风扇；5 端罩；6 电机接线盒。

2. 答：高速断路器的作用：当线路电流过大或电流变化率过快时迅速断开，保护 MCM 模块。

MCM 滤波电抗器的作用：可以减少线路电压中的瞬变和谐波，并且能稳定直流线路的电压。

充电电路的作用：对输入 MCM 模块的直流电进行限流、限压，防止 MCM 启动时受瞬时大电流的冲击。

3. 答：Mp 车包括一个高压设备箱、一个牵引逆变器、两个制动电阻、4 个牵引电机、4 个联轴节、4 个齿轮箱、一个 MCM 电抗器。M 车包括一个辅助逆变器、一个牵引逆变器、一个 MCM 电抗器、两个制动电阻、4 个牵引电机、4 个联轴节、4 个齿轮箱、ACM 电抗器。其中 M2 车与 M1 车相比缺少 ACM 及 ACM 电抗器，其他设备相同。

4. 答：MCM 线路电抗器的作用是减少线路电压中的瞬变和谐波，并且能稳定 DC 链接电压，能过滤和稳定 DC 链接电压，并且在允许的电压范围内，有足够的电容量保持电压波动，能够精确地控制逆变器。

5. 答：（1）接触网通过受电弓给直流线路供电。

（2）1 500 V 直流通过高压设备和线路滤波器给 MCM 供电。

（3）MCM 转直流为变频变压交流电源，用于驱动牵引电机。

（4）牵引电机将电能转为机械能，驱动车轮运转。

辅助系统课后习题答案

一、填空题

1. 辅助变流器模块　2. 并网　3. 充电电阻　4. 直流 1 500 V　交流 380 V
5. 低压启动　6. AB　7. Tc　M1　8. 3　9. 三相电感　三相电容　10. 180 Ah　1.236

二、选择题

1.C　2.B　3.C　4.C　5.C　6.B　7.C　8.D　9.B　10.A

三、判断题

1.√　2.√　3.√　4.√　5.√　6.×　7.√　8.×　9.×　10.×

四、简答题

1. 答：1个蓄电池充电机模块、1个辅助变流器、1个充电回路、1个外部风机、2个内部风机、ACM 输出滤波包含变压器、1个零压启动装置。

2. 答：通过列车环形馈线，将 1 500 V 直流电经过线路电抗器，减少谐波电流输出，首先为充电接触闭合，充电电阻吸收电能，待电容电压达到设定值后，分离接触器吸合后，充电接触器断开，电流首先通过 ACM 将直流电转换为交流电，转换后交流电通过三相变压器进行降压，一路为列车辅助负载进行供电，另一路经 BCM 蓄电池充电机为列车蓄电池进行充电。

3. 答：1—电压（来自 ACM 单元）；

2—蓄电池电压；

3—蓄电池低优先级电压（以防蓄电池电压低，但是此总线不断开）；

4—蓄电池充电机电流；

5—蓄电池电流；

6—蓄电池温度。

4. 答：线路滤波电抗器、充电回路、ACM 逆变器模块、三相变压器、三相滤波器。

5. 答：零压启动模块、门极驱动单元、隔离开关熔断器组、蓄电池电抗器、电解电容器、二极管模块。

网络控制系统课后习题答案

一、填空题

1.车辆控制和监控　2.车辆监控　3.信息和数据　4.10.0.1.11　5.模拟量输入输出
6.24～110 V 直流　7.增加车辆可靠性　8.检测和显示事件　9.等级 3　10.TDSUploader

二、选择题

1.D　2.A　3.B　4.C　5.D　6.B　7.C　8.D　9.C　10.C

三、判断题

1.√　2.√　3.×　4.√　5.×　6.√　7.√　8.×　9.√　10.√

四、简答题

1. 答：MVB 网、以太网、RS485、RS232。

2. 答：CCU、AX、DX、IP-Switches、DDU、MVB、BCT、司机控制器。

3. 答：（1）无紧急制动；

（2）司控器 OK；

（3）有效的驱动方向；

（4）空气压力 OK——可能旁路空气压力；

（5）所有门关闭——可能旁路所有门关闭；

（6）停放制动缓解——可能旁路停放制动；

（7）牵引安全未断开——可能旁路牵引安全；

（8）车间电源盖板未关闭。

4. 答：（1）无牵引封锁；

（2）牵引系统状态良好；

（3）车辆 MVB 总线通信良好；

（4）AX 单元良好；

（5）有效车辆速度；

（6）司控器不在牵引位。

5. 答：（1）无牵引封锁；（2）牵引 OK；（3）车辆 MVB OK；（4）AX 单元 OK；（5）有效车辆速度；（6）司控器不在牵引位。

6. 答：VCU-C、Mobad、HMI 410、USB-plug、IP-CS8、MIO-DX、AX、BCT、MVB Terminator MVB 终端、Master Controller 司机控制器。

7. 答：（1）两个 CCU 故障；

（2）在激活的司机室的两个 AX 单元故障；

（3）车辆 MVB 硬件故障（双通道）；

（4）DX8B 故障（如果激活司机室）；

（5）DX9B 故障（如果激活司机室）。

8. 答：牵引、制动、空调、车门、车辆运行，司机工具/DDU、ATC／PIS、车辆诊断、辅助电气、蓄电池、线电压。

9. 答：（1）前推位：牵引；

（2）"0"位：惰行；

（3）后拉位：制动；

（4）最后位：快速制动。

广播课后习题答案

一、选择题

1. A 2. D 3. D 4. A 5. B

二、判断题

1. × 2. √ 3. √ 4. × 5. × 6. √ 7. √ 8. √ 9. × 10. √

三、简答题

1. 答：电源、TMS 接口单元、中央控制器、数字报站器、音频处理器、录音模块、重联模块和一些接口设备构成。

2. 答：列车广播系统具有司机室对讲、司机对乘客广播、列车自动广播、司机与乘客对讲、OCC对客室车厢的广播功能。

3. 答：司机室对讲功能正常；司机对客室播音功能正常；列车报站正确；紧急广播功能正常；司机室监控屏正常；视频保存读取功能正常；紧急报警功能正常。

4. 答：（1）检查动态地图显示正常；（2）检查客室内 LCD 屏显示正常；（3）媒体伴音功能正常；（4）紧急报警功能正常。

5. 答：两个列车广播控制器采用主从工作模式，一旦主列车广播控制器（在激活端司机室的广播控制器）发生故障（与车辆总线连接），主从列车广播控制器将自动进行转换，从列车广播控制器（另一端司机室的广播控制器）将代替主列车广播控制器进行列车广播系统的控制。

视频监控系统课后习题答案

一、填空题

1. 车载视频监控系统（CCTV） 信息显示系统（PIDS） 2. 视频显示 3. 主控 主控 副控 4. 司机室触摸屏 5. 紧急图像记录 6. DC12 V 7. 车地无线网络 8. 实时视频显示 控制操作 9. 17 英寸 LCD 显示屏 10. 分屏器

二、选择题

1. B 2. B 3. D 4. A 5. B 6. A 7. B 8. D 9. A 10. D

三、判断题

1. √ 2. × 3. √ 4. √ 5. ×

四、简答题

1. 答：

序号	设备名称	安装位置						数量/列	备注
		Tc	Mp	M	M	Mp	Tc		
1	媒体服务器	√					√	2	视频监控系统服务器
2	12.1英寸LCD触摸屏	√					√	2	图像显示、操作控制
3	司机室交换机	√					√	2	连接数字电视接收机、车载无线控制器、媒体播服务器等设备
4	媒体网关	√	√	√	√	√	√	6	视频图像编码处理
5	司机室摄像机	√					√	2	司机室视频图像采集
6	客室摄像机		√	√	√	√		12	客室视频图像采集
7	解码分屏器	√	√			√	√	6	数字视频信号解码
8	17寸LCD显示器	√	√	√	√	√	√	44	终端显示器

2. 答：当主机突然断电，当前 5 min 内的录像文件会因系统不正常关机而损坏，且会有一定概

率导致损坏的文件不能正常删除，由于 CCTV 监控系统文件存储按照先进先出的方式，覆盖最早录制的视频文件，当 CCTV 系统替换文件不能删除的文件过多时，会出现 CCTV 系统死机或蓝屏，且主机断电会有极大概率损坏媒体服务器硬盘，使硬盘出现不可逆的物理坏道。

3. 答：车内可以维修更换的单元有：媒体服务器、司机室交换机、司机室触摸屏、摄像机、媒体网关五部分及系统连接电缆、接头。

附录二 英文缩略表

英文缩写	中文含义
3D	三维
A/C	空调
AC	交流电
ACM	辅助逆变器模块
ACU	空调控制单元
A/D	模-数转换
AF	音频
AGC	自动增益控制
APM	应用管理器
AR	自动折返
ATC	列车自动控制
ATC-Display	司机台显示器,属于信号系统
ATO	列车自动运行
ATP	列车自动保护
ATS	列车自动监视
AUX	辅助逆变器(直流/交流)
AW(0…3)	列车载重
BATT	电池:列车主蓄电池
BCU	制动控制系统 (空气系统)
BCP	制动缸管
BOM	材料清单
BR	制动电阻器
C—C	司机室到司机室
Cab	司机室
CACU	司机室控制单元(PIS)
CAD	计算机辅助设计
CCU	中央控制单元
DACU	司机台音频控制单元
DDIO	司机台输入/输出
CDR	CD-ROM
CED	合同生效日

续表

英文缩写	中文含义
CEV	碳等效值
CPU	中央处理单元
CTS	时间表起始日
CVCC	恒定电压/恒定电流
D/A	数-模转换
DACU	司机音频控制单元
DBAG	Deutsche Bahn AG（德国铁路）
DC	直流
DCU	驱动控制单元
DIAS	数字式广播装置
DIN	德国工业标准（Deutsche Industrie Norm）
DLC	设计联络会
DRAM	动态随机存取存储器
DRC	设计审查会（第一次/第二次）
DSR	Direkte Schlupf Regelung 见 DTC
DT	驾驶拖车
DTC	直接转矩控制
DTRO	无人驾驶列车折返运行
DVA	数字声音广播
EBCU（ECU）	电制动控制单元
ED	电制动
EDCU	车门电子控制单元
EMC	电磁兼容性
EMI	电磁干扰
EP	电空（制动）
EPROM	可擦除可编程的只读存储器
ESD	静电释放
FAC	最终验收证书
FAI	首件检查
FEA	有限元分析
FIFO	先入先出：特殊存储器结构
FPI	工厂生产检查
FRP	纤维增强塑料
FRT	首列车运行试验
FSK	频移键控（数据传送的方法）
FTI	首列车检查

续表

英文缩写	中文含义
FTO	首列车试运行
FW	固件-处理器控制设备的软件形式
GDU	门驱动单元
GLR	随噪声音量控制
GMAO	计算机辅助维护管理系统
GRP	玻璃钢
GW	网关
HQA	自适应（高品质）宽带编码
HSCB	高速断路器
HV	高压
I/O	输入/输出
IDD	国际直播
IDU	综合显示单元，MITRAC人机界面，也是自动广播或手动控制时的主人机界面显示
IEC	国际电工委员会
IGBT	绝缘门双极晶体管
InT	综合试验
INV	静止逆变器
IPM	智能功率模块
IuA	到货检查
LAHT	低合金高抗拉伸
LCD	液晶显示
LED	发光二极管
LEM	传感器制造商
LF	线路滤波器
LRU	在线可更换单元：是一个列车单元，其可在车上直接移走或更换
LV	低压
LRV	轻轨车辆
LVPS	低压电源
Max	最大值
MC	主控器
MCB	微型断路器
MCM	牵引逆变器模块
Metro Display	司机台显示器，属于列车控制系统
MITRAC	列车计算机网络标志
MMI	人机界面：司机台显示器

续表

英文缩写	中文含义
MRE	主风缸
MRU	最小可更换单元：各系统和零部件应采用模块化设计。每个系统和零部件可被分为 MRU's
MSDOS	微软磁盘操作系统
MTBF	平均无故障时间：在给定条件下，功能单元的连续故障间的平均时间
MTBFS	正常运营功能服务平均时间，也就是说所有运营中的列车两个故障间的平均运营时间
MTTR	平均维修时间是指维修的平均工作时间
MVB	多功能列车总线
NTC	负温度系数
OCC	运营控制中心
OCI	开箱检查
OS	操作系统
PA	公共广播
PA box	牵引和辅助逆变器箱
PAC	预验收证书
PALS	广播音量监控
PC	个人计算机
PCB	印刷电路板
PDA	处理数据记录
PH box	牵引逆变器和高压设备箱
PIS	乘客信息系统
PISC	乘客信息系统控制器
PROM	可编程只读存储器
PSI	发货前的检验
PTFE	聚四氟乙烯
PTI	正面列车识别（待核实）
PTT	即按即讲
PTU	便携式试验单元
PVC	聚氯乙烯
PWM	脉冲宽度调制
RAM	随机存取存储器
RF	射频
RM	人工限制（模式）
RMS	均方根
RST	机车车辆

续表

英文缩写	中文含义
SACU	客室控制单元
SD	客室显示
SM	监控人工（模式）
SMD	表面安装设备
SOALAS	声音运行自动级别调整系统（WEL所有自动音量调整）
SRU	车间替换单元：是一个LRU替代单元（例如：板式或模块式继电器、电子调节器板、电机转子等）维护或替换在已经从列车移下来的LRU上进行。SRU是可修复的
T/L	列车线
TCC	列车通信和控制
TCN	列车计算机网络
TCS	列车计算机系统
TCU	列车控制单元
TDS	列车诊断系统
TFT	薄膜晶体管
THD	整体谐波畸变
TIS	列车信息系统
TMS	列车管理系统
TOF	地板上平面
TOR	轨道上平面
TSC	车况等级
TT	直达列车
UIC	国际铁路联盟
UK	英国
URM	非限制（模式）
VCU	车辆控制单元
VR	虚拟现实
VTCU	车辆及列车控制单元
VVVF	调频调压
WEL	Whiteley 电子有限公司
WELNET	Whiteley 电子所拥有的数据网络系统
WSP	防滑保护
WTB	硬线连接列车总线

参考文献

[1] 宁波市轨道交通集团有限公司运营分公司. 电客车维修员[M]. 成都：西南交通大学出版社，2017.

[2] 刁心宏，李明华. 城市轨道交通概论[M]. 北京：中国铁道出版社，2009.

[3] 上海申通地铁集团有限公司轨道交通培训中心. 城市轨道交通车辆技术[M]. 北京：中国铁道出版社，2011.

[4] 上海申通地铁集团有限公司轨道交通培训中心，等. 城轨电动列车检修工（四级）[M]. 北京：中国劳动社会保障出版社，2015.

[5] 上海申通地铁集团有限公司轨道交通培训中心，等. 城轨电动列车检修工（五级）[M]. 北京：中国劳动社会保障出版社，2018.

[6] 上海申通地铁集团有限公司轨道交通培训中心，等. 城轨电动列车检修工（二、一级）[M]. 北京：中国劳动社会保障出版社，2018.

参考文献

[1] 宁波市轨道交通集团有限公司运营分公司. 电客车维修员[M]. 成都：西南交通大学出版社，2017.

[2] 刁心宏，李明华. 城市轨道交通概论[M]. 北京：中国铁道出版社，2009.

[3] 上海申通地铁集团有限公司轨道交通培训中心. 城市轨道交通车辆技术[M]. 北京：中国铁道出版社，2011.

[4] 上海申通地铁集团有限公司轨道交通培训中心，等. 城轨电动列车检修工（四级）[M]. 北京：中国劳动社会保障出版社，2015.

[5] 上海申通地铁集团有限公司轨道交通培训中心，等. 城轨电动列车检修工（五级）[M]. 北京：中国劳动社会保障出版社，2018.

[6] 上海申通地铁集团有限公司轨道交通培训中心，等. 城轨电动列车检修工（二、一级）[M]. 北京：中国劳动社会保障出版社，2018.